U0885521

运输经济学

主　编　徐玉萍　魏堂建
副主编　温惠英　武慧荣　闫振英
参　编　冯媛媛

中南大学出版社
CENTRAL SOUTH UNIVERSITY PRESS
www.csupress.com.cn

高等院校交通运输类“十二五”规划教材

编审委员会

总序

交通运输业是国民经济体系的重要组成部分，也是促进国民经济发展的重要基础产业和推动社会发展的先决条件。在最近的30年里，我国交通运输业整体上取得了飞速发展，交通基础设施、现代化运输装备、客货运量总量和规模等都迅猛扩展，大量的新技术、新设备在铁路等交通运输方式中被投入应用。同时，通过大量的交通基础设施建设，特别是近年来我国高速铁路的不断投入使用，使我国的交通供需矛盾得到一定的缓解，我国交通运输网络的结构也得到了明显改善，颇具规模的现代化综合型交通运输网络已经初步形成。

我国交通运输业日新月异的发展，不仅对专业人才提出了迫切的需求，更使其教材建设成为专业建设的重点和难点之一。为解决当前国内高校交通运输类专业教材内容落后于专业与学科科技发展实际的难题，由中南大学出版社组织国内交通运输领域内的一批专家学者，协同编写了这套交通运输类“十二五”规划教材。参与规划和编写这套教材的人员都是长期从事交通运输专业的科研、教学和管理实践的一线专家学者，他们不仅拥有丰富的教学和科研经验，同时还对我国交通运输相关科学技术的发展和变革也有深入的了解和掌握。这套教材比较全面、系统地介绍了目前国内交通运输领域尤其是高速铁路的客货运输管理、运营技术、车站设计、载运工具、交通信息与控制、道路与铁道工程等方面的内容，在编写时也注意吸收了国内外业界最新的实践和理论成果，突出了实用性和操作性，适合大中专院校交通运输类以及相关专业的培养目标和教学需求，是较为系统和完整的交通运输类系列教材。该套教材不仅可以作为普通高校交通运输专业课程的教材，同时还可以作为各类、各层次学历教育和短期培训的首选教材，也比较适合作为广大交通运输从业人员的学习参考用书。

由于我们的水平和经验所限，这套教材的编写也有不尽如人意的地方，敬请读者朋友不吝赐教。编者在一定时期之后会根据读者意见以及学科发展和教学等的实际需要，再对教材进行认真的修订，以期保持这套教材的时代性和实用性。

最后衷心感谢参加这套教材编写的全体同仁，正是由于他们的辛勤劳动，编写工作才得以顺利完成。我们还应该真诚感谢中南大学出版社的领导和同志们，正是由于他们的大力支持和认真督促，这套教材才能够如期与读者见面。

田红旗

中南大学副校长、教授

前　言

当今世界，科学技术突飞猛进，全球经济一体化趋势进一步加强，而当前中国正处在迅速发展的时期，交通运输行业也呈现快速发展态势。高速铁路网初具规模，综合运输通道逐渐形成，运输能力不断提高为国民经济的快速发展提供了支持；同时交通运输业生产总值占国家GDP的比例在不断上升，交通运输固定资产投资呈现连年持续增长趋势……随着我国交通运输业的发展，其对于交通运输专业的高校毕业生来说也是新的机遇与挑战。

在这样的形势和要求下，交通运输业教材编写的基本思路也应顺应国家高等教育改革的形势和交通运输行业发展的需要。本书注重学生基本素质、基本能力的培养，为学生知识、能力、素质的综合协调发展创造条件。同时考虑到各高校人才培养规模及教学需求多样性的要求，我们尽可能为各校教学提供一个多层次、系统而全面的教材供给平台。

教材的主要内容为运输需求和运输供给，这是构成运输市场的两个基本方面。所谓运输市场，其实质是运输需求方(买方)和运输供给方(卖方)相互作用并共同决定运价和运输数量的机制。运输成本与运输价格又是运输市场的重要因素；运输市场的竞争形式多种多样；运输基建项目的投资作为国民经济基础设施的一个重要组成部分，其投资方式与投资效益的好坏显得非常重要。运输管制是政府对运输业实施的特殊管理形式，其对运输业的发展起着重要作用。

本书以交通运输和交通工程专业的本科生为主要读者对象，也可以供该专业研究生或从事运输经济研究工作的技术人员参考。

本书由长期从事运输经济学教学和科研的一线人员编写而成。徐玉萍、魏堂建任主编。参编人员及承担的具体分工为：徐玉萍编写第2章；魏堂建编写第1章、第3章和第7章；黎冰编写第4章；闫振英编写第5章；温惠英编写第6章；武慧荣编写第8章。

本书在编写过程中，硕士研究生覃功、张正等完成了图表绘制等工作，在此表示感谢。

限于作者学识水平，本教材编写中可能还存在不少问题，恳请读者批评指正和提出宝贵意见。

编　者

2014年9月

目　录

第1章　概　论 …… (1)

1.1　运输业的发展 …… (1)
1.2　运输的意义及其产业特点 …… (5)
1.3　运输经济学的发展和研究内容 …… (11)

第2章　运输需求 …… (16)

2.1　运输需求的概念及特征 …… (16)
2.2　运输需求函数及需求弹性 …… (19)
2.3　运输需求预测 …… (30)
2.4　货物运输需求 …… (37)
2.5　旅客运输需求 …… (56)

第3章　运输供给 …… (72)

3.1　运输供给的概念及特征 …… (72)
3.2　运输供给的影响因素 …… (74)
3.3　各种运输方式的技术经济特征 …… (76)
3.4　运输供给函数及运输供给弹性 …… (79)
3.5　运输供需状态及案例分析 …… (82)

第4章　运输成本 …… (88)

4.1　运输成本概述 …… (88)
4.2　运输成本的构成 …… (93)
4.3　运输成本的计算 …… (100)
4.4　运输的外部性 …… (110)

第5章　运输价格 …… (122)

5.1　运输价格及其特点 …… (122)
5.2　运输价格的基本影响因素 …… (132)
5.3　运输价格的常见形式 …… (134)
5.4　运输价格的制定理论 …… (136)
5.5　运输价格管理 …… (154)

第 6 章 运输市场 …… (159)

6.1 运输市场的概述 …… (159)
6.2 运输市场的分类 …… (162)
6.3 运输市场的中介 …… (166)
6.4 运输市场的竞争 …… (167)
6.5 运输市场的监管 …… (172)

第 7 章 运输投资与效益 …… (178)

7.1 运输基建项目建设程序及项目管理 …… (178)
7.2 运输建设项目投资与融资 …… (185)
7.3 运输基础设施的经营管理 …… (201)

第 8 章 运输管制 …… (221)

8.1 运输管制理论 …… (221)
8.2 运输管制的内容 …… (236)
8.3 几类运输管制的经济学分析 …… (245)

参考文献 …… (255)

第 1 章

概　论

1.1　运输业的发展

1.1.1　运输业的形成

运输过程是将人或货物从一地送往另一地的劳动过程，它与人类的生产和生活，与社会的进步有着十分密切的关系，当人类的祖先发现水可载舟、畜会驮物、轮能行车，当他们懂得用一头猎物去换取一袋食物、一件饰品时，也就出现了运输。可以说，运输的历史与人类的文明史同样悠久，甚至运输的渊源可以追溯到以肩扛、背驮、头顶为主的以自己的身体作为唯一运输工具的早期人类历史。但是，真正意义上的规模、高效和系统化的现代运输则是伴随着工业革命而发展起来的。

18 世纪中叶，蒸汽机的发明使人类进入机器时代；

19 世纪初，蒸汽机轮船、火车与铁路出现；

1838 年，英国轮船“南阿斯”号和“大西洋”号横渡大西洋成功；

1825—1840 年间，英国初步形成铁路主干线……

人类跨入 21 世纪之际，现代运输业也经历了近两个世纪的发展，已经形成水运、铁路、公路、航空和管道五大运输方式并举、蓬勃发展的格局。

正如马克思所说：“交通运输业是逐渐地靠内河驳船、铁路、远洋轮船和电报的体系而适应了大工业的生产方式。”同样，交通运输业的变革、机器运输业的建立，反过来又给社会生产力以极大的推动，成为社会经济、政治和文化发展的一种社会物质基础。

在讲述运输经济学之初，让我们来考查这样一个案例。

案例 1－1

发展运输的意义

这也许是一个简单的问题：当运输效益调高导致运费下降后，产品中所含的运输成本占总成本的比例将会有怎样的变化？

你可能会马上作出回答：将会下降。因为这很明显。例如，A 地某产品的生产成本为 6 元/t，M 地距 A 地的运价为 2 元/t，即 M 地该商品的总成本为 8 元/t，其中运输成本占了 25%。当运费下降为原来的一半时，M 地该商品的总成本为 6＋1＝7 元/t，运输成本仅占了总成本的 1/7，即 14.3%，比原来下降了 10.7%。

可是现实经济社会中的问题并不这么简单。洛克林(Locklin)在他的《运输经济学》一书中通过下面的例子告诉我们，以上答案并不正确，或至少不是很周全的结论。

如图1-1所示，除了A地，还有B地也可以生产该产品，而且生产成本仅为4元/t，但它到M地的运价为6元/t。由于该产品从B地运到M地后总成本为10元/t，因此，A地该产品在M地因价格优势而独占市场。如果运价下降一半，则B地产品在M地的总成本也为7元/t，与A地产品相同。这就打破了A地产品独占市场的局面。B地产品运输成本占总成本的42.9%，大大高于A地产品。如按平分市场计算，M地该类产品中平均运输成本占总成本的28.6%，高于原来的25%。

因此，洛克林说："除非认识到运价降低会导致较多的钱用于运输，较少的钱用于生产，否则就没有了解改善运输的真正意义。"首先提出这一观点的是法国工程师杜波特(Dupuit)。他认为，运输工具发展的最终目的不应该是减少运输费用，而是降低生产成本。

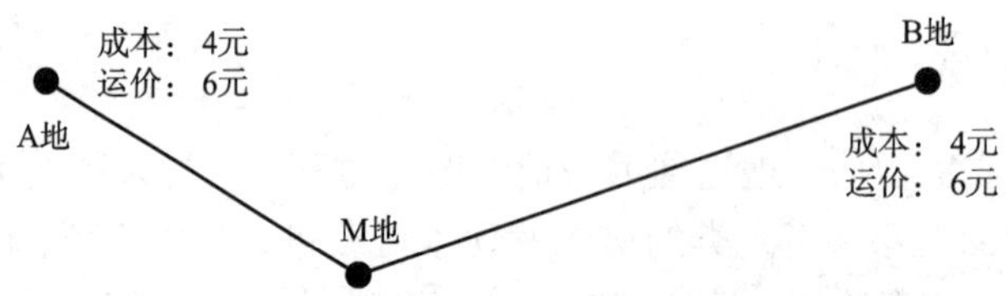

图1-1 运输成本与生产总成本关系的例子

如果上例中运费下降到原来的1/3，则M地该产品的总成本为6元/t，其中运输成本占33.3%，生产成本占66.7%。随着运输的发展，A地该产品不仅在M地甚至在其他地区也可能被淘汰。这就是高生产成本的产品在运输发展和区域开发进程中面临的抉择：要么改造产品，要么消亡。从另一个角度看，发达的运输条件是产业形成专业化生产的基础，正是现代强大的运输系统才有可能培育出超大规模和高效的专业生产群和庞大的商品市场。"市场的规模取决于运输成本"(Joseph E. Stiglitz 著《经济学》)则从另一角度诠释了上述案例。

（注：主要内容引自参考文献[1]）

1.1.2 运输业的发展

运输业的发展在相当大的程度上反映了人类文明的发展史，人类文明的每一次进步都与运输业的技术革命分不开。随着社会的发展，人们对交通运输的需求也迅速增长。从而形成了现代这种庞大和无处不在的交通运输系统。

1. 水路运输的发展

水路运输是最早形成的运输方式之一。早期，人类受水中浮物的启发，发明了将圆木挖空的船，即独木舟；而后随着经验的累积及造船技术的提高，建造出了以风力为动力的帆船。到了11世纪左右，出现了可跨洋运输的商船。由于我国古代发明的指南针被用于航海，也使航海技术得到飞速发展。18世纪，在帆船上使用了机械动力，使造船技术实现了重大突破。在19世纪中期又制造出以烧煤为动力、以螺旋推进器为主要机械装置的轮船。内燃机用于轮船，提高了其经济性和机动性。

当代水路运输发展的总趋势是：货物运输船舶的专业化、大型化和高效化，水上客运的旅游化、高速化和滚装化，以及水运管理电子化和航行安全系统电子化。

2. 铁路运输的发展

人类在陆路上最早的非人力运输是以牲畜为直接动力的畜力车运输，运输时由于有一定的载荷，原始状态下形成的路面无法承受，出现了车辙，影响道路运输的畅通，后来人们在圆木制成的车轮行驶的地方铺设了以石料为主的硬路面，或铺上木板，以减小行车阻力，这就是铁路的雏形。16 世纪前后，世界上首先在矿山采用了轨道，并使用了有轮缘车轮的车辆。钢铁工业的发展为铁轨和铁车轮的使用提供了条件。具有现代色彩的铁路运输是随着蒸汽机车的发明和锻铁铁轨的出现，于 19 世纪初开始投入使用的，由于铁路运输能高速、大量地运输旅客和货物，因而铁路建设得到了很快的发展，到了 19 世纪后半期，全球各大洲都大量建造铁路，使铁路成为陆路交通的主要运输工具。

当代铁路运输发展的总趋势是：牵引动力电气化、铁路客运高速化、大宗散货运输重载化、信息技术电子化。

3. 公路运输的发展

在陆路运输中最早形成的是人类在交往与生产过程中产生的天然小道。农业和畜牧业的分离使驯养的畜力取代了人力的原始运输，畜力车运输的发展对道路质量提出了新的要求，进而产生了人工建造的道路。在古代，我国为统一全国而修建的道路被公认为是世界上最早的公路雏形，为进行国际交往而形成的丝绸之路更成为世界陆路交通中具有划时代意义的里程碑。现代公路的雏形取决于汽车的产生和使用，以汽油机为动力的汽车对公路的标准及质量都提出了更严格的要求，大批量汽车的投入使用又极大地推进了公路建设的发展。

当代公路运输的主要发展趋势是：干线公路高等级化，汽车运输高效化。此外，公路运输技术发展的趋势还有公路设计、交通指挥控制管理和车辆诊断自动化，以及公路工程作业机械化等。

4. 航空运输的发展

航空运输是人类最向往的运输方式，也是实现较晚的运输方式。人类第一次离开地球在空中飞行用的飞行器是气球，以蒸汽机为动力的气球是飞艇的雏形，直到汽油发动机的使用，才使滑翔机的螺旋桨式的飞机成为现实。航空发动机技能的改进，增强了运输能力，延长了运输航程，提高了运输速度。20 世纪中期喷气式飞机的出现，较大幅度地增加了航行距离和飞行速度。航空运输已成为中远距离旅客运输的主要方式。

当代航空运输发展的趋势主要有：干线飞机巨型化、超高速化，安全性、舒适性进一步提高，安全保证系统自动化，空中交通管制现代化。

5. 管道运输的发展

从管道发展史来说，中国是最早使用管道输送流体的国家。早在公元前 200 年前的秦汉时期我国就已经出现了用打通的竹子连接起来输送水的管道。

现代管道始于 19 世纪。1861 年，美国开始出现世界上第一条运输原油的管道，长 57 km，1880 年和 1893 年相继出现 100mm 管径的成品油管道和天然气管道，第二次世界大战期间，美国在国内用两年多的时间修建了原油管道 2158km，成品油管道 2745km，此后，各种油气管道技术逐渐成熟，无论从工程规模、经济效益还是从技术水平来看，管道运输都已达到同其他运输方式相同的水平。

当今世界上总共有 200 多万千米的油气管道。由于石油资源经历了一个多世纪的开发，易于开发的地区已经进入低产期，石油开发的趋势是走向边远地区，随着修建管道的工程规模越来越庞大而艰巨，技术要求也越来越高。

从世界管道运输的发展来看，原油管道发展缓慢，成品油管道发展趋势明显，这一趋势是因各国原油产量衰减而转为进口中东和南美的原油造成的。原油进口主要依靠海运，因此，原油管道建设较少，而根据市场情况却对成品油的需求增加，这也促进了成品油管道的建设。

除了油气管道以外，还有固体浆液管道，它主要用于输送煤、赤铁矿、铝矾土和石灰石等。目前，在运行的世界著名的煤浆管道是从美国亚利桑那州北部里梅萨地区的露天煤矿到内华达州的英哈电厂的输煤管道。里梅萨煤浆管道从 1970 年 11 月建成投产以来，已经成功地运行了近 30 年，设计能力年输煤 500 万 t。目前，新的煤浆管道的输送工艺仍在研究之中。由于煤浆中煤水重量之比接近 1∶1，用水量过大，到终点以后要进行脱水才能供电厂使用，同时，脱水后污水的环境污染处理也比较困难，因此近年来，一些国家积极开展实际应用试验，即在煤浆中加入添加剂、减少掺水量，使其可以直接用作锅炉供料。

现在还有学者对真空管道进行研究，相信这项技术不久就可以问世。

6. 综合运输体系的发展

20 世纪 50 年代以来，人们逐渐认识到在交通运输的发展过程中，铁路、水运、公路、航空和管道这五种运输方式是相互协调、竞争和补充的，因此，需要进行综合考虑，以协调各种运输方式之间的关系，进而构成一个现代化的综合运输体系。综合发展阶段的重点之一是在整体上进行铁路、水运、公路、航空和管道运输之间的合理分工，发挥各种运输方式的优势。20 世纪 60 年代左右，铁路网的萎缩趋势已基本稳定，电气化铁路、高速铁路和磁悬浮列车的研制，使铁路运输终于走出了困境。20 世纪 60 年代以后发达国家运输总量的增长速度接近或略低于 GDP 的增长速度，而公路运输和航空运输的增长速度却依然大大高于 GDP 的增长速度；由于世界经济的发展未能摆脱对石油、天然气等的依赖，加上煤炭制浆技术和工艺的发展，以及液化、汽化技术的突破，为管道运输创造了良好的发展前景；集装箱运输的大规模发展不仅带动了航海运输，更主要的是促进了运输的一体化、自动化。另外，计算机技术、全球卫星定位技术、人工智能技术等现代科学技术正逐渐渗透到运输的各个领域，而现代物流和第三方物流企业的兴起也给交通运输业提出了新的发展要求。因此，调整交通运输布局、提高交通运输效率和质量已成为综合运输体系发展的主要趋势。

7. 我国运输业的发展

自改革开放以来，我国加快了运输业建设，已初步形成了横贯东西，沟通南北，联系世界，水、陆、空并举的综合运输体系。但是，从总体水平来分析，中国的交通运输业仍不能适应国民经济和社会发展的需要。根据我国地域辽阔、资源有限、人口众多、发展不平衡的社会经济状况，我国的交通运输业发展的总方针应确定为：以铁路为骨干，以公路为基础，充分发挥水运，包括内河、沿海和远洋航运的作用，积极发展航空运输，适当发展管道运输，建设全国统一的综合运输体系。发展统一的交通运输业应发挥中央和地方、内资和外资等各方面的积极性，以市场经济规律为指导，在交通运输业的建设中，实现交通运输业质的转变和运输能力增长方式的转变。

随着国民经济的持续、快速、健康发展，交通运输业进入了一个新的发展时期。公路、铁路、水路、民航及管道运输都有着广阔的发展前景，各种运输方式均应发挥各自的经济技术特长，优势互补，在国家宏观调控下，运用市场机制，形成全国统一和开放的综合运输体系，为我国社会发展和经济增长发挥更大的作用。

1.2 运输的意义及其产业特点

1.2.1 运输的一般意义

运输业负责完成社会经济生活中人与货物的空间位移，它具有多方面的意义和影响。

首先，空间位移量的增加与人类自身完善和成熟，与经济水平及生活质量的提高过程是一致的，交通运输的发展促进了不同地区之间人员和物质的流动，这有助于促进在语言、观念、习俗等方面差异很大的各地民族间打破各自的隔绝状态，进行文化交流，从而鼓励在饮食、卫生、教育、艺术、科技和一般生活方式上的互相交融，推进社会进步。

在政治方面，良好的交通运输条件使广阔地理区域上的政治统一成为可能。历史学家认为，是尼罗河的航运使古埃及在很多世纪以前就已经达到高度的文明；古罗马的建立则应归功于它早期形成的公路系统。在近代，美国联邦政府批准并支持修筑的横贯东西铁路，部分促成了国内战争时期加利福尼亚州留在联邦内部；加拿大横贯东西铁路的修建同样有助于西海岸的不列颠哥伦比亚省不在政治上与加拿大分离；在19世纪中后期，俾斯麦把众多独立的小州和公国统一到现代德国的过程中，铁路也起了关键性作用。

人类始终在不遗余力地扩大、提高和完善在空间位移方面的本领，实现人与货物空间位移的水平一向反映着人类克服自然阻力的能力。交通运输有力地推动了技术进步，在不断提高人与物位移能力的斗争中，运输进一步联系着代表未来的各种新技术、新能源、新材料。有人总结说，历史上任何具有革命性的现代运输技术，都是依靠世界上最强大的经济力量支持才出现的。例如，近年超导研究上取得了一些突破性进展，人们马上指出，超导技术可以用来建设高速低耗的轨道系统，提高运输效率；又如实现星际间人与物位移的航天技术也已经成为各国发展高技术的重点……现代科技的大量成果都被很快地应用到交通运输领域，人类文明的成果一次又一次体现在交通运输上。

运输还是国防建设的重要方面，无论是古代还是现代，运送部队和装备的能力都是决定战争胜负的基本条件之一。在今天，这种能力更是与各国的工业、经济和国防力量结合在一起，在国际对抗中起着越来越重要的作用。

还可以在其他方面找出交通运输的意义与影响，但我们更关心交通运输与国民经济发展之间的关系。

1.2.2 运输的经济意义

运输与经济发展间的关系，更是中外经济学家、经济史学家、经济地理学家和运输经济学家关心的中心内容。按照台湾学者唐富藏的看法，运输与经济发展之间的关系应该是运输经济研究范围内的“第一主题”。经济学家很早就已经开始对运输与经济发展的关系予以注意，对交通运输的意义或其对经济所产生的各种影响进行过大量分析。我们把各种意见归纳成以下几个方面。

1. 运输促进分工、大工业和规模经济的实现

亚当·斯密特别强调分工的作用，至于交通运输，他认为良好的道路、运河或可通航河流由于减少了运输费用，可以开拓更大的市场，从而推动劳动分工，于是他得出在“一切改良中，以交通改良为最有实效”的结论。我们已经知道，马克思对近代运输与资本主义大生产之间的重要联系也做过大量论述。理查德·索斯塔克在20世纪80年代论证了改善运输对当年工业化进程产生了重要影响，他认为标志着英国产业革命的几个特征（地区专业化、工业生产规模化、新产业迅速出现和技术革新明显加快），都可以用英国运输网在18世纪获得的巨大改善加以解释。他指出运输改善大大降低了生产成本和商品售价，同时改变了商品的供给曲线和需求曲线，因而成为能够在微观层次上说明工业革命发生的少数几个理由之一。

2. 运输在经济发展中起了突出的作用并与经济发展相互影响

很多学者特别突出交通运输在经济发展中的作用。例如李斯1841年就曾以英、法、美等国为例论述过运输革命对社会经济的巨大影响，这些国家“使全世界看到了运输便利对生产力的增长可以发生如何有力的影响，从而促成国家财富、人口与政治力量的增长”。J·西蒙1981年在论述了不发达国家经济发展的条件时，认为交通运输在多方面起着重要作用，他写道：“如果经济发展的关键因素只有一个，那么它不是文化，也不是制度和心理特征，而是交通运输和通信系统。”B·赫伊认为，运输与发展的关系是一种双向作用的过程，互相作用的成果如何取决于经济类型和发展的水平，运输的发展也在其中受到影响。赫伊说，任何地方都无法避开运输，就算是最遥远、最落后和人烟稀少的地区，某种形式的运输也仍旧是那里日常生活节奏的基本组成部分。他还认为，克服距离限制的代价是影响不发达国家进步的基本因素之一，而促进流动性的增加在任何地方都是社会经济发展计划的一个重要目标。赫伊认为运输是一个具有多维性质的问题，在经济、社会、政治和空间等各个尺度上都很重要，运输部门说得上是地理特征、经济历史、社会和政治体制以及发展水平和模式的集中体现。

印度经济学家D·潘德拉格在他的著作中论述了运输落后对发展中国家经济发展的不利影响，他写道，“我们发现那些工业化和技术发达的国家似乎永远有充足的运输体系，用以帮助、提高和刺激它们迅速增长的工业和科技。然而在印度，不幸的是我们有雄心勃勃的工业和科技发展计划，却一直没有使交通运输成为完好的经济部门。恰当地说，这是一个被忽视的经济活动领域，而这方面的研究工作也同样没有能找到问题的关键所在。”潘德拉格认为，距离只是对于克服它所必须花去的时间和费用才是有意义的，因而时间和费用成为度量交通运输的重要因素。他还认为，农业、工业、商业和运输是国家经济的四个重要部门，经济的迅速和均衡增长要求这四个部门同时得到发展，而没有完好的运输体系，农业、工业及商业的发展是根本不能想象的。他指出，交通运输是国民经济的命脉，是经济发展的基本需要和先决条件。

3. 交通运输是现代社会的生存基础之一

潘德拉格认为，“运输是人类文明的生命线，是构成支持经济增长的基础结构的一个重要组成部分。”索斯塔克认为，“只有根据一个经济社会移动物体与人的能力，我们才能理解其本身的运行。”阿·欧文分析了运输与发展的关系，认为尽管运输仅是经济增长的必要条件而不是充分条件，但人口与货物的流动性同国家的发展程度之间有着十分密切的联系。他认为世界上运输资源的配置严重不平衡，这导致目前极富国家和极贫穷国家之间出现经济增长方面的悬殊差距，而运输缺乏则是阻挡所有其他加速发展努力的障碍。

经济和社会的发展离不开人和货物的空间位移，但各国在不同经济发展阶段所提供的使人与物在空间上运动起来的能力在数量上和质量上有巨大差别。这不但决定于社会所能提供的物质和技术的手段，也决定于相应的生产和生活方式本身在数量和质量上所提出的运输需求。而运输业发展的历史，轮船、火车、管道、汽车和飞机的出现，就是一次又一次地用规模更大、更便宜(绝对地和相对地)、更方便、质量更高的运输方式，去满足这种不断变化的需求。用什么手段和什么速度完成人与物的位移，已经成为一个国家发达水平的重要标志，更成为人类文明程度的标志。运输网规模越大，越纵横交错，经济上就越发达，技术上就越先进。在世界上，没有一个经济大国不同时也是一个运输大国，也没有一个新兴工业国在进入先进国家行列的时候，不是同时更新了自己的交通运输体系。在某种程度上可以说，现代文明就是把更多的人和物用更快的速度和更节省的方法投入空间运动。另外，面对国际交通运输体系的形成，一个国家运输业发展水平与国际运输环境的匹配程度，也决定了这个国家在国际经济中生存和竞争的能力。

4. 交通运输是社会经济最重要的纽带和基础结构之一

哈努科夫详尽地讨论过运输与生产力布局的关系，分析了运输与农业和各个工业部门生产配置以及地区分工之间的相互影响。他认为，“运输是社会生产力的组成部分，同时也是物质资料生产的一般必要条件，它对生产配置和社会劳动生产力的水平有着巨大的影响。现代大生产要求按时地供应大量的原料、燃料和材料，并从生产地输出成品到消费区去。为了完成这个任务，就必须要有发达的运输业……运输业和所有各个国民经济部门是紧密地联系着的。生产规模、配置以及交换的性质，一方面决定着运输的工作量和配置，同时其本身又在很大程度上取决于运输条件。”他还说，“发达的运输业是实现合理的地理分工，实现企业专业化和协作的必要条件，是保证工农业之间、国家各地区之间的可靠、稳固的经济联系的必要条件。”

雷汀和梁況白1965年论述过交通运输对联系国民经济各部门的纽带作用，认为“通过交通运输，国家才能把中央和地方、沿海和内地、工业和农业、城市和乡村、生产和消费、这一部门和那一部门，联结成为一个严密的有机的整体”。他们还比较全面地分别分析了运输对保证工农业生产不间断进行的作用，对促进流通、保证人民生活消费的作用，以及对促进扩大再生产及生产力合理布局的作用等。方举也曾指出：“交通运输是社会生产必具的一般条件，是整个经济的主要基础。生产、分配、交换和消费，必须通过运输的纽带才能得到有机的结合。生产的社会化程度越高，商品经济越发达，生产对流通的依赖性愈大，运输在再生产中的作用愈重要。”

5. 交通运输构成国民经济的重要比例关系

社会在多大规模上、用多少资源去实现人与物的空间位移，是无法回避的社会经济最基本的比例关系之一。例如：西方发达国家当年都曾把比例相当大的投资用于修建铁路，在其后的运输网更新中，又继续投入巨额资金。一般在经济进入高速发展前后，交通运输投资在总投资中的比例会超过20%，有些高达40%～50%，还有研究说，很多发达国家在经济起飞时期交通运输和其他基础设施投资占国民生产总值的比例都达到10%。当年发达国家工业革命时运输业在国民生产总值中的比例是迅速上升的，美、英、德、法等国家都曾达到或超过10%，目前发达国家运输邮电业的比重一般仍在6%～7%之间，如果不计邮电，他们的运输业都超过或接近本国的农业的比重。前苏联及东欧国家和一些新兴发展中国家运输业在国民经济中的比例也多数超过6%。从事运输业和与运输业直接有关的劳动力，在经济发达国家劳动力总数中的比例也相当高，如美国为11%，前苏联为10%，法国甚至宣称以运输业为生的人约占全国人口的七分之一。运输业同时又是能源和物资的消耗大户，发达国家的运输能耗要占总能耗的15%～25%，例如，美国约25%，原西德20%，日本14%，法国16.4%，原东德约15%，前苏联10%。另外运输业也一向是钢铁、机械、电子、水泥、橡胶等工业产品的最大消耗者之一。居民平均生活费支出中交通费所占的比重在发达国家中已普遍接近或超过10%，而根据世界银行按各国人均收入分组，交通费比例最低的平均也有5.5%。据统计，美国每年支出的客货运费总额相当于其国民生产总值的20%以上，运输及与运输有关的各类资产总值约占到美国国民财富的三分之一，其他发达国家的数字也基本上与美国相当。

6. 交通运输是城市和经济布局形成的重要因素之一

德国人文地理学的奠基人F·拉采尔有过“交通是促使城市形成的力”的著名论断。提出城市和居民点分布“中心地理论”的著名地理学家克里斯塔勒也指出，交通运输是独立的经济因素，它起着“中间介质”的作用，使得物质的空间交换成为可能，必须通过运输去克服一定的距离障碍，这要付出高低不等的消耗，因此会在很大程度上影响到中心地市场到达的范围，进而影响到中心地的规模、居民点之间的距离空间分布等。W·埃萨德1956年在《区位与空间经济》一书中也曾指出：“在经济生活的一切创造革新中，运输工具的革新在促进经济活动和改变工业布局方面，具有最普遍的影响力。”

7. 运输是现代工业的先驱

在工业社会中，交通运输起到多面的作用：一方面，它通过不断扩大人与物空间位移的规模刺激流通，并使自己成为现代社会生存的基础；另一方面，它通过本身提出的巨大需求，又刺激其他部门生产的扩大，推动了工业和科技的进步。发展运输就是发展工业。100多年来，西方国家频繁地、不遗余力地扩大和更新他们已有的运输网，让他们的工业开足马力生产，使一代代的火车、轮船、汽车、飞机像潮水般地涌出工厂大门。结果随着运输业翻天覆地的进步，工业也以前所未有的速度发展起来。铁路、港口、公路和机场的大规模修建，促进了建筑业的崛起；运输业的巨大能源消耗，促进了煤炭和石油工业的兴旺；铁路和运输机械对金属的需求，使采矿业和冶金工业取得了迅猛发展；而各种运输工具的大量生产，则无疑极其有力地推动了机械加工工业的发展。此处运输业还是各种成熟技术应用的广阔市场，在吸收新技术上有巨大的潜力。交通运输就是这样以自己在各方面几乎是无限的需求，强有力地推动了资本主义大工业的前进。为运输业服务的建筑业、煤炭工业、石油工业、钢铁及冶金工业、机车车辆工业、造船工业、汽车工业、航空工业……无一不发展成为工业国家在不同时期的支柱产业。这是交通运输在支持和促进流通以外，从另一方面对工业化做出的巨大贡献。

例如，机械工业是工业化过程中一个最为重要的产业部门，而运输机械制造业一直是发达国家机械工业中发展最快、比例最大、出口地位最重要的部分。在铁路高潮时期的1907年，美国一年就生产7362台机车、5352辆客车和27.5万辆货车。可以想象，如此巨大的生产规模对美国当年的工业产生了多么巨大的影响。此后强大的造船、汽车、航空工业又相继发展起来，在各工业发达国中占有举足轻重的地位。据统计，各西方发达国家“运输设备”产值在全部制造业中的比例很长时期都在10%以上，是数一数二的，运输设备的出口能力也可以说明国家工业化的水平。值得注意的是，新兴工业国家在机械和运输设备的生产和出口方面增加很快，如进入20世纪70年代至80年代以来，巴西、韩国等国在汽车、造船等方面又迅速崛起，而以美国、日本为代表的主要工业国家则进一步实行产业更新，转向技术更密集、加工程度和附加价值更高的航空工业。

8. 交通运输能改变资源的分配状况

经济布局在很大程度上是一个空间运输状况的概念。一定的资源和生存空间在不同水平的交通运输系统支持下，其可承受的经济总量是不同的，交通运输系统越强，经济规模也越大。原因是某地理位置的经济可通达性一旦提高，就可以促使其资源和空间得到充分利用，对社会来说，则可以将各地的资源和空间更大程度地吸引到全社会的经济循环中来。经济学家早就指出了运输与土地利用及土地价格之间的关系，优良的运输可以使土地获得多种用途，而土地产出品的价值又决定于它在给定市场上的价格，这很大程度也建立在运输的基础上。这一原理对于其他自然资源的开发与价值实现也适用。自然资源在地理上的分布是不均匀的，交通运输状况和距离市场的远近对资源的开发及经济价值，往往具有决定性的影响。例如煤炭的大规模开发和使用与近代运河和铁路的出现是紧密联系在一起的。特大型矿石运输船则对澳大利亚和南美等地的铁矿石进入洲际贸易起了决定性的作用。水电资源的开发也都是由交通比较便利的发达地区和靠近耗能中心的位置向边远地区依次推进……现代运输可以改变传统的经济地理概念，即扭转自然力量规定的资源分配状况，使缺少资源的国家或地区处于使用资源的优越地位。

我国广大国土上的经济空间和自然资源的利用还很不充分，要逐步减缓经济空间结构的不平衡，其途径就是加强区域性基础设施建设，增强到欠发达地区的可达性，通过运输网的建设与完善，减少运输短缺对经济带来的不利影响，促进社会经济资源的合理配置。

9. 运输有利于降低与稳定物价

数百年来，交通运输在运费低廉化方面的持续进展，使得社会经济分工进一步深化、生产布局进一步合理和社会生产规模进一步扩大成为可能。工业化首先是依靠不断降低原来昂贵的运输费用，从而把越来越多的人和物投入空间运动才发展起来的。与畜力运输相比，水运与铁路的绝对费用是下降的；与水运和铁路相比，汽车和航空的单位运费绝对数是上升的，但由于运输质量的提高，由于在时间、损耗和包装等方面的节约，以及由于工业产品加工程度的深化、附加价值的增大和人均收入的提高，相对费用仍是下降的。

运输改善有利于价格的降低，因为它允许更多的生产者进入市场参加价格竞争。产品成本最低的生产者把其生产成本加上运输费作为自己商品的售价，其他卖主也就必须以此为基准制定相应的价格，以免在竞争中失利。由于地区专门化的作用，市场价格可能实际上是由远方的低成本供应者决定的，更多竞争者的参与也避免了价格的不适当提高，所以一般地说，充足的运输鼓励商品市场上的竞争和较低的价格。运输还有助于保持价格的稳定，但很多产品的生产在一年中是不均衡的，农产品在这方面特别明显。在运输不足的情况下，地区市场只能自产自销，这些产品在收获期的价格会跌得很厉害，而在其他时间价格就会上涨。但是运输却允许地区之间参加该市场竞争。在当地供过于求的情况下，产品可以运出，而在供给不足时，外地货源又可以运来满足需要，这样该产品的价格就有可能保持稳定。运输还在一定程度上决定了自然资源的价格。

10. 现代运输业具有多种属性

运输业是物质生产部门，又是公共服务业，属于第三产业，同时，它也是国民经济的基础结构之一。每一种属性都反映了运输业的一个重要侧面。“物质生产”强调运输在物质产品的价值创造和使用价值实现方面的作用。“公共服务”强调运输业的服务性质，它必须为社会生产服务，为消费者服务，这是运输业存在的前提。“基础结构”强调运输业是社会化大生产和现代社会的先决条件，强调交通运输建设必须与经济发展的水平相适应。

11. 交通运输有自己的经济活动规律

运输能力是国家财富和经济资源的一部分，但像任何物质财富的生产都有代价一样，交通运输也有代价。资源是有限的，人们不可能无限制地扩大人和物空间移动方面的便利，获得人与货物的空间位移和流动性的便利必然要付出代价。同样，由于人们的过失，也会造成运输方面的巨大浪费。社会把多少资源用于运输，必须符合适当的比例。而这个比例以及其相适应的运输结构的形成，都应该通过商品经济的择优机制完成。交通运输必须遵从商品经济的原则，有多少旅客和货物需要运输，使用什么运输方式，运多远，把多少人力物力资源用在运输上，都应该是市场的选择，即应以资源的节约和有效利用为出发点，以经济效益和社会效益最大为目标。

1.2.3 运输产业特征

1. 运输劳动并不生产有形产品

运输生产是一种特殊的物质生产，它不同于普通的工农业生产。工农业生产过程一般都是以一定的物品生产作为劳动对象，劳动者一方面通过自己的具体劳动改变劳动对象的物理、化学或生物的属性，创造有形的产品，即具体的使用价值，并且把物化在劳动对象中的价值转移到新产品当中去；另一方面又通过其抽象劳动，即脑力和体力的消耗，创造一部分新价值，凝结到产品当中去。这个有形的产品是商品，它是使用价值和价值的统一体。运输生产则不然，运输劳动者的劳动虽然也具有二重性，但作为具体劳动，它并不是、也不能改变劳动对象的物理、化学或生物的属性，而是保存它们原有的各种属性，不是创造新的使用价值而是使原来的使用价值完好无损地保存下来，只改变它们的空间位置。之所以如此，还因为运输业的劳动对象又与其他产业的劳动对象不同，其他产业的劳动对象只是物，而运输业的劳动对象不只是物，还有人，运输业就是按劳动对象的不同区分为货运和客运的。作为货物运输的抽象劳动，虽然也创造新价值，但这部分新价值不是通过新的使用价值去体现，而是追加到它所运送的货物原有的使用价值上，即它的劳动对象当中去，经过运输劳动之后，它的劳动对象的交换价值增加了，变贵了，说明它的价值量也增加了。这部分增加了的价值，既有运输劳动者抽象劳动创造的新价值，也有具体劳动所转移的运输生产工具等劳动的价值。

2. 运输过程是生产过程和消费过程同时进行的

在一般的工农业生产过程中，生产过程和消费过程是分开的，生产过程结束之后，总是要创造出一个有形的物质产品，即使用价值，而这个使用价值要经过分配、交换等一系列过程，才最终进入消费者手里进行消费。而运输生产并不创造有形产品，只是改变劳动对象的空间位置，所以运输生产过程同时也就是消费过程：对于运输供给者来说它是生产过程，对于需求者来说，它又是消费过程，两个过程是同时进行的。正如马克思所说：“运输业所出售的东西，就是场所的变动。它产生的效用，是和运输过程即运输业的生产过程不可分离地结合在一起的。旅客和货物是和运输工具一起运行的，而运输工具的运行，它的场所变动，也就是它所进行的生产过程。这种效用只能在生产过程中被消费，它不是一种和生产过程不同的，只有在生产出来之后才作为交易品执行职能，作为商品来流通的使用物。”由于运输产品完全是由运输生产者自产自销的，因此只能满足当时当地所发生的运输需求，它不能像工农业产品那样可以调拨、可以储存，运输产品是无形的，既不能调拨也不能储存。

3. 运输劳动对自然条件的依赖性很大

运输生产不同于其他工业生产，它不能摆脱对自然条件的依赖，如飞机只有在允许的气象条件下起降和飞行，轮船也只有在适航的海域和航道才能航行，如此等等。运输作业的绝大部分又是在露天进行的，因此风险性较大，安全问题十分突出。运输业的工作场所、运输设备及工作人员分治性很大、流动性很强，点多、线长、面广，因此运输业的经营管理也不同于其他部门。

4. 运输业具有资本密集型特征

因为运输业并不生产有形的物质产品，它无须为自己的劳动对象预付一个原始的价值，所以构成运输业的资本与其他产业不同，只包括垫付在劳动资料和劳动者方面的资本这两部分。这就造成运输业中固定资本所占的比重异常巨大，资本的有机构成比一般产业要高，不论是运输线路的修建，运河的开凿，航道的疏浚，场、站、港等基础设施的建设，还是运输设备的购置，都需要大量甚至是巨额的投资，因而运输业具有资本密集型的特征。

5. 运输业具有网络经济特征

运输业网络经济是指在一定的条件下，随着运输总产出的扩大引起平均运输成本下降的现象。它是运输业规模经济与运输业范围经济共同作用的结果。运输业规模经济可以从运输网络的幅员大小、运输线路的长短、线路通过能力的大小、客货发送量的多少、中转能力的高低、运距的长短等多方面来分析和理解。运输业范围经济可以通俗地理解为多产品经济，即生产多种运输产品与生产单一运输产品相比可以使平均成本下降。在载运工具使用中，客货混用的情况也十分常见，如铁路支线上的混编列车、水运中的滚装船等。即使同一专用货运工具如集装箱，也往往可以将多种货物混装在一起，即使是火车客运专列，通常也挂有行李车和邮车。如果把每一件货物、每一个旅客看作是一个运输产品，那么，运输业是提供极端多样化产品的产业。这种无处不在的范围经济特征与前述的具有多种表现的规模经济特征混合在一起，两者交叉作用的结果就使运输网络经济特性十分显著，每提供一个多样化产品、每扩大一种生产规模，都可以使平均运输成本下降，因而网络经济可以有多种表现形式。

1.3 运输经济学的发展和研究内容

1.3.1 运输经济学的发展

1. 国外的发展情况

(1)第一个阶段——缓慢发展阶段

运输经济学的早期研究是由西方经济学家开始的。早期的经济学家在运输对城市的发展、运输费用对空间区位的形成、运输投资与运价问题等多方面进行了探讨，并著文论述。1844 年法国经济学家杜比特发表的以费用—效益观点研究运输投资和运价问题的《论公共工程的效用》，被认为是第一篇提出边际概念的经济学论文，也被后人认为是第一篇运输经济学专论。

随着运输工具的革新，铁路作为新的交通运输工具出现在运输业大家庭中，在运输速度与运输量上的大大改进使铁路逐渐在运输业中占据统治地位，这就吸引了更多的经济学家加入对运输经济问题的研究，特别是对铁路的投资、铁路的经营管理以及国家对铁路的管理等方面做了越来越细致的研究。例如，1850 年英国教授拉德那出版了《铁路经济》一书，这本书的副标题是"论一种运输新技术，它的管理与展望，并通过铁路在英国、欧洲及美洲的运营结果说明它与商业、金融和社会的各种关系"。在此书中，拉德那教授讨论了运输进步的历史及其影响，谈论了铁路的各种运营、成本、运费和利润等问题，还讨论了铁路与国家的关系。

(2)第二个阶段——发展起步阶段

在这一阶段中，新的运输工具汽车运输的盛行，民航的崛起，以及政府对于公路、铁路、港口建设的重视，继铁路运输之后再一次改变了运输的现状。而这一变化理所当然地要映射到运输经济学上。

特别要注意到的是，在这个阶段中，国家在对交通设施方面投资之前要进行评估，并由此产生了一系列的经济分析方法。其中，美国的约翰逊等人出版的《交通运输：经济原理与实践》，开始全面讨论包括铁路、水运、公路、航空和管道各种运输方式的运输经济问题，包括它们之间的竞争和协作。

第二次世界大战之后，运输业的发展以及经济学在微观和宏观方面的进步，推动了越来越多的经济学家加入到对运输经济学的研究。这一时期的经济学家开始综合讨论各种运输方式的发展、竞争、定价原理、经营、国家对运输业的管理和运输政策等。

第二阶段运输经济学发展的重要标志包括：20 世纪 30 年代小汽车开始盛行，20 世纪 40 年代民航运输业崛起，运输部门成为最具现代化的部门，交通拥挤现象凸现。

战后实行对落后国家的援助大部分用于公路、铁路、港口等交通设施，事前必须进行评估，形成了一系列的经济分析方法。1935 年，洛克林所著的《运输经济学》标志着运输经济需从福利经济学等学科中分离出来，正式成为一门独立的应用经济学；1940 年，约翰逊所著的《交通运输：经济原理与实践》，开始全面讨论各种运输方式的运输经济问题，包括它们之间的竞争与合作。

(3)第三个阶段——迅速发展阶段

20 世纪 60 年代之后，西方国家在运输规划方面的可行性研究和环境影响研究，吸引了很多专家参与其中，这使得运输经济学在投资和成本—效益分析方面取得了较快进展。在这个阶段，由于世界银行在运输方面的贷款项目，以及发展中国家遇到的交通运输问题也引起了经济学家的注意，他们着重研究运输与经济发展之间的关系。

这一阶段的突出标志是：1958 年，梅耶所著的《运输业中的竞争经济学》考察了当时运输部门中的资源分配水平，并进行严格的统计分析；1966 年 US DOT 成立，规定所有需要联邦政府补助的运输规划都必须进行经济可行性研究及环境影响研究。以上主要研究领域包括：①国家运输政策(包括发展中国家交通援助问题)；②城市交通问题(拥挤问题、城市交通与土地利用)；③运输产业分析(组织、竞争、收费)；④投资项目评估(成本收益分析技术 CBA)。

(4)第四个阶段——框架基本建立阶段

20 世纪 70 年代至 80 年代以后，世界经济在能源、环境等方面的危机提出了新的运输经济课题，同时西方国家的运输业管理政策也发生了很大改变，对这些问题的探讨逐渐反映到运输经济学著作中。这个阶段西方运输经济学著作既有综合性的著作，例如，美国桑普森等人所著的《运输经济——时间、理论与政策》、哈帕尔的《美国运输：使用者、运送者和政府》、英国布特恩所著的《运输经济学》，还包含一些专门性著作，像航空经济、海运经济、客运、城市交通、运输与能源、运输与土地利用以及各国运输政策分析等，其中城市交通的规划研究发展很快，著作数目比较多。

这一阶段的突出标志是：1978 年桑普森等人著述的《运输经济——时间、理论与政策》，1982 年布顿等人著述的《运输经济》，1984 年哈帕尔的《美国运输：使用者、运送者和政府》，前苏联出版的一系列以计划经济作为主线的教科书，我国受前苏联影响也出版了一批关于运输经济、公路运输经济学、航空经济的著作。

(5)第五个阶段——主流化阶段

在这一阶段中，西方对于运输经济学这一学科已经有了公认的理论依据，并且能够将大量的经济计量方面运用到对运输经济问题的分析当中。在一定程度上，这个阶段的运输经济学开始为其他运输学科提供必要的经济理论基础。在开展运输地理研究、进行运输规划、从事工程设计和施工，以及经营管理运输企业之前或之中，运用运输经济学的理论知识分析问题的本质，对于运输事务的发展趋势有一定的预见能力，并作为决策的重要参考依据。在这个阶段中，所应用的经济学分析方法有：1990 年，唐富藏所著的《运输经济学》，将大量微观经济学分析方法应用到交通运输分析当中；1993 年，布顿所著的《运输经济》再版，对运输的经济特性做了较深入的探讨，涉及经济区位、运输部门的规模和效用、外部性、政府管制等相关内容；1997 年波耶尔所著的《运输经济学的原则》，把运输经济分析建立在运输业网络经济特性的基础上；2001 年，麦卡锡所著《运输经济理论与实践》，以案例为主进行分析。

通过对以上运输经济学发展的五个阶段分析来看，特别是前三个阶段，运输经济学的发展与运输主体，特别是运输工具的革新有很大的关系。运输工具的革新，推动了运输业的蓬勃发展，吸引了经济学家关注运输经济问题。同时，运输业的发展，使得其在国家经济领域中所占的比例越来越大，影响越来越重要，既与关系国家命脉的行业息息相关，又直接影响国民的安居乐业。

其次，运输经济学的学科性质定位于应用经济学的分支，在其发展轨迹中不难看出，运输经济学的出现不仅仅与运输的发展相关，又直接受经济学发展的影响。所以，运输经济学的发展，不仅仅要关注经济学方面的内容，更多的是要将有效用的经济计量方法和工具应用到运输经济学这一学科当中；同时，也要密切注意运输业的发展，充分积累与运输业有关的经济实践，同时挖掘潜在有效的经济理论及工具，促使运输经济学逐渐完善起来。

第三，在运输经济学发展过程中，由于发达国家与发展中国家的基本国情不同、外部环境不同，导致各国的运输经济发展模式不同。在发达国家，如英国，基础设施是先行发展的，属于供给主导型；而在美国，运输基础设施与物质生产保持均衡的适应状态，属于均衡发展型；但在发展中国家，运输基础设施建设滞后于直接性的物质生产发展，属于需求主导型。这就使得不同国家的运输经济发展模式不同，上述模式对于相同发展时期的不同国家的运输经济模式有极大的借鉴意义。

2. 国内发展情况

(1)学科发展历程

我国从20世纪20年代后期和30年代开始引进西方的运输经济学，先后出版了《交通经济学》《铁路管理学》等著作，介绍运价、运输成本、财务会计和运输统计等方面的原理。新中国成立以后，新中国的运输经济学理论主要是向前苏联学习的，结合中国实际也编著了一系列运输经济学教材和专著，80年代前后又陆续出版了《铁路运输经济》《公路运输经济学》《航运经济》《中国运输布局》《中国交通经济分析》《中国的交通运输问题》等一批著作，其中一些分别讨论各部门内部的运输经济、管理活动和体制改革，另一些则体现了对当时综合宏观运输经济问题进行研究的成果。

到了20世纪90年代，运输经济学学科理论体系逐渐完善。其中代表性的著作有：《运输经济学导论》(主编：许庆斌，荣朝和，马运等. 1995)，《运输经济——实践、理论和政策》(赵传运，荣朝和，马运等译. 1989)，1999年上海海运学院陈贻龙教授和长安大学邵振一教授主编的《运输经济学》，乔乐中的《运输经济学》(成都科技大学出版社，1993)、赵锡铎的《运输经济学》(大连海事大学出版社，1998)、关楚渡的《新视域运输经济学》(人民交通出版社，2002)和荣朝和的《西方运输经济学》(经济科学出版社，2002第一版，2008第二版)等。

(2)学科发展的问题

尽管运输经济学在我国取得了很大的发展，但仍然有不少学者认为这些年我们在运输经济学理论创新，特别是学科体系改造方面的成果远不能让人满意。突出的表现是运输经济学科时代特征最明显的“载体”——教科书，还存在以下一些明显的问题：

第一，过去的运输经济学几乎纯粹是政治经济学的部门经济学，把它的指导思想概括为仅仅阐述政治经济学所揭示的规律在运输部门的体现。有些运输经济学者即使不同意这个说法，但在实际上却无力摆脱这一束缚。这种状况必然不能与国际上经济学发展的主流相适应，特别是不能与宏观经济学和微观经济学相衔接。

第二，过去的运输经济学是以集中计划体制作为主体结构。曾被我们长期借鉴的前苏联运输经济学，它们的思路是停滞的。几乎无例外地以“计划作为全书主线”。这种以计划体系为主的情况在我们这里是完全类似的，我们当然可以允许在学术上有个运输经济的“计划学派”，但是，这种思想体系的教科书也许只能反映过去时代的传统计划体制，而不能给读者以比较充足的运输经济的科学知识。

第三，过去的运输经济学教材都以一种运输方式为研究对象，或者以一种运输方式为主要研究对象，没有形成综合性的运输经济学体系，各种运输方式是相互联系、相互补充的，抽去了它们的共性，过于强调它们的特性，就不免使运输经济学加重了工艺性和技术性色彩，从而出现弱化理论研究和政策研究的倾向。当然，我们不反对有“铁路运输技术经济学”、“公路运输技术经济学”和“水运技术经济学”，等等；但是用“运输经济学”命名的教科书，终究应具有各种运输方式的综合性特征，否则，就不可能给读者以整体的运输经济科学知识。

第四，过去的运输经济学教科书中，具体的业务知识占有很大分量，从而使它的内容同各种具体的经济业务课程相重复。在运输经济学科的课程体系中，适当的交叉是不可避免的，但主要内容的重复却是不能容忍的。如果运输经济学与计划、价格、财务、劳动工资、统计等互相重复，运输经济学本身必然产生危机。

第五，近年来的一些运输经济学教科书中，开始逐渐引入西方运输经济学的学科体系，这是对传统运输经济学教科书的重大突破，但书中引用的案例也多源自西方发达国家的运输经济问题。这固然有助于读者对经济学基本原理的把握，但我们也应该看到，中国经济的发展，走的是一条西方发达国家未曾经历的新路，因此，中国的运输经济学问题，有着与西方发达国家不完全相似的社会背景，需要我们投入更多的时间和精力方能剖析机理、探寻真谛。

1.3.2 运输经济学的研究内容

运输经济学的研究范围很广，研究内容也随着历史的发展而不断充实与丰富。作为一门相对独立的科学体系，在总结运输经济发展与运行的客观规律、指导现实的经济活动中发挥着越来越大的作用。

目前运输经济学的研究内容大致可以分为以下几个方向：

①运输的发展及意义，包括运输发展过程、规律、趋势和它在经济的作用、意义等；

②运输需求与供给，包括运输需求与供给分析、需求与供给均衡理论等；

③运输成本和价格理论，包括运输成本概念和组成，运输价格的组成、制定和管理；

④运输市场，包括市场基本理论、国内运输市场和国际运输市场的分析等；

⑤运输企业，包括运输企业性质、特点、经济功能、运输业经济管理和发展战略等；

⑥运输政策，包括运输政策的演变、历史评价、各种运输政策的研究等。

⑦运输项目投资、评估和经营，包括运输业及基础设施的投资立项、成本效益分析评估、经营等；

⑧城市运输问题，包括城市交通运输分析、资源配置、经济评价及交通拥挤问题等。

⑨运输与可持续发展，包括运输与环境、运输与安全、运输与能源、运输与土地利用等。

研究领域的扩大，反映出交通运输与现代社会经济的联系越来越紧密，越来越重要，也反映出运输经济学在我国开始走向成熟。

重点与难点

重点：运输的一般意义和经济意义。

难点：运输效益提高、运费下降导致运输成本占总比的比例变化情况。

思考与练习

(1)举例说明：“运输工具发展的最终目的不应该是仅仅减少运输费用，而是降低生产成本。”

(2)交通运输对经济的发展有何影响？

(3)运输经济学目前包括哪些主要研究领域？

第 2 章

运输需求

2.1 运输需求的概念及特征

“需求”与“需要”是两个不同的概念。从经济意义上讲，有支付能力的需要，构成对商品或服务的需求，因此，运输需求是社会经济生活在人与货物空间位移方面所提出的有支付能力的需要。显然，有实现位移的愿望和具备支付能力是运输需求的两个必要条件。我们用一个简单的例子来说明运输需求与运输条件和社会经济活动的关系。

假定有 A、B 两地被群山隔开，它们之间只有崎岖的山路相连，B 地是一个农产品生产和加工中心，有过剩的农产品，A 地是一个工业城市，本身不生产农产品，显然，对于 A 地来说，如果能花费一定的费用，把农产品运到城市 B，则 B 是一个很好的农产品销售市场，在这种情况下，可能会有少数商人，不辞辛苦，用马背驮着农产品将其运到城市 B，显然，这些农产品的价格肯定要比在 A 地贵得多，因为运输条件极其艰难，人力物力的消耗很大，其结果是，在城市 B 只有少数人能买得起这种外来的高价农产品。

第二种情况，两地之间修了一条小路，可以走马车。用马车运送农产品比用马驮费用和时间减少了很多，这样，农产品在城市 B 的售价降低，较多的居民愿意购买，A、B 之间的运输需求也增加了。

第三种情况，A、B 间建成了一条简易公路，小型卡车可以通行，这使得运输费用更为下降，商人有可能以相对低的费用，将大批农产品运到城市 B，农产品在城市 B 的价格进一步降低，使更多的人消费得起。可以想象，如果 A、B 间的运输条件进一步改善，运输费用会进一步下降，两地间的运输需求也则会相应增加。

这一例子中 A、B 之间运输需求的变化可以用图 2 - 1 来表示。

从 2 - 1 图中可以看出，由于运输条件的改善，导致城市 B 农产品价格下降，对农产品的需求量增加，引起运输需求增加。A、B 间运输需求是随着运输条件的变化而变化的。

如果把图 2 - 1 中的横坐标换成运输费用，如图 2 - 2 所示，运输费用随着运输条件的改善而降低，这样，图中的曲线代表运输需求与运输费用之间的关系，运输费用降低，运输需求增大。

我们还可以看出，A、B 两地间的运输需求除了受前面谈到的运输条件或运输费用的影响之外，还受城市 B 农产品市场需求的制约。事实上，如果城市 B 对这类农产品的需求很少或根本不存在，不论城市 A、B 间运输条件如何改善，A、B 间根本谈不上这类产品的运输需求，因此，A、B 间的运输需求在某种程度上决定于城市 B 对产于 A 地的农产品的需求。

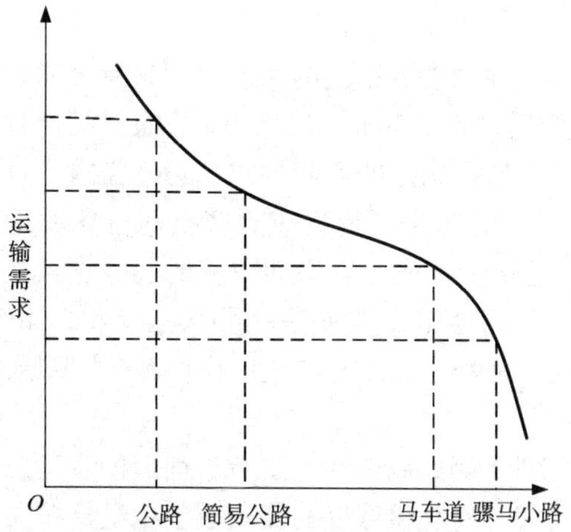

图2－1　运输条件对运输需求的影响

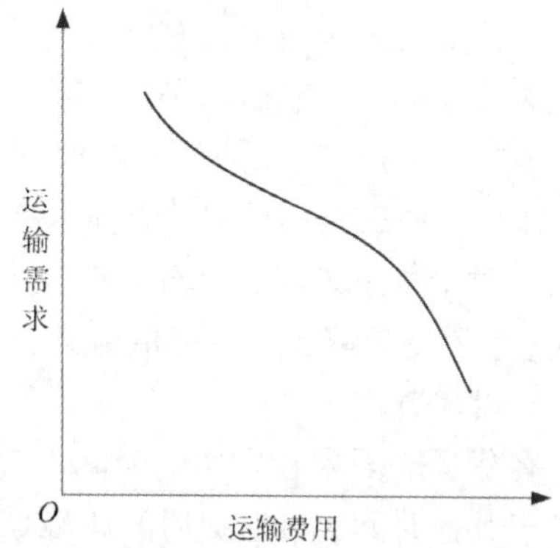

图2－2　运输费用对运输需求的影响

运输需求与其他商品需求相比有其特殊性，这种特殊性表现在以下几个方面。

1. 广泛性

经济活动的空间独立性及其相互关联性的存在，生产与消费、供给与需求的普遍存在与相互分离，决定了运输需求的广泛性。人类克服空间距离的阻隔而从事经济社会活动几乎是一项无时不有、无处不在的经常性工作，而这种努力总是以人员、货物的流动为标志的，由此产生运输需求广泛存在的客观物质基础。运输业作为一个特殊的物质生产部门，是任何经济社会活动赖以存在的基础，无论是宏观经济活动、中观经济活动，还是微观经济活动，无论是人们的生产活动，还是社会活动及文化交往，莫不如此。所以，运输需求广泛地存在于人类的各种活动之中，并随着人类经济社会活动的发展变化而变化。

2. 多样性

货物运输服务提供者面对的是种类繁多的货物。承运的货物由于在重量、容积、形状、性质、包装上各有不同，因而对运输条件的要求也不同，在运输过程中必须采取不同的技术措施，如石油等液体货物需用罐车或管道运输，鲜活货物需用冷藏车运输，化学品、危险货物、长大货物等都需要特殊的运输条件。对于旅客运输需求来说，对于服务质量的要求也是多样的，由于旅客的旅行目的、收入水平、自身成分等方面不同，对运输服务的质量要求必然呈多样性。因此运输需求不仅仅是一个量的概念，它还有质的要求，安全、速度、方便、舒适、满足物流效率的要求等是运输质量的具体表现。运输服务的供给者必须适应运输质量方面多层次的需求。

3. 派生性

运输需求大体上是一种派生性需求。在经济生活中，如果一种商品或劳务的需求是由另一种或几种商品或劳务需求派生出来的，则称该商品或劳务的需求为派生性需求。引起派生需求的商品或劳务需求称为本源性需求。派生性是运输需求的一个重要特点。显然，货主或旅客提出位移要求的目的往往不是位移本身，而是为实现其生产、生活中的其他需求，完成空间位移只是中间一个必不可少的环节。我们在前面A、B两地运输需求的例子中，对这个问题进行过分析。但是，客运在生活水平比较高的国家和地区也会在一定程度上成为本源性的需求，例如人们以乘坐各种交通工具途经不同的线路作为自己的旅行目的之一。

4. 空间特定性

运输需求是对位移的要求，而且这种位移是运输消费者指定的两点之间带有方向性的位移，也就是说运输需求具有空间特定性。如前所述，市场需求在城市 B，而农产品产地在 A 地，这就决定了运输需求必然是从 A 地到城市 B，带有确定的空间要求。运输需求的这一特点，构成了运输需求的两个要素，即流向和流程。流向是指货物或旅客空间位移的地理走向，即从何处来到何处去；流程也称运输距离，是指货物或旅客空间位移的起点止点之间的距离。对于货运来说，运输需求在方向上往往是不平衡的，特别是一些大宗货物，如煤炭、石油、矿石等，都有很明显的流动方向，这是造成货物运输量在方向上不平衡的主要原因。

5. 时间特定性

客货运输需求在发生的时间上有一定的规律性，例如周末和重要节日前后的客运需求明显高于其他时间，市内交通的高峰期是上下班时间，蔬菜和瓜果的收获季节也是这些货物的运输繁忙期，这些反映在对运输需求的要求上，就是时间的特定性。运输需求在时间上的不平衡引起运输生产在时间上的不均衡。

时间特定性的另一层含义是对运输速度的要求。客货运输需求带有很强的时间限制，即运输消费者对运输服务的起运和到达时间有各自特定的要求。从货物运输需求看，由于商品市场千变万化，货主对起止的时间要求各不同，各种货物对运输速度的要求相差很大，对于旅客运输来说，每个人的旅行目的和对旅行时间的要求也是不同的。

运输需求的时间特定性引出运输需求的两个要素：运输需求的流时和流速。流时是指运输需求对空间位移起止时间的要求，流速是指运输消费者对货物实现位移全过程中运输速度的要求。运输速度和运输费用是呈正比的，运输服务消费者必须在运输速度和运输费用之间进行权衡，以尽量小的费用和尽可能快的速度实现人与物的位移。

6. 部分可替代性

一般来说，不同的运输需求之间是不能互相替代的，如人与物的位移需求不能互相替代，不同目的地的运输需求也不能相互替代，不同品类的商品的运输需求也不能相互替代，但是在某种情况下，却可以对某些不同的运输需求作出替代性的安排，这当中有以下两种情况：

一是“外部替代”，即指某种运输需求有时可以由运输以外的空间位移方式来替代。如煤炭的运输可以通过建立坑口电站、架设长距离高压输变电线路来替代；在工业生产方面，当原料产地和产品市场分离的时候，人们可以通过生产位置的合理确定使运输成本降到最低限度；人员的部分流动在一定的情况下可以由现代通信手段来替代。

二是“内部替代”，即指同一运输需求有时可以通过不同的运输方式来满足。由于货物运输需求是以货物的位移为目的，铁路、公路、水运、航空、管道等五种运输方式都具有这种功能，五种运输方式中，前四种都可以进行人员的位移。因此，从理论上说，不同运输方式相互之间的可替代性是显而易见的。如石油的运输可以通过铁路，也可以通过公路和管道运输，尤其是在某一运输通道中，同一运输需求完全可以通过不同的运输方式来满足。虽然不同运输方式都有自己的技术经济特点，随着交通网的不断完善，各种运输方式之间的分工日益明显，在实际运输活动中，人们总是选择最适当的运输方式来满足运输需求，但不同运输方式之间的部分可替代性是客观存在的。

我们粗略总结了运输需求的广泛性、多样性、派生性、空间特定性、时间特定性和部分可替代性六个主要特征，从中可看出运输需求包括流量(运输需求量)、流向、流程、流时和流速五个要素。此外，对总运输需求而言，还有运输需求量的构成这一要素，它反映着各种运输方式间或各层次运输服务质量间运输需求量的比例。

2.2　运输需求函数及需求弹性

2.2.1　运输需求函数

为了定量研究运输需求与各影响因素的关系，需引入运输需求函数的概念。运输需求函数是用函数形式表示运输需求量与影响因素之间的数量关系。

运输需求的大小通常用运输需求量来描述，运输需求量是指在一定时间、空间和一定的条件下，运输消费者愿意购买且能够购买的运输服务的数量。根据研究的目的和范围的不同可分为：从时间上说，可以是一年、一个季度、一个月等的运输需求量；从空间上说，可以是一个国家、一个地区、一条线路或一个方向的运输需求量；从运输方式上说，可以是各种运输方式的总需求量，也可以是某种运输方式的需求量；在运输对象上，可以是总货运需求或分货种的运输需求或客运需求等。“一定的条件”是指影响运输需求的诸多因素，如工农业生产规模和速度、资源分布及生产力布局、运输服务价格、人口等。

运输需求量可以表示为影响它的诸多因素的函数：

$$Q=f(p, a_1, a_2, \cdots, a_n) \tag{2-1}$$

式中：Q——运输需求量；

p——运输服务价格；

$a_1, a_2, \cdots, a_n$——除了运价以外的其他影响因素。

式2-1是运输需求量的一般表达式，但这种需求函数仅是运输需求函数的抽象形式，并没有表示出自变量与运输需求量之间的具体数量关系，只有通过经济分析及数量分析，才能得到可以实际应用的运输需求函数。这一过程主要有以下几个步骤：

①通过分析选择最重要的影响因素引入需求函数。如上所述，影响运输需求的因素很多，各影响因素之间又相互关联，应根据运输需求分析的目的，精选能量化的最重要的影响因素作为需求函数的自变量。

②用适当的指标，把引入需求函数的影响因素量化。如经济发展水平、居民生活水平、运输服务价格等必须用相应的指标表示，确定运输需求函数的自变量。

③自变量数据的取得与处理。数据的取得可通过查找历史统计资料，也可通过适当的经济推算。由于有些数据的统计口径、指标范围、指标含义等不同，它们必须经过加工处理，才能用于需求函数的建立。

④参数估计。用取得的自变量、因变量数据，通过数学方法，对需求函数中的各参数进行估计，得到运输需求函数，并对其进行统计检验。

⑤用所得到的需求函数进行运输需求分析、预测。

⑥对已有运输需求函数进行实际检验，并根据具体情况加以修正。

运输的需求量表现为运量与周转量两个方面。运量是指运输的旅客和货物的数量，是以人次、吨为单位的，周转量则还要反映运输距离上的指标，它等于运量与运距的乘积，以t·km或是人·km为单位。一般情况下，运输需求量用周转量这个指标来表示。

2.2.2 运输需求曲线

运输需求曲线是假定在运输服务价格以外其他因素均保持不变的条件下，反映需求量与价格之间关系的曲线。在一般情况下，如果运输服务的价格下降，则需求者对于运输的需求量将会增加，反之则减少。如图2－3中所示 DD 曲线，表示在其他条件不变的情况下的需求曲线。需求量的变动是指运输需求对于运输需求量因运价涨落而发生的变化，其变动是沿一条既定的需求曲线从某一点移至另一点。

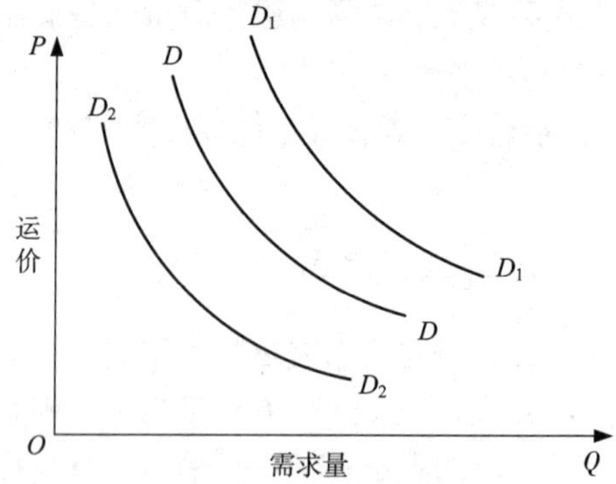

图2－3 运价需求曲线示意图

当运价以外的其他条件发生变动时，也会导致整条需求曲线发生变动，如需求增加，则 DD 曲线右移至D_1D_1；当需求量减少，则 DD 曲线左移至D_2D_2。

有了运输需求曲线，就可以研究运输需求量的变化。

运输需求量与运输需求是两个不同的概念。运输需求不表示确定的某个数量，而表示需求量与运价之间的对应关系的总和，给定这样一个对应关系，可描绘出一条运输需求曲线，运输需求量则表示在某一确定的运价水平上，消费者愿意购买的运输服务的确定数量，它对应于需求曲线上的一点。当非价格因素不变时，由不同运价水平下的不同需求量构成一条曲线表示一种运输需求，在这条运输需求曲线上，不同点的运价是不同的，但非价格因素是相同的，换句话说，即是当非价格因素不变时，运价的变化导致了运输需求量的变化，而运输需求不变，但当非价格因素发生变化时，运输需求曲线将产生位移，这种由非价格因素变化引起的曲线的移动就是运输需求的变动。如果运输需求发生了变化，即使价格不变，运输需求量也会发生变化。

如果用数学语言描述，运输需求的变动，是需求函数的参数发生了变化，是曲线的移动；运输需求量的变动则是一定函数关系下，自变量引起的因变量的变化，是在一定曲线上的移动，如图2－4和图2－5所示。

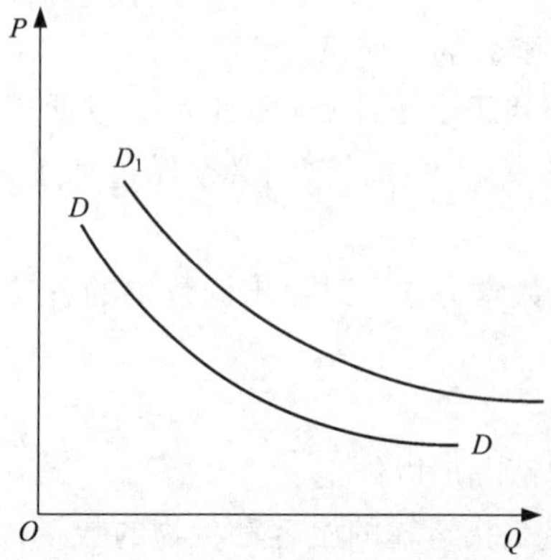

图2－4 运输需求的变动

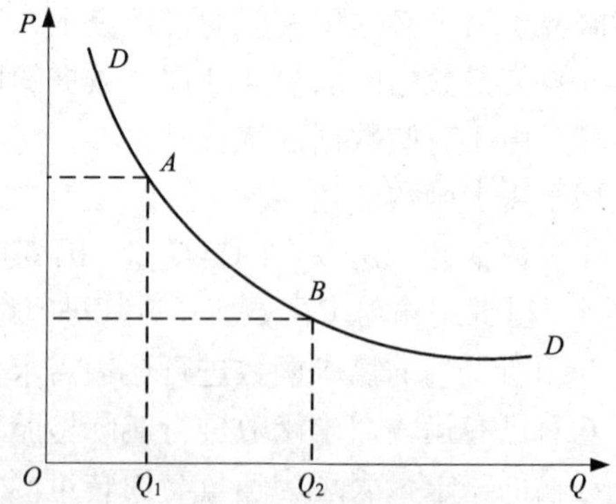

图2－5 运输需求量的变动

2.2.3 影响运输需求的因素

在运输需求函数中，客运需求和货运需求分别有各自的影响因素。

1. 影响客运需求的主要因素

(1)人口数量及构成情况

客运需求的变化与人口数量呈正比关系，人口数量的增加必然会带来客运需求的增加。城市的客运需求就要比农村高出许多，我国目前城市化进程的加快，必然会带来更大的旅客交通压力。此处人口的年龄构成、性别构成、文化程度构成也会对客运的需求产生不同程度的影响。

(2)居民收入水平

运输需求的产生基础在于移动的需要，但必然需要居民有支付能力的支持。以人均收入指标反映居民生活水平的高低对于客运需求的影响很大，居民经济收入的提高，必然会带来更大的探亲访友、旅游观光以及文化娱乐等方面的出行需求。

(3)工农业生产的发展

工农业生产的发展将会带来公务、商务出行的大量增加，由此带来客运需求的大量增加。近年来，随着我国经济的高速增长，地区之间、城乡之间、产销之间的联系日益频繁，人员来往不断增加，客运需求增长相当迅猛，特别是由于农村运输条件的改善，在很大程度上也促进了农村经济的发展。

(4)人口的地区流动

近年来，我国由于人口的地区流动所带来的运输压力日益增大。农民工进城打工形成的民工流，学生放假形成的学生流，“五一”、“十一”黄金周所形成的旅游观光流，形成大量的人口跨地区流动，这种运输需求表现出了极强的时间特征和地域特征。

2.2.4 运输需求弹性

1. 需求价格弹性

“弹性”是一个物理学名词，指一物体对外力的反应程度。在经济学中，弹性指在经济变量之间存在函数关系时，因变量对自变量变化的反应程度，其大小可以用两个变化的百分比之比例来表示。

需求的价格弹性又称需求弹性，指价格变动的比率所引起的需求量变动的比率，即需求量变动对价格变动的反应程度。

(1)需求价格弹性的含义

各种商品的需求弹性是不同的，一般用需求弹性的弹性系数来表示弹性的大小，弹性系数是需求量变动的比率与价格变动的比率的比值。如果以E_d代表需求弹性的弹性系数，$\frac{\Delta Q}{Q}$代表需求量变动的比率，以$\frac{\Delta P}{P}$代表价格变动的比率，则需求弹性的弹性系数的表达式为

$$E_d = \frac{\frac{\Delta Q}{Q}}{\frac{\Delta P}{P}} \tag{2-2}$$

例如，某种商品价格变动10%时，其需求量变动为15%，则这种商品的需求价格弹性系数为1.5。弹性系数实际表明的是当价格变动百分之一时，其需求量相应的变动量的问题。

在理解需求价格弹性的含义时要注意以下几点：

①需求价格弹性反映的是价格变动所引起的需求量的变动程度，或者说是需求量变动对价格变动的敏感程度。所以，价格是自变量，需求量是因变量，二者不能进行互换分析。

②需求价格弹性系数是需求量变动的百分比与价格变动的百分比的比率，而不是需求量变动的绝对值与价格变动的绝对值的比率。因为绝对值是有计量单位的，而不同的计量单位之间是不能相比的，但是采用百分比的形式，可以消除计量单位的影响，需求量的变动与价格的变动就具备了可比性。

③需求量对价格的反应一般是反方向的，所以需求价格弹性系数一般为负值，对于某些特殊商品，其需求价格弹性系数也可能为正值，在实际运用时，为了方便起见，一般都取其绝对值。

④同一条需求曲线上不同点的弹性系数大小并不相同，这点可以从以下关于弹性系数的计算中得到说明。

(2)需求价格弹性的分类

各种商品的需求弹性不同，根据需求弹性的弹性系数的大小可以把需求的价格弹性分为五类：

①完全无弹性，即$E_d=0$。在这种情况下，无论价格如何变动，需求量都不会变动。这时的需求曲线是一条与横轴垂直的线，如图2－6中的D_1。

②需求有无限弹性，即$E_d=\infty$。在这种情况下，当价格为既定时，需求量是无限的。这时的需求曲线是一条与横轴平行的线，如图2－6中的D_2。

③单位需求弹性，即$E_d=1$。在这种情况下，需求量变动的比率与价格变动的比率相等。这时的需求曲线是一条正双曲线，如图2－6中的D_3。

以上三种情况都是需求弹性的特例，在现实生活中是很少的。现实中常见的是以下两种。

④需求缺乏弹性，即$O<E_d<1$。在这种情况下，需求量变动的比率小于价格变动的比率。这时的需求曲线是一条比较陡峭的线，如图2－6中的D_4。如粮食、蔬菜等大多属于此类型。

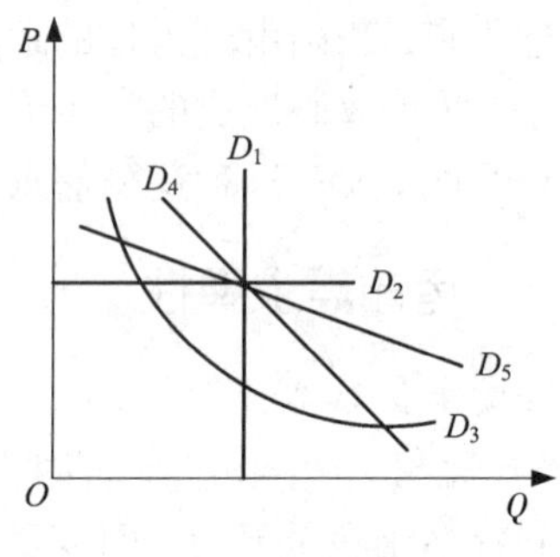

图2－6 需求价格弹性的分类

⑤需求富有弹性，即$E_d>1$。在这种情况下，需求量变动的比率大于价格变动的比率，这时的需求曲线是一条比较平坦的线，如图2－6中的D_5。一般工业商品大都属于此类型。

表2－1 美国经济生活中某些商品的需求价格弹性

商　品	需求价格弹性	商　品	需求价格弹性
买来的食品	2.27	饮料	0.78
金属	1.52	烟草	0.61
家具	1.25	食物	0.58
汽车	1.14	住房服务	0.55
煤气、水、电	0.92	服装	0.49
石油	0.91	书、杂志、报纸	0.34
化学制品	0.89	肉	0.20

资料来源：斯蒂格利茨. 经济学(上册)，中国人民大学出版社，1997

2. 运输需求价格弹性

(1)运输需求的价格弹性

运输需求的价格弹性反映了运输需求量对运输价格变动反应的程度，表示为：

$$E_d = \frac{\frac{\Delta Q}{Q}}{\frac{\Delta P}{P}} \tag{2-3}$$

式中：Q，ΔQ——运输需求量及其变化值；

P，ΔP——运价及其变化值。

一般情况下，运输需求弹性指的是运输需求的价格弹性。旅客运输需求中生产性旅行需求的价格弹性较小，尤其是客运中有相当部分运量属于出差、探亲等各种形式的公费旅行，这部分运量对运价的弹性比较小；消费性旅行需求的价格弹性较大，但消费性旅行需求要受收入水平高低的影响，人均收入高的国家和地区，由于运输费用占收入的比例小，价格弹性小些，而低收入地区，运价的变动对旅行者的影响要大些，故价格弹性要大。然而，在很多国家公共客运长期不进入市场调节的范围，旅客位移不能当作纯粹的商品，而是一种半福利品，在福利价格下，旅客票价仅相当于运输成本的1/3～1/2，交通费用在家庭生活支出中的比重非常小，因而价格变动对交通需求量的刺激是有限的。

货物运输需求的价格弹性往往与货物价值有关，价值小的弹性较大，价值大的弹性较小。价格弹性的大小还同货物的季节性以及市场状况等有关，当某种货物急于上市销售或不易储存时，其运价弹性小。货主情愿选择运价高、速度快的运输方式，而不去选择运价低、速度慢的运输方式。此外，运输需求与资源分布及工业布局关系极大，它们决定了相当部分的货运量，这些运量一经形成，其运价弹性就比较小。又如，在铁路的货物发送量中，30%左右是运距在200km以内的，但其中的70%属于铁路专用线的运输，这部分运量已经形成比较固定的运输形式，对运价变动的弹性也比较小，如果希望利用提高铁路短途运价，将一部分运量散到公路上，使公路在短途零散货运中充分发挥作用，则这种措施对铁路专用线运量的影响是十分有限的。

不同运输市场上客货运输的需求弹性有很大差别，还表现在弹性与具体的运输方式、线路和方向有关。对能力紧张的运输方式、线路和方向，需求的价格弹性显然较小，运价变动尤其是运价提高对需求影响不大；而能力富裕的运输方式、线路和方向，需求的价格弹性就较大。

1)运输需求价格弹性的计算方法。

运输需求价格弹性的计算可采用如下两种方法：

①点弹性。

点弹性是运输需求曲线上某一点的弹性 ε_d，即：

$$\varepsilon_d = \lim_{\Delta P \to 0} E_d = \lim_{\Delta P \to 0} \frac{\Delta Q / Q}{\Delta P / P} = \frac{\mathrm{d}Q \cdot P}{\mathrm{d}P \cdot Q} \tag{2-4}$$

如果运输需求曲线为直线，如图2－7(a)所示，则 M 点的点弹性 $\varepsilon_d = \frac{BM}{AM}$；如果运输需求曲线为曲线，如图2－7(b)所示，过 N 点的切线为 AB，则 $\varepsilon_{PN} = \frac{BN}{AN}$。如果给定运输需求曲线的方程，可以很方便地求出某点的点弹性。

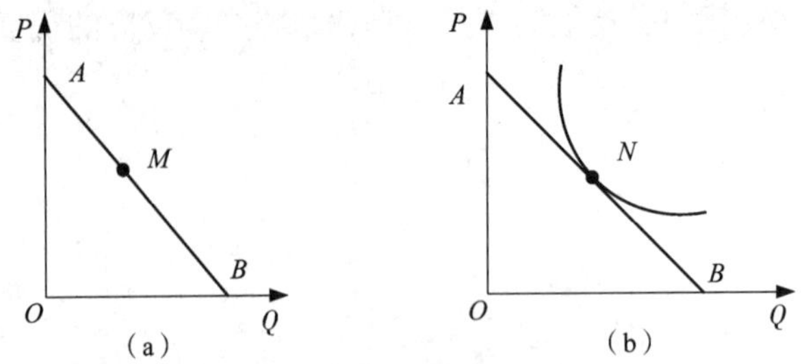

图 2－7　运输需求量点弹性

②弧弹性。

弧弹性为运输需求曲线上某两点间的平均弹性，其表示式为：

$$E_d = \frac{\dfrac{Q_2 - Q_1}{(Q_1 + Q_2)/2}}{\dfrac{P_2 - P_1}{(P_1 + P_2)/2}} = \frac{Q_2 - Q_1}{P_2 - P_1} \cdot \frac{P_1 + P_2}{Q_1 + Q_2} \tag{2-5}$$

当运输需求曲线方程未知，只知道曲线上两点的坐标，则可用弧弹性的公式求此两点间弧的弹性。

应当说明的是：第一，由于运价与运输需求量是反方向变化的，所以求出的弹性值为负值；第二，通常使用绝对值比较弹性的大小，当我们说某种运输需求的价格弹性大，指的是其绝对值大；第三，如果需求曲线是一条直线，尽管直线上各点斜率的值不变，但由于 $E_d = \frac{dQ \cdot P}{dP \cdot Q}$，直线上各点$\frac{P}{Q}$的值是变动的，所以这条直线上价格弹性也是变动的。

【例 2－1】 某货物运输需求函数为：$Q = 50 - 4P$，式中，Q 表示货物运输需求量，P 表示运价。

(1) 计算 $P = 10$ 时的运输需求价格弹性 ε_d；

(2) 计算 $P_1 = 5$ 与 $P_2 = 10$ 之间的运输需求价格弧弹性 E_d。

解： (1) 运输需求价格点弹性 $\varepsilon_d = \frac{dQ}{dP}\frac{P}{Q} = -4 \times \frac{10}{50 - 4 \times 10} = -4$

(2) 当 $P_1 = 5$ 时，$Q_1 = 50 - 4 \times 5 = 30$

当 $P_2 = 10$ 时，$Q_2 = 50 - 4 \times 10 = 10$

运输需求价格弧弹性 $E_d = \frac{Q_2 - Q_1}{P_2 - P_1} \cdot \frac{P_1 + P_2}{Q_1 + Q_2} = \frac{10 - 30}{10 - 5} \cdot \frac{10 + 5}{30 + 10} = -1.5$

2) 运输需求价格弹性的 5 种情况

根据价格弹性取值的不同，运输需求价格弹性又可分为以下 5 种情形（见图 2－8）：

①全无弹性：$|E_d| = 0$，在这种情况下，不论运价如何变动，需求量保持不变，具有这种弹性的需求曲线是一条垂直于需求量轴的直线。

②完全有弹性：$|E_d| = \infty$，在这种情况下，运价不变，需求量可以无限增加，具有这种弹性的需求曲线是一条与需求量轴平行的直线。

③单位弹性：$|E_d| = 1$，运价每变动一定的百分率，导致需求量变动同样的百分率，具有

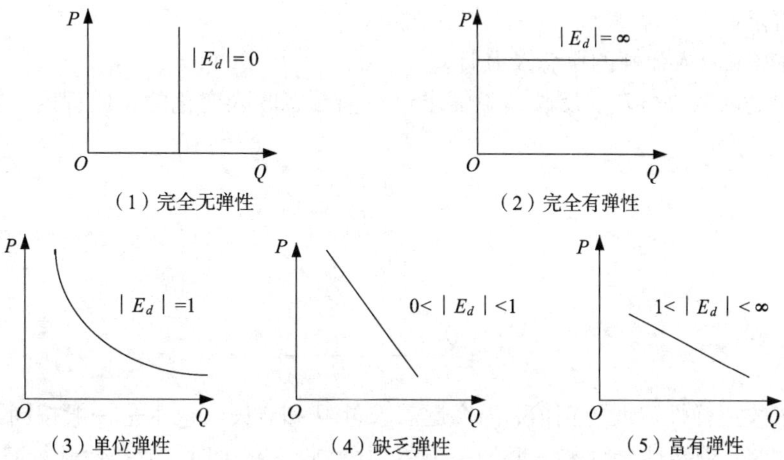

图 2－8　运输需求价格弹性五种情况

这种弹性的需求曲线是一条正双曲线。

④缺乏弹性：$0<|E_d|<1$，在这种情况下，需求量变动的百分率小于运价变动的百分率，具有这种弹性的需求曲线比较陡峭且斜率较大。

⑤富有弹性：$1<|E_d|<\infty$，在这种情况下，需求量变动百分率大于运价变动百分率，具有这种弹性的需求曲线比较平坦且斜率较小。

上述五种情形中前三种只是理论上的推导，极少数商品可能呈现这种需求弹性，大多数商品需求弹性为后两种，我们讨论的运输需求弹性也多为后两种，即富有弹性或缺乏弹性。在需求曲线的各个部分，弹性是变化的。

3）不同运输弹性时，运价变动对运输收入的影响

图 2－9 中，运输需求曲线的$E_d>1$。当运价为 OP_M时，运输收入 $OP_M \times OQ_M = S_1 + S_2$，$OP_N$ 时，运输收入 $OP_N \times OQ_N = S_2 + S_3$；因为$S_1 < S_3$，所以，当富有弹性时，降低运价可增加运输收入。反之，提高运价将减少运输收入。图 2－10 中，需求曲线$E_d<1$，因为$S_1 > S_3$，所以，当缺乏弹性时，降低运价将减少运输收入，而提高运价，将增加运输收入。

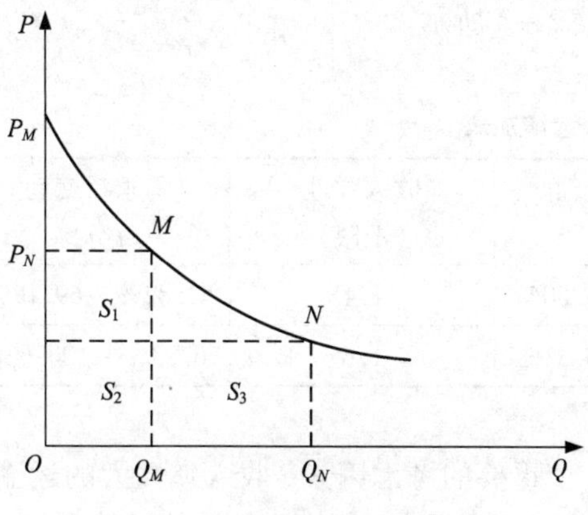

图 2－9　运输需求曲线(一)

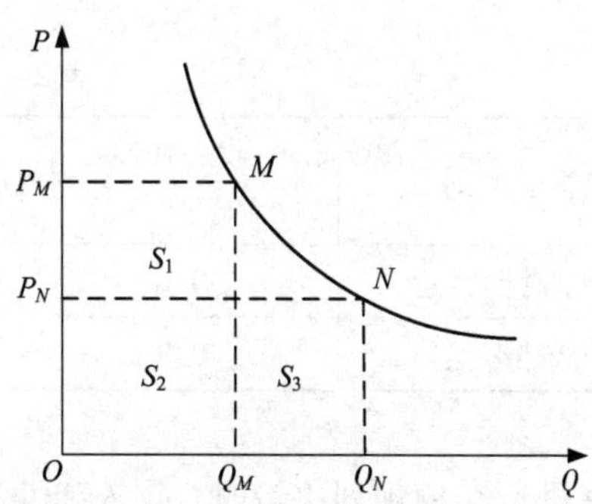

图 2－10　运输需求曲线(二)

2. 运输需求的收入弹性

(1)运输需求收入弹性的概念及其计算

运输需求的收入弹性E_1，反映运输需求量对消费者收入变化的反应程度，多用于分析客运需求，表示式为：

$$E_1 = \frac{\Delta Q/Q}{\Delta I/I} \tag{2-6}$$

点弹性

$$\varepsilon_1 = \frac{\mathrm{d}Q}{\mathrm{d}I} \cdot \frac{I}{Q} \tag{2-7}$$

弧弹性

$$E_1 = \frac{Q_2 - Q_1}{I_2 - I_1} \cdot \frac{I_1 + I_2}{Q_1 + Q_2} \tag{2-8}$$

运输需求收入弹性一般为正值，因客运需求量 Q 和居民收入水平一般按同方向变动，即居民收入增加时，消费性旅行需求增加；反之，居民收入减少时，消费性旅行需求减少。

客运需求分两种类型：第一是派生性需求，是生产和生活过程必要的需求，它是维持生产和消费正常进行的基本需求，即使人们收入水平降低，但为了工作需要仍必须利用交通工具；相反，即使人们收入水平提高，用于上、下班乘坐交通工具的支出也不会提高；第二是本源性需求，如观光、旅游、赛车等利用交通工具，本身就是为了消费，旅游、观光等活动的增加将导致娱乐场所、住宿设施的大量建设以及交通工具的不断改进等。由于客运需求具有派生性和本源性，所以在收入水平很低时，也具有较高的弹性值，这说明运输需求的收入弹性与居民收入水平关系并不十分密切，派生性需求占有较大的比重。

(2)收入弹性的应用

下面举例说明收入弹性的应用。

【例 2-2】 某运输企业为了制订长期客运发展计划，假定根据研究资料已知中、高档客运的收入弹性在 0.9 和 1.1 之间，低档客运的收入弹性在 0.8 和 1.6 之间，估计今后 10 年内，每人每年平均实际收入增加 4% ~5%，问 10 年后，中、高、低档客运需求量将增加多少？

解：先估计 10 年后，居民平均收入增加多少。

如果每年增加 4%，则 10 年后增加到，即 10 年后每人的实际收入增加 48.02%。

如果每年增加 5%，则 10 年后可增到，即 10 年后每人的实际收入将增加 62.88%。

根据收入弹性计算公式，需求量变动% = 收入弹性 × 收入变动%

10 年后中、高档及低档客运需求量增加如下表 2-2 所示。

表 2-2 客运需求量增加表

客运类别	收入弹性（下限）	需求量变动百分率	收入弹性（上限）	需求量变动百分率
中、高档客运	0.9	43.22% ~56.60%	1.1	52.82% ~69.18%
低档客运	0.8	38.42% ~50.31%	1.6	76.83% ~100.62%

在进行交通规划决策时，收入弹性将是其中一个重要的考虑因素，收入弹性大的运输项目，如城市客运，由于需求量增长较快，所以发展速度应当提高，收入弹性小的运输项目，如农村客运，由于其需求增长较慢，所以发展速度可以适当放慢。

3. 运输需求的交叉弹性

(1)交叉弹性的计算

由于运输服务具有替代性，引入交叉弹性反映一种运输方式、一条运输线路和一家运输企业的运输需求员可以替代的另一种运输方式、另一条运输线路或另一家运输企业的价格的变化的反应程度，即一种可替代的运输服务的价格每变化百分之一将引起的另一种被替代的运输服务的需求量变化的百分之几，表示式为：

$$E_{PYX} = \frac{\Delta Q_Y / Q_Y}{\Delta P_X / P_X} \tag{2-9}$$

式中：E_{PYX}——价格 X 变动引起需求量 Y 变动的反应灵敏程度。

点交叉弹性

$$\varepsilon_{PYX} = \frac{dQ_Y}{dP_X} \cdot \frac{P_X}{Q_Y} \tag{2-10}$$

弧交叉弹性

$$E_{PYX} = \frac{Q_{Y2} - Q_{Y1}}{P_{X2} - P_{X1}} \cdot \frac{P_{X1} + P_{X2}}{Q_{Y1} + Q_{Y2}} \tag{2-11}$$

不同的交叉弹性值具有不同的经济意义。

①交叉弹性为正值，$E_{PYX} > 0$，运输服务 X 的价格变动将引起运输服务 Y 的需求的同方向变动，如航空运价提高，会使铁路、水路的运输需求量增加，表明航空运输同铁路运输和水路运输的可替代性。

②交叉弹性为负值，$E_{PYX} < 0$，说明运输服务 X 的价格变动将引起运输服务 Y 的需求反向变动，如水运价格提高会使疏港汽车的运输需求量减少，表明这两种相关运输服务存在互补性，即它们的结合使用，更能满足消费者的要求。

③交叉弹性为零，$E_{PYX} = 0$，说明运输服务 X 的价格变动对运输服务 Y 的需求量没有影响，表明两种运输服务互相独立，互不相关，如航空运价提高，对公路长途运输需求量没有影响，因就长途运输而言，航空运输与公路运输无替代性和互补性，两者互不影响。

(2)交叉弹性的应用

运输需求的交叉弹性与价格弹性、收入弹性一样，在价格和运输量分析中起着重要的作用。

运输行业管理部门或计划部门、运输企业在制订行业、企业的运输发展规划时，应当充分考虑运输项目的替代性和互补性影响，如一条拥有3级以上航道的通航河流，在无特殊需要时，没有必要再沿河修一条铁路，这是因为运输服务具有替代性(运输需求的交叉弹性为正值)，否则就会导致运输资源的浪费；又如港口、火车站的建设要与港口、火车站的集疏运系统协调发展，如果在建设港口、火车站的同时，不发展相应的集疏运系统，就会产生压港、压站现象。轮船和火车运输价格的提高，对港口、车站集疏运系统会产生影响，这是由于运输服务具有互补性(运输需求的交叉弹性为负值)。

4. 运输需求的派生弹性

运输需求是派生需求，运输需求的派生弹性用来分析运输需求随其本源需求的变化而变化的灵敏程度。

(1)运输需求的生产派生弹性

运输需求的生产派生弹性是指运输需求量对工农业生产总值变化的反应程度，工农业生产总值变化百分之一，运输需求量会变化百分之几。其计算公式如下：

$$E_G = \frac{\Delta Q/Q}{\Delta G/G} = \frac{\Delta Q}{\Delta G} \cdot \frac{G}{Q} \tag{2-12}$$

式中：E_G——运输需求的生产派生弹性；

G——工农业生产总值；

ΔG——工农业生产总值的变化量。

E_G 一般为正值，说明运输需求量同工农业生产总值同方向变化，即当工农业生产总值提高时，需要运输的工农业产品增加，所以运输需求量增加，工农业生产总值降低时，需要运输的工农业产品减少，所以运输需求量减少，但在个别情况时也会出现负值，如工农业生产总值出现负增长或运输需求量出现负增长，其中任何一个变量出现负值，其弹性必然为负值。

运输需求的生产派生弹性可用于总体运输需求分析。

(2)运输需求的商品派生弹性

在市场经济中，运输需求取决于商品的市场需求，因此可以建立反映运输需求随商品需求变动而变化的灵敏程度的商品派生需求弹性。运输需求的商品派生弹性是指运输需求量对商品需求变化的反映程度，或者说，商品需求水平变化百分之一，运输需求量会变化百分之几，其计算公式如下：

$$E_C = \frac{\Delta Q/Q}{\Delta C/C} = \frac{\Delta Q}{\Delta C} \cdot \frac{C}{Q} \tag{2-13}$$

式中：E_C——运输需求的商品派生弹性；

C——商品需求；

ΔC——商品需求变化量。

如果已知某种商品需求的价格弹性，还可建立运输需求的价格弹性同商品需求的价格弹性之间的关系式：

$$E_T = F \cdot E_C \tag{2-14}$$

式中：E_T——运输需求价格弹性；

E_C——商品需求价格弹性；

F——E_T、E_C 之间的关系，表示运输成本在商品最终价格中所占的比例。

2.2.5 影响运输需求价格弹性的因素

1. 影响一般商品需求价格弹性的因素

①消费者对某种商品的需求程度，取决于该商品是生活必需品，还是奢侈品，一般说来，消费者对生活必需品的需求强度大而稳定，所以生活必需品的需求弹性小，而且越是生活必需品，其需求弹性越小，例如粮食、蔬菜这类生活必需品的弹性一般都小，属于需求缺乏弹性的商品，相反，消费者对奢侈品的需求强度小而不稳定，所以奢侈品的需求弹性大。例如到国外旅行这类消费的需求弹性一般较大，属于需求富有弹性的商品。根据一些美国经济学家在 20 世纪 70 年代的估算，在美国土豆的弹性系数为 0.31，咖啡的弹性系数为 0.25，而国外旅行的弹性系数为 4。

②商品的可替代程度。如果一种商品有许多替代品，那么，该商品的需求就富有弹性，因为价格上升时，消费者会购买其他替代品，价格下降时，消费者会购买这种商品来取代其他替代品。例如，据估算美国消费者航空旅行的需求弹性为 2.4，主要就是因为航空旅行有

汽车旅行、火车旅行等作为替代。相反，如果一种商品的替代品很少，则该商品的需求缺乏弹性。例如法律服务几乎是不可替代的服务，所以需求弹性为0.5。

③商品本身用途的广泛性。一种商品的用途越广泛，其需求弹性也就越大，而一种商品的用途越少，则其需求弹性也就越小。例如，在美国，电力的需求弹性是1.2，这就与其用途广泛相关，而小麦的需求弹性仅为0.08，就与其用途少有关。

④商品使用时间的长短。一般来说，使用时间长的耐用消费品需求弹性大，而使用时间短的非耐用消费品需求弹性小。例如，在美国，电冰箱、汽车这类耐用消费品的需求弹性在1.2～1.6之间，而报纸杂志这种看完就无用的印刷品需求弹性值仅为0.1。

⑤商品在家庭支出中所占的比例。在家庭支出中占比例小的商品，价格变动对需求的影响小，所以其需求弹性也小；在家庭支出中占比例大的商品，价格变动对需求的影响大，所以其弹性也大。例如，在美国香烟占家庭支出的比例很小，具需求弹性为0.3～0.4，而汽车在家庭支出中的比例较大，其需求弹性为1.2～1.5。

某种商品的需求弹性到底有多大，是由上述这些因素综合决定的，不能只考虑其中的一种因素，而且，某种商品的需求弹性也因时期、消费者收入水平和地区而不同。

2.影响货物运输需求价格弹性的因素

价格弹性表明了价格对需求的影响程度，为了发挥价格对供需的调节作用，一般情况下，我们希望市场需求是弹性需求，以便采取有效的措施，在可能的情况下改变市场的需求弹性，因此，了解运输价格需求弹性的影响因素，将有助于制订合理的运输价格。

一般来说，运输需求价格弹性主要受以下几方面的因素影响：

①是否具有可以替代的运输服务。一个地区如果有几种运输方式，或者虽然只有一种运输方式，但是有多家运输服务部门可以满足市场对于运输的需求，这就会给消费者带来更多的选择机会，使得运输服务的替代性增强，从而形成较大的运输需求价格弹性。反之，若没有可替代性的运输服务，需求者选择的机会就少，弹性就小。

②运输费用在产品总生产费用中所占的比例。运输需求的价格弹性，往往取决于货物的价值，货物的价值越高，运输费用在总生产费用中所占的比重就越小，货主对于价格的敏感程度就越低，他所关心的可能是其他的问题，如安全性、快速性、服务质量等。因此，价格弹性就会很小，工艺品、贵重物品的运输大多如此。如果货物的价值较低，则运输费用在产品总生产费用中的比重就大。因此，运输费用的多少，将直接影响产品的价格，从而影响其销售。在这种情况下，运输的消费者对于运价就会比较重视，如果定价过高，消费者可能就会去选择其他的运输方式。所以，所运输的货物价值越低，其价格弹性就越大，例如蔬菜运输。

③时间的紧迫性。价格弹性的大小还同货物的季节性以及市场状况有关。当某种货物急于进入市场销售，或者是属于易腐易烂的食品等货物，其运输的需求者一般宁愿选择价格较高但速度快的运输方式，尽快把货物推向市场，而不会去选择运价低、速度慢的运输。因此，在这种情况下，运输需求的价格弹性就小。反之，如果货物的所有者有充分的市场时间的话，那么他会选择运输速度慢但价格较低的运输方式，或者干脆等待运输价格的下降。此时，运输需求的价格弹性就比较大了。

3.影响客运需求价格弹性的因素

①旅行的目的。在所有影响客运需求价格弹性的因素中，最重要的因素就是旅行的目的。某些类型旅行的价格弹性远低于其他种类的旅行。特别是商务或公务旅行需求，对于运

输价格的变化反应比其他原因的旅行要迟钝得多。

②居民的收入水平。在居民的收入水平较高的地区，其运输需求对价格的变动就不敏感，人们旅行时一般只求安全、舒适、快速。而在低收入的地区，运价对旅行者的影响较大，因为经济性是旅客考虑的主要因素之一，在这种情况下，价格需求弹性必然要大一些。

③出行的距离也影响到价格的弹性。在同一运输方式内部，运距越长，其对价格的敏感程度就越高。运输距离越长，运输的总价格就越高，价格变动的百分率所影响的运输费用的绝对量就越大，给运输需求的消费者的心理上会带来一定的影响。这一规律同样也适合于货物运输。

2.3 运输需求预测

2.3.1 运输需求预测的基本概念

预测是人们根据某一事物发展的规律、历史和现状，通过分析影响其变化的因素，对其发展前景和趋势预先进行的一种推测，运输需求预测则是人们根据运输需求规律、历史和现状，分析相关因素，对运输需求发展的状况、前景和趋势预先进行的一种推测。运输需求预测是运输需求分析中的一项重要内容，也是一项基础性的工作，预测的根据是否正确、充分，方法是否科学、可靠，结论是否符合实际，对于进行各种运输经济分析、研究和决策都将产生重大的影响。

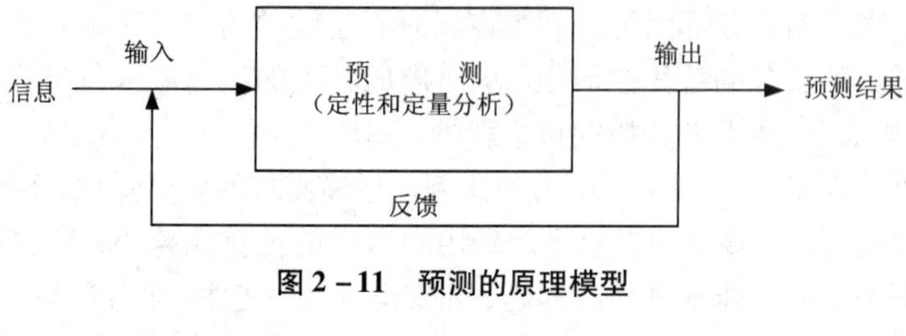

图 2－11 预测的原理模型

把预测过程看成是一个系统，分为输入、处理和输出，预测结果的准确性，首先取决于输入信息的可靠程度，其次要靠对输入信息的科学分析。

1. 运输需求量预测与运量预测

首先，我们必须弄清楚“运输需求量”和“运量”这两个既相区别又相联系的概念，根据前面的分析我们已经知道，运输需求是人们对人与物进行空间位移而产生的有支付能力的需要，而运输量是在一定的运输供给条件下所能实现的人与物的位移量。运输需求作为“有支付能力的需要”，当然一定要通过具体的人与物的位移量即运量表现出来，所以在一般的情况下，运输需求量与具体实现的位移量即运量应该是一致的，于是人们习惯上都把运输需求量与运量等同起来，随之也就把运输需求量预测与运量预测等同起来，或者说用运量预测来代替运输需求量预测，然而，这里隐含着一个前提或假定，即所谓“一般的情况”那就是假定需求与供给是均衡的，或者说是基本均衡的，或者在供给大于需求的情况下，运输需求量才是现实的运量。但是假如在供给与需求不平衡、供给不足的情况下，实际运量肯定要小于经济发展所产生的运输需求量。在分析影响运输需求的基本因素时曾经把运输网的完善程度和质量作为一个重要因素来分析，就是这个道理。符合经济发展实际的运输需求能否实现，不仅取决于支付能力是否充足，而且还取决于运输供给能力是否充足，在运力完全能满足社会需求的情况下，运量才是需求量，而当运输供给严重不足的时候，现实的运输量只是运输需求中的一部分，而不是它的全部。

由此可见，弄清"运输需求量"和"运量"这两个概念间的区别与联系是完全必要的。在以往的预测工作中，人们主要采用以过去的历史运输量数据来预测未来的运输需求，以"运量预测"简单地代替运输需求量预测，这种做法是值得认真研究的，尤其是在我们这样一个运输供给长期不足的国度里，不考虑运输供给能力限制的运量预测结果，是很难反映经济发展对运输业的真正需求的，用这样的预测结果来指导运输业的发展，也是很难改变我国运输业长期落后的局面的。例如，1992 年全国各地提出并经审核的铁路要车计划日均 12 万辆左右，而铁路部门只能满足 7.5 万辆左右，满足率只有 60%，如果再考虑路网规模的限制，从经济增长率本身所产生的运输需求，满足率尚不足 60%，目前，京广、京沪、京哈、陇海、浙赣、宝成、湘渝等干线的主要枢纽能力的利用几乎已达到极限，所以用现有的实际运量来预测需求量显然是不符合实际的。

当然，我们并不是简单地排斥和反对使用"运量预测"的概念和方法，特别是运量预测已经在实际工作中被人们广泛接受和使用，但是，在我国运输供给不足的情况没有根本改变、供给与需求严重不平衡的情况下，在运量预测的基础上，对所测结果通过适当的系数加以调整，大概更能真实地反映经济发展对运输业提出的实际需求。

2. 运输需求总量预测与结构预测

在我国现有的运输需求预测中，大都强调总量预测，而忽视结构预测。

需求理论认为，需求是具有层次性的，在不同的市场上，因需求主体对商品和服务的质量、价格以及售后服务等有不同方面的需求而形成不同的需求层次，而供给者与需求者在各种层次上的对接是否成功，直接关系到潜在的需求能否向现实的需求转化和交易是否成功，也间接地影响到经济运行的效率和效果。这种情况在运输市场上也不例外：在运输市场上有大量潜在的运输需求者，他们有进行客货位移的需求，同时也具备相应的支付能力，但是市场上所能提供的客货位移服务，由于运输方式的差异、价格上的差异和服务质量上的差异等等，使需求者不愿意选择供给者所提供的服务，因而不能转化为现实的运输需求。在我国由于运输业长期分散的管理体制及其他各方面的原因，在运输供给方面存在着诸多结构不合理的状况（在这里与前述的因短缺而使潜在需求不能实现的情况有所不同），包括运输方式的结构不合理，运价结构的不合理，以及质量低劣的运输服务等等而使大量潜在的运输需求无法实现，所以，在实践中往往会出现这样的情况：预测中对总量的把握基本到位，但是由于缺乏结构上的预测分析，使现实的运输量与需求量形成较大的反差，这类问题的存在，无不与结构性预测的缺失有关。

当然，比起总量预测，结构性预测要困难得多，但是，如果没有结构性预测对总量预测的补充和矫正，总量预测的结果不可能是科学的、符合实际的、有用的。因而，结构性预测是运输需求预测中需要付出极大努力才能解决的大问题，只有将总量预测与结构性预测有机地结合起来，才能为制定科学决策提供有效的依据。

2.3.2 运输需求预测的分类

运输需求预测的范围很广，内容也十分丰富。按照不同的预测对象、层次、内容和时间等，可以把运输需求预测划分为不同的类型。按照运输对象来划分，可以把运输需求预测划分为货运需求量预测和客运需求量预测，这种分类也是最基本的分类；按照运输需求的范围来划分，可以划分为总需求预测，即全国的运输需求量预测；局部需求预测，即各个地区的运输需求量预测，国民经济各个部门的运输需求量预测，对各种运输方式的运输需求量预测以及个别需求预测，即个别运输线路或个别企业的需求预测。

按照预测的内容来划分，可以分为发送量预测、到达量预测、周转量预测和平均运程预测。在各地区的客货发到量测定之后，往往还需要预测各地区的内部运量和各地区之间的客货交流量，这些交流量还要在不同的运输方式之间和不同的运输线路之间进行分配。

按照预测期间的长短，运输需求量预测还可以分为短期预测、中期预测和长期预测。例如，以年为预测的时间单位，一般以 1 ~5 年为短期预测，5 ~10 年为中期预测，10 年以上属于长期预测，此外，有时还可根据需要做一年内的各季度、月，甚至上、中、下旬的更为具体的短期预测。

预测的主体可以是多方面的，既可以是经济管理综合部门，又可以是中央或地方的运输主管机构，也可以是各类运输企业。对于不同预测主体来说，运输需求预测有不同的用处，对于国民经济宏观管理部门来说，运输需求量预测是编制国民经济计划，制订经济发展战略，进行运输基础设施建设的基本依据；对于各级运输主管机构来说，运输需求量预测是对各种运输方式进行规划和进行有效的宏观调控的重要依据；对于具体的运输企业来说，运输需求量预测是企业制订经营战略，进行科学决策的重要依据。

2.3.3 预测原理及预测方法介绍

1. 预测的三种基本原理

(1)惯性原理

客观事物发生变化的过程往往表现出它的延续性，通常称这种现象为“惯性现象”，根据这一性质，由研究对象的过去和现在的状态，向未来延续，从而预测其未来状态。惯性原理是趋势外推的理论依据。

(2)类推原理

许多特性相近的事物，它们的变化有相似之处，通过分析类似事物的相互联系的规律，根据已往事物的变化特征，推断其具有相似特征的预测对象的未来状态。类推可分为定性类推和定量类推。例如，利用甲地在某一经济水平的运输弹性，来预测与甲地相类似的乙地达到同一经济水平时的运输弹性。

(3)相关原理

任何事物的发展变化都不是独立的，所有事物都是在与其他事物的相互影响下发展的，事物之间的相互影响常常表现为因果关系，相关原理是回归预测的理论依据。

2. 预测方法

(1)定性预测法

定性预测法即以经验总结、理论分析、逻辑判断和推理等方式对运输需求的未来发展趋势和状况所进行的预测。定性预测主要以研究运输需求发展变化的规律为基本出发点，以分析影响运输需求变化的各因素为主要内容，通过一定的程序，如函询调查、专家座谈、分析综合等，进行逻辑判断和推理，提出预测分析意见，作为预测未来需求变化的主要依据。

定性预测方法是运输需求预测的基本方法和重要组成部分，它不只是在对运输需求不掌握详细的统计资料，无法以定量的方式进行分析的情况下才得以应用的，而是在定量预测中也要采用的基本方法。如对各个变量的特征、相互间的关系、有关参数的确定等必须进行定性分析。

定性预测是定量预测的基础，离开了定性分析，定量分析的科学性也就无法保证。定性预测的应用范围相当广泛，无论是进行宏观总量的预测，还是进行中观和微观的预测，也无论是政府综合部门，还是运输主管机关，以及各类运输企业，都可以应用。

德尔菲(Delphi)法也称专家小组法。它采用征询意见表，利用通信方式，向一个专家小组进行调查，然后将专家们的预测判断加以集中、反馈，并反复调查多次，最终利用集体的智慧得出预测结果。

它的特点是具有匿名性、反馈性和统计性。其中：

匿名性，消除了预测者之间的相互影响；

反馈性，分析比较，相互启发；

统计性，用统计的方法综合专家们的意见，多轮反复，结果趋于收敛。

(2)定量预测法

定量预测方法也即数量分析和预测方法，它是在充分占有大量而又准确、系统而又完备的数据资料的基础上，根据运输需求的规律和特点结合实际经验和客观条件，选择或建立定量化的数学模型，通过分析和计算，来推断运输需求未来发展和变化趋势的一种预测方法。定量预测方法对所占有的大量数据，通过数学方法进行科学的加工和处理，目的在于揭示各个变量之间的相互关系及其规律作为预测的基本依据。然而，定量预测方法所采用的数据毕竟仅仅是对过去和现在的运输需求状况的反映，据此预测其未来，必须对影响其变化的诸多因素予以充分的认识，并掌握其变化规律。正因为这些因素是多方面的，各因素变化的情况也是错综复杂的，有些甚至是不可预见的，某些因素甚至是无法进行定量化描述的，因而数学模型的选择和建立在大多数情况下是不可能把所有因素都考虑进去的，这样，定量预测的结果和未来的发展实际有若干误差是不可避免的。

因此，定量预测法有两个明显的特点：受人的主观因素影响较小，结果比较客观；对数据的要求、预测者专业能力的要求比较高。

①递增率法。

递增率法是根据客货运量的预计增长速度进行预测的方法。一般的做法是，先分析历史年度客货运量增长率的变化规律，然后根据对今后经济增长的估计确定预测期客货运量的递增率，再预测未来的客货运量。用递增率法计算运量的公式为

$$Q_t = Q_0 Y_1 + \alpha Y^t \tag{2-15}$$

式中：Q_t——预测期运量；

Q_0——基期运量；

α——确定的运算递增率；

t——预测期的年限。

递增率法的关键是确定增长速度，一般用于运量增长率变化不大，或预计过去的增长趋势在预测期内仍将继续的情况。递增率法也常用于综合性运量的预测，其计算方法简单，但预测结果显然也比较粗糙。

②乘车系数法。

乘车系数法是以总人口和平均每人乘车次数预测旅客发送量的方法。乘车系数指一定范围内旅客发送量与人口数的比值。在全国范围内，乘车系数为总客运量与全国人口的比值，在交通运输企业或车站范围内，乘车系数为吸引范围内总客运量与其总人口的比值。运量计算公式为

$$Q_t = M_t \cdot \beta \tag{2-16}$$

式中：M_t——预测期产值指标；

β——乘车系数。

乘车系数可以根据历年资料和今后可能发生的变化确定。乘车系数法也有其局限性：一是该系数本身的变动有时难以预料，不同运输工具运价比例的变动、休假制度的改变、经济紧缩对农民进城工作的影响等，都会使乘车系数出现较大摆动；二是总人口在考虑到间接吸引区时要比仅考虑直接吸引区要复杂得多，不容易精确计算。

③产值系数法。

产值系数法是根据预测期国民经济的总量指标（加工农业总产值、社会总产值、国民生产总值或公民收入等）和确定的每单位产值所引起的货运量或客运量去预测总运量的方法。其计算公式为：

$$Q_t = N_t \cdot \gamma \tag{2-17}$$

式中：N_t——预测期产值指标；

γ——产值系数。

产值系数法可以用来预测全国的总运量，也可以预测地区的总运量，但全国与地区、地区与地区之间，不同总量指标之间以及不同运输方式之间，不同时间之间的产值系数可能存在很大的差别。例如全国铁路货物发送量相对于全国工业总产值的产值系数，从 20 世纪 80 年代初期到 90 年代末就发生了很大变化。产值系数 1980 年为 106，1990 年下降到 40.6，然后不断下降，1998 年进一步降至 10.6。因此，该方法的关键是要在长期的变化中把握住具体产值系数的变动趋势。

④产运系数法。

产运系数法是根据某种货物的运量随其生产总量发生变化的规律性预测货运量的方法。无论是从全国还是从地区看，一些主要货物的发送量与其生产总量的比值（即产运系数 = 货物的年发送量/货物的年生产量）总是相对比较稳定的，这些货物包括煤炭、石油、钢铁、金属矿石、水泥、木材、粮食、化肥、盐等。这就可以根据它们的未来产量预计未来该货物的发送量。利用产运系数预测运量所采用的公式为

$$Q_t = L_t \cdot \delta \tag{2-18}$$

式中：L_t——预测期内某种货物的产值指标；

δ——产值系数。

与产值系数法相同，产运系数法的关键也是要把握好在长期的变化中具体产运系数的变动趋势，如石油、煤炭、钢铁、金属矿石、矿建物质等大部分货物的铁路产运系数有不同程度

的下降。一般说来，生产布局的改变，大、中、小型企业产量构成的变化，基建投资结构的改变，进出口量的多少，产、供、运、销关系的变化和各种运输方式分工结构的变化，都可能引起货物产运系数的变化。预测期各主要品类货物的产运系数确定以后，就可依据前述预测公式计算各类货物的运量，然后还可加总得到货物总运量的预测值。

⑤产销平衡法。

所谓产销平衡，是指在一定范围内，相同用途的某种物资的生产量、消费量和运输量之间的平衡。通过产销平衡计算，可推算出该种物资在一个车站、一个枢纽、一条线路或一个地区的发送量和到达量(输出量和输入量)。对于生产量大于当地消费量的地区，物资是输出的；对于消费量大于当地生产量的地区，物资则是输入的。上述两者具有如下关系：

$$Q_t = Q_s - Q_c Q_d = Q_c - Q_s \tag{2-19}$$

式中：Q_t——该种物资的当地发送量；

Q_d——该种物资的当地到达量；

Q_s——该种物资的当地生产量；

Q_c——该种物资的当地消费量。

如果只考虑某一种运输方式的发送量和到达量，则对产量大于销量的地区有：

$$Q_t = Q_s - Q_c - Q_0 \tag{2-20}$$

对销量大于产量的地区有：

$$Q_c = Q_c - Q_s - Q_0 \tag{2-21}$$

式中：Q_0——其他运输方式所承担的该物资的发到量。

产销平衡法是一种细致的运量预测方法。从理论上讲，它可以达到相当的精确度，而且还可以为下一步继续研究地区间货流打下基础，但该方法的使用也受到一定限制，首先，预测者必须掌握各种物资产、供、销的全面情况和资料，其中不仅要有主要产品的生产量及其分布的资料、消费量及其分布的资料，还需要掌握进出口量、生产企业自用量以及各生产单位库存量的变化等资料；其次，同一品名但用途不同的货物，不能混在一起进行产销平衡计算，例如煤炭中有炼焦煤、动力煤和居民用煤等的差别，炼焦煤又分为好几个品种；石油可分原油、成品油和渣油，成品油又有汽油、煤油和柴油的区别；钢铁产品的种类更是不胜枚举。这些不同种类的物资用途各异，不能随意地相互替代，因此需要对其中的每一种货物都单独进行产销平衡计算；而另一方面，有些品名不同的货物在使用中又具备某种可替代性，如渣油和动力煤之间、钢材和木材之间等，可以在一起进行换算平衡，这又增加了使用该方法的复杂性。

由此看来，产销平衡法所要求的条件比较严格，它必须占有非常详细的资料对用途一致的少数几种物资进行详尽的分析预测。

⑥比重法。

比重法是在总运量已用某种方法预测，进而估算其中部分运量的方法。例如各种运输方式在总运量所占的比重，总是根据一定规律变化的，当总运量已知，各种运输方式的运量就可以在分析历年变化趋势的前提下加以分配，又如某种运输方式的总货运量中，各主要品类货物所占的比重，也是按照一定规律变化的。在总货运量已预测出的情况下，可以根据运输结构变化的分析，预计各主要品类将占有的比重，进而预测它们的运量。

⑦移动平均法。

移动平均法就是借助移动平均数修正资料数据的变动，以描述其趋势的方法。所谓移动平均，就是按时间数列的一定项数求序时平均数，逐项移动，边移动边平均，计算出一系列的平均数。这样，就可得出由移动平均数构成的新的时间序列。新的时间序列可以把原数列中的某些不规则变动，特别是周期性变动加以修正，从而呈现长期变动的基本趋势。例如，最为简单的一次移动平均法的计算公式为

$$F_{t+1}=M_t^{[1]}=\frac{\chi_t+\chi_{t-1}+\cdots+\chi_{t-N-1}}{n} \qquad (2-22)$$

式中：F_{t+1}——第 $t+1$ 期（即下一期）的预测值；

$M_t^{[1]}$——第 t 期的一次移动平均值；

x_t——t 期的实际发生值；

n——平均移动期数，即每次移动平均所包含的实际发生值的个数。

⑧回归预测法。

回归预测法是通过找出预测对象和影响预测对象的各种因素之间的统计规律性，建立相应的回归方程进行预测的方法，回归预测法是应用最多也是最基础的一种预测方法。把运输量仅仅看作是时间 t 的函数，即

$$Y=f(t) \qquad (2-23)$$

此法称为定标预测法，它是利用历年的运输量资料，选择适合的函数进行回归求出参数，利用该回归方程预测将来任一时间 t 的运输量。

把运输量看作是各种经济指标 X_i 的函数，即

$$Y=f(X_1,\ X_2,\ 1,\ X_i) \qquad (2-24)$$

此法称为定标预测法，它利用运输量与经济指标的回归方程进行预测，预测未来 t 年运输量时应首先知道（规划或预测）未来 t 年的各相关经济指标。

这些方法都是在充分占有大量而又准确、系统而又完备的数据资料的基础上，根据运输需求的规律和特点，结合实际经验和客观条件，选择或建立定量化的数学模型，通过分析和计算来推断运输需求未来发展和变化趋势的一种预测方法。定量预测方法对所占有的大量数据，通过数学方法进行科学的加工和处理，目的在于揭示各个变量之间的相互关系及其规律，作为预测的基本依据，然而，定量预测方法所采用的数据毕竟仅仅是对过去和现在的运输需求状况的反映，据此预测其未来，必须对影响其变化的诸多因素予以充分的认识，并掌握其变化规律。正因为这些因素是多方面的，各因素变化的情况也是错综复杂的，有些甚至是不可预见的，某些因素甚至是无法进行定量化描述的，因而数学模型的选择和建立在大多数情况下是不可能把所有因素都考虑进去的，这样，定量预测的结果和未来的发展实际有若干误差是不可避免的。

3. 综合预测法

综合预测法即把定性预测与多种定量预测方法相互结合加以运用的一种方法，这种方法主要是综合了定性和定量方法各自的优点，使之互为补充，相互验证，取长补短。因为任何一种预测方法均有其特定的适用范围和具体的适用条件，因而可以说都有一定程度的局限性，没有也不可能找到一种万能的方法来进行运输需求预测，因而将多种方法结合起来加以运用往往是十分必要的。

20 世纪 90 年代中期，控制论、信息论、系统论等新兴学科以及如神经网络预测法等各种

新兴的预测方法被大量引入运输领域，对运量、交通量、需求量进行预测。大量的专家学者、专业人士热衷于数学模型的建立与模型参数的确定，过分追求模型的拟合度和可信度，但往往以复杂的数理统计分析取代对运输经济发展的机理分析，因而其结果是事与愿违。因为拟合度仅仅是预测模型对历史观察值的模拟程度，其实质只是一种模型数量上的解释，而非预测。一般来说，对既定的历史数据进行数理分析，总可以找到拟合度很高的模型，但是，这种数理分析只是一种方法或手段，它应该建立在对运输经济发展内在机理的把握上，否则，简单地以数理统计分析取代运输经济机理的分析，是不可能真正深刻地把握运输经济发展的趋势，当然也无法保证预测结果的准确性。

运输需求是派生性需求，运输与经济的关系问题是运输经济学研究的永恒的主题，运输需求预测也要求牢牢把握和正确认识、处理两者之间的关系，在深刻认识运输经济发展的规律和正确把握运输经济运行的内在机理的基础上采用适当的数理统计方法和数学模型，把定性预测与定量预测有机地结合起来，才能既不迷失方向，又具有实用性，为科学决策提供参考。

2.4 货物运输需求

2.4.1 生产地的区位决定

毫无疑问，在运输与经济的发展之间存在着某些联系，但二者之间的因果关系却很难说清楚，是高收入导致高水平的流动性，抑或是高收入来自高水平的流动性，答案不是一眼就能看出来，另外，虽然人们现在已充分认识到这些相互作用，但要建立能全面反映所有这些联系的综合理论，实际上却很困难。运输和土地利用变化不断对空间的充分利用作修正的事实，使问题进一步复杂了，因为存在不中断的因果循环，所以难以断定在哪一点插入这个变化的连续体是切合实际的，因此，从实际出发，人们必须做出相当谨慎的判断，是把土地利用看作是受运输的影响，还是反过来运输受土地利用的影响。

在某种程度上，最后的决定必须取决于正在考虑的问题。城市规划专家往往把运输视为影响因素，他们注意的焦点在于城市空间的规模与结构，例如，为什么出现某种人口密度，或者为什么发生特定的城市经济互相作用，与之相对应，运输经济学家通常接受特定的土地利用模式，并在它的约束内研究提供有效率的运输服务的方法。本书的大部分内容和短期运输决策有关，其中隐含着这样的假设：因果关系是从土地利用到运输，即一般说来，土地利用是预先决定的，各个生产地与消费地的位置都是已经事先确定好的。

在短期的运输需求分析中这种假设是可以成立的，而且我们只能在各生产地与消费地的位置已经确定的情况下讨论运输供求的短期平衡，但如果是在一个很长的时期中，又是什么因素决定了这些生产地和消费地所在的位置呢？而交通运输条件又在其中起着什么作用？有不少地理因素是人类无法控制的，例如气候条件、土地和矿产资源的分布、可通航的水域等，于是人类生产和经济活动的分布在历史上就自然形成了，像种植业和采矿业的地理位置、水运航道的走向等，人们的运输活动只能去适应这些已有的地理分布，但许多产销地点的布局与运输条件以及运输价格之间是有相互影响的，特别是一些制造业的选址与交通运输的关系非常密切。例如，我国的汽车工业（我国的第一汽车制造厂位于长春市）早期主要集中在东北地区，这与当时该项目属于前苏联援建、与靠近前苏联有关，更重要的是与钢铁（鞍钢）、煤炭（在长春四平之间）、木材（兴安岭）和其他原材料工业分布在周围、水陆交通方便以及人口较集中有很大关系。但随着我国的工业重心逐步向南部地区迁移，东北作为汽车工业产地的主要优势就不那么明显了，一些最新的汽车厂主要改在我国东南部地区设点，其中节约运输费用因素的考虑也起着重要作用，因此可以说，一方面制造业的布局是决定运输需求的重要因素，而另一方面，运输条件及运输成本又在某种程度上决定了制造业的区位。

本书将简要地概述一下工业区位理论，主要集中在关于运输起核心作用的理论方面，并讨论一些应用研究来补充这个理论。

2.4.2 工业区位理论

1. 工业区位分析的基本思想

工业区位分析的基本思想，是根据加工过程中原材料或产成品减重或增重的程度确定加工厂的位置。凡加工过程减重程度较大的产业，被认为应该设立在原料集中的地点；而加工过程增重较大的产业，则应设立在靠近市场的地点。前者有造纸厂（包括纸浆厂）和糖厂等，绝大多数都设立在原料产地，例如加拿大和北欧国家有丰富的木材资源可以造纸，但它们大量出口的是加工过程中已经减重很多的纸张或纸浆，而不是造纸的初始原料，制糖厂也大都建在甘蔗或甜菜产地，而后者如饮料业，则大多设立在靠近消费地的地方，最明显的例子就是全球最大的饮料厂商——美国可口可乐公司为了节约运输成本，把自己的分装厂建在全世界几乎所有被它打开市场的国家。即使所有地方的气候条件、土壤肥力、矿产资源及人口密度等各方面的情况都没有差别，从长期看也仍然会有地区之间的货物运输需求，这种结论乍看起来有些费解，既然所有的地方都有同样的生产条件，那么它们都可以生产自己所需要的各种消费品，为什么还需要地区之间的贸易和运输呢，原因在于生产的专业化可以获得更高的效率，每一种产品的生产都有一定的规模经济，在该范围内生产规模越大，产品的单位生产成本越低，这就使得每一个地区并不是生产所有自己需要的产品都合理的，而是低成本地集中生产某些产品，并用自己具有成本优势的产品去交换其他自己需要的产品。这样，地区之间的贸易和运输就是不可避免的了。

2. 杜能的工业区位理论

在农业区位方面最著名的要数另一位区位理论的早期代表人物杜能（J. H. Thuncn）提出的理论。杜能关于工业区位的主要思想与其在分析农业区位时的思想保持一致，如图 2－12 所示，在均质的大平原上，以单一的市场和单一的运输手段为条件，研究农业经营的空间形态及产地与市场间距离的关系。

按照 19 世纪的运输条件，杜能证明了易腐产品和重量大、价值低从而不利运输的产品应该靠近市场生产，而不易腐坏和每单位重量价值较高、相对较易运输的产品则可适当远离市场进行生产，这样，以市场为中心就会形成一个呈同心圆状的农业空间经营结构，即所谓的“杜能环”。杜能认为，运输费用是决定利润的决定因素，而运输费用则可视为工业产品的重量和生产地与市场地之间距离的函数，因此，工业生产区位是依照产品重量对它的价值比例来决定的，这一比例越大，其生产区位就越接近市场地。杜能的分析虽然很形式化，他的假设条件距离现实也很远，但他的开创性工作为区位理论的形成作出了巨大贡献，也成为后来农业区位、土地和地租分析进一步发展完善的基础。

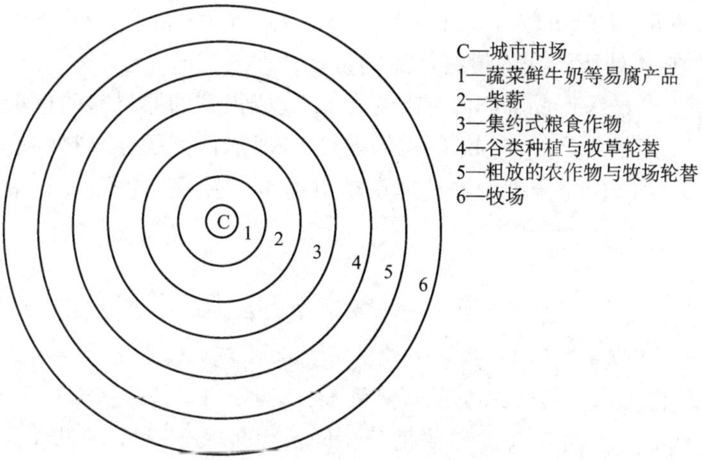

图 2－12　杜能的工业区位理论

3. 韦伯的工业区位理论

工业区位理论的另一位代表人物韦伯(A. Weber)认为工业区位的形成主要与运费、劳动力费用和生产集聚力三个因素有关，其中运费具有把工业企业吸引到运输费用最小地点的趋势，而劳动力费用和生产集聚力具有使区位发生变动的可能，他的方法是先找出最小运输成本的点，然后再考虑劳动力成本和聚集效益这两项因素，他认为工业区位的决定应最先考虑运输成本，而运输成本是运输物品的重量和距离的函数。如图 2－13 所示，所有潜在的顾客都定位于 M，而制造厂所需的两种原材料分别位于 S_1 和 S_2。假设所有其他生产因素在所有潜在生产地都可自由地获得，并且从地形学来说，假设所有活动都在一个均匀平面上运行，假定运输费用与间隔的距离，和所运货物的重量成正比，因此制造厂的选址，取决于不同原材料所在地和市场的相对拉力。于是，问题在于为制造厂寻求总成本为最小的地点 Z，换句话说，就是能使 TC(运输总成本)达到最小的地点 P，即：

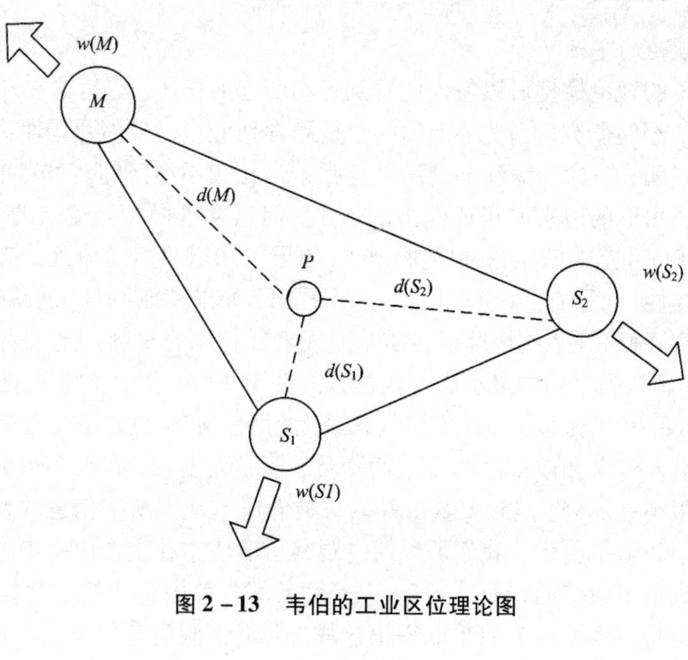

图 2－13　韦伯的工业区位理论图

$$\text{Min}: TC = w(M) \times d(M) + w(S_1) \times d(S_1) + w(S_2) \times d(S_2) \tag{2-25}$$

式中：$w(M)$——在 M 处所消费的最终产品的重量；

$w(S_1)$——生产最终产品 $w(M)$ 所需的在 S_1 处能得到的原材料的重量；

$w(S_2)$——生产最终产品 $w(M)$ 所需的在 S_2 处所能得到的原材料的重量；

$d(M)$、$d(S_1)$ 和 $d(S_2)$ 分别为选址地点距市场 M、原料产地 S_1 和 S_2 的距离。

案例 2-1

在20世纪初期，钢铁工业的选址决策主要是依据生产中所用原料，特别是煤和铁矿石成本的最低化。那时，约2 t煤和1 t铁矿石生产不到半吨钢。显然这是一个“失重”过程，决定选址的是原料的运输成本。钢铁工业还大量用水，每生产1 t钢约需水6.5万加仑，主要用于冷却和加工。尽管很多水是可以循环使用的，但水的供求数量仍然很大，因此在选择厂址时，河流和湖泊附近肯定要优先考虑。由于宾夕法尼亚州西部可以获得丰富且廉价的煤和水，所以当时全美国的钢铁工业基本上都分布在那里，匹兹堡成为全国的钢都。

但技术进步使加工1 t铁矿石所需煤的数量不断下降，到20世纪70年代中期，加工1 t矿石的用煤量已经不到1 t。尽管这一工业仍在原料产地布点，但接近铁矿石产地变得更为重要，五大湖地区埋藏有很丰富的铁矿，由于可以利用廉价的水运运输煤和矿石，又有大量的水源，于是大型钢铁联合企业就在克利夫兰、休斯敦、底特律、布法罗和芝加哥等地发展起来——这些城市全部都在五大湖区。近年来，用废金属作为原料变得重要起来。由于底特律和芝加哥有大量的废钢铁，结果使钢铁工业在这两个城市有了更快的发展。而且事实上，几乎完全依靠废钢铁来生产的相对较小的钢铁厂，已经在不少过去认为根本不可能有钢铁工业的地方建立起来了。

（注：主要内容引自参考文献[9]）

2.4.3 区位理论的发展

1. 工业区位理论的不足

虽然工业区位的理论模型可以使人们看到运输所起的作用，但运输在现实世界中的实际意义还需要详细的经验研究。首先，韦伯的分析隐含地假设运输费用与距离呈线性关系，但是有充分的证据说明，短途运输和部分满负荷常常是相当不经济的。虽然韦伯原来建议，可以通过调节区位三角形的边来取得最经济的效果，但这要求做相当复杂的修正。困难在于，在这些情况下，区位和运输费用是共同决定的，如果不知道最后定位处，就不可能估计出长途运输的经济重要性(如果有的话)，但是，有人提出，如果其他不变，递减的运费率(即每英里的运费率随距离降低)在某些情况下会使企业或者迁移到原材料产地或者迁移到最终产品市场，另外，有学者认为韦伯的最小成本区位方法并不正确，因为企业选择的目的是获得最大的利润，而最低的生产成本往往并不能带来最大利润，正确的方法应当是找出最大利润的地方，因此需要引入需求和成本这两个空间变量，还有人发现，在很多情况下，运输成本只是总生产成本的很小一部分，以致要获得并寻求最低成本地点所需信息的费用，较之忍受次优情况慨效率的损失似乎更多。我们可以通过观察运输成本在生产成本中的相对重要性，分离出这种对运输成本不敏感的行业。表2-3提供了部分美国行业的运输成本在净产值中所占的百分比的估计值，根据该表似乎能得出这样的结论：假设其他条件不变，诸如皮革、仪器、印刷等行业比起化学、木材等行业来，前者选择厂址时受运输因素的影响较小，而像煤矿、黏土、砂石开采等行业，体现了韦伯三角形中的节点解，即在原料产地进行生产。

表2-3 部分美国行业的运输成本在净产值中的百分比

行业	运输成本在净产值中的百分比	行业	运输成本在净产值中的百分比	行业	运输成本在净产值中的百分比
电气与电子机械	4	运输设备	8	食品	13
印刷与出版物	4	杂品制造	8	化学品	14
服装及其他纺织品	4	金属装配产品	8	木材和木制品	18
仪器	4	纺织产品	8	石油产品	24
非电气电子机械	5	初级金属工业	9	石料、黏土及玻璃	27
烟草生产商	5	造纸及有关产品	11		

资料转引自肯尼斯·巴顿. 运输经济学(第二版)，商务印书馆，1993年

2. 现代企业选址的影响因素

过去数十年来世界工业结构的改变，特别是从基础工业到制造业与服务业的转移，使运输对区位决策的影响不断减小，至少在地区之间是如此，此外，几乎在所有工业化国家中遍布各地的运输和通信网络，使接近良好的运输系统比过去容易了许多。但是，上述成本统计也可能会使人对运输因素的影响产生稍许扭曲的印象，尤其是，虽然在很多部门中运输成本可能只占产出成本的较小比例，然而，它们对于利润却有着值得注意的影响，例如，在20世纪60年代的一些制造业中，运输成本可能相当于25%的利润，还有，虽然运输成本在某些行业一般可能较低，但它们在地区间可能有很大不同。应该记住，简单的成本估计可能掩盖运输的其他特性(如速度、便利性等等)的变化，而这些变化会对决策者产生影响。可靠的城市间运输、良好的国际运输联系以及高质量的当地运输(这些是雇用稀缺的熟练劳动力所必须具备的条件)，对现代高技术产业是特别重要的。问及企业家的选址或再选址决策的动机时，一些调查结果也表明了运输因素的重要性。从这些研究中得到的一个结论是，在战后充分就业和加强土地利用控制的期间，接近市场和原料供应地在选址决策中常常不如稀缺熟练劳动力的可获得性和工厂可建得更大等因素重要。

对于新兴的高技术产业来说，由于它的产品“轻、薄、短、小”，高技术产品运费一般占产品成本比重微不足道，其布局中的交通运输问题因此往往被忽视。其实不然，很多近期的研究表明，影响高技术企业选址的主要是良好的旅客运输设施，这是因为高技术产业的发端是耗资巨大而且发展迅速的，这需要大量科学研究与工程技术专家，而从实验室和其他研究与开发设施到娱乐场所之间的地方交通质量十分重要，正是因为科学技术专家在选择工作地点时很重视这个条件。良好的都市内部客运和生活环境质量都是在传统工业布局中很少考虑的，然而对于高技术产业却很重要，此外，在新技术革命的今天，虽然电讯已十分发达，金融家、厂商和技术开发人员仍然需要方便的交通以面对面地洽谈业务和掌握信息。对于成功的企业来说，这类人员频繁地乘坐飞机，他们研究与开发活动区位对机场设施的要求是较高的，此时不仅考虑节约时间，更重要的是安全和可靠程度，如果他们不能经常见到同行，会

感到十分不舒服。一份在美国的调查表明，研究与开发人员平均每月乘坐 8 ~12 次飞机，而在制造工厂的人员平均每月只坐 0.07 ~0.25 次飞机。接下来的影响因素才是长途运输工具或货物运输工具的质量，在较小的国家内，这种功能由公路或铁路来实现，而在世界范围，航空运输就显得格外重要。大多数著名高技术公司都有跨国经营的特点，由于技术上和组织上的创新，研究与开发活动和生产活动、总部与分厂在地理上都是分离的，因此高技术产业具有临空型布局特点。例如，从日本运往东南亚的集成电路原材料、零部件等加工成半成品，再运回日本或送往美国，几乎全为航空运输，其间产品和零件需要平稳地在世界广空航行数千公里。

在零售和其他一些行业中，企业选址的影响因素可进一步加以扩展包括企业接近顾客的愿望。如表 2 –4 所示，接近市场、接近家庭和上下班距离在影响企业选址的因素中分别列第 1 位、第 2 位和第 4 位，地区间的地面运输和接近机场仅仅分别列第 13 位和第 16 位，这证明，企业把重点放在了容易得到经过训练的工人。一些调查清楚地表明，得到合适的劳动力是高技术企业和传统企业选址的关键因素，也有证据表明，当地运输条件对吸引或流动这类劳动力具有影响，因此，运输及与运输有关的因素，在现代工业的选址决策中仍然非常重要，尽管近年来运输的一些重要特征已有了某种程度的改变。

表 2 –4 影响高技术工厂及其他类型工厂选址的因素

排序 \ 影响因素 \ 工厂	高技术工厂	普通工厂
1	劳动力	劳动力
2	运输工具可获得性	接近市场
3	生活质量	运输工具可获得性
4	接近市场	接近原料
5	公用事业	公用事业
6	位置特征	规制
7	交通特征	生活质量
8	商业环境	商业环境
9	税收	位置特征
10	开发组织	税收

资料转引自肯尼斯·巴顿. 运输经济学(第二版). 商务印书馆，1993 年

3. 满意策略

除了认为运输条件在区位选择中常常不是最主要的因素外，现在越来越多的经济学家认为，企业并非总是受成本最小化的观念所左右，因此，即使能分离出对企业而言很重要的那些因素，也不应把这些因素归入成本最小化的构架之中，在许多情况下，其他条件相同的情

况下，运输成本低于某一水平的地方被认为是可以接受的，更多的时候，人们一般选取最先碰到的合意地方，因此，在选址时企业常常采取“令人满意”的政策，而不是力求利润或收益的最大化或者是成本的最小化。在选择过程中，作为决策者的个体无法做出完全理性的决策，他只能尽力追求在他的能力范围内的有限理性，于是，决策者通常会定下一个最基本的要求，然后考察现有的备选方案，如果有一个备选方案能较好地满足定下的最基本的要求，决策者就实现了满意标准，他就不愿意再去研究或寻找更好的备选方案了，这是因为：一方面，人们往往不愿发挥继续研究的积极性，仅满足于已有的备选方案；另一方面，由于种种条件的约束，决策者本身也缺乏这方面的能力，因此，决策者承认自己感觉到的世界只是纷繁复杂的真实世界的极端简化，他们满意的标准不是最大值，所以不必去确定所有可能的备选方案，由于感到真实世界是无法把握的，他们往往满足于用简单的方法，凭经验、习惯和惯例去办事，因此导致的企业选址结果也各有不同，在这种情况下，运输成本所起的确切作用变得几乎难以确定，但是看来一旦选定了区位，只有运输成本大幅上升，才能克服似乎伴随着这种管理目标的基本惯性。

案例2－2

紧张的铁路运输

“抢运”这两个字眼频繁出现在有关铁路运输方面的报道中。东北粮抢运、宁夏玉米抢运、电煤抢运……铁路部门的运力一次次地集结。对于那些面临运输困难的地区来说，“抢运”可谓是及时雨，而频频出现的铁路“抢运”，也让人不禁思索：难道只是铁路运力问题？

卖粮遭遇运输难

东北地区的粮食运输长期受到外运难的困扰，尤其在铁路部门运力紧张的时候，申请到车皮的几率非常小。虽然今年铁道部实施了抢运行动，但记者在采访中了解到，由于这次抢运行动浩大，铁路方面停止了大型施工，只留下必要的维修施工，腾出运行线，通过抢时间增加车次，把粮食抢运出去。但是，即使如此，铁路运输能力在抢运之初便接近饱和状态。导致粮食运不出去，因大量积压而掉价。

无独有偶，就在公路铁路部门拉响了抢运东北粮的号角不久，宁夏玉米也遭遇掉价危机。据了解，宁夏玉米的外销地主要在四川、云南等省区。南方雪灾过后，给铁路部门的运力带来了更为紧张的负面影响，有限的运力未能满足更多的运量需求，宁夏玉米便因此造成积压，价格开始一路下跌。

只要一提起玉米难卖的事，不少农民都满脸愁云：“眼瞅着种玉米的季节又到了，可眼下的玉米都还没运出去。这粮食价格眼看着一路下跌，真把人愁得不得了。”据了解，由于运力紧张，今年春节过后，宁夏市场上玉米价格开始回落。到3月底，水分低的玉米平均每公斤最高的收购价才1.46元，让等待涨价的农民叫苦不迭。截至4月中旬，像中宁和红寺堡等宁夏玉米主产地的农民家里，仍然有大量玉米积压待售。

抢运电煤成大考

我国是世界第三煤炭生产大国，但由于资源分布不均，95%的煤炭集中在北部和西部地区，而东部和南部地区煤炭资源比较匮乏，主要通过铁路进行运输。近几年，我国每年的煤炭运输总量都在10亿t以上，其中70%以上的运量依靠铁路运输。电煤运输一直是铁路运输的重点工作，尤其是夏季的电煤运输，成为对铁路部门运输能力的一大考验。从5月31日至6月10日的11天时间，全铁路日均电煤装车提高为4万车，日均增加4700多车。目前，四川省电煤库存充裕，可耗天数在20天以上，可满足当地的生产生活需要。但是在京津唐地区、山东、安徽、湖南、江西等省份电煤库存较低，课耗天数均低到10天的警戒库存量，有的电厂电煤库存甚至低于3天。在抢运电煤行动中，铁路部门加大了对这些省份电煤运输力度。但长期以来，铁路部门对煤炭运输似乎都未能给出一份令人满意的答卷，总是在运量和运能之间存在矛盾。由于铁路运力紧张的问题，煤炭产运销的问题没有从根本上得以解决，导致部分地区的煤炭“出不去、进不来”并致使部分地区煤炭供应紧张。

一年之中，铁路部门的抢运行动可谓一个接一个。抢运背后凸显的铁路运力紧张的问题也一次次地被强调和呈现出来。铁路运力何时不再吃紧，抢运何时变成一种常态被赋予了更多期待的成分。业内人士指出，从今年上半年的几次抢运来看，我国铁路运力仍存在运力不足的同时，像东北地区这样长期存在运力吃紧的老问题也未得到解决。虽然此次抢运很大程度上解决了东北粮外运难的问题，但是却令一度紧张的运力接近饱和状态。但抢运只能解一时之渴，治标不治本，对于铁路运输系统来说，加强全国铁路网建设和完善，才能提高运力。业内人士还指出，铁路应急运力“按下葫芦浮起瓢”的窘状背后，除了实际运力有待提高外，还需要特别重视综合应急物流体系的建立。由于在电煤、粮食等运输上，我国长期依赖铁路运输，这种“孤军作战”很难适应现代应急物流的需求。铁路部门需要加大与公路、水路等领域的多式联运等方面的合作。

案例讨论

(1)“东北粮抢运、宁夏玉米抢运、电煤抢运……”反映了我国运输需求的哪些特点？

(2)长期以来，铁路部门的运力为何一再处于“吃紧”的饱和状态？为何不设法提高运能？

2.4.4 货物运输需求的属性

货物运输需求(freight demand)是一个广义的概念，泛指社会经济活动提出的货物空间位移需要。货物运输需求产生于人类生活和社会生产的各个环节，个人、企业、部门、区域或国家都有可能提出空间位移的需要。

一般认为，社会经济活动对运输的需求可以通过运输量的形式反映出来，(货物)运输量可以反映为载运工具的流量，也可以是所运送货物的货运量或是周转量。虽然运输量的大小与运输需求的水平有着十分密切的关系，但两者也并非完全是一回事，运输量本身并不能完全代表社会对运输的需求特征，它反映的是被一定运输供给水平(基础设施、载运工具、运输组织条件等)所限制的运输需求量，如果运输供给水平允许或是得到提高，潜在的运输需求就会显现出来，反之，运输需求量将会被进一步抑制。

因此本节将从更本源的角度讨论货运需求的属性。我们知道，运输需求的物理特征包括流量、流程、流时和流速5个要素，此外，运输需求还具有一定的结构性特征，例如可靠性、便利性、安全性等等，它们反映了对于运输服务质量的要求。下面，我们主要从运距和批量这两个属性对货运需求进行分析。

1. 运输距离

尽管重工业和农业在发达国家经济结构中所占的比重已经有所下降，但它们所引起的运量或运输需求在总货物运输量中仍占有绝大多数，例如在美国，最大宗的货物分别是成品油、非金属矿石、煤炭、食品、建筑材料、木材、农产品和化工产品，1993 年这几种货物的运量分别为 19.19 亿 t、18.27 亿 t、10.83 亿 t、8.60 亿 t、7.98 亿 t、7.06 亿 t 和 5.51 亿 t，但这些大宗和低价值货物的运输更多是被铁路和水运承担了，根据美国 1993 年的货流调查资料，铁路运送的货物吨数占全部运量的 13%，但货物价值只占 4%，内河和沿海水运运送的货物吨数占全部运量的 18%，货物价值也只占 4%，管道运送的货物吨数占全部运量的 11%。货物价值只占 3%，而公路却通过运送 53% 的货物占到货物总价值的 72%，航空货运吨数虽然很少，但如果加上邮件、快件和行李等其货物价值竟占到 9%，在国际贸易方面航空业地位上升得更快，1996 年空运货物已经占到美国进出口货物总价值的 27%。

运输距离是衡量货物运输需求结构的一个重要方面，图 2－14 是 1993 年美国货物发送量和周转量随距离变化的示意图。从图上可以看出，大多数货物运输需求产生于地方性的运输，因为运距小于 50 英里的货物发送量超过了总发送吨数的一半，而随着运输距离的延长，货物发送量所占的比重也逐渐缩小，超过 1500 英里运距的货物发送量一共约占总发送吨数的 3%，但由于运输距离越远同样吨数货物所产生的吨公里数越大，因此远距离货物运输所占的周转量比例要比其发送量比例高得多，从图上可以看出，500～700 英里运距上占货物发送量 5% 左右的货物都占了周转量比例的 20%，而超过 1500 英里运距的货运周转量比重也明显大于 50 英里以内运距的货物，当然，国土面积的大小对货物运输距离的分布具有重要影响，像日本和英国这样的岛国，货运距离与美国相比肯定有较大差别。

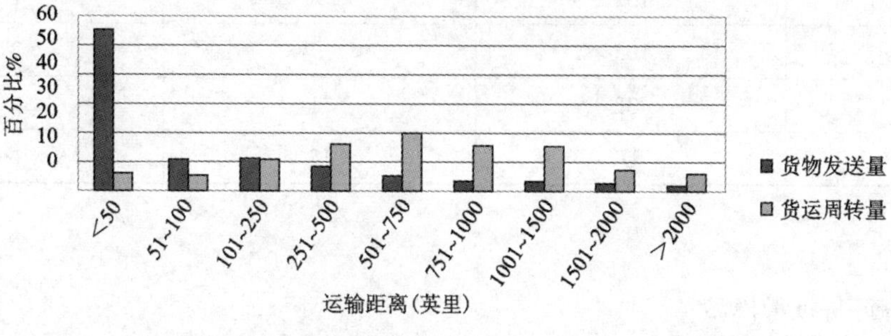

图 2－14　美国货物发送量和周转量随距离变化示意图

各个不同工业部门对运输业的依赖程度是不一样的，表 2－5 是美国若干类工业品的平均运输距离、每吨产品平均价值和运输费用占价值比重对比表。从表中数据可以看出，皮革制品的平均运距最长，达到 900 英里以上，而运输费用占产品价值的比重却最低，仅有 3%；电气及电子设备、光学仪器和服装三类产品的每吨平均价值也比较高，它们的平均运距都在 600 英里以上，运输费用比重也仅占 4%；而在另一端，非金属矿石的每吨平均价值只有 12 美元，它的平均运距最低，只有 87 英里；建材及玻璃制品、成品油和木材的每吨平均价值也比较低，相应的平均运距也都较短，而运输费用比重却接近或超过 20%；煤炭的情况似乎比较特殊，它的价值很低，但运输距离却很长，可能与其作为主要能源的产销特点有关，它的运输费用比重与非金属矿石一样缺失，但可以相信应该都界于最高之列。一般而言，初级产品的平均运输距离较短，而运输费用占产品价值的比重却较高，最终产品则正好相反，平均运输距离较长，但运输费用占产品价值的比重较低。

表 2-5 美国若干类工业品的平均运距、每吨产品价值和运输费用比重

产品分类	平均运距(英里)	货物价值(美元/吨)	运费占价值比重(%)
皮革制品	909	21093	3
电气及电子设备	650	13630	4
光学仪器	624	23080	4
服装	659	19249	4
一般机械	559	12954	5
橡胶及塑料制品	488	3348	7
运输设备	560	7447	8
布匹	458	4128	8
初级金属材料	365	858	9
纸张及纸制品	464	898	11
家具	591	4193	12
食品	315	997	13
化工厂	434	977	14
木材	182	191	18
成品油	152	191	24
建材及玻璃制品	105	114	27
煤炭	432	21	—
非金属矿石	87	12	—

2. 货物批量

(1)经济订货批量模型

货物批量(shipping size)指的是一批次运输货物的重量，货物批量也是衡量货物运输需求结构的另一个重要方面。早在1977年美国著名经济学家萨缪尔森就已经意识到了货物批量对于运输方式选择的重要性，他认为，货主的运输决策不仅仅是选择运输方式的问题，而是同时选择运输方式和货物批量的综合性问题。通常情况下，货物批量甚至是决定性的，这里我们借用物流中的经济订货批量(economic order quantity)来说明货物批量的决定因素。经济订货批量模型是目前大多数企业(货运需求者)最常采用的货物定购方式，该模型适用于整批间隔进货、不允许缺货的存储问题。假定：企业能够及时补充存货，需求量稳定；能够预测；存货单价不变，不考虑现金折扣；企业现金充足，不会因现金短缺而影响进货；所需存货市场供应充足，不会因买不到需要的存货而影响其他，那么，在上述假设下企业的年存货总成本为年订货成本和年储存成本之和，即

$$TC(Q) = DS/Q + QK/2 + F \tag{2-26}$$

式中：TC——年存货总成本，元；

D——年货物总需求量，t；

Q——每次进货量，t；

S——单位重量货物的订货成本（包含运输成本、议价成本等），元/吨；

K——单位重量货物的储存成本（包含仓库建设、租用、运营和管理费用，货物占用的资金成本，货物陈旧损坏或跌价的风险等），t；

F——其他固定成本，元。

为了使年存货总成本到最小值，可以运用微积分推导出最优订货批量 Q 的表达公式：

$$Q^* = \sqrt{\frac{2DS}{K}} \tag{2-27}$$

如图 2－15 所示，由于货运需求者的订货成本与储存成本之间存在着背反关系，导致总成本呈 U 形曲线，因此存在着使得总成本最小的经济订货次数，而经济订货批量为年货物总需求量除以经济订货次数，因此，货运需求者每年的订货次数或者说每次的订货量不仅与运输成本有关，还受到库存成本的直接影响，这就导致了现实中不同货物的批量存在着差异。

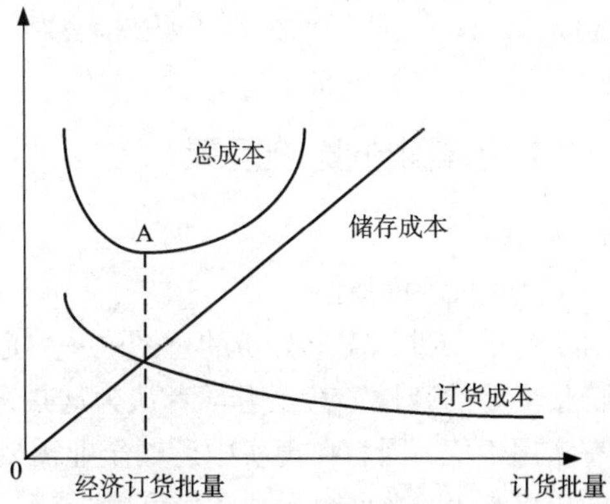

图 2－15　订货量成本图

(2)货物种类与载运工具的装载量

从公式 2－26 中我们可以发现，如果某种货物的储存成本远高于运输成本，或者年需求总量很高，那么，货运批量可能会很高，若是运输成本远高于储存成本，那么，批量可能就很低，换句话说，如果运费上升，最优货物批量通常将出现下降；如果年运输量或订货成本上升，最优货物批量也将随之提高。表 2－6 是 2004 年安徽某干线公路货运货物种类与平均装载量的调查结果，我们发现，钢铁、煤炭、建材等货物的运输批量要明显高于生鲜农副产业和机械电子工业，因为对于前者来说，运输成本的影响较大。例如，煤炭的货物价值较低，定货量大、定货成本较低，仓储成本也较低，这些较低的运输与库存成本导致了货主偏向于采用重型卡车等规模运输方式进行大批量运输，而对于后者来说，产品在储存时出现货损和跌价的高风险导致了其储存成本很高，例如，由于电脑配件的货物价值较高、货运量较少、定货与仓储成本较高、货架期较短，货主倾向于采用小批量的货物运输方式。实际上，更多货物的运输与库存要求介于上述两者之间，并导致了市场上纷繁复杂的货运价格、运输批量和仓储要求，这也解释了市场上一些货物之所以使用不同类型车辆进行运输的原因。

表 2－6　2004 年安徽某干线公路货物种类与批量

货物种类	货车比例(%)	平均装载量(t)
钢铁	6.41	36.2
煤炭	10.98	33.3
建材	29.19	26
化工原料	13.25	0.2

续表 2-6

货物种类	货车比例(%)	平均装载量(t)
粮食	9.83	19.3
日用工业品	15.81	17.2
机械电子工业制品	5.98	16.6
生鲜农副产品	6.41	15.6
其他	2.14	13.1

数据引自李旭宏，杭文，何杰等. 世界银行安徽公路项目Ⅱ——车辆超载课题研究，东南大学、安徽省交通厅，2006年6月

2.4.5 货运需求的影响因素

1. 运价水平

(1)货运的运价弹性

对货运市场进行需求分析的意图之一，是想确定某一种或几种运输方式的运输需求对于运输价格变化的弹性。甚至有学者认为这是运输需求分析最重要的目的，比预测总的运输需求更有实用价值，因为在现实中运输企业需要根据对运输需求弹性的分析决定自己在运输市场上的价格水平，政府也需要了解和掌握诸如社会运输需求对提高燃油税措施的反应程度等动向。国外学者曾经做过不少这方面的研究，但不同研究者得出的结论差别很大，例如，美国曾有人对铁路和公路货运的需求价格弹性进行计算，其结果是铁路为 -0.6，而公路为 -1.8，这两个数字的含义是，当这两种运输方式的平均运输价格分别上升10%，铁路的运输周转量将下降6%，而公路的运输周转量下降18%，另一些计算的结果却是铁路与公路的货运需求弹性都处于 -0.2 ~ -0.5 之间，还有专家对铁路与公路之间货运需求的交叉价格弹性进行过实际分析，结果是两者之间的交叉价格弹性值远远小于各自的需求价格弹性，这些结论遭到更多专家的质疑，认为人们普遍感觉到的是铁路的需求价格弹性应该大于公路，因为一种运输方式的市场份额如果比较大，那么它的需求价格弹性值应该比较小才合理。

为什么实际的弹性分析与计算结果与人们感觉到的有差距呢，有些解释说是计算方法有误，也有说计算的假设条件设立有问题，当然也有解释认为弹性计算所根据的运输市场概念过于宽泛，也就是说用于确定运输市场范围的那“一组运输服务”包括的内容过大，因而提出用划小运输市场范围的方法去改善运输需求弹性计算的准确性，有几位美国学者在20世纪80年代采用了以划分货物品类细分市场的办法，他们单独挑出“新鲜水果和蔬菜”这一类货物，对铁路和公路运输的交叉弹性进行了分析，当时美国这类货物的绝大多数是由公路承运的，虽然“新鲜水果和蔬菜”这个货物品类从某种程度看仍旧很大，因为它又包括着很多种不同的水果和蔬菜，其中每一种的运输需求弹性都可能是不一样的，而且分析计算所搜集的数据资料包括了很多不同的始发到达地点、不同的运输批量和运输质量，也就是说“新鲜水果和蔬菜”这一单独品类的货物运输仍旧不能算是“同质”的，但分析结果还是比之前很多类似的研究有了改进，当时计算的结果是这样的：当铁路运价提高10%，铁路的需求减少3.4%，公路的需求上升1.9%；当公路运价提高10%时，公路的需求减少5%，而铁路的需求上升10%。这结果与前述“一种运输方式的市场份额如果比较大，那么它的需求价格弹性值应该

比较小”的判断逻辑就比较接近了。

实际上，每一种货物运输由于运输对象、地理条件和其他种种因素的影响，其真正的需求弹性是非常复杂的，不同的人从不同角度或使用不同的分析方法都可能得出不同的结果，因此要想十分准确地计算任何一组运输需求的价格弹性都几乎不可能，我们只能从大体上去把握每一种运输需求弹性的变化范围，并进行必要的比较。

进一步说，即使运输需求弹性值计算准确，我们又能在多大的程度上将其推广使用呢，某一年的运输弹性是否能代表该时期以前和该时期以后的运输市场情况，某种货物的运输弹性是否能代表其他货物的运输弹性，某地的运输需求弹性是否能代表其他地区之间或者全国的运输需求弹性，显然都不能。每一个特定运输市场(即一组运输服务)中的运输需求条件都是唯一的，我们不能武断地随意把特定案例中的运输需求弹性值用在其他的运输环境里，这并不是说运输需求弹性的分析没有真正的实用价值，而是说这种弹性分析必须根据研究目的和各种给定的条件非常细致地去进行，否则就达不到预期的分析目的，甚至会得出错误的结论。需求弹性的概念很简单，但需求弹性分析即使在其他产业中也不是轻易就能给出结论的，在运输行业中只不过由于情况比较复杂因此要求作结论时更谨慎一些罢了。

最后，当某一条特定运输线的运价水平发生变动，它所影响的可能不只是该线路上的运输量，所有有关的产品供给地都会重新调整自己最合适的运输终列地点，也就是说，所有可能的始发到达地的产品供给曲线和需求曲线都会对新的运输均衡产生影响。因此，在网络上考虑运输需求问题情况十分复杂，因为原来已经存在的特定运输服务组别可能会发生变化，运输距离使运输市场的范围都改变了。例如，从 1960—1995 年间，美国铁路每吨英里的实际货运收入从 7 美分降至 2.5 美分，而同期美国铁路货运的平均运距增加了 37%，另一个例子则是，当决定采用“零库存”生产组织方式时，美国的汽车制造厂商就需要放弃过去距离比较远的零部件供应渠道，而在更近的距离内采购，以便使零部件的适时供应更加可靠。因此，我们在运输领域应用一般经济学分析方法的时候应该比较谨慎，要注意运输需求对价格变化的敏感反应，往往不是体现在货运吨数的增减或者运输方式之间的转移上，而是体现在运输距离的远近上。

(2)货运的非价格成本

有些必须考虑的影响因素是“运输的非价格成本”(non - rate cost to transport)或“非价格的运输成本”，我们也可以把它称为“附加的用户成本”。运输的非价格成本本身不是运输价格的组成部分，但是一旦发生这种成本并且其水平达到某种高度，那么它所起的作用与提高运价水平是相似的，也会减少运输需求(或者使运输需求曲线向左移动)。例如，某产品的产地价格是每千克 9 元，其销地价格是每千克 10 元。两地之间的正当运输费用是每千克 0.5 元，在这种情况下可能就会有经销商愿为获得剩余的那平均每千克 0.5 元的利润，而将该产品从产地运到销地去销售。但如果出现每千克平均为 0.6 元的额外非价格运输成本，那么产地价加上运费和非价格运输成本的总计就会超过销地价格，经销商则无疑会对该种产品的运销失去兴趣，结果是运输需求下降。

有些产品属于易腐坏、易破损或易被偷盗丢失的货物，那么在运输这些产品时，货主就需要多付出额外的费用，例如保证活牲畜运输中的饲养和清洁条件并安排专人押运，易破损货物的特殊包装条件，易损易盗货物的保险费用等，这些额外费用就属于运输的非价格成本。又如运输是需要时间的，而在市场经济中“时间就是金钱”的概念已经被普遍接受。在运输过程中的货物对货主来说有相应在途资金被占用的问题，货物本身价值越高，运输所耗费的时间越长，被占用资金所需付出的代价(至少等于同期的银行利息)就越大，而这笔代价也是由运输引起但却不包括在运输价格中的。还有，在市场经济还不完善的情况下，很多货主在运输中受到承运方工作态度或服务水平较差的影响，例如不能按合同提供运输车辆、运输被延误、货物出现不应有的损害或灭失、出现责任事故后不能及时得到应有的赔偿等情况时有发生，这些情况给货主带来的损失显然也是运输的非价格成本。无论是上述的哪一种情况，运输的非价格成本越高，运输需求就越受到限制。

2. 经济发展水平与产业结构

(1)经济发展水平与货运需求

货物运输需求是派生需求，这种需求的大小决定于经济发展水平。各国在不同经济发展阶段对运输的需求在数量和质量上有很大区别，从西方发达国家的交通运输发展过程看，工业化初期，开采业和原材料对大宗、散装货物的需求急剧增加；到机械加工工业发展时期，原材料运输继续增长，但增长速度已不如前一期，而运输需求开始多样化，对运输速度和运输质量方面的要求有所提高；进入精加工工业时期，经济增长对原材料的依赖明显减少，运输需求在数量方面的增长速度放慢，但运输需求越发多样，在方便、及时、低损耗等运输质量方面的需求越来越高。出现这些变化的深层次原因在于，经济的发展使得人们更为富裕，人们的消费行为也发生了改变，由需求弹性较低的货物转向需求弹性较高的货物，或是由农产品转向制造业产品及服务业的服务，因此，对产业结构而言，亦会因消费者消费取向的不同而有所转变，在产业结构因经济发展而改变时，会出现货物种类和货运服务特性的改变，从而使货运需求发生变化。根据经济学理论，专业分工越细，规模经济效益越容易得到发挥，从而可以降低生产成本，但相对而言，专业分工的细化也导致了运输成本的增加；例如厂商采取适时制(JIT)生产策略，可有效降低存货成本、增加生产的弹性，但必须为之付出较高的运输成本。当某一地区的产业结构变得更为复杂或单纯化时，会影响到区域(包括境内、入境与出境的)货运量，并对区域间货运量分布的形态产生影响。

在货运需求分析中，最大的一组运输服务可能要算把一个国家所有的货运吨公里加总在一起了，即把所有不同始发到达地点之间、通过不同运输方式、不同批量和不同品类的货物位移加总的合计。图 2 – 16 是我国 1979 年到 2007 年总货运周转量随国内生产总值变化与增加的示意曲线，从图中我们可以看到，如果用实际发生的货运吨公里代表货运需求量，那么在这一时期大体上它与国民经济是一起增长的，甚至增速更快。但货运周转量与国民经济的增长变化又并不是完全同比例的。在图 2 – 16 所表示的时期，中国的 GDP 增长了约 39 倍，而货运周转量的增长仅为 8 倍，当 20 世纪 80 年代末 GDP 出现波动时货运周转量仍然保持了稳步的增长。相比之下，发达国家的货运需求与国民经济的增长变化与图 3. 5 情况不完全相同，运输需求的增长比例要更平缓些，这是因为，在这些国家的国民经济增长或工业化的初期，运输需求的增长幅度超过经济总量的增长幅度，而到工业化的中期和后期，运输需求的增长一般会开始放慢。出现这种变化的原因主要是，经济结构中一开始重工业所占的比重较大，重工业所引起的原材料和燃料以及产成品的运输量都比较大，而工业化中后期经济结构中附加价值较高的高新技术产业和服务业比重增加，这些产业单位产值所引起的货物运输量比较少。

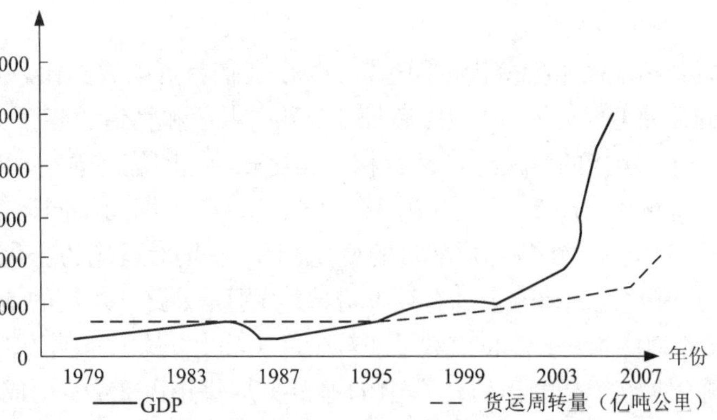

图 2－16　中国总货运周转量与 GDP 增长关系示意图

(2)货运需求的地区不平衡性

此外，要注意我国货运需求层次地区分布的不平衡性。首先，我国国土面积广大，地区资源分布不均，比如中西部主要是大量能源、原材料的产地，而东南部主要集中的是加工产品的生产，这就使得我国各地区出于货物产品的不同，拥有着不同的货运需求层次，同时，区域经济发展不平衡带来货运需求层次地区分布不均，比如西部地区的经济发展落后于东部沿海，人民消费水平也较低，产品的生产及需求不如东部地区多样，使得西部的货物运输需求层次比较单一，而东部就相对要复杂得多。

(3)货运消费者对载运工具的选择

我们来分析一下货运需求变化时运输消费者对载运工具的选择。我们前面已经提到，货物的批量是由储存和运输等物流环节共同决定的，显然对于载运工具来说，都有一定的装载容积以及相对较“经济”的装载量(本书第 7 章将详述这种载运工具的载运能力经济性)，因此运输者必须保证运送的货物达到一定装载量以满足运输工具一次的装载能力，但对于商品的生产者(货运消费者)来说，装载量越大，其产品的存储数量和时间也越大或越长，而产品存储所造成的成本显然也会越高，如果产品的价值较低且市场需求较稳定，那么，充分利用载运工具的运输能力能够显著地降低运输成本而又不会带来其他成本的大幅度增加，而对一些单位价值很高、市场需求变化很快的产品来说，过长时间或过大数量的存储显然是不经济且存在极大市场风险的，此外，那些装载容积较小、相对灵活方便的运输工具，特别是卡车的优势就体现出来了，因为它们几乎可以随时启运，大大减少产品的存储成本，所以产品生产地对运输需求的影响，还应该包括存储和装载方面的考虑，极端的情况是适时制生产组织方式的情况。一些汽车公司首先采用了这种生产组织方式，使每一个前方生产者的加工品正好在下一个生产者需要的时候直接供应到位以最大限度地减少不同工序、车间或分厂之间原材料、零配件及半成品的存储量，甚至做到“零库存”，为了适应这种适时制的生产组织方式，运输组织也必须做到非常准确及时，因为假如某项供应一旦不能及时到位，就可能起整个生产停顿的严重后果，而某项供应提前到位也会引起不必要的存储，达不到适时制的目标。这种生产组织方面的变化对运输服务的可靠性提出了空前的要求，因此比较可靠的运输方式被用户青睐，而对那些运输组织环节复杂、时常出现运输延误的运输方式，其运输需求就可能下降。

(4)不同运输方式的发展

如果把总的货物运输需求拆分为不同运输方式，我们就可以看到比总量略微具体一些的运输需求。在目前的几种主要运输方式中，铁路、公路、水运和管道承担了大部分货物运输。航空货运正在崛起，但从承担的运输总量来看相对还比较小，即使在航空运输最发达的国家，航空所占的货运比重也很小。图 2－17 是中国在 1980—2007 年期间不同运输方式货物运输量的增长变化示意图，其中图(a)是货运周转量的变化，图(b)是货运量的变化，可以看出，在此期间铁路、公路、管道和水运的运输量都有较大增长，特别是公路和水运的增长更加明显，航空货运是从无到有，增长速度很快，但目前数量还较少。实际上，从 1980 年到 2007 年，我国铁路货运量比重持续下降，在整个交通运输体系中的地位平均每年以 2.2% 构成比的速度一直跌落，管运货运比重也以每年 2.0% 构成比的速度向下滑坡，而公路货运量稳步上升，在整个交通运输体系中的地位平均每年以 0.5% 构成比的速度不断上扬，水运货运量每年以 0.6% 的构成比速度不断上升，航运总量增加速度很快，虽然在占总量比例上不多，但其在货运中的地位是不容忽视的。将图(a)和图(b)对比还可以看出，水运货运周转量的增长明显高于其货运量的增长，这反映出我国由于对外贸易的繁荣，远洋运输增加了水运的平均运输距离；铁路货运周转量的增长也明显高于其货运量的增长，这主要是由于铁路运输的平均距离比较长所致；而公路货运虽增长明显高于周转量增长，主要由于公路短途运输比重加大。

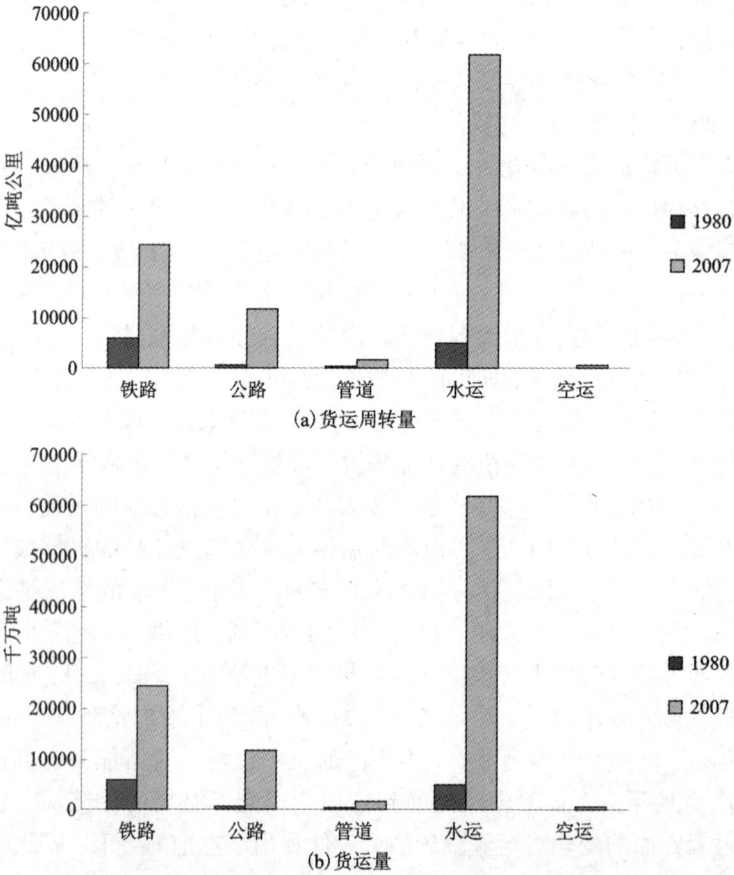

图 2－17　1980—2007 年中国不同运输方式货物运输量的增长变化

3. 偏好

(1) 发货人对运输企业的要求

在本章的不少地方都涉及了运输服务的质量问题，也就是说，运输服务质量对运输需求是有实际影响的。然而对于经济计量分析来说，运输质量的概念目前却很难发挥更多的作用，原因在于很难给出运输质量的准确定义并进而收集到能够进行定量分析的实证数据。每一种运输服务都存在着很多方面的特点，对某些发货人来说运输能力的大小可能是最重要的，对另一些发货人来说运输速度可能更重要，第三类发货人可能更看重运输的可靠性包括正点服务，还有很多发货人可能对承运人的形象和服务态度十分注重等。表 2-7 是英国价格协会对发货人进行的一次调查结果，可以看出，随着经济结构的转变，货物运输的轻型化、小批量、时间紧、安全可靠等特点越来越突出，因此无论是区内运输还是跨区运输，货主都把车型合适与发货迅速摆在最突出的位置。

表 2-7　英国发货人对公路运输公司的各种要求（单位：%）

类　别	区内货运	跨区货运
车型合适	38	43
发运迅速	29	36
装载及时	10	12
声誉良好	15	5
手续方便	8	1

资料转引自肯尼斯・巴顿. 运输经济学（第二版），1993 年

不少国外学者对运输质量问题进行过研究，包括使用问卷方式调查用户对各方面运输质量的评判，但这些研究似乎仍没有为经济计量分析提供必要的信息，例如，某一次问卷调查的结果是有 30% 的客户认为运输速度是他们选择承运人时的主要标准，而运价水平只排在第三位，但结论到了这种程度我们仍旧无法判别运输速度提高多少可以使运输需求曲线向右移动到什么位置，若要使质量因素能够真正在运输需求的经济计量分析中起作用，就要能够收集到足够有说服力的数据，使其成为经济计量模型中的一个变量，例如可以用运输速度这个指标取代地区 GDP，如果做到了这一点，我们就可以在固定运输速度的情况下分析运价对需求量变化的影响，或在固定运输价格的情况下分析运输速度对运输需求的影响。然而到目前为止，运输质量的定量分析方法仍很不成熟。

(2) 自备运输问题

在经济生活中还有一种现象，就是尽管专业受雇运输公司的能力越来越大，服务也不断改善，但还有很多一般的工商企业保留了自备运货车或车队，也就是说，这些企业或多或少地把一部分运输能力控制在自己手里，除了必需的内部运输和短途接运外，有些还要用于完成中远距离的运输任务，这种情况在各国都很普遍。照理说维持自备车队的成本可能会高于利用专业运输公司，那么为什么企业愿意保留自己的运输力量而不完全依靠专业运输呢，表 2-8是英国运输部对有关调查归纳出的结果，可以看出企业在更可靠、更容易控制、有利于与客户建立更好的关系、更快和更有灵活性等因素上的考虑都超过了对常规运输成本或运

价的考虑，此外，满足特殊服务需要、专门化、反应和适应性、安全等因素也都是需要顾及的内容。因此，综合起来看，只要专业运输公司的服务尚无法在这些方面超过自备车辆，就算运价可以更低，对运输质量越来越挑剔的客户们还是要自己保留一手。

表 2 -8　英国生产企业保留自备车队的若干原因(单位：%)

原　因	选择比例
可靠性	14.9
可控性	13
与客户建立更好的关系	9.4
发运迅速	9.2
灵活性	7.8
成本与运价	7.4
满足时间上的特殊要求	6.6
有特定的服务要求	6.5
专门化的运输能力	5.5
反应快	5.1
适应性好	3.6
始终如一	3.5
减少货损货差	3.4
更安全	2.6

资料转引自肯尼斯·巴顿. 运输经济学(第二版)，1993 年

但不同产业或部门对自备车辆或自有运输的依赖程度是不一样的，表 2 -9 是 20 世纪 90 年代中期美国有关产业的运输总费用和其中使用自有运输与受雇运输的比例。从表中数据可以看出，各产业平均使用自有运输与受雇运输的比例分别是 52% 和 48%，自有运输比重略大；但金融保险业、电信业和运输总费用最大的制造业对自有运输的依赖较小，其比例分别为 7.9%、11.9% 和 21.4%；而农林渔业、建筑业和商业对自有运输的依赖却很大，分别达到 69.7%、74.6% 和 82.7%，其他服务业的比例也有 66.2%。

表 2 -9　美国若干产业中使用自有运输与受雇运输的对比

生产行业	运输总费用(亿美元)	自有运输比重(%)	受雇运输比重(%)
农、林、渔业	188.97	69.7	30.3
采掘业	66.8	57.9	42.1
建筑业	522.35	74.6	25.4
制造业	1020.54	21.4	78.6

续表 2-9

生产行业	运输总费用(亿美元)	自有运输比重(%)	受雇运输比重(%)
电信业	99.9	11.9	88.1
商业	517.83	82.7	17.3
金融、保险业	114.22	7.9	92.1
其他服务业	635.17	66.2	33.8
平均		52	48

资料转引自肯尼斯·巴顿. 运输经济学(第二版), 1993 年

从自有车队运营的目标来看，通常可以分成两类：以成本为中心和以利润为中心。

①以成本为中心。自有车队常常被要求提供良好的服务，同时要降低运输成本，但这两个目标往往不可能同时实现。例如，营销部门可能要求车队在一个很短的时间内把货物运到某地，但这样做却会是运输成本大大升高，也许这对于讨好客户来说是有意义的，但却无法满足让车队节约开支的目标，为解决这样的矛盾，车队的目标可能被定为“有一定成本约束的服务目标”，即在一定的成本水平上尽可能提供最好的服务。关键在于，应使企业的相关部门了解，即便自有运输的固定费用已经预付过了，但其运行所产生的变动成本仍旧很高，不可能是免费的，因此在这种情况下的运输要求还是要考虑成本问题。

②以利润为中心。也有企业改变了把自有运输当作免费服务的观念，在这些企业中，自有车队产生的收入是其作为一个独立业务部门的内部账面收入，该收入减去真实成本就得到账面利润，由此来衡量车队的绩效。通过把自有车队转变为企业内部的利润中心，使其自己对资产的利用和赢利负责，既可以提高车队的利用率，减少车辆空驶。又可能对整个企业增加利润做出贡献。当然，为了防止车队单纯地追求自己的利润，企业内的其他部门则应该具有选择是使用内部车队还是使用外部受雇承运人的权力，以便对车队施加竞争压力。

因此，如何看待自有车队是值得思考的问题。通常作为利润中心的车队已经是一个独立存在的部门，应该直接向企业的总经理负责，但作为成本中心的车队却可能由于归属不同部门，如生产部、市场部或运输部而产生意见分歧，市场部一般倾向于不惜成本去提供服务，而运输部则容易倾向于把成本降至最小。对于功能较全的工商企业来说，一个可行的解决办法是，把自有车队归属于使用车队最多的部门控制。这个部门要负起承担车队运行成本的责任，而别的部门需要车队服务则要通过内部转账支付费用。

案例 2-3

货物运输工具的选择

某家工厂在 A 地区，必须从这家工厂把商品运到 B 这个消费地的流通中心去，如果问：“用什么样的运输工具运输比较好呢?”如果是个说话不慎重的人，看了 A 和 B 之间的距离及地图上 A 和 B 的位置，就会说“应该用海运”或“可以用集装箱火车运”。这种回答，只是从距离和运输工具的效率来考虑的，实际上这绝对决定不了运输工具。为什么呢？因为需要运走的货物的量并不清楚。虽说内航海运可以用，但一次运输的货物量只有 2 t 卡车装一车的量，就不能用船运。同种类的商品，如果一次要运 20 t 或 30 t，用普通的铁路货车运，比集装箱划算。就是说量不一样，运输工具的选择也不同。再就是运输所要求的时间不同，运输工

具的选择也不一样。如果A地到B地必须在一天之内运到，就不能用晃晃悠悠的船来运，即使铁路也满足不了这样的时间要求。如果早晨受理出货订单，要求傍晚之前必须送到，就得用卡车跑，或者用飞机，别无他法。由此可看出，时间也是个重要因素。总之，运输工具的选择，原则上是根据(量)×(时间)×(距离)来决定的，当A和B的地理位置作为所给予的条件时，时间和一次要运的量是决定运输工具的第一要因。

那么，时间和量是根据什么来决定的呢？它不是物流内部本身就能够决定的，而是由根据市场状况的库存策略来决定的。采取什么样的库存策略，时间和量就会有所不同。关于上面举例的A和B，现在有两家经营同样条件的同样商品的制造商，假定它们是甲公司和乙公司，甲公司采取尽量不持有流通库存的政策，所以B仅有最小限度的必要的商品库存，这种情况会怎样呢？通过销售，从B那里不断地向客户出货，B的库存常常不足，于是，生产出来的商品集中库存于A，需要从A不断地一点一点地向B送货。在这种情况下，一次出货的量往往是少的，把商品送到B所要求的时间必须短，卡车运输必然就成了运输的首选；与此相反，乙公司采取的是在B的流通中心持有充分的库存商品，即流通过程集中库存，B有充分的商品库存，即使销售方面需要不断地向客户出货，也没有必要急着担心没有库存商品的问题。所以，可以不用着急地把在A地生产出来的商品集中起来运往B，运输可采用船、铁路等能够大批量运输的运输工具。从上面的叙述来看，甲公司运输成本高，但库存费用、库存投资少，而乙公司虽然运输可以达到效率化，但库存分散，不单要发生费用，还会有风险。

当然上面举的是极端的例子，企业需要根据运输和库存的平衡关系，建立自己认为是合理的物流系统，只是有时候库存策略要根据销售的情形优先考虑效率的问题。根据平衡关系建立的运输系统中，有一种叫做海陆联运的国际运输方式，运程中没有自始至终都是用一种运输工具进行运输的，而是在运输过程中有机地结合采用其他的运输工具。譬如，从中国向英国运输商品，从成本的角度来考虑，最有利的是用船；从时间来考虑，最快的是飞机。于是，通过调整当地的库存状况，把用于运输的运输工具加以巧妙的组合，达到成本最低的目的。如果用船运，花时间多，必须事先在当地多持有库存商品；如果当地库存过少，就需要用飞机运过去。海陆联运的国际运输方式，整合采用了两方的长处，在平衡中做到最有利。总而言之，对运输工具的选定来说，库存策略关系极大。

（注：主要内容引自参考文献[11]）

案例讨论

(1)对于货物运输来说，载运工具选择的主要影响因素有哪些？

(2)国际多式联运相对于单一运输方式来说，主要的优势有哪些？

2.5 旅客运输需求

2.5.1 客运需求的影响因素

1.运价水平

(1)客运需求弹性

客运需求也受运价水平的影响。如果我们已经比较清楚地知道了运输需求与运输价格之间的相互关系，就可以在价格与需求坐标系中画出一条运输需求曲线，可以根据运价水平的变化考察运输需求量的变化。当然，这只是理想条件下的，现实条件下客运需求分析中所使用的变量往往不应该简单处理。例如价格可能并不仅仅是乘客所支付的票价，而是包括了其他许多有相互影响的因素，像时间成本就是其中最重要的一项，此外还有安全、舒适和方便等。但由于这种综合性的运输成本不容易准确掌握或计算，因此，在现实中，很多情况下人们还是利用容易取得的价格资料进行运输需求分析。这当然会带来一些问题，其中一个就是对运输需求的价格弹性计算结果往往与人们预料的相差很多，而且一般都是偏低。例如，20 世纪 70 年代以来很多学者对美国、英国、澳大利亚等国城市内或城市间客运以及跨北大西洋航空客运分析出来的运输需求价格弹性都比较低，从最低的 -0.08 到最高的 -0.61 不等。

(2)客运需求弹性的影响因素

与货运需求弹性的计算结果类似。客运需求弹性也因计算者、计算目的、使用数据来源、计算期间和分析范围的不同而差异很大。运输需求弹性的计算如果过于笼统，它与特定和现实的运输需求特性就会背离较大。于是有学者建议要注意分类对运输需求弹性进行分析，他们认为至少可以从以下几个不同层面去观察客运需求的价格弹性变化：

第一，出行的目的不同。人们的出行目的大体可归类为：出差、旅游、探亲、访友、购物及其他。一般认为公务出差的旅行需求对运价的弹性要低于以旅游度假及探亲访友为目的的旅行，前者更倾向于选择更加快速、成本较高的运输方式，因为前者的机会成本通常要高于后者。表 2-10 中对京沪通道的调查结果证明了这一点，乘坐飞机的旅客中因公出差的比例要远高于使用铁路和公路运输的旅客。据美国学者的分析结果，相对于旅行费用而言，开私人小汽车度假的旅行需求弹性值为 -0.955，长途公共汽车的需求弹性值为 -0.694，铁路为 -1.2，航空为 -0.378；而对于公务旅行来说，小汽车的弹性值为 -0.7，公共汽车为 -0.3，铁路为 -0.57，航空为 -0.18。

相比之下，公务旅行的需求价格弹性要小于度假旅行。由于公务旅行需求的价格弹性要比个人出行小很多，因此航空公司就可以依此而制订不同的定价策略以增加收入。当然，出行的本身不能孤立地对方式选择发生作用，而是与其他因素综合作用于方式选择的全过程。

表 2-10　2002 年京沪通道按出行目的分类的旅客出行比例

运输方式	出行目的	因公出差	个人经商	旅游	探亲访友	就医疗养	外出求学	外出打工	其他	合计
铁路	比例(%)	43.6	9.6	10.6	16.3	1.5	3.6	6.5	8.2	100
公路	比例(%)	49.6	13.1	4.5	20.8	1	1.2	3.4	6.4	101
民航	比例(%)	80	6.7	4.6	4.5	0.3	0.9	0.5	2.5	102

数据引自李茜. 京沪通道，旅客运输方式选择分析，《综合运输》，2006 年 4 月

第二，费用支付方式的不同。例如，私人小汽车的燃油等直接费用相对于既包括燃油，又包括保险、保养和折旧等间接费用的全成本来说只是一部分，这使得驾车人的需求弹性按燃油费用与按全成本计算相比就有差别；而公交车票又分别有一次性票、按时间的期票和按里程的累积优惠票等等，结果使需求的价格弹性也不同。

第三，长短期的弹性不同。例如，人们对市内公交车票涨价的反应，在短期内往往是需求明显减少(抗拒心理)，但一段时间以后，当人们的心理逐渐适应，这种反应会软化，因此表现为需求价格弹性短期较高而长期较低。然而燃油价格对人们驾车行为的影响却是一种相反的情况，当20世纪70年代石油危机导致燃油价格上升时，在短期内人们的驾车距离似乎没有很大变化(人们可能寄期望于油价在将来有所回落，同时，对车辆的投资是种固定成本)，但在更长的时期内它对人们选择居住和上班地点以及选择车型都发生了影响。

第四，运输距离或支付总额的差别。都是20%的上涨率，但5元票价和500元票价两种基数都会使人反应不同(因为上涨的金额相对于普通人的收入具有明显的差别)。研究结果是休闲旅行需求在长距离的价格弹性要大于短距离。例如，一项研究说美国航空旅行需求的价格弹性在400英里时为 -0.525，而在800英里为 -1.0。

案例2-4

20世纪70年代石油价格上涨对美国车主的影响

1973—1981年间美国的汽油价格急剧上涨。起初，消费者只能节约少量的汽油，例如假期旅行被取消了，有些人开始改乘公共汽车上班，但这种节约是有限的。1973—1975年，每辆车的平均耗油量每年从736加仑减少到685加仑；而在更长的时间里，消费者就有可能进一步减少耗油量，例如这时候小型的节油车已经比较普及，轿车每加仑的平均行驶里程从1973年的13.3英里增加到1981年的15.7英里。还有些人变动了工作，或搬到离工作地点较近的地方去住。这些变化使小汽车的平均行驶英里数在同时期内从9800英里减少到8700英里。所有这些变化使美国在1973—1981年间，每辆车每年消耗的油量从736加仑减少到555加仑，降低了25%。显然，对汽油的长期需求弹性，要比短期需求弹性大得多。

小汽车价格的上升会减少居民购买小汽车的数量，但同时又会促使人们延长每辆车的使用寿命，因此私人小汽车拥有量相对于汽车价格的弹性值可能几乎为零。汽车燃油涨价会减少人们对燃油的购买数量，但一些居民可能更倾向于更换一辆比较节省燃油的汽车，而不是减少自己每天驾车行驶的距离。因此，汽车行驶距离相对于燃油价格的弹性值也可能几乎为零。

(注：主要内容引自参考文献[12])

2. 收入水平

人们的收入水平与交通需求之间有一定联系，过去有人提出，由于在出行时间预算上的限制，人们在出行行为方面具有相对的稳定性，即人们花在出行方面的时间和出行的总次数变化不大。如果以休闲为目的的出行增加，那么以工作作为目的的出行就会减少；如果选择使用汽车或飞机出行，那么原来以步行或骑自行车的出行次数就会相应减少。但后来的研究表明，人们的平均出行时间和次数都随着收入水平的提高在增加。不少学者对同一国家不同收入水平的家庭，或不同人均收入水平的国家进行过对比分析，结论基本都是相同的。

根据《中国统计年鉴2006》，我国城镇居民人均消费性支出2005年与1989年相比提高了5.56倍，农村居民人均生活消费支出2005年与1989年相比提高了3.78倍。城乡居民各项消费支出在总消费支出的百分比也有较大的改变，具体数据见表2-11和表2-12。从表中可见，城镇居民的文化娱乐、交通与通信、居住三项的比例大幅度提高，而农村居民的医疗、交通通信、文教娱乐三项服务性支出的比例有所增加。

表 2－11　我国城镇居民消费结构的变化(单位：%)

项目＼百分比＼年份	1990	1995	2000	2005
食品	54.25	50.09	39.44	36.69
衣着	13.36	13.55	10.01	10.08
家用	10.14	7.44	7.49	5.62
医疗	2.01	3.11	6.36	7.55
文娱	11.12	9.36	13.4	13.82
居住	6.98	8.02	11.31	10.18
交通	1.2	5.18	8.54	12.55
其他	0.94	3.25	3.44	3.5

表 2－13　我国农村居民消费结构的变化(单位：%)

项目＼百分比＼年份	1990	1995	2000	2005
食品	41.59	41.1	36.14	36.11
衣着	11.76	10.33	7.41	6.83
家用	8.2	7.92	6.79	5.2
医疗	5.06	4.94	6.82	7.87
文娱	8.36	11.91	14.53	13.84
居住	21.66	17.2	17.98	16.04
交通	2.24	3.92	7.25	11.48
其他	1.13	2.68	4.08	2.54

表 2－13 是 1989 年英国家庭开支分类按收入水平分组的对比表，可以看出交通开支大体上是随着收入水平提高的，从最低收入组占总支出的 6.8% 到高收入组的超过 18%。其他发达国家的情况与英国类似。

表 2－13　1989 年英国按收入水平分组的家庭开支分类表(单位：%)

每周收入(英镑)	食品	住房	水电	烟酒	服装	日用品	交通	其他
低于60	27.2	14.1	10	8	5.2	12.5	6.8	13.1
60～99	25.4	21.6	9.6	6.3	5.4	11.2	8.4	12
100～149	23	22.2	7.2	7	6.6	10.5	9.3	14.2
150～199	20.1	20.1	5.9	6.2	5.6	9.8	14.6	17.7
200～249	20.5	19.5	5.6	7.5	6.2	10.9	14.8	15
250～299	19.2	17.1	4.6	6.7	6.6	13.6	16.7	15.4

续表 2－13

每周收入（英镑）	食品	住房	水电	烟酒	服装	日用品	交通	其他
300～349	19.3	17.1	4.8	7	6.8	11.5	17	16.3
350～399	18.7	16	3.9	6.6	6.5	11.5	17.5	19.3
400～524	17.7	15.6	3.9	6.5	7.1	11.8	18.4	19
525 以上	15.8	16.4	3.1	5.7	7.9	12.1	18.3	20.7
平均	18.8	17.4	4.8	6.5	6.9	11.7	16.2	17.8

资料转引自肯尼斯·巴顿. 运输经济学（第二版），1993 年

需要注意的是，虽然可以认为交通在总体上属于经济学中的优质品，即消费随收入增加的物品，但也有人认为如果分更细来看，其中的私人交通特别是人们对小汽车的需要与收入增加的相关性更加明显，而对市内公共交通的需要却可能是在减少的。

3. 其他运输服务的价格和质量

（1）客运需求的交叉弹性

对任何一种交通工具的需求，无疑会受到与其竞争或与其互补的其他交通工具的影响，这其中也包括收费或价格方面变动的影响。需求的交叉价格弹性是可以用来分析需求受其他交通工具价格影响程度的有效工具。表 2－14 是 1991 年英国伦敦城市交通需求的价格弹性表，反映由于公共汽车和地铁两种公交票价变动引起伦敦交通需求变化情况，表中公共汽车、地铁和市郊铁路之间似乎都属于替代或竞争关系。从表中数据可以看出，公共汽车提高票价对自身需求的影响要大于地铁对自身的影响。而且前者对后者的交叉影响要大于后者对前者的影响，它们对市郊铁路的需求和人们减少出行的决定也产生了一定影响，但程度要小一些。

表 2－14 1991 年英国伦敦城市交通需求的价格弹性

	公共汽车	地铁	市郊铁路	减少出行
公共汽车	－1.318	0.897	0.193	0.229
地铁	0.356	－0.688	0.211	0.12

资料转引自肯尼斯·巴顿. 运输经济学（第二版），1993 年

需要说明的是，即使在同种运输方式内部，也可能存在不同运输企业之间的竞争，而分析这种运输企业之间的需求交叉价格弹性，对企业的经营也是很现实和极有实用价值的。此外，对于互补型的运输工具或运输企业，例如市内道路交通为市际铁路和航空集散客流，或者支线航空公司与干线航空公司共同组成轴辐型结构等，需求的交叉价格弹性应该是负值。

根据 20 世纪 90 年代的数字，美国大城市中人们上下班使用公共客运的平均只有 6.5%，独自驾驶私人小汽车的占 73%，其余的人利用其他方式包括合伙搭乘小汽车等。但美国有几座大城市，如纽约、旧金山、芝加哥、华盛顿和费城等，仍保持了相对较高的公共客运使用率，其中纽约甚至达到 7.3%。据分析，这与这些以金融、商业或政府职能为主的大城市就

业地点大都集中在城市中心，因此公共客运相对比较容易发挥优势有关，如果居住和工作地点都十分分散，公共客运的发展就比较困难。

除了计程出租汽车，公共客运部是集体运输。即要把数量不等的旅客集中到一部交通工具上运载，因此公共客运一般都需要设定专门的运行线路、停到站和运行时刻。与私人交通相比，公共客运的不方便之处就是不能随时随地满足每个人的出行需要，而必须等待规定运行时刻，并只能在确定的远行线路和停到站；此外，旅客往往还需要利用个人交通(包括徒步)去衔接公共客运所不能满足的那部分路程。这使得公共客运比随时随地可听凭个人支配的私人交通工具缺少了一定的吸引力，再加上其他的原因，公共客运在很多国家和城市都被私人小汽车排挤了，引起了很严重的交通堵塞问题。从20世纪40年代后期到70年代，美国城市公共客运一直迅速下降，70年代以后大体保持在每年85亿人次的水平上，而私人小汽车此时已经占据了绝对优势。世界上很多国家的城市交通大体也是这样一种趋势。一些城市曾经采取了比较积极的态度，努力把私人小汽车的乘客转移到公共客运上。但到目前为止成功的例子相当少，似乎只要道路的拥挤状况不到极端，或者市内停车位的收费还能接受，私人小汽车的拥有者们就对公共客运的降价措施根本不予理会。根据对世界上100座城市所进行的调查分析，公共客运需求对客运票价的平均弹性值只有 -0.45。也就是说，如果城市公交票价降低10%，其运量只会增加4.5%；换而言之，即使公交票价降低100%，即完全免费，公共客运的运量也只增加45%。如果原来选择公共交通的居民比重不大，那么大多数在公共交通免费的情况下仍然还会以私人小汽车出行为主。

(2)公共交通服务水平的重要性

还曾有学者对20年时间内影响美国波士顿市公共客运的若干影响因素，包括收入水平、就业人数、公交票价和公交服务质量等进行了分析，分析结果显示在表2-15内。居民收入水平对波士顿城市公交需求的影响是负面的，因为人们收入增加一般更愿意选择使用私人小汽车而放弃使用公共交通，该弹性值为 -0.715。在该期间人们的收入水平实际增长了44.5%，对公交需求的估计影响程度为 -30.1%。就业人数对公交需求的影响是正的，其弹性值为1.75，在该期间波士顿就业人数实际增加了8.3%，对公交需求的估计影响程度为12.7%。公交需求对票价的弹性值为 -0.234，在该期间公交票价下降了42.4%。对公交需求的估计影响程度为12.1%，公共交通服务水平的提高可以鼓励人们更多地使用公共客运，公交需求对其的弹性值为0.358，在该期间波士顿城市公交开行的车英里数实际增加了38.3%，对公交需求的估计影响程度为10.9%。从总的情况看，这20年间对公共交通正的影响累计共为35.7%，负的影响为30.1%，正负相抵后波士顿城市公共交通的需求只增长了5.6%。

表2-15 波士顿城市公交需求的影响因素、弹性与变化(1970—1990年)

变　量	弹性值	变量实际变化(%)	影响程度(%)
收入水平	-0.715	44.5	-30.1
就业人数	1.75	8.3	12.7
公交票价	-0.234	-42.4	12.1
车英里数	0.358	38.3	10.9

资料转引自肯尼斯·巴顿. 运输经济学(第二版)，1993年

如果政府官员和学者希望能使公共客运吸引到更多的乘客，那么就必须研究如何克服公共客运的那些弱点，或者能在其他如成本、速度和舒适性等方面具有更大的补偿能力。有很多研究表明，人们对公交票价高低的敏感度正在下降。例如，20 世纪 70 年代末一项对英国中西部的运输市场研究显示，当时只有 27.1% 的人还坚持公交车降低价格是最重要的问题；而其余大多数人的观点都认为服务质量的改进更重要，其中 14.6% 的人选择了速度上的可靠性，10.4% 选择了频率高，另外 10.4% 的人认为应该增加候车站的遮篷，还有 10.0% 的人则更看重车辆的清洁程度。还有研究指出，在原来服务质量比较差的情况下，改进质量特别有助于增加公共交通的需求。

但是，公共交通的服务质量与所在地区的人口密度以及人们对它的使用强度又有很大关系，因为如果乘客过少就很难维持较好的公交车况和较高的服务频率。所以大城市本来应该是能够充分发展公共交通、用优质公交服务引导居民减少对私人小汽车依赖的理想地方，可惜的是很多大城市由于政策失误反而导致居民选择小汽车并放弃公共交通，致使交通状况恶化。另外，对公共交通服务水平的定量分析并不容易。在波士顿的案例中，分析者使用了城市公交车辆开行的车英里数这一指标，应该说具有一定意义，因为公交开行的车英里数越多，说明提供的服务越多，对乘客应该越方便。但实际上公共交通的服务质量仍然是一个在经济学上很难分析的问题，因为它可能包含的意义太多了，除了公交车辆开行的车英里数以外，像公交线路的多少和长度、发车频率、行驶时间、站点设置、转换车时间长短等，都对人们是否更多地选择公交产生着影响；而公交服务的另外一些指标，如舒适程度、可靠性、安全性等，在定量分析方面也仍然是十分困难的。

(3)停车服务对小汽车出行的影响

最后，对于小汽车来说，停车的便利性与停车服务的价格(停车费)也对小汽车出行的需求产生着重要的影响。例如，纽约市的汽车需求量较低，不仅是因为那里的公共交通很方便，同时，高昂的停车费也是许多车主的噩梦。曼哈顿商业区车多路窄，允许路边停车的路段很少，停车大多要驶入大楼的地下停车库，在这里 1 小时收费 10 美元算是便宜的。因此，许多驾车来纽约者为免停车费时费钱，多将车停在长岛(纽约市与曼哈顿毗邻的地区)甚至邻近的新泽西州，然后乘地铁到曼哈顿游览；当地中产阶级上班和到市中心区活动也多乘地铁，平时汽车放在车库内，假日到外地或郊区旅游时才用。当然，国内一些城市的停车费也不便宜，杭州市区的路边停车费是 10 元/小时，达到甚至超过了很多国际大都市的水平。而国内大地市市中心住宅的一个车位的价格基本都达到了中高档车的价格，例如广州市区一个高档小区的车位 75 万元。因此也有人称，买得起车的不一定是富人，有车位的才是富人。

案例 2 -5

都市的停车需求

停车难已成为大城市一个突出的问题。有资料显示，全国 36 个大中城市停车位满足率不足 20%，也就是说，我国城市每 5 辆机动车辆只有 1 个停车位。截至 2003 年底，上海市有停泊车位 24 万个，其中，配建泊位 22.13 万个，路外公共泊车位 8100 个；合法路边泊位 8400 个，其他泊位 3000 个。公共停车泊位占全市机动车辆的比例仅为 2%，远低于国际 10% ~15% 的水平。

（注：主要内容引自参考文献[13]）

案例分析：停车难的一个客观因素是汽车发展速度远远超过预期水平。20世纪90年代初，街上为数不多的捷达车也能吸引人们的好奇目光，谁能想到，十多年之后就车满为患了。而直到1994年，居住小区建设规划中才开始设立机动车停车泊位指标。历史遗留问题还没有解决，新建成改造项目中不按规划配建停车位的问题又暴露出来。在城市新建和改造项目户，有关部门对写字楼、娱乐类建筑、餐饮类建筑的停车场用地提出过要求，但各地普遍存在不做停车场用地规划或有规划不落实等问题。其中原因之一是，停车场用地要求只是推荐性标准而非强制性标准，有的单位为了节省建筑成本，尽量压缩停车位。此外，道路规划与停车场规划相脱节，道路规划往往只管道路不管停车，城市规划也很少涉及停车场规划。

长期以来，人们把停车泊位当成纯公共物品，以为应该免费使用。实际上，大城市的停车泊位具有显著的竞争性和排他性，更接近私人物品。私人物品的生产和供给通过市场的手段去解决可能更为合适。因此，从公共经济学角度看，破解停车难的关键是不要把停车泊位作为纯公共物品看待，而把它视为私人物品。有人曾对世界上300多个城市进行研究，发现发达国家的城市，在转变了停车泊位无偿使用的观念后，停车难题才得以解决。例如20世纪20至50年代，美国一些城市无序停车，占用有限的道路资源，交通堵塞不堪，从1958年起，划定一些地方建设停车场，装上停车咪表(即电子计时表)，从无偿停车转变为有偿停车，停车无序及停车难的问题才得以解决。有报道说，美国停车产业每年大约收入260亿元，提供约100万个就业机会。

当然，若想把停车泊位当作私人物品，科学地设计停车收费制度很重要。国外许多城市采取了分地段、分时段收费的方式。在纽约曼哈顿的许多街道，只有持特殊牌照的车辆才能停车上下货或上下客，其他车辆不得停放，否则即遭罚款。在收费制度设计上确立一个理念，那就是：违章收费高于路上停车收费，路上停车收费高于路外停车收费。在纽约市，立体停车楼停车每小时是3~5美元，一次违章停车罚款却高达120美元，是正常停车的10多倍。这样一来，违章停车、路上停车的几率就小得多。只有这样，停车产业才能进入市场。在繁华地带，停车收费应该是开始的第一个小时便宜，越往后收费标准越高。如果第一个小时收费高，往后反而便宜，停车场地的周转利用率就会大打折扣。

案例讨论

(1)有些城市的相关部门常常在居民小区内狭长的道路上用黄线划出停车泊位以解决停车难的问题，这种做法合适吗?

(2)一些城市规定，停车不超过10分钟不收停车费，你怎么看待这个政策?

4. 人口数量

我们讨论的客运需求曲线是谁的需求呢?我的，你的，还是每个人的?答案并不明确。虽然决定需求的基本因素是“个人”的感受，但在现实世界中，我们所能直接观察得到的往往是市场需求。市场需求(market demand)所代表的是某一市场范围内所有个人需求的总和。市场需求曲线则是将在每一价格水平下所有个人的需求量加总而得到的。市场需求曲线也符合需求向下倾斜的规律：当价格下降时，较低的价格通过替代效应吸引了新的顾客；若既经过替代效应又经过收入效应，则价格的下降就会刺激原有的顾客购买更多的数量。

于是，客运需求也受到人口数量变化影响，一般来说人口越多运输需求也应该越大，但两者的增长变化比例可能不是一样的。从1979年到2007年，我国的人口增加了约36%，而客运周转量则增长了近10倍，远远超过人口的增长速度。据分析，客运周转量的这种快速增长除了人口增加的因素之外，一方面是由于平均每个人的出行次数越来越多，另一方面是出行的距离越来越远。

5. 出行偏好

即使在同样的收入水平下，有人可能爱好外出旅游，但也有人可能更偏重文艺和体育方面的享受；有人出远门喜欢乘飞机，但也有人就喜欢坐火车；有人热衷于拥有并随时使用新型轿车，甚至把这作为自己身份或个性的标志，但也有人宁愿多骑自行车，以便实现自己关注环保的意愿……这就是人们喜好或嗜好的不同。尽管在经济学中找不到关于喜好的准确定义，也很难将其精确地数量化，但它对于运输需求的影响还是很广泛和重要的，应该在需求分析中考虑到这种影响。人们在交通行为中的喜好也是会发生变化的，例如随着收入提高和闲暇时间增多，大多数人还是愿意享受私人小汽车所能给人带来的更多自由和方便。也有学者更强调喜好所具有的惯性，认为尽管存在着从众心理，但人和人毕竟不一样，这导致了人们在选择出行行为上的多样化。还有学者甚至分析了人们在交通行为的喜好上存在着"路径依赖"现象，认为一旦做出初始选择，例如个人在大城市郊外购买了住房并使用私人小汽车作为主要交通工具，他就很难再改变一种相对固定的日常交通模式，这种现象对一个城市的交通规划和布局也是类似的。对于中国人的出行来说，有一种独特的路径依赖现象——春节时哪怕千辛万苦也要回家过年。回家过年的观念已历经千年而深入人心，这也直接导致了令中国客运交通行业最为头疼的问题——春运。

相关链接

路径依赖

路径依赖(path dependence)类似于物理学中的"惯性"，一旦进入某一路径(无论是"好"的还是"坏"的)就可能对这种路径产生依赖，某一路径的既定方向会在以后发展中得到自我强化。人们过去做出的选择决定了他们现在及未来可能的选择。而这些选择一旦进入锁定状态，想要脱身就会变得十分困难。

在现实生活中，路径依赖现象无处不在。一个著名的例子是：现代铁路两条铁轨之间的标准距离是四英尺又八点五英寸，为什么采用这个标准呢？原来，早起的铁路是由建电车的人所设计的，而四英尺又八点五英寸正是电车所用的轮距标准。那么，电车的标准又是从哪里来的呢？最先造电车的人以前是造马车的，所以电车的标准是沿用马车的轮距标准。马车又为什么要用这个轮距标准呢？因为古罗马人军队战车的宽度就是四英尺又八点五英寸。罗马人为什么以四英尺又八点五英寸为战车的轮距宽度呢？原因很简单，这是牵引一辆战车的两匹马屁股的宽度。有趣的是，美国航天飞机燃料箱的两旁有两个火箭推进器，因为这些推进器造好之后要用火车运送，路上又要通过一些隧道，而这些隧道的宽度只比火车轨道宽一点，因此火箭助推器的宽度由铁轨的宽度所决定。所以，今天世界上最先进的运输系统的设计，在两千年前便由两匹马的屁股宽度决定了！

案例2-6

春运期间的火车票价

2007年1月10日铁道部宣布，2007年铁路春运各类旅客列车一律不再实行票价上涨，今后也不再上浮。这是继中国铁路 2006 年春运对以民工、高校学生为主要客流的所有临时旅客列车实行票价不上浮后，铁路机构在更大范围内实行了这一惠民政策。春运车票不涨价到底有没有给旅客带来实惠？车票供不应求状况没改，是否会让“不涨价”形同虚设？改变“一票难求”局面，归根到底该做什么？到哪一年，一票才不难求？

图 2－18　一票难求图

对此，全国政协委员、著名经济学家吴敬琏炮轰春运票价不上浮，称其违反市场经济原理，长远效果不好。

全国政协委员王翔则针锋相对，认为春运涨价是铁道部违法。而全国人大代表、广州铁路集团公司董事长吴俊光认为，今年广铁春运实战显示，“不涨价”让超过 1500 万人次的旅客切实受益，但“一票难求”现象仍应通过铁路基础设施建设来根本解决。

吴敬琏：不上浮是价格扭曲，给全体打工者车票补贴，可能更加实际

吴敬琏认为，春运票价不上浮不符合市场经济的原理，是价格扭曲。价格扭曲的结果是导致资源配置低效，而且并没有使得我们意图上希望得到好处的人得到好处，因为造成了人为的稀缺。吴敬琏认为，铁道部往年在春运的时候票价上浮，今年铁道部决定不上浮，传媒是一片叫好，特别是从农村来的打工者特别高兴，但是结果好像不太好。出现的结果是很多农民工连夜排队买不着票，另外票价高涨，黄牛党横行，结果还付出了排队成本。除了票贩子，还有后门批条子的也很厉害。有人说：“你们都是西方的经济学家，我们不吃这一套，我们要合理价格、公正价格。”但从市场经济的角度来看，所谓的“公正价格”完全是一种几百年前的概念。政府的一切工作是为了人民的利益，一切利益以人民为重，这个不能动摇，但是必须注意人民的利益有长远的、有短期的，片面地强调眼前的、直接的利益，有时候会损害长远的利益、间接的利益。他表示，对于进城打工者，一年一次要回家，可以采取别的措施，比如说给全体打工者补贴，这是可以做到的，这个可能更加实际。

王翔：涨价就是铁道部违法，一是违反消费者保护法，二是违反价格法

针对吴敬琏的说法，全国政协委员王翔认为春运涨价违法，坚定地站在了吴敬琏的对立面。他说：“铁道部违法，一是违反消费者保护法，二是违反价格法。我为什么说违法？第一，我们买一张票，我应该有一个位置，这张票包括这些，实际上我们有合同，你公布的就是要约。现在不但不能保证一个座位，不能保证一杯水，我连上个厕所都没有办法，还要涨价！所以，违反消费者权益保护法。还有违反价格法，你要涨价就要听证。”

吴俊光：不涨价≠买到票，“一票难求”仍应通过铁路基础设施建设来解决

今年火车票不涨价，为什么仍然“一票难求”？——吴俊光直言，春运应该更多关注如何解决车票的供需矛盾，而不单仅关注价格的高低。吴俊光表示，铁路不涨价政策主要是为让数千万旅客尤其是返乡农民工受益，而不是意味着会有更多车票提供。换句话说，“铁路不涨价”并不意味着“火车票更加好买了”。

2007 年春运，是党中央提出构建和谐社会重大战略思想后的第一个春运。“构建和谐关注民生”是今年春运最核心的关键词。1 月 10 日，铁道部宣布“今年春运票价不上涨”，在铁道部之后，交通部也相继宣布今年春运的公路运输价格要严格控制在规定的上涨幅度之内，从而使 2007 年春运成为近年来第一个真正意义上的“不涨价春运”。

吴俊光说，首次春运“实战”表明，铁路不涨价政策已经达到一定目的，确实已经使广大旅客受益。根据最新统计，今年春运开始至 3 月 3 日，仅广铁就运输旅客 1514.7 万人次，同比增长 4.8%，可见更多旅客能够坐火车回家过年或出门旅行。

（注：主要内容引自参考文献[14]）

案例分析：按照供求理论，春运期间旅客对运输服务的需求猛增，将使需求曲线右移。而运输部门，尤其是铁路运输部门又难以在短期内进行如此大规模的(单向)运力扩充(平时若维持如此大规模的运力又会造成大量的运力闲置)。因此，在短期内会呈现出运力严重不足、无法满足需求的状况。在新的均衡产量下，交通运输部门提高票价，意图减轻流量剧增带来的运输压力。然而，事实表明，票价上浮的收效甚微，何以至此呢？这是因为在春运期间，客运需求曲线不仅右移，同时，旅客对交通的需求弹性也较平时大大下降(春节回家与家人团聚是中华民族的传统)。即，春运期间需求曲线在右移的同时也变得缺乏弹性，如图 2－19(a)所示。因此，春运期间将票价由平常的 P_1 大幅度调整到 P_2。有学者测算，火车硬座票价及软卧票价在春运时期应上调 20% ~50%，硬卧票价至少应上调 50% ~100%(顾海兵:《为什么没有人倒卖飞机票?》，经济学家茶座第十六辑，2004 年 2 月)，方能将客运量由 Q_1 减少至 Q_2。换句话说，若票价不调整，将会造成数量为 Q_1-Q_2 的车票短缺。短缺必然会导致“一票难求”，也会使车辆的安全性、舒适度及客运服务质量大打折扣。

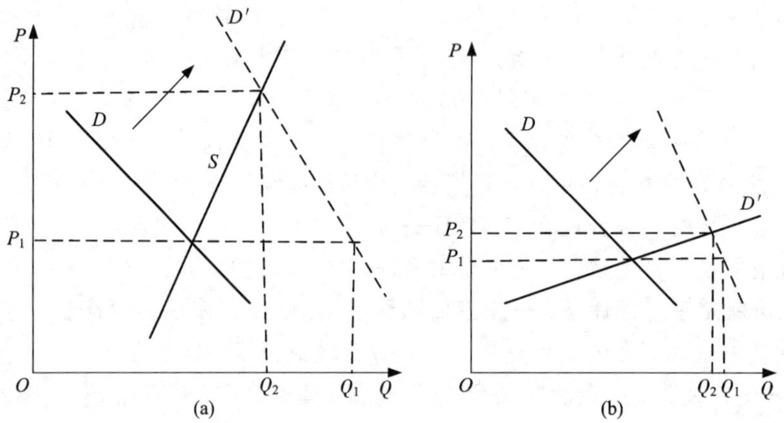

图 2－19　春运期间客运需求变动

(a)铁路供给富有弹性；(b)铁路供给缺乏弹性

2.5.2　有关私人交通的分析

1. 小汽车需求的影响因素

私人交通工具的拥有和使用对旅客运输起着非常重要的作用，私人交通需求与私人交通工具的拥有者以及这些私人交通工具的行驶距离(使用量)有密切关系。图 2－20 反映的是我国近年来每千人拥有私人小汽车数量与人均 GDP 的增长情况, 可以看出, 两者的相关性较强。同时, 虽然这几年我国私人小汽车的拥有量增长很快, 但由于基础薄弱, 目前离一些发达国家每千人 500 辆的水平仍相差较远。另外, 发达国家的私人交通工具已基本上是私人小汽车, 在发展中国家, 私人小汽车数量增加的同时也仍然保留有大量私人自行车、摩托车等。

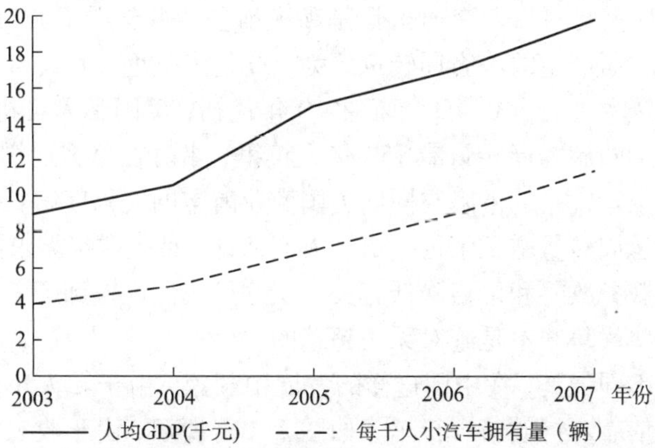

图 2－20　中国小汽车拥有量与人均 GDP 关系示意图

很多人早就对小汽车的需求进行过研究。一般结论是小汽车的需求与居民收入、小汽车售价以及其互补品(主要是燃油)的价格关系比较密切, 其中收入水平是最重要的影响因素。国外学者的很多研究表明, 私人交通需求的增长与居民的人均收入水平关系十分密切, 但人均收入增长对私人交通需求的影响主要体现在拥有私人小汽车的数量上, 而不是体现在每辆车每年的行驶距离上。例如, 美国的一项研究材料指出, 私人小汽车拥有量相对于人均收入水平的弹性值是 0.8, 而每辆车每年的行驶距离相对于人均收入水平的弹性值只有 0.1。也就是说, 假定人均收入水平增加了 10%, 那么私人小汽车拥有量可能会提高 8 个百分点, 而平均每辆车每年的行驶距离只增加 1%。

而影响社会上小汽车存量的另一个因素是小汽车的使用寿命。小汽车的报废是一种经济性的决策, 它受新车(使用中汽车的替代品)价格和燃油与汽车修理(使用中汽车的互补品)价格或收费的影响。此外, 在经济衰退时期, 人们会推迟使用中汽车的报废和新车的购买, 因此在这种时期道路上汽车的平均车龄就比较长; 而在经济繁荣时期道路上汽车的平均车龄就会相对较短。当小汽车价格的上涨快于通货膨胀率上涨时, 汽车的使用寿命当然也会长些。小汽车之间的区别除了它们的使用期长短不同, 还包括车子的大小和特性。轿车品类的繁多使得人们有可能根据经济形势的变化, 在不改变车辆拥有总数的情况下, 通过改变使用的车型去调整和适应。例如当油价发生变化时, 人们的反应不是多买车或少买车, 而是选择买大车还是买小车。有些人家拥有不止一部汽车, 因此当油价出现升降, 他们就会很自然地决定多开小车或多开大车。与小汽车有关的最大开支是购买和拥有车辆的成本, 而不是驾驶车辆的费用。

对于中国人来说, 还有一个影响小汽车购买的重要因素——面子。要不要买车、买多大的车、买什么品牌的车、什么时候买车，这些都或多或少地与“面子工程”有关，而不仅仅考虑自身的出行需要。例如，每年春节前夕，我国很多城市小汽车的销售都会出现一个小高峰。其实也不难理解：拿着新发的奖金，带着积累了很久的存款，买辆新车在春节期间走亲访友，无疑是节前最喜庆的消费方式。例如，从2008年1月份长沙车市情况来看，连续三周上牌量都达到一个高峰，甚至刷新了单周上牌的纪录。

2. 私人交通方式的选择

在美国，还有一种重要的私人交通工具是私人航空，主要用于城市间交通。20世纪90年代中期美国私人航空所产生的旅客周转量约为100亿人英里，大致与美国铁路客运的周转量相当，在总客运周转率中约占0.4%。而在80年代初，美国私人飞机的拥有量达到20多万架，私人航空所产生的旅客周转量有150亿人英里，当时在总客运周转量中占到1%。80年代以后英国私人航空运输量的下降与同期美国商业航空的大幅度增长是同步发生的，在那一期间商业航空的客运周转量增长了近一倍。人们估计，私人航空需求的缩小与商业航空由于放松管制而导致的服务改善和价格降低有关。从这里我们也得到了一个启示，即私人交通相对于公共交通的某些优势并不是绝对无法超越的。

与西方发达国家不同的是，在中国这样的发展中国家，由于私人小汽车不那么普及，因此很多私人交通仍旧依靠步行或骑自行车。如图2－21所示，由于收入水平的差距，人们出行方式的选择也是不同的。在距离为1 km以内时，富人选择步行的比例还比较大，超过1 km后该比例就降到很小了，而穷人选择步行的距离范围要更大些；从骑自行车的选择来看，富人骑车的比例很小，说明一旦超过步行的选择范围，他们就要乘汽车出行了，而穷人在10 km以内选择骑自行车的比例差不多有40%，甚至在25 km以外仍旧有一定数量的人以自行车为主要交通工具。

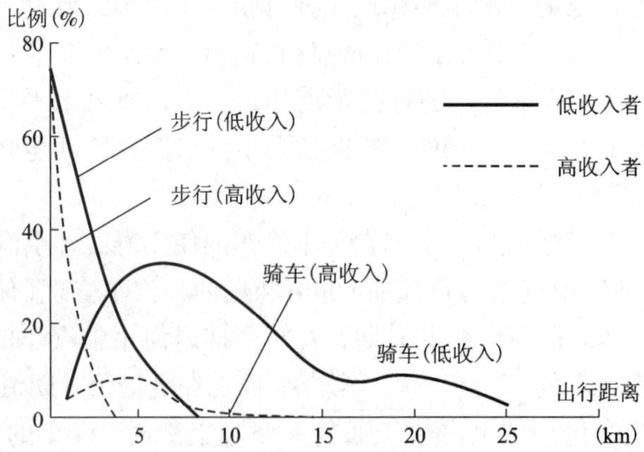

图2－21 我国某城市居民对出行交通方式的选择

3. 私人交通的分析方法

需要注意的是，由于私人交通不是消费者在运输市场上购买的，因此它没有市场价格。为了分析私人交通的需求曲线，经济学家把私人交通的需求量与私人交通所需要支出的单位费用建立起联系，也就是说，用私人支付的交通费用代替价格来确定需求曲线。道理显而易见，私人交通除了需要购买交通工具，还有很多其他需要开销的费用，包括车辆的保险、维修、燃油、停车费等等，居民收入与所有这些开销的相对关系也影响着私人交通的数量和需求，但影响不如对私人小汽车拥有量影响那样大。这也许可以看作是一种必需的替代，但也有人反对说成本不应该是与需求直接挂钩的变量，而应该与供给挂钩。此外，不同国家经济发达水平、城市化水平和城市结构、人均收入水平、生活习惯和已有的基本交通设施都有很大差别，因此对私人交通需求的各种影响因素发挥影响的程度也差别很大，需要仔细分析研究，不能一概而论，也不能把其他国家的分析结论轻易拿来搬用。

2.5.3　旅行时间价值

1. 旅行时间价值的概念

旅行时间价值(value of travel time)是人们对旅行时间的评价，是由于旅行者在旅途中耗用的时间存在机会成本所产生的价值。在许多国家的交通运输规划中，旅行和运输时间的节省通常是一项重要的考虑内容，时间的节省构成了运输投资效益的主要组成部分，所以人们进行了大量有关旅行时间价值的研究。

2. 旅行时间价值的计量

西方学者对旅行时间的价值计量一直分为两种情况分别对待，一种是工作时间的旅行，另一种是非工作时间的旅行。工作旅行包括运输工具驾驶员、服务员的在途工作和一般公务旅行，其时间价值一般被认定是旅行者工资的 100%。但这里面有这样一些假定：每个人的工资都等于他所创造的边际产品；工资包括了他的全部劳动所得；分析范围不包括涉及重大政治、军事或商业事件时的情况等。非工作旅行包括以通勤、上学、购物、补交、旅游、娱乐等为目的的旅行，一般认为非工作旅行的时间价值要低于工作旅行的时间价值，相当于旅行者工资的某一个百分比，但研究结果差别很大。学者们一向比较关注城市居民上下班通勤的时间价值，也许这是因为相比之下通勤属于最有规律的出行行为而且旅行者的数量最大。

对旅行时间价值的研究需要借助行为科学，过去学者们多采用显示性偏好(revealed preferences)的分析方法。但近年来学者们开始更多地使用表述性偏好(stated preferences)的方法，它们之间的区别是前者注重实际观察到的人们已经做出的选择是什么，而后者则更多根据并未实际发生、但人们在调查表上对各种情况明确表述的选择意愿进行分析。

3. 旅行时间价值的影响因素

尽管已有的研究存在着众多的分歧，但可以相信旅行时间的确是有价值的，而且会由于以下各种影响因素的不同而有差别：

①旅行目的。由于旅行目的不同，人们对相应的旅行时间价值评价也不一样。

②所在国家与地区。大多数的研究学者都认为一个国家的旅行时间价值与该国的经济发展水平和人民生活水平呈正比，因此发达国家的旅行时间价值高一些，不发达国家的旅行时间价值低一些。

③旅行发生的时段不同，旅行时间价值也是不同的。例如工作日一天中旅行时间价值随着各个时段的不同而波动，早晨上班高峰期人们对旅行时间价值的评价最高，而在其余时间，由于人们对时间的安排不那么严格，因此对旅行时间价值的评价则会相对较低。

④旅行者。收入越高的人，旅行时间的价值越大；反之，收入较低的旅行者，其旅行时间价值较低；对于家庭妇女、退休者、失业者和儿童而言，他们的旅行时间价值与全职工作者的平均工资显然也存在较大差异。

⑤零碎的和整块的时间节省。一般认为整块的时间节省比零碎的时间节省产生的经济效益要大。

⑥平均旅行时间价值和边际旅行时间价值的区别。

⑦某一特殊时点的重要性。例如，严格的上班考勤制度会提高通勤者的旅行时间价值，下班时要不要接孩子对旅行时间价值显然也有影响。

案例 2 –7

廉价汽油与时间成本

为了得到一个更好的汽油价格，你愿意排队等多长时间？这是 1990 年 8 月 23 日位于美国洛杉矶的 KJLH 电台对当地驾车人提出的问题。该电台宣布要对当天早上 6 点 15 分至 8 点 30 分期间，到市区一个指定加油站加油的驾车人提供补贴。当时伊拉克刚刚入侵科威特，美国加油站出售的汽油价格几乎全部提高到每加仑 1.20 美元，KJLH 电台却要通过特别补贴使该加油站的汽油只卖每加仑 0.76 美元，那只是 1978 年的价格。

结果当天早上，在指定加油站等待的车队排了三个街区。要等超过 1 小时的时间才能来到加油泵前。按照补贴后的价格，每加仑汽油最多可节省 50 美分，购买 15 加仑节省的总钱数不会超过 7.5 美元。我们因此知道，400 多名排队的驾车人要么是估计他们自己的时间价值低于每小时 7.5 美元，要么就是没有好好温习经济学入门课程的内容，忘记他们应该同时考虑汽油价格和时间成本(除了等待时间，还要加上往返于该加油站所增加的时间)，从而影响了自己的判断。

实际上，排队的车龙还加剧了洛杉矶地区原本已经非常严重的交通堵塞状况，那些无意购买廉价汽油而又被更严重交通阻塞延误的驾车人，是无端遭罪。如果 KJLH 电台必须为这一别出心裁的恶作剧支付社会成本，包括补偿所有受到延误的驾车人，也许他们根本就不会搞这么一个活动了。

(注：主要内容引自参考文献[15])

重点与难点

重点：运输需求的特征；运输需求函数；运输需求弹性及影响因素；运输需求的预测；

难点：运输需求函数的理解；定量运输需求预测。

思考与练习

(1)什么是运输需求？运输需求有哪些特征？

(2)简述运输需求变化的一般规律。

(3)什么是运输需求的弹性？如何分析运输需求的弹性？

(4)什么是运输需求预测？

(5)运输需求预测有哪些方法？

(6)影响货运需求的因素有哪些？

(7)影响客运需求的因素有哪些？

(8)传统企业与高技术企业在选址时对运输条件的考虑有何区别?

(9)试举例分析你所在城市的商业区与交通条件变化的关系。

(10)用数据说明我国近年来铁路和公路货运平均运距的变化。

(11)试分析货物批量与货物种类的关系，随着经济的发展，货物批量会出现怎样的变化趋势?

(12)根据可获得的数据情况，分别计算某种货运需求的价格弹性和某两种货运需求的交叉价格弹性。

(13)说明在运输需求分析中总量预测和弹性分析都难以十分准确的原因。

(14)举例说明什么是“运输的非价格成本”。

(15)试分析经济发展水平对货运需求的影响体现在哪些方面?

(16)简述适时制生产组织方式对运输需求的影响。

(17)试分析不同产业使用自有运输或受雇运输比例上差别的原因。

第 3 章

运输供给

3.1 运输供给的概念及特征

3.1.1 运输供给的基本概念

运输供给是指运输生产者在一定时期内、一定价格水平下，愿意而且能够提供的运输服务的数量。运输供给必须具备两个条件，即运输生产者出售运输服务的愿望和生产运输服务的能力，缺少任一条件，都不能形成有效的运输供给。

运输供给包含如下四个方面内容：

①运输供给量，通常用运输工具的运输能力来表示，说明能够载运的货物和旅客的数量与规模；

②运输方式，指水运、铁路、公路、航空和管道五种不同的运输方式；

③运输布局，指各种运输方式的基础设施在空间的分布和活动设备的合理配备及其发展变化的状况；

④运输经济管理体制，它是运输软件的供给，是指导运输业发展所相应建立的运输所有制结构、运输企业制度、运输资源配置方式以及相应的宏观调控机构、政策和法规等。

3.1.2 运输供给的特征

运输业是一种特殊的产业，其产品是运输服务，所以运输供给具有不同于其他产业产品的特征。

(1)运输产品的非储存性

运输业的生产活动是通过运输工具使运输对象发生空间位置的变化，而不生产新的物质产品。因此，运输产品的生产和消费是同时进行的，即运输产品不能脱离生产过程而单独存在，所以，不能如一般工业品一样可以储存起来，这就是运输产品的非储存性。运输产品的非储存性决定了运输业不能采取运输产品储备的形式，而只能采取运输能力储备的形式来适应运输市场的变化。

运输业有着固定设备多、固定资产投资大、投资回收期长等特点。运输能力的设计多按运输高峰的需求设计，具有一定的超前性，因而在短期内运输供给变动成本的比重较小，表现为短期成本曲线比较平缓，运输供给的价格弹性较大。运输能力的超前建设与运输能力的储备对运输市场来说，既可以适应市场需求增长的机遇，又有可能因市场供过于求而产生风险。因为运输能力储备越大，承担的风险越大，适应市场需求的能力也越大；反之，承担的风险小，适应市场需求的能力也小。

(2)运输供给的时空特定性和差异性

运输供给的时空特定性及其差异性特点是相互关联的同一问题的两个方面。我们在论述运输业的特点时曾讲过运输生产过程与运输消费过程同时进行，运输供给必须满足需求者在流向、流量、流时和流程等方面的具体要求。而运输供给在能够满足运输需求者的上述要求时，它就具备了时空特定性的特点，但这并不意味着供给与需求、生产和消费之间不存在着差别和矛盾。

现实中生产与消费脱节的现象是不可避免的。在运输供给不能满足运输需求，或者在满足运输需求之外还有剩余的情况下，则表现出时空差异性的特点。如运输需求在运输时间上的规律性、在运输方向上的单向性、个别运输需求对运输工具的适应性等导致回程运力的浪费。为实现供需的时空结合，企业要经常付出空载行驶的代价，这种由于供给与需求之间在时间、空间的差异性所造成的生产与消费的差异，使运输供给必须承担运力损失、空载行驶等经济上的风险。

如一艘2万t的船舶在某一航线的航行中，由于货源不足，只装了1.5万t的货，出现5000 t的亏舱，于是就造成5000 t运力的浪费，造成供给与需求、生产和消费的部分脱节。再如，有一列火车由某城市开往林区，目的在于运回木材，为满足这一运输需求，它不得不空载而走，满载而归，造成单程空驶。上述车船因空载、亏舱等原因而造成的风险和损失，自然是由运输供给者所承受的。运输企业为使自身处于最佳营运状态，当然要尽可能避免发生上述风险和损失，但有时又不得不承受这种风险和损失。从宏观经济的角度来看问题，上述情况的发生是绝对不能避免的。这是运输供给与运输需求之间的时空差异性特点所决定的。所以，运输活动的经济效果取决于供需在时间与空间的正确结合，这就要求运输企业必须掌握市场信息，搞好生产的组织与调整，运用科学管理方法提高经营管理水平。

(3)运输供给的成本转移性

同运输生产的时空差异带来运力浪费情况相反的是，运输供给能够在较大范围内超额生产，但并不带来成本的明显上升。这种情况在我国各种方式的旅客运输中较为普遍。运输业可以在成本增加很少的情况下，在需求允许时，增加供给量，但伴随而来的是运输条件的恶化，运输服务质量的下降，使得本该由运输企业承担的成本部分地转移到消费者身上。此外，运输供给的成本转移还体现在由运输活动带来的空气、水、噪声等环境污染，能源和其他资源的过度消耗，以及交通阻塞等成本消耗也部分地转移到运输企业的社会外部成本中。

(4)运输供给具有一定的不可分性

作为社会基础设施的一部分，运输供给具有一定的不可分性。例如，运输建设一般需要数量巨大的投资并需要进行连续的投资，才能形成运输能力，因此运输供给在资金上具有不可分性；运输设施的设计、建造一般需要相当长时间，运输设施的寿命周期一般也很长，因此运输供给在时间上也具有一定的不可分性；从空间上的不可分性看，运输网络是一个整体，要为整个地区或整个国家服务，运输设施的能力一旦形成就很难在空间上转移，而运输服务的完成在很多情况下却是跨地区的，不应人为地加以分割。此外，运输业属于社会公共事业，为全社会的公众提供服务，且在某些情况下需由社会共同负担成本，因此在这方面显然也具有一定的不可分性。

(5)运输供给的不平衡性

运输供给的不平衡主要表现在时间和空间上的不平衡。①运输供给的季节性不平衡，导致运输供给出现高峰与低谷的悬殊变化。这两方面都带来运输供给在时间分布上的不平衡。②由于世界经济和贸易发展的不平衡性，运输供给在不同国家或地区之间也呈现出一定的不平衡性。经济发达国家或地区的运输供给量比较充分，而经济比较落后的国家或地区的运输供给量则相对滞后。此外，受运输市场运价和竞争状况影响，当运输市场繁荣时，刺激运力投入；当运输市场萧条时，迫使运力退出。运输供给的不平衡性在我国国内市场上表现得不很明显，而在国际市场上表现则非常突出。供给与需求的平衡是暂时的、相对的，而不平衡则是长期的、绝对的。

(6)运输供给的可替代性和不可替代性并存

运输市场中有铁路、公路、航空、水运和管道五种运输方式及多个运输供给者存在，有时几种运输方式或多个运输供给者都能完成同一运输对象的空间位置的变化，于是这些运输供给方式之间存在一定程度上的可替代性，这种可替代性构成了运输企业之间竞争的基础。但是，由于运输产品具有时间上的规定性和空间上的方向性，因此不同运输供给方式的替代性受到限制，各种运输方式的技术经济特征、发展水平、运输费用和在运输网中的分工也不同，所以运输方式之间的替代是有一定条件的。对于客运来说，旅客在旅行费用、服务质量、旅行速度之间进行权衡、选择运输方式；对于货运来说，运输费用、运输速度、方便程度是选择运输方式的依据。

由于运输产品在时间上、空间上的限制，以及人们对运输服务的经济性、方便性和舒适性的要求等，使得不同运输方式间或同一运输方式中替代性受到限制，这种限制又使得每种运输方式间或同种运输方式中的具有差别的运输服务都可能在某一领域的运输供给上形成一定程度的垄断。各种运输供给方式之间存在的复杂关系，使各种运输供给方式的关系往往难以确定，给运输市场供给的分析增加了难度。因而在分析运输供给的关系时，必须以具体的时空为研究条件，这也是为什么在进行运输成本和运价的研究时，必须具体计算确定的到发地点之间的运输成本和运价的原因所在。所以说，运输供给的替代性和不可替代性是同时存在的，而且是有条件限制的。运输市场的供给之间既存在竞争也存在垄断。

3.2 运输供给的影响因素

3.2.1 经济因素

1. 经济总水平

经济总水平是影响运输供给的决定性因素。因为运输供给是由运输基础设施和运输设备两部分构成的，只有把这两者有机地结合起来，并保持相应的比例，才能形成现实的运输供给能力，而无论是运输基本建设投资还是运输设备的制造、购买都需要巨额投资，在经济总量一定的前提下，要增加运输供给，就必须将国民收入中更多的份额投入到运输业当中去。因此，一个国家的运输供给能力和运输供给水平，归根结底要决定于一国的经济发展总水平。综观世界各国，运输业最发达、运输供给水平最高和运输供给能力最强的国家，是经济发展水平最高的一批发达资本主义国家，而广大的发展中国家，大都是运输业落后、运输供给短缺的国家。就一国经济发展的历史也可以看出，运输供给能力和水平是受制于该国当时的经济发展总水平的。经济实力越强大，越可能拿出更多的国民收入投入到运输基础设施建设和运输设备制造中去。从一个国家不同地区的局部运输供给也可以看出上述规律性的表现：在经济发达地区，运输基础设施比较齐备、运网密度较大、配套水平较高、供给能力较强，如我国的长江三角洲地区，京、津、唐地区，辽东半岛，山东半岛等地区是我国经济发达地区，也是运输供给水平较高的地区；而青藏高原地区是我国经济最落后的地区，也是运输供给能力最差的地区。

2. 交通建筑业的发展水平

交通建筑业是一个特殊的建筑行业，它支撑着运输基础设施的建设，包括铁路、公路等交通线路的建设，水运航道的整治，运河的开凿，管道的铺设，以及港口、码头、车站、机场、桥梁、涵洞、隧道的建造等。落后的交通建筑业难以支持运输基础设施的快速发展，只有用先进的技术武装起来，才能加快运输基础设施的建设速度，迅速增加运输供给能力。

3. 运输设备制造业的发展水平

运输设备包括火车机车和车辆、各类船舶、汽车、飞机等等，它的发展水平、先进程度，直接影响着运输供给能力和水平，落后的运输设备只能提供小运量、低运能、低速度的运输供给，而先进的大牵引力、大载重量、高速运行的运输设备则可以大大提高运输生产效率，增加运输供给能力，提高运输供给水平，因此运输设备制造业的发展水平，对运输供给的影响是非常直接的。

3.2.2　政治与军事因素

运输业是一个国家重要的基础产业。它不仅关系到一个国家经济的发展、政治的稳定，而且也关系到国防的巩固。各国政府一般都对运输业实行不同程度的干预，因此政治和军事因素也对运输供给产生重要的影响。运输政策是影响运输供给的重要政治因素，它是一个国家发展运输业的重要经济政策，运输政策制定需要从经济、政治、军事以及国防等各个方面加以考虑，因而是国家利益和综合国力的重要体现。特别是对运输业的重要领域，如国际航运业，各国政府一般都采用扶植和保护的政策措施，这些扶植和保护的政策措施无疑对运输供给有着重要的影响。

军事运输是一个国家运输业的一个重要组成部分，运输经济学的研究对象虽然不包括军事运输，但军事因素对运输业的影响是显而易见的。一个国家运输网的规划、设计和建设不能不考虑到国防建设和军事上的需要，军事运输要经常利用民用运输线路，战时，民用运输也要服从军事需要；同样，军事运输线路在平时也可以转为民用运输，我国在20世纪70年代所修建的“战备公路”今天仍在经济建设中发挥着重要的作用。

3.2.3　技术因素

科学技术是推动经济与社会发展的第一生产力。当然，它也是影响运输供给的重要因素。运输供给的增长，取决于新技术在运输业的推广和应用。以蒸汽机为代表的第一次科学技术革命使运输业由手工业时代进入机器运输业时代，出现了蒸汽机轮船和蒸汽机火车；第二次科学技术革命之后出现了内燃机火车和内燃机轮船，继而出现了电力火车、汽车、飞机等现代运输工具；第三次科学技术革命使铁路运输出现了信号技术电子化，使信号设备从以继电技术为基础发展到以电子计算机为主体，如微机调度集中、微机连锁和无线电子闭塞、列车和编组站的自动控制，等等；在水运方面出现了自动化船舶、自动化无人机舱、卫星通信、卫星导航等，在航空运输和公路运输方面，无人驾驶飞机、无人驾驶汽车的出现，同样预示着运输业的美好前景。20 世纪 80 年代以来兴起的新技术革命对运输供给的影响将更为深远：磁悬浮高速列车的出现，超导电磁推进船、磁水动力推进船的下水试航成功，太阳能汽车的出现，陶瓷发动机汽车的研制，行速达 1360 km/h 的汽车研制成功，等等，将给运输供给带来一系列重大影响。在一些人看来几乎是梦想、狂想，而瑞士工程师已经研究了20 年时间的“瑞士地铁”、美国人所倡导的“美国地铁”，即不使用汽油、不受天气影响、不破坏公私财产、不怕恐怖分子袭击、没有摩擦、没有曲线和山丘、只使用很少电力的“真空管道运输系统”，如果能够付诸实施，将有可能解决现有运输系统的诸多问题，因而，具有十分诱人的发展前景。

3.3 各种运输方式的技术经济特征

运输供给是由五种运输方式共同构建的。由于五种运输方式的技术经济特征不同，各自的优势领域也有所差别。因此，充分认识各种运输方式的技术经济特征，对于有效地整合运输供给能力，使其发挥最大的作用是十分必要的。

3.3.1 铁路运输

铁路运输是指利用机车、车辆等技术设备沿铺设轨道运行的运输方式。

1. 铁路运输的优势

①铁路运输能力大，适合于大批量商品的长距离运输。

②铁路运输受气候和自然条件影响较小，运输的通用性、连续性能好，与其他运输方式相比，在运输的准时性方面具有较强的优势。

③铁路运输成本较低。铁路运输成本略高于水运，但明显低于公路和航空。

④铁路运输的运输速度较快。近年来，随着我国客运专线和城际高速铁路的建成，我国铁路运输的速度大大提高，旅客列车最高速度已可达到 350 km/h。发达国家高速铁路的速度在 300 km/h 以上。总体而言，我国铁路运输的速度低于高速公路和航空，高于水运和管道。

⑤铁路运输可以方便地实现背驮运输、集装箱运输及多式联运。

2. 铁路运输的劣势

①铁路按列车组织运行，在运输过程中有列车的编组、解体和中转改编等作业环节，占用时间较长，因而增加了货物的运输时间。

②铁路运输中的货损率比较高，而且由于装卸次数多，部分种类货物毁损或丢失事故通常也比其他运输方式多。

③除了托运人和收货人均有铁路专用线的条件外，铁路运输一般不能实现“门到门”运输，通常要依靠其他运输方式配合，才能完成运输任务。

④铁路运输的投资较大，固定成本较高，建设周期长，占用土地较多。

因此，铁路运输主要适合承担大宗货物的中、长距离运输，也较适合运输散装货物(如煤炭、金属、矿石、谷物等)、罐装货物(如化工产品、石油产品等)；大批量旅客的中、长途运输；货物的集装箱运输。

3.3.2　公路运输

公路运输是继铁路和水运之后发展的运输方式，公路运输在 20 世纪 60 年代之后的发展使世界上一些经济发达国家改变了一个多世纪以来以铁路运输为中心的局面，公路运输在各种运输方式中的地位日益增强。公路运输的迅速发展，与公路运输的技术经济特征密不可分。

1. 公路运输的优势

①运输速度快。公路运输在途中不需中转。据国外资料统计，运输距离在 200 公里以下时，公路运输的运送速度平均比铁路快 4 ~ 5 倍，比水运快 10 倍。汽车除了可以沿公路网运行之外，还可以深入工厂、矿山、车站、码头、农村、山区、城镇街道及居民区，空间活动领域大，在直达性上有明显的优势。

②灵活、方便。汽车运输既可以成为其他运输方式的接运方式，又可自成体系，机动灵活，可以满足多方面的运输需求。汽车的载重量适应范围很大，小的只有 0. 25 t，大的有几十吨、上百吨，汽车运输对客、货批量的大小具有很强的适应性。

③原始投资少，经济效益高。据国外资料介绍，一般公路运输的投资每年可以周转 1 ~ 2 次，而铁路运输 3 ~ 4 年才周转一次。尽管高速公路的造价高出一般公路造价十余倍，但由于可以节省时间、燃料、维修等费用，高昂的造价可以在短期内得到补偿。

④驾驶技术容易掌握。培训汽车驾驶员一般只需半年左右的时间，而培养火车、轮船及飞机驾驶员需几年时间。相比较而言，汽车驾驶技术比较容易掌握。

2. 公路运输的劣势

公路运输也存在一些问题，主要是：单位运输成本较高；运行的持续性差；油耗大、环境污染比其他运输方式严重；客运的舒适性较差；交通事故的发生率较高。

基于上述特点，公路运输的主要功能是：独立担负经济运距内，主要是中短途运输任务，由于高速公路的快速发展，汽车运输从短途逐渐形成短、中、长途运输并举的局面；补充和衔接其他运输方式，当其他运输方式担负主要运输任务时，由汽车担负起点和终点处的短途集散运输，完成其他运输方式达不到的地区的运输任务。

3.3.3　航空运输

1. 航空运输的优势

①速度快。这是航空运输最突出的特点，喷气式飞机的速度可以达到 600 ~ 900 km/h。由于空中较少受到自然地理条件的限制，因而航空运输可以按直线飞行、达到运输距离最短。

②舒适性好。航空运输的舒适性表现在两个方面：一是航空运输时间短，旅途时间的缩短带来舒适性；二是飞机的飞行高度较高，一般在 10000 m 左右、不受低空气流的影响，飞行平稳。另外，新型客机的出现，客舱宽敞、噪声小，并配有娱乐设备，舒适程度大大提高。

③安全性高。航空运输诞生初期，安全性较低，随着技术的进步，航空运输的安全性已大幅度提高，虽然航空运输发生安全事故的严重性最大，但按单位客运周转量或单位飞行时间死亡率来衡量，航空运输的安全性是很高的。

④时效性强。航空运输的时间价值高，使航空运输显示出独特的经济价值，在各种运输方式中占有的市场份额将呈现提高的趋势。

2. 航空运输的劣势

①成本、运价高。从经济方面来讲，航空运输的成本及运价均高于铁路、公路和水运，是一种价格较高的运输方式，因而在各种运输方式中占有的市场份额相对较小。

②受气候条件限制。因为在保证安全的前提下，航空运输对飞行的条件要求很高，在一定程度上受气候条件限制，从而影响运输的准时性和正常性。

③可达性差。在通常情况下，航空运输难以实现客货的"门到门"运输，必须借助其他运输方式转运。

由于航空运输的特点，它主要承担以下运输任务：中长途旅客运输，目前国际间的客运基本上依赖航空运输，这对于对外开放，促进国际间技术、经济合作与文化交流具有重要作用；鲜活易腐等特种货物以及价值较高或紧急物资的运输；邮政运输；多式联运；开发旅游资源，吸引国内外宾客，尤其是国际旅客。

3.3.4 水路运输

水路运输是指利用船舶在江河、湖泊、人工水道以及海洋上运送旅客和货物的一种运输方式，是货物运输中的一个重要组成部分。水路运输按其航行的区域，可分为海洋运输和内河运输两种类型，海洋运输又可分为沿海运输和远洋运输。水路运输发展历史悠久，在现代运输中发挥着重要的作用。

1. 水路运输的优势

①投资少。水路运输可以利用天然水道，基本建设投资少，其投资每公里仅相当于公路建设和管道铺设所需投资的1/10，只相当于铁路投资的4%。与其他运输方式相比，水运对货物的载运和装卸要求不高，因而占用土地较少。

②载运量大，航道通过能力强，发展潜力大。船舶的最大载运量为几十万吨，一艘万t级轮船的载运量相当于3~6列火车的载运量。随着各种专用船、兼用船、多用途船、集装箱船和滚装船等新型船舶的出现和发展，水运的运输能力又有新的提高。

海运航道的通过能力强，是其最突出的特点，如马六甲海峡可供20万吨级的巨轮通过。内河航道的通过能力虽然不及海运，但也十分巨大。我国长江下游的运能几乎不受限制。

③运输成本低，节省能源。水运是各种运输方式中成本最低的一种，尤其是大宗货物的长距离运输，成本更低。水运消耗单位功率、单位燃料、材料、单位劳动力所获得的运量高于铁路、公路和航空。水运在完成较大运量的同时也节省了能源。

2. 水路运输的劣势

①船舶平均航行速度较低。

②水运生产过程由于受自然条件影响较大，特别是受气候条件影响较大，因而呈现较大的波动性和不平衡性。

③直达性差，一般需要与其他运输方式配合才能完成运输全过程。

根据水路运输的上述特点，在综合运输供给体系中，水路运输的功能主要是：承担大批量货物，特别是集装箱运输；承担原料、半成品等散货（如建材、石油、煤炭、矿石、粮食等）的运输；承担国际贸易运输，是国际商品贸易的主要运输方式之一。

3.3.5　管道运输

管道运输是利用管道，通过一定的压力差完成流体或气体货物运输的一种运输方式。

1. 管道运输的优势

①运量大。一条油管线可以源源不断地完成输送任务。根据其管径大小不同，其每年运输量可达数百万吨到几千万吨，甚至超过亿吨。例如，一条直径为720 mm的管道可年输送石油200万t以上，而一条直径为1220 mm的管道，年输送石油可达亿吨以上。

②占地少。运输管道通常埋于地下，其占用的土地很少。运输系统的建设实践证明，运输管道埋藏于地下的部分占管道总长度的95%以上，因而对土地的永久性占用很少，分别仅为公路的3%，铁路的10%左右。

③建设周期短、费用低。国外交通运输系统建设的大量实践表明，管道运输系统的建设周期与相同运量的铁路建设周期相比，一般来说要短1/3以上。统计资料表明，管道建设周期费用比铁路低40%左右。

④安全可靠、连续性强。由于石油天然气易燃、易爆、易挥发、易泄漏，采用管道运输方式既安全，又可以大大减少挥发损耗，同时由于泄漏导致的对空气、水和土壤的污染也可大大减少。由于管道埋藏在地下，其运输过程受气候条件影响小，可以确保运输系统长期稳定地运行。

⑤耗能少、成本低、效益好。管道运输在大量运输时的运输成本与水运接近，因此，在无水的条件下，管道运输是一种最节能的运输方式。管道运输是一种连续工程，运输系统不存在空载行程，因而系统的运输效率高，理论分析和实践经验已证明，管道口径越大，运输距离越远，运输量越大，运输成本就越低。

3.4　运输供给函数及运输供给弹性

3.4.1　运输供给函数

运输供给的大小通常用供给量来描述。运输供给量是指运输生产者在一定时间、空间和一定条件下，愿意且能够提供的运输服务数量。在这里，“一定的时间、空间”与运输需求量中时间、空间的含义是相同的；“一定的条件”指的是影响运输供给的诸多因素，如政府对运输业的政策、运输服务的价格和运输服务的成本等。运输供给函数表示运输服务的供给数量和影响该供给数量的各种因素之间的相互关系。也就是说，影响供给数量的各个因素是自变量，供给数量是因变量。于是，运输供给函数就可以用下式表示：

$$Q_s = f(P, b_1, b_2, \cdots, b_n) \tag{3-1}$$

其中，Q_s为运输供给量；p为运输服务价格；$b_1, b_2, \cdots, b_n$为除运价以外的其他影响因素。

上式为运输供给的一般表达式，实际工作中，可通过对具体问题的具体分析和数据处理确定出具体的表达式。

3.4.2 运输供给曲线

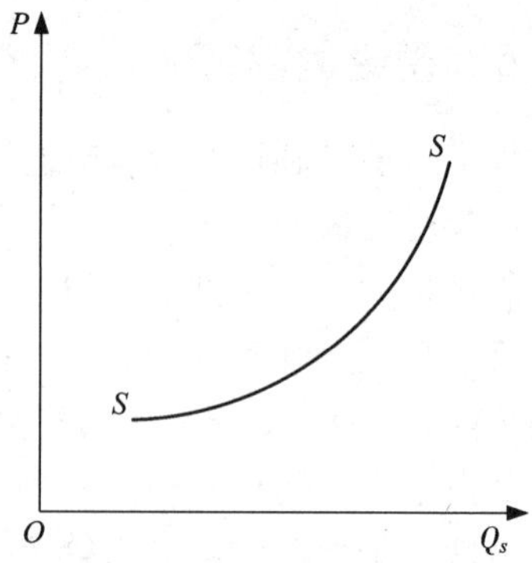

图 3-1 运输供给曲线

在影响供给量的诸多因素中，运输供给是最灵敏、最重要的因素。运输供给曲线就是假定其他因素不变，反映供给量同价格之间关系的曲线。此时，运输供给函数可简化为

$$Q_s = Q_s(P) \tag{3-2}$$

一般情况下，Q_s 与 P 同方向变化，即供给量随运价上涨而增加，随运价下跌而减少，这是运输供给的一般规律，如图 3-1 所示，SS 为运输供给曲线。

运输供给曲线可分为企业供给曲线和行业供给曲线，它们分别表示企业和行业提供运输服务的数量同运输价格之间的关系。在几何上，行业供给曲线可由企业供给曲线叠加而成，即将同一价格下的企业供给量相加，得到该价格下的行业供给量。

3.4.3 运输供给的变动与运输供给量的变动

同运输需求的变动与运输需求量的变动相类似，运输供给的变动与运输供给量的变动也是两个不同的概念。运输供给表示在不同价格水平下，运输生产者愿意且能够提供的运输服务的数量，它表示的是供给量同运价之间的一种对应关系，一条特定的运输供给对应一条供给曲线。而运输供给量则表示在一确定价格水平上，运输生产者提供的运输服务数量，它对应于供给曲线上的一点。运输供给量的变动就是当非价格因素不变时，供给量随运价变化而沿供给曲线移动，每一运价水平对应一个相应的供给量；运输供给的变动是非价格因素变化时导致的供给曲线的移动，如果供给发生了变动，即使价格不变，运输供给量也会发生变化。

如图 3-2 所示，当运价从 P_1 升到 P_2 时，供给量从 Q_1 升高到 Q_2，这是供给量的变动。

如图 3-3 所示，当非价格因素发生变化，导致运输供给曲线由 S_0S_0 变化为 S_1S_1 或 S_2S_2，此为运输供给的变动。

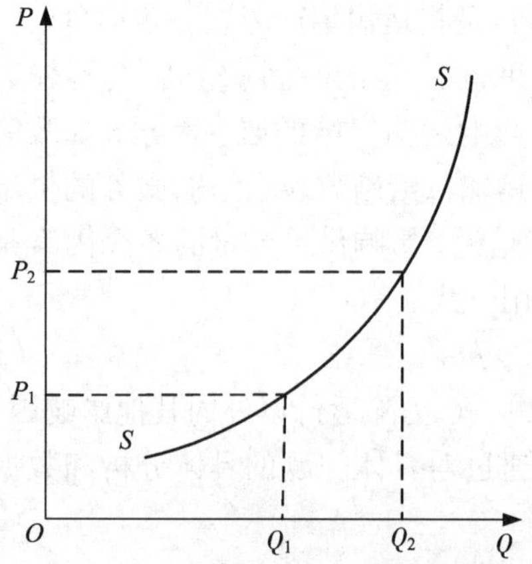

图 3-2 运输供给量变化

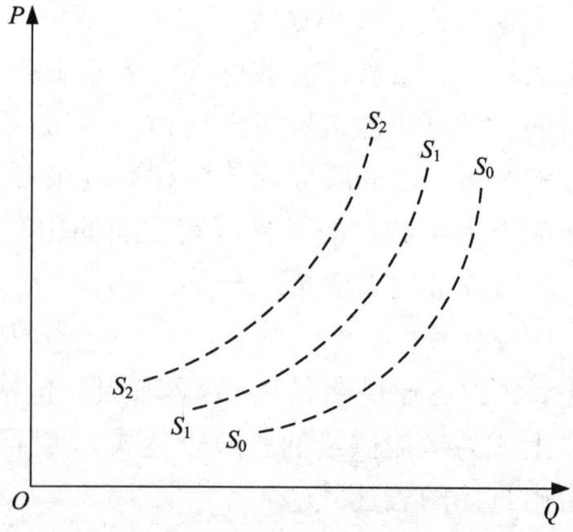

图 3-3 运输供给的变动

3.4.4　运输供给弹性

1. 运输供给的价格弹性

(1)定义

运输供给的价格弹性是指在其他条件不变的情况下，运价变动所引起的供给量变动的灵敏程度，表示式为

$$E_{sij}=\frac{\Delta Q_{si}\div Q_{si}}{\Delta P_j\div P_j}=\frac{\Delta Q_{si}}{\Delta P_j}\cdot\frac{P_j}{Q_{si}}j \tag{3-3}$$

点弹性：

$$\varepsilon_s=\frac{\partial Q_s}{\partial P}\cdot\frac{P}{Q} \tag{3-4}$$

弧弹性：

$$E_s=\frac{Q_{s2}-Q_{s1}}{P_2-P_1}\cdot\frac{P_1+P_2}{Q_{s1}+Q_{s2}} \tag{3-5}$$

式中符号含义如前所述。

由于运价与运输供给量同方向变动，所以供给弹性值一般为正值，这样，供给量对运价变化的反应可以用供给弹性值的大小衡量。类似需求弹性，当：

$E_s>1$，运输富有供给价格弹性；

$E_s<1$，运输缺乏供给价格弹性；

$E_s=1$，运输具有单位供给价格弹性。

如果供给曲线为直线，则过价格轴的供给曲线 $E_s>1$；过供给量轴的供给曲线 $E_s<1$；过原点的供给曲线 $E_s=1$；平行于供给量轴的价格曲线 E_s 趋于∞；垂直于供给量轴的供给曲线 $E_s=0$。通常在运输市场上，供给弹性呈现为富有弹性和缺乏弹性两种情况。

(2)影响运输供给价格弹性的因素

①生产要素适应运输需求的范围大小。

运输服务就是使运输对象发生空间位移，但由于个别运输需求的差异性，导致运输服务的生产要素的差异性。如果生产要素适应运输需求的范围大，则供给弹性就大，反之供给弹性就小。如普通货车与油罐车相比，普通货车适运货物广，在运输市场上便于灵活调配，供给价格弹性大；而油罐车专用性较强，较难转移到其他货类市场，因此供给弹性较小。

②调整运力的难易程度。

一般来说，能够根据价格的变动灵活调整运力的产业，其供给价格弹性大；反之，其价格弹性就小。定期船市场与不定期船市场相比，前者调整运力较困难，供给价格弹性较小，后者调整运力较容易，供给价格弹性较大。

③运输成本增加幅度大小。

如果一种运输服务增加供给引起的成本增加较大，那么，其供给弹性就小；反之，如果增加的成本不大，供给弹性就大。如旅客运输在满员情况下还能超员运输，其成本随运量变化而增加的幅度小，则供给价格弹性大。相对而言，处于运量饱和的货物运输再增加运量，就需增加运输工具等，因此带来成本增加的幅度大，此时的供给价格弹性小。

(3)运输供给价格弹性的特点

①与考察期间的长短有关。

交通运输业是资金密集型产业，有初始投资大、建设周期长、运力储备风险大等特点，

所以短时间内调整运力不易做到，供给价格弹性较小。但从长期考察，运输市场在运价的作用下，供给与需求会逐步趋于相互适应，表明在长期内，运输供给具有足够的弹性。

②与运输市场上供需的相对状况有关。

当需求量低时，通常运输市场供给过剩，因此具有较大的供给价格弹性；需求量高时通常运输市场供给紧张，即使价格上升，也无大量供给投入，因此供给弹性较小。

③与运价波动的方向有关。

运价朝不同方向变化时，运输供给价格弹性大小亦不同。一般地说，运价上涨时，刺激供给增加，运输供给弹性较大；运价下跌时，供给并不情愿退出市场，只有实在难以维持，才被迫退出市场，故供给弹性较小。

2. 运输供给的交叉价格弹性

由于交通运输业在不同运输方式之间存在某种程度的可替代性和互补性，因此，有时要研究在交通运输企业、各运输方式之间的供给交叉价格弹性，即某种运输服务价格的变动引起的另一种运输服务供给的变动的灵敏程度，表示式为

$$E_{sij} = \frac{\Delta Q_{si} \div Q_{si}}{\Delta p_j \div p_j} = \frac{\Delta Q_{si}}{\Delta p_j} \cdot \frac{p_j}{Q_{si}}j \tag{3-6}$$

式中：E_{sij}——j 种运输服务价格变化引起 i 种运输服务供给的变化的弹性值；

Q_{si}，ΔQ_{si}——i 种运输服务供给量及供给量变化值；

p_j，Δp_j——j 种运输服务价格及价格变化值。

理论上若 i 种运输服务与 j 种运输服务（注意，供给交叉价格弹性与需求交叉符号相反）：

供给相互独立，则 $E_{sij}=0$；

供给可替代，则 $E_{sij}<0$；

供给可互补，则 $E_{sij}>0$。

值得注意的是，目前我国运输需求急剧扩大，而各种运输方式的运价在原本很低的水平上向上调整，其运能也在不断增加的情况下，也可能出现可替代运输方式之间交叉价格弹性为正值的假象。

3.5 运输供需状态及案例分析

运输市场的均衡是指市场上各种对立、变动着的力量，在相互冲突、调整、运行过程中出现相对力量相当、供给与需求处于暂时平衡的状态。

从运输供给与运输需求两方面的对比关系考察市场状态及其变化规律的方法属于均衡分析。根据所考察的对象与前提，均衡分析可以分为局部均衡分析和一般均衡分析。局部均衡分析是假定在其他条件不变的情况下，分析某一货类或运输工具的供给与需求达到均衡的运动过程；一般均衡分析是假定在各货类和所有运输工具的总供给、总需求与运价相互影响的情况下，分析总供给与总需求同时达到均衡的运动过程。

供给与需求是决定运输市场行为的最基本的两种力量，它们之间平衡是相对的，不平衡是绝对的。但是，市场作为一种有机体，总是存在着自行调节机制——市场运行机制。由于市场机制的自行调节，使供给和需求形成某种规律性的运动，出现某种相对的均衡状态，即市场均衡。

下面分析在供给条件与需求条件没发生变化的情况下，供需是如何实现并保持均衡的，研究稳定的均衡机制。

1. 市场均衡的形成

所谓均衡，就是当运输需求和运输供给两种力量达到一致时，即处于均衡状态。运输的需求价格与供给价格相一致，这个价格称为均衡价格；运输需求量与供给量相一致，这个量称为均衡供求量，均衡价格一经确定，均衡供求量也相应确定。

图 3-4 中，DD 是运输需求曲线，SS 是运输供给曲线，纵轴表示运价 P，横轴表示供给、需求数量 $D(Q)$，E 为均衡点。它是供给曲线与需求曲线相交点，其对应的运价为均衡运价，由均衡运价决定的运量为均衡运量。

均衡运价是通过运输市场供需的自发调节而形成的。当市场运价背离均衡运价时，由于需求与供给曲线没有变，也就是说该市场上的均衡点没有变，这样，市场供需就会自发地发挥作用，促使运价又恢复到均衡运价的位置。

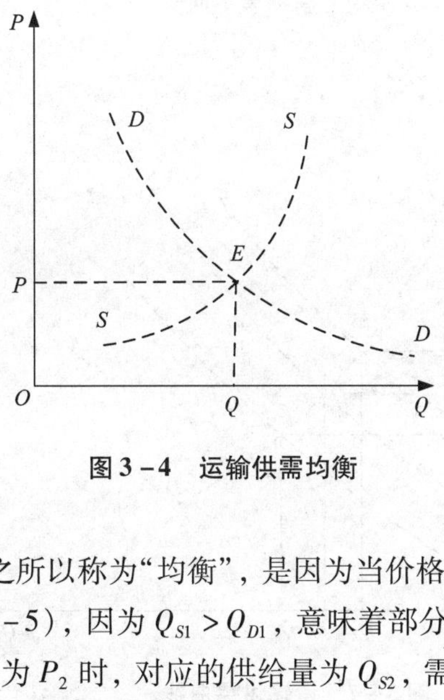

图 3-4　运输供需均衡

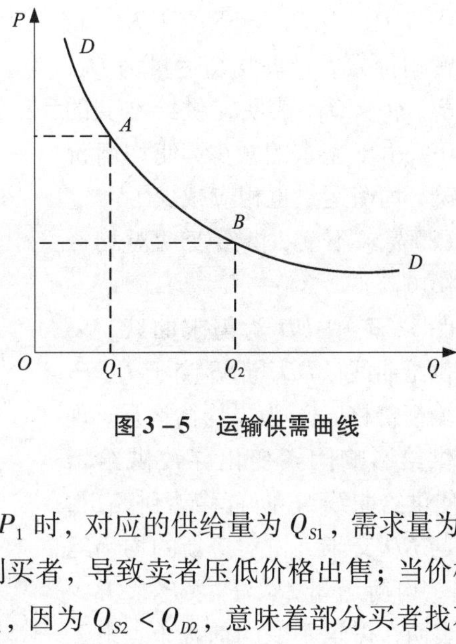

图 3-5　运输供需曲线

之所以称为“均衡”，是因为当价格高于 P_0 为 P_1 时，对应的供给量为 Q_{S1}，需求量为 Q_{D1}（图 3-5），因为 $Q_{S1} > Q_{D1}$，意味着部分卖者找不到买者，导致卖者压低价格出售；当价格低于 P_0 为 P_2 时，对应的供给量为 Q_{S2}，需求量为 Q_{D2}，因为 $Q_{S2} < Q_{D2}$，意味着部分买者找不到卖者，导致买者提高价格购买。所以，在需求与供给确定的条件下（DD、SS 确定），当价格不为 P_0 时，市场供需会自发地调节运价，使运价朝 P_0 方向移动。只要没有新的干扰因素（即供需曲线不发生位移），均衡价格就不会改变。这一机制在市场学中叫做供需均衡机制，这种均衡的形成是以运输市场的充分竞争为必要条件的。

2. 供需变动下运输市场均衡

当某种均衡形成之后，随着时间的推移，各种力量对比的变化（即供给与需求条件的变化），这种均衡就要被打破，从而向新的均衡推进。从长期看，运输市场的供求发展就是处于旧的均衡被打破，新的均衡被建立起来的动态过程中。均衡是暂时的、相对的，不均衡是永恒的、绝对的。决定均衡状态变动的因素，就是那些使供给曲线与需求曲线发生位移的因素，即供给条件与需求条件。下面分别讨论这些因素如何引起均衡变动。

（1）供给不变、需求变动对均衡点的影响

图3-6中，DD为原需求曲线，SS是供给曲线，DD与SS交于E，P_0为原均衡运价，Q_0为原均衡运量。现假定由于需求影响因素变化导致需求增加，使需求曲线DD向右上方移动到D_1D_1，新需求曲线D_1D_1与SS交于E_1，新的均衡运价为P_1，新的均衡运量为Q_1，$P_1>P_0$，$Q_1>Q_0$，表明在供给不变的前提下，由于需求的增加，使均衡价格上升了，均衡运量也相应增加了。

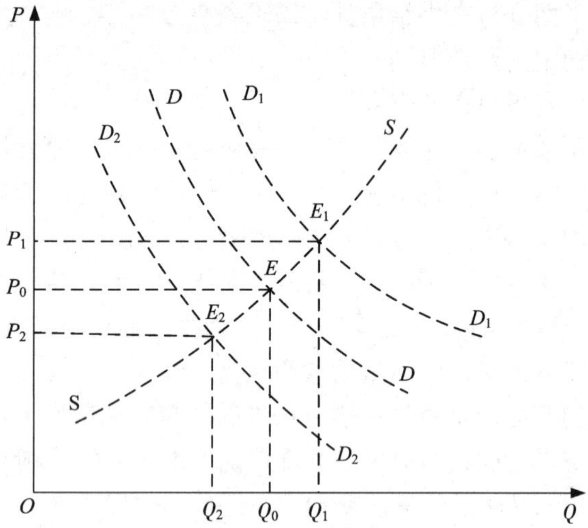

图3-6 运输需求曲线

假定由于某种因素的变化导致需求减少，使需求曲线DD向左下方移动到D_2D_2，D_2D_2与SS交于E_2，新的均衡运价为P_2，新均衡运量为Q_2，$P_2<P_0$，$Q_2<Q_0$，表明在供给不变的前提下，由于需求的减少，使均衡价格下降，均衡运量也相应减少了。

(2)需求不变，供给变动对均衡点的影响

图3-7中DD为需求曲线，SS是原供给曲线。DD与SS交于E，P_0为原均衡价格，Q_0为原均衡运量，现假定供给影响因素变化导致供给增加，使供给曲线SS向右移动到S_1S_1，S_1S_1与DD交于E_1，对应新的均衡运价P_1，均衡运量Q_1，$P_1<P_0$，$Q_1>Q_0$，表明在需求不变的前提下，由于供给的增加使均衡价格下降，均衡运量增加了。

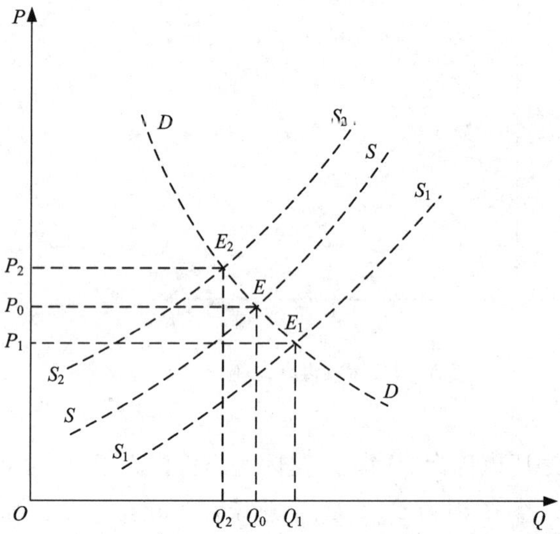

图3-7 运输供需曲线

假定由于某种因素影响导致供给减少，使供给曲线SS左移到S_2S_2，S_2S_2与DD相交于E_2，新均衡运价P_2，均衡运量Q_2，$P_2>P_0$，$Q_2<Q_0$，表明在需求不变前提下，由于供给减少，使均衡价格上升，均衡运量减少了。

(3)需求与供给同时变动对均衡点的影响

在运输市场运行中，需求与供给常常同时发生变动，此时，均衡如何变动将取决于需求与供给的变动方向和幅度。供给与需求同时变动有两种可能：一种是呈同方向变化；另一种是呈反方向变化。每一种可能中又有两种情形：同方向变化时，可能同时增加，也可能同时减少；反方向变化时，可能是需求增加、供给减少，也可能是供给增加、需求减少。

现以需求与供给同时增加为例来考察供需同时变化时对均衡的影响。

如图 3－8 中 DD 为原需求曲线，SS 为原供给曲线，DD 与 SS 交于 E，P_0 为原均衡运价，Q_0 为原均衡运量。

现假定需求由 DD 增加到 D_1D_1，供给由 SS 增加到 S_1S_1，此时供给增加的幅度小于需求增加的幅度，新均衡点为 E_1，新均衡运价为 P_1，新均衡运量为 Q_1，$P_1 > P_0$，$Q_1 > Q_0$。

如果供给由 SS 增加到 S_2S_2，此时供给增加幅度等于需求增加幅度，新均衡点为 E_2，新均衡运价 $P_2 = P_0$，新均衡运量 Q_2，$P_2 = P_0$，$Q_2 > Q_0$。

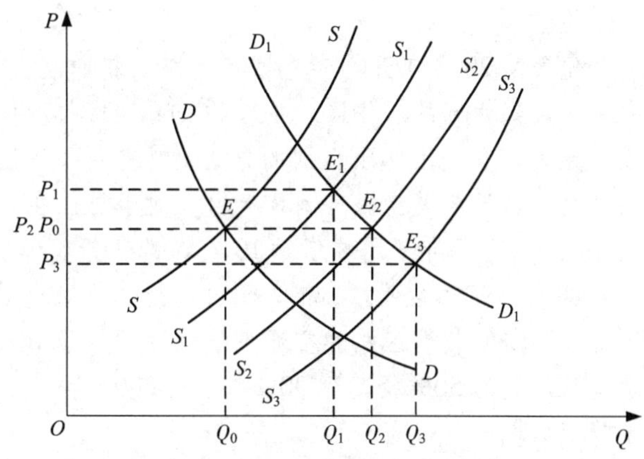

图 3－8　运输供需曲线

如果供给由 SS 增加到 S_3S_3，此时供给增加幅度大于需求增加幅度，新均衡点为 E_3，新均衡运价为 P_3，均衡运量为 Q_3，$P_3 < P_0$，$Q_3 > Q_0$。

从以上分析可见，在需求、供给均增加的情况下，均衡运量是一定增加的，而均衡价格的上升还是下降，则取决于需求与供给增加的幅度的相对大小。当需求增加幅度大于供给增加的幅度，则均衡价格上升；当需求增加幅度等于供给增加幅度，则均衡价格不变；需求增加幅度小于供给增加幅度，则均衡价格下降。用同样的方法可分析在需求与供给的其他变化情形时，均衡价格的变化情况。

以上分析了均衡运价与均衡运量如何确定以及当需求状况与供给状况发生变化时，相应的均衡量的变化，但并未论及从原均衡到新均衡点的发展变化过程，故称为静态均衡分析法。

案例 3－1

作为调节交通需求的一种经济手段，交通拥挤费自从新加坡最早于 1975 年开征以来，目前只有伦敦、斯德哥尔摩、新加坡等十几个城市执行这项收费政策，其中比较成功的更只有新加坡、伦敦等少数几个城市。而在包括美国的纽约、我国的香港在内的很多国际大都市，开征交通拥挤费却都因种种原因而最终胎死腹中。

新加坡

全球最早开始实施拥挤收费的城市。新加坡从 1975 年就开始征收车辆拥堵费。最初，新加坡的交通拥堵收费只针对交通繁忙的路段和区域进行，后来慢慢扩大到该国所有高速公路和国有一级公路上，其收费方法也于 1998 年从原先发放控制区域交通通行证升级发展为电子道路收费系统(ERP)。车主们可以在银行、自动柜员机、加油站甚至便利店等全国很多地方，很方便地购买电子付费现金卡或充值卡，把它安置在自己的汽车挡风玻璃上。当他开车经过交通拥挤收费路段时，系统就会自动进行扫描。新加坡陆上交通管理局统计数据显示，在实施拥挤收费之后，该国收费路段和区域在高峰期每小时的单位车流量比收费前减少了近 25 万辆，车速则提高了 20%；实施交通拥挤收费区域的交通车流总量则从原先的 27 万辆下降到 23.5 万辆，降幅达 13%。收费的同时，合乘车的数量比原先有所增加，为了避开高峰小时的高收费，许多汽车出行时间也由原先的高峰时间转移到了非高峰时间。

伦敦

伦敦从2003年开始实施城市道路拥挤收费，收费区域主要集中在中心区，2007年又进一步扩展到西部的居住区。伦敦的交通拥挤收费按日计算，与车辆每天进出收费区域的次数多少无关。它采用牌照识别的方式，对进入收费区域的机动车征收交通拥挤费，其收费标准从最初的每天4英镑提升到8英镑。对于居住在伦敦中心区域的常驻居民，可以每家注册一辆私人车辆，每年只需要缴纳10英镑的注册管理费。之后，常住居民进出收费区域的交通拥挤费将减免90%后收取，相当于打一折。收取交通拥挤费之后，伦敦中心区的交通拥挤水平下降了30%，收费区总的交通拥挤程度下降了16%，车速提高超过了20%，公交出行的准点率也从原先的50%提高到90%以上。2007年，伦敦又实施了交通拥挤收费二期计划，扩大了收费区域。

纽约

2007年4月，纽约市长布隆伯格建议纽约效仿英国伦敦，对进入交通拥堵区域的车辆收取一定金额的交通拥挤费，以解决纽约市，尤其是该市曼哈顿CBD区域的交通拥挤状况。根据布隆伯格市长的设想，该计划准备在每个工作日的6时至18时之间，对每辆进入曼哈顿CBD区域的小汽车收取8美元的拥挤费，货车收取21美元的拥挤费，公交车和出租车免于交费。根据测算，该顶计划实施后，预计可为曼哈顿每天减少5%的车流量。该项政策构想抛出来后，在纽约市各区议会中经过为期1年的争论，其中甚至还经过了对政策草案的数度修改，但最终还是胎死腹中，未能获得立法部门的通过。据分析，纽约的交通拥挤收费方案之所以没能落实到政策层面实施，一方面是由于征收交通拥挤费之后的受益对象主要是曼哈顿区的居民，而需要缴费的主要是不在该区居住、开车回来上下班的其他区居民，造成缴费受益的不对等；另一方面，该计划实施后预计能够改变的交通流量削减也只有5%左右，幅度不是很大。更为重要的是，纽约市长在准备实行这项收费政策之前，没能就该政策主张开展宣传教育工作，致使不少市民对它缺乏了解，从而未能获得市民和议会的支持。

中国香港地区

1997年，中国香港特区政府曾经委托有关研究机构就电子道路收费(ERP)展开可行性研究，探讨在香港实施交通拥挤收费的可行性。顾问研究组制定了一套运输研究模式，就可行的策略做出评估，并考虑了各种不同的ERP方案，提出了一系列系统设计计划，还进行了实地测试。但是，到2001年4月，这项耗资9000多万元、耗时多年研究的ERP计划还是被打入冷宫。特区政府宣布，据未来10年估计，香港的平均车不会有严重恶化，并且将有多项措施改善空气质量，因此在未来10年内不会实施该计划，但政府还是会密切关注相关科技的发展、交通情况以及ERP的技术进展，以备将来不时之需。需要指出的是，在香港市民日常交通出行中，有90%以上的市民都会选用公共交通工具，比率为全世界最高。香港政府对私人汽车始终实施高收费政策，包括汽车的首次登记税、牌照费、汽油税等，在全世界都处于偏高的水平，从而限制私人汽车的增长率及使用率。目前，香港每1000人拥有私家汽车仅50辆，在国际各大城市中比例相对较低。

（注：主要内容引自文献[5]）

重点与难点

重点：运输供给的概念；运输供给的特点；运输供给的影响因素；各种运输方式的技术经济特征。

难点：运输供给弹性；运输供需市场均衡机制。

思考与练习

(1)什么是运输供给？运输供给有哪些特征？

(2)简述各种运输供给方式之间的基本关系。

(3)影响运输供给的因素有哪些？

(4)如何评价各种运输供给方式的技术经济特征？

(5)什么是运输供给的弹性，如何分析运输供给的弹性？

(6)什么是市场均衡，运输市场均衡是如何形成的？

第 4 章

运输成本

4.1 运输成本概述

运输成本在运输经济学中是一个十分重要的概念。在市场经济条件下，任何运输经济活动都有自己的成本——无论是运输企业的微观决策，还是政府的宏观调控，都不能不考虑成本问题。“市场规模取决于运输成本”(斯蒂格利茨《经济学》)，运输成本在当今市场经济社会中的重要性已由社会实践证明。

4.1.1 运输成本的概念

运输成本是指运输企业在运输过程中所发生的各种消耗和费用。即企业在获取营运收入的过程中，对企业所掌握或控制的资产的耗费。

运输经济分析中所使用的成本概念应该是机会成本(opportunity cost)，但由于机会成本本身不容易准确地进行计算，因此有时候要利用隐含成本和影子价格等概念。机会成本与一般意义上的会计成本不是同一个概念，它不一定是做某件事的时候实际发生的账面费用支出，而更多的是指为了做这件事而不得不放弃做其他事而在观念上的一种代价。使用一种资源的机会成本是指把该资源投入某一特定用途所放弃的在其他用途中所能获得的最大利益。为有效配置各种稀缺的运输资源，经济学衍生出一系列与运输有关的成本概念。

1. 会计成本与机会成本

会计成本也称作财务成本，它是以实际发生的成本为基础的，一般认为凡属于财务方面的各项支出即为成本。机会成本则不同，它是经济学意义上的成本，经济学认为社会资源是有限的，当一项资源用作某种用途时，即失去了该项资源用作其他用途的机会，因而其机会成本就是它用于其他用途可以取得的报酬。

机会成本的概念对私人交通的经济分析也是同样适用的。例如私人小汽车拥有者自己开车出行，所引起的直接费用(如燃油费)可能并不大，但他选择小汽车作为自己日常的主要交通工具，还是要付出很多代价的，像汽车购置、保险、维修、停车及交通堵塞等，他肯定要在拥有小汽车的利益与必须付出的代价之间进行对比与权衡。又如，任何人出行都需要花费时间，时间也是有成本或者价值的，选择方便快捷的交通方式、避免堵车所节省的时间也许可以用于其他更有价值的工作。因此，私人交通领域也不仅仅考虑的是实际发生的费用，机会成本同样是人们选择或决策的主要依据。

2. 固定成本与可变成本

固定成本是在一定的生产规模内不随所提供的运输服务的数量变动而变动的成本，如船舶的折旧费、管理费、保险费、借贷资本的利息、管理人员的工资等。总之，船舶运输固定成本是指运输企业固定占用的运输资源所形成的成本，即那些只要运输企业存在，不管其是否进行运输生产，都需支出的费用。可变成本是随着运输服务的数量变动而引起变动的成本，如燃料、润物料、动力等费用的支出，以及直接从事生产的工人的工资等。

3. 增量成本与沉没成本

增量成本是指因某一项管理决策的实施所带来的总成本的变化。例如，某运输公司在做出某项决策前的成本为500万元，而决策后的成本为800万元，那么增量成本为300万元。与此相反，如果成本不能由现在或将来的任何决策改变，那么这种成本就是沉没成本。例如，一家运输企业原来运力有富余，现在由于增加了新的货源，使决策发生改变，那么，对新增加的货源的运输将会引起可变成本的增加，但它不会引起全部固定成本的变化。因此，可变成本增加的部分就是增量成本，而不随之变动的固定成本则相当于沉没成本。

4. 联合成本或共同成本

在运输生产过程中，当生产某一运输产品的同时，以某一比例生产出另一些运输产品时，就存在着联合成本与共同成本，当两者保持固定的比例时就是联合成本，比例不固定时就是共同成本。在海运中联合成本与共同成本是大量存在的，其中有三种情况：一是同一运输设备同时提供两种不同的运输服务，例如客滚船、客货两用船、多用途船所提供的运输服务；二是不同运输企业或运输方式提供相同的运输服务，例如对同一货物提供联运服务时；三是在进行往返程运输时，例如某船由甲地到乙地之间的运输，以及集装箱的往返情况，满去满回与满去空回的成本将大不相同。经验表明，当联合成本与共同成本存在时，各种运输产品的成本要比单一运输产品的成本低得多，这就是交通运输业中的"多产品经济"，运输企业与运输部门要尽可能组织合理运输，以便利用联合成本或共同成本创造更大的经济效益与社会效益。

5. 短期成本与长期成本

短期成本与长期成本不是相对于时间而言的，而是相对于运输生产规模而言的。短期运输生产成本是在特定的运输生产规模下的成本，长期成本是在生产规模发生变动下的成本。

6. 私人成本与社会成本

私人成本是指个别运输企业所负担的成本，它包括两方面内容：

一是外显成本，也称直接成本，即指企业购买各种生产要素及其他投入而支出的货币，如管理人员的工资、船员工资、燃料费用等；

二是隐含成本，也称内在成本，是指与企业所使用的自用资源相联系的成本，包括企业家的才能、劳务，运输企业自己拥有的资本、土地等；认识隐含成本对企业的决策及资本经营有重要的意义。

4.1.2 运输成本的分类与构成

在实际运输生产中发生的各项运输支出的具体项目是多种多样的，为了概括分析掌握运输成本的构成情况，正确地计算和分析运输成本，可从不同角度把各项运输支出进行分类。通过分类可以考察各类支出在运输成本中所占比重，分析其构成(或结构)。

1. 按费用要素分类

按费用要素，运输成本分为工资，材料、燃料、电力、折旧和其他支出。

工资指运输业运营生产人员、管理及服务人员的标准(计时)工资、基础工资、职务工资、附加工资、计件工资、加班工资、各种奖金、各种津贴及其他工资等。材料成本指运输生产过程和管理服务工作耗用的材料、配件、润滑油脂、工具、备品、劳保用品、清扫及照明材料等支出。燃料成本指用于供运输机械(火车、汽车、飞机和轮船)运营、生产、取暖和烧水用燃料(含固体、液体和气体燃料)等支出。电力成本主要体现在铁路运输中，是指支付铁路发、配、变电厂及路外单位的电力机车牵引用电力和其他电力费用支出。折旧是指按规定提取的基本折旧费和修理提成费。其他成本指不属于以上各要素开支的费用，如福利费、集中费、差旅费、邮电费、租赁费、按规定支付的客货运事故赔偿费和支付附属企业及其他单位的劳务费等。

以上要素是按支出的经济性质或经济内容划分的，这样划分可以了解各项要素费用所占的比重情况，分析运输成本构成变化，同时也便于计算国民收入，掌握工资基金和核定流动资金。当然，随着生产的发展和管理制度的改革，各项费用要素的比重也会有所变化。

2. 按经济用途分类

设置成本科目和项目，首先是以按用途分类为基础的。如营运费用分别用于运输和装卸，就设置“运输支出”、“装卸支出”等分类账户；又如材料用于车船营运消耗，或是用于装卸机械的保养和营运消耗，则列入相应的成本材料项目；而营运车辆各级保养所发生的工料费用以及车辆、装卸机械耗用的各种材料、液压油料等，则列入运输成本的保修项目。“其他业务支出”总分类账户下则设置“旅客服务”、“船舶出租”、“外轮理货”、“短途运输”等项目，也是根据用途分类设置的。

以上划分往往结合成本管理对核算的要求，与生产组织的有关部门相对口，便于实行成本管理责任制和加强定额管理。

3. 按支出与生产过程的关系分类

按支出与生产过程的关系，运输成本可分为生产费用与管理费用(或称为基本费用和一般费用)。

生产费用是运输生产过程所发生的全部费用，它又分为基本生产费用和一般生产费用两种。前者指运输生产过程中运营、维修直接发生的费用，如办理客货运输业务费用、企业的车辆费用和船舶费用、运输机械设备维修费用等，以及燃料费、材料费、维修费等；后者是指为基本运输生产服务的辅助生产费用，如生产工具备品和劳动保护费等。管理费则是指组织和管理运输生产而发生的各种费用，如管理及服务人员工资、办公费、差旅费等。

以上划分是为了按不同用途分别掌握各类费用。一般来说生产费用特别是基本生产费用占运输成本的比重较大。在节约支出的原则下对基本生产费用要尽量予以保证，以利于生产。对管理费用则要严格控制和尽量压缩，促使企业不断提高经营管理水平。

4. 按支出与运量的关系分类

按支出与运量的关系，支出分为与运量有关的变动支出和与运量无关的固定支出，运输成本划分为变动成本和固定成本。

变动支出是指基本上随客货运量的增减成比例变化的费用，如各种客货运输服务费用，车船运营用燃料和电力费，车船维修费，轮胎、港口费等。固定支出则是指在一定时期和一定运量范围内不随运量增减变化，相对保持稳定不变的费用，如房屋建筑物维修费、管理费、计时工资、船舶或车辆折旧等。但是，实际支出中还有些是介于变动支出和固定支出之间的费用，可称为半变动支出或半固定支出(或称为混合支出)。对这些支出要采用一些方法将之分开，以便分别列入变动成本和固定成本。

以上划分是为了分析运量和车船运营质量变化对运输成本的影响。这样划分是相对的和有条件的，因为从较长时期来看，几乎所有的支出都在不同程度上和运量的增长有关。因此，随着分析的时间范围不同，变动费用和固定费用所占比重也就有所不同。另外，随着运量的增长和技术设备的改进，这两种费用的比重也会有变化。

5. 按支出计入运输产品成本的方法分类

按支出计入运输产品成本的方法，运输成本分为直接费和间接费，也称直接列入支出和分配列入支出。

直接费是专为某种运输所发生的费用，如燃料、轮胎、港口费等，当分别计算不同产品运输成本时，可直接计入某项产品成本中。例如在分别计算旅客和货物运输成本时，客车维修费和货车维修费即可直接计入旅客和货物运输成本。间接费则是完成两种或两种以上运输共同发生的费用；当分别计算不同运输产品成本时，必须采取适当办法在各种产品之间进行分配，才能分别列入有关产品成本。例如管理费用、通信信号设备维修费、各项一般生产费等，在分别计算客、货成本时，就需按适当比例进行分配。

以上划分是为了计算不同种类的运输成本。直接费与间接费的划分并不是绝对的，它和运输成本计算对象的粗细有关。此外，这种划分也和支出科目的设置有关。当支出科目尽量按不同运输产品分设时，直接费所占比重就大，否则所占比重就小。

运输支出的分类，实际工作中是按照运输支出科目进行划分的。支出科目是把同一业务或工作，以及近似同类业务或工作发生的支出，或性质与用途相近的费用归纳在一起，分别进行记载，以便把内容繁多的支出进行系统整理和汇总，组成完整的运输支出信息系统。通过支出科目的设置更进一步明确运输成本的开支范围，为运输成本管理提供最基本的数据，可发挥多方面的功能。为适应运输支出分类的要求，对每个运输支出科目都是按上述费用要素进行计划和核算的，这样就可按要素汇总全部运输支出。在支出科目表中，分生产费和管理费，生产费中又分基本生产费与一般生产费，而基本生产费中又分各业务部门来设置各种科目。至于一般生产费与管理费科目则由各部门共同使用，分部门汇总。这样就可按用途分部门掌握全部运输支出。

案例4－1

百胜物流降低连锁餐饮企业运输成本之道

对于连锁餐饮这个锱铢必较的行业来说，靠物流手段节省成本并不容易。

然而，作为肯德基、必胜客等业内巨头的指定物流提供商，百胜物流公司抓住运输环节大做文章，通过合理的运输安排，降低配送频率，实施歇业时间送货等优化管理方法，有效地实现了物流成本的"缩水"，给业内管理者指出了一条细致而周密的降低物流成本之路。

对于连锁餐饮业(QSR)来说，由于原料价格相差不大，物流成本始终是企业成本竞争的焦点。

据有关资料显示，在一家连锁餐饮企业的总体配送成本中，运输成本占到60%左右，而运输成本中的55%到60%又是可以控制的。因此，降低物流成本应当紧紧围绕运输这个核心环节。

一、合理安排运输排程

运输排程的意义在于，尽量使车辆满载，只要货量许可，就应该做相应的调整，以减少总行驶里程。

由于连锁餐饮业餐厅的进货时间是事先约定好的，这就需要配送中心就餐厅的需要，制作一个类似列车时刻表的主班表，此表是针对连锁餐饮餐厅的进货时间和路线详细规划制定的。

众所周知，餐厅的销售存在着季节性波动，因此主班表至少有旺季、淡季两套方案。有必要的话，应该在每次营业季节转换时重新审核运输排程表。安排主班表的基本思路是，首先计算每家餐厅的平均订货量，设计出若干条送货路线，覆盖所有的连锁餐厅，最终达到总行驶里程最短、所需司机人数和车辆数最少的目的。

规划主班表远不止人们想象的那样简单。运输排程的构想最初起源于运筹学中的路线原理，其最简单的模型为，从起点A到终点O有多条路径可供选择，每条路径的长度各不相同，要求找到最短的路线。实际问题要比这个模型复杂得多，首先，需要了解最短路线的点数，从图上的几个点增加到成百甚至上千个，路径的数量也相应增多到成千上万条。其次，每个点都有一定数量的货物流需要配送或提取，因此要寻找的不是一条串联所有点的最短路线，而是每条串联几个点的若干条路线的最优组合。另外，还需要考虑许多限制条件，比如车辆装载能力、车辆数目、每个点在相应的时间开放窗口等，问题的复杂度随着约束数目的增加呈几何级数增长。要解决这些问题，需要用线性规划、整数规划等数学工具，目前市场上有一些软件公司能够以这些数学解题方法作为引擎，结合连锁餐饮业的物流配送需求，做出优化运输路线安排的软件。

在主班表确定以后，就要进入每日运输排程，也就是每天审视各条路线的实际货量，根据实际货量对配送路线进行调整，通过对所有路线逐一进行安排，可以去除几条送货路线，至少也能减少某些路线的行驶里程，最终达到增加车辆利用率、增加司机工作效率和降低总行驶里程的目的。

二、减少不必要的配送

对于产品保鲜要求很高的连锁餐饮业来说，尽力和餐厅沟通，减少不必要的配送频率，可以有效地降低物流配送成本。

如果连锁餐饮餐厅要将其每周配送频率增加1次，会对物流运作的哪些领域产生影响？

在运输方面，餐厅所在路线的总货量不会发生变化，但配送频率上升，结果会导致运输里程上升，相应地油耗、过路桥费、维护保养费和司机人工时都要上升。在客户服务，餐厅下订单的次数增加，相应的单据处理作业也要增加。餐厅来电打扰的次数相应上升，办公用品(纸、笔、电脑耗材等)的消耗也会增加。在仓储方面，所要花费的拣货、装货的人工会增加。如果涉及短保质期物料的进货频率增加，那么连仓储收货的人工都会增加。在库存管理上，如果涉及短保质期物料进货频率增加，由于进货批量减少，进货运费很可能会上升，处理的厂商订单及后续的单据作业数量也会上升。

由此可见，配送频率增加会影响配送中心的几乎所有职能，最大的影响在于运输里程上升所造成的运费上升。因此，减少不必要的配送，对于连锁餐饮企业显得尤其关键。

三、提高车辆的利用率

车辆时间利用率也是值得关注的，提高卡车的时间利用率可以从增大卡车尺寸、改变作业班次、二次出车和增加每周运行天数四个方面着手。

由于大型卡车可以每次装载更多的货物，一次出车可以配送更多的餐厅，由此延长了卡车的在途时间，从而增加了其有效作业的时间。这样做还能减少干路运输里程和总运输里程。虽然大型卡车单次的过路桥费、油耗和维修保养费高于小型卡车，但其总体上的使用费用绝对低于小型卡车。

运输成本是最大项的物流成本，所有别的职能都应该配合运输作业的需求。所谓改变作业班次就是指改变仓库和别的职能的作业时间，适应实际的运输需求，提高运输资产的利用率。否则朝九晚五的作业时间表只会限制发车和收货时间，从而限制卡车的使用。

如果配送中心实行24小时作业，卡车就可以利用晚间二次出车配送，大大提高车辆的时间利用率。在实际物流作业中，一般会将餐厅分成可以在上午、下午、上半夜、下半夜4个时间段收货，据此制定仓储作业的配套时间表，从而将卡车利用率最大化。

四、尝试歇业时间送货

目前我国城市的交通限制越来越严，卡车只能在夜间时段进入市区。由于连锁餐厅运作一般到夜间24点结束，如果赶在餐厅下班前送货，车辆的利用率势必非常有限。随之而来的解决办法就是利用餐厅的歇业时间送货。

歇业时间送货避开了城市交通高峰时间，既没有顾客的打扰，也没有餐厅运营的打扰。由于餐厅一般处在繁华路段，夜间停车也不用像白天那样有许多顾忌，可以有充裕的时间进行配送。由于送货窗口拓宽到了下半夜，使卡车可以二次出车，提高了车辆利用率。

在餐厅歇业时段送货的最大顾虑在于安全。餐厅没有员工留守，司机必须拥有餐厅钥匙，掌握防盗锁的密码，餐厅安全相对多了一层隐患。卡车送货到餐厅，餐厅没有人员当场验收货物，一旦发生差错很难分清到底是谁的责任，双方只有按诚信的原则妥善处理纠纷。歇业时间送货要求配送中心和餐厅之间有很高的互信度，如此才能将系统成本降低。所以，这种方式并非在所有地方都可行。

（注：主要内容引自百度文库）

4.2　运输成本的构成

对交通运输业或运输活动而言，成本的分类还有一种特殊的复杂性，这种复杂性是和交通运输活动的特殊性相关联的。交通运输业所使用的资本被分成了固定设施和移动设备两大部分，这对运输成本的类别划分具有关键性的意义。交通运输业的固定设施一般指交通运输基础设施，如铁路线路、公路、站场和港口等，它们一旦建成就不能再移动，这些基础设施一般不能直接提供运输服务；交通运输业的移动设备是指移动性的运载工具，如铁路机车车辆、汽车、船舶、飞机等，这些运载工具一般用来直接提供运输服务，它们显然也可以根据需要在不同地区或不同运输市场之间转移。交通运输业资本的这种特殊性质，使得交通运输成本的分类与其他行业有所不同，即除了前述按生产要素的类别、与产量变化的关系以及时间长短划分，交通运输成本还需要被特别地划分为固定设施成本、移动设备拥有成本和运营成本三个部分。

运输成本从特殊的行业资本结构出发，常常被划分为固定设施成本、移动设备拥有成本和移动设备运营成本三个部分，对于不同运输方式这三种成本各自所占的比重或伴随产量的变动性也不一样。

4.2.1 固定运输设施成本

固定设施对每一种运输方式都是必不可少的。铁路运输需要轨道、车站和编组场，汽车需要公路和停车场地，航空离不开机场和空中指挥系统，船舶要在港口停泊和装卸，管道本身就是固定设施。有些固定运输设施（如管道）的所有者本身就提供相应的运输服务，但在大多数情况下，固定运输设施的所有者与相应运输服务的提供者是分离的。

固定运输设施的投资被认为是一种沉没成本（sunk cost），因为这些设施一旦建成就不能再移动，而且在一定程度上不能再被用于其他任何用途。例如，港口和道路被废弃时，原来的码头和路基几乎无法改作他用。有学者甚至认为，从这一点来看，已经形成固定运输设施的投资是没有机会成本的，原因是该资源已经没有再被用于其他用途的机会。

由于固定运输设施在地理区域上的固定位置，决定了只能被与那个位置有关的人群或货物所利用。也由于这个原因，在运输系统中常常出现一部分固定设施出现拥挤现象，而同时另一部分固定设施却被闲置在一边。

固定运输设施除了起初的投资建设，还有在使用寿命期间内所需要的养护及维修，因此固定设施成本还包括养护、维修及其他相关使用成本。与投资相比，这些固定设施的养护、维修及使用费用比较少，其中有些费用与使用这些固定设施提供的运输量关系不大，属于固定成本，另外一些则可能与运输量的多少有密切联系，因此被认为属于可变成本。

4.2.2 移动载运工具拥有成本

管道是唯一仅使用固定设施的运输方式，其他各种运输方式都同时包括固定设施和移动设备，可移动的载运工具包括铁路机车车辆、各类卡车、公共汽车、小汽车、各类客货船舶、飞机等。由于这些运输工具可以根据需要在不同运输市场之间甚至不同用途之间转移，也就是说它们的用途不是唯一的，能够允许人们进行选择，因此在移动运输工具上的投资不属于沉没成本。各种载运工具都有自己的市场价格，其中既有新车、新船、新飞机的市场价，也存在很多载运工具的二手货市场，以方便人们转让这些还有使用价值的载运工具。所有各种运输工具都有自己的使用寿命，运输工具的价值在其使用期内会逐渐转化为运输成本，因此使用寿命决定着运输工具的折旧过程。有些运输工具的使用寿命是以年限计算的，在这种情况下，运输工具的折旧转移成本似乎与其使用中所提供的运输量没有直接关系，是每年或每月固定的成本。还有些运输工具的使用寿命是以行驶里程计算的，在这种情况下，运输工具的折旧转移成本就与其使用中提供的运输量直接有关，属于可变成本。

4.2.3 运营成本

在运营成本中，有两类是直接与运输量相关的可变成本，一类是直接运营人员的工资，另一类是运输工具消耗的燃料，运输工作量越大，这些直接的运营成本数量也会越大。除了这些直接与运输量相关的可变成本，运输企业一般还需要配备若干辅助人员和管理人员，这些辅助人员和管理人员的工资以及所需要的工作开支属于间接运营成本。间接运营成本的一部分是与运输量有关的可变成本，其他部分与运输量变动关系不大。

不同运输方式的运输成本中固定设施成本、移动设备拥有成本和运营成本各自所占的比重或涉及的程度是有差别的，其相应部分伴随产量的不变性或可变性也不一样。而且，这种不变性或可变性还要根据使用者的具体身份来确定。例如，车票对于每次上车购票的公共交通乘客来说应该是可变成本，因为如果他不出行就没有这笔开销，但对购买月票的乘客来说这却是每月的固定支出。又例如，高速公路的保养和维护对其经营者大体上是一种固定成本，但对使用收费道路的汽车司机来说，却是根据行驶里程支付的变动费用。因此，交通运输业的三种成本划分与产量变化的关系交织在一起，再加上运输经营者和使用者的极其多样化，使得运输成本分析具有较大的难度和挑战性。

4.2.4　各种运输方式成本构成对比分析

各种运输方式的运输成本具体计算时通常由两类成本构成：一是直接成本（也称直接费），是完成运输过程直接使用的费用；另一类是间接成本（也称间接费），是管理和营销等费用。以航空运输为例，直接成本包括飞行费用（空勤人员工资及津贴、航空燃料及润滑油消耗、飞机保险费等）、修理费用、折旧费及其他直接飞行费；间接成本包括售票及预定机票的服务费、行李及货物服务费、广告费和管理费等。

1. 航空运输成本

航空运输企业在成本核算上一般是按飞行小时计算成本，但作为最终产品的经济分析，也必须将其成本换算为旅客人·公里和货物吨·公里。航空运输成本受飞机类型、客座数、市场情况以及管理水平的影响。

航空运输成本可分为直接飞行成本和间接飞行成本两部分。直接飞行成本主要包括飞行费用（空勤人员工资及津贴、航空燃料及润滑消耗、飞机保险等）、修理费用、折旧费及其他直接飞行费。间接飞行成本主要包括售票及预订机票的服务费、行李及货物服务费、飞行中旅客的食品及其他服务费、广告费和管理费等。

航空运输存在着飞机容量经济和运距经济。飞机容量经济是指大型飞机的运输成本低于小型飞机，其主要原因是空勤人员的工资随着载客量的增加分摊到单位运量上份额减少，大型飞机的相对耗油量也较少。运距经济是指每次飞行距离的延长，单位的运输成本下降。这种单位成本的下降来自两个方面；一是随着飞行距离的延长，起降滑行、上升、降落时间在总飞行时间中比重下降，相关的成本比重也在下降；二是间接飞行成本中的售票、订票、行李服务费等与运距无关，途中旅客服务费也只是部分与运距有关，因此单位间接成本也随着运距的延长而降低。值得注意的是，飞机的大小及其经济运距是在飞机设计制造时就被考虑了的，也可以说飞机的大小是按其飞行距离的远近设计的。例如经济运距为 2500 ~ 4000 km 的大型波音 747 客机，要在 300 km 范围内飞行，肯定是不经济的。当投入要素价格不变时，飞机的容量和运距是影响单位成本的最主要因素。

在机型、飞行距离和其他费用不变的情况下，影响单位运输成本的最主要因素是装载系数，装载系数是实际人（吨）·公里与定额人（吨）·公里的比例，即按运输距离加权的飞机客座或载重力占用率。飞行的总成本与飞机是否满载关系不是太大，因为空勤人员工资、修理费以及折旧费等几乎都是不变的，燃料消耗虽然会有变化，但变化速度远低于载重量的变化，所以平均单位成本是装载系数的函数，它随装载系数的提高而下降。显然，在运量有限的情况下飞机容量经济和提高装载系数的目标可能会发生矛盾，选用大型飞机，装载系数将会受到影响，为提高装载系数而减少航班次数，又会增加旅客的时间成本。

此外，机场或航线上拥挤程度对飞行成本也有影响。当发生拥挤现象时，飞机将排队等候起飞，或在空中盘旋等待着陆，时间的延误无疑会降低飞机的运营效率，使飞行成本增加，旅客也增加了候机时间和旅行时间。

2. 公路运输成本的构成

公路运输成本是指公路运输企业为完成客货位移所发生的一切费用总和。它分为运输总成本和平均运输成本两个概念。一定时期内的运输支出是该期的运输总成本。平均运输成本是指平均完成单位运输量(一般为 kt · km)所需的支出，也称为单位运输成本或简称运输成本。如前所述，对一企业在某一时期的平均运输成本可按 $AC = TC/Q$ 计算。这里 TC 为该时期的运输总成本，Q 为该时期完成的总客货周转量。

按交通部的统计口径，公路运输成本由以下 11 项费用构成：

①工资。按规定向企业职工支付的工资。

②职工福利费。按工资总额提取的用于职工福利的费用。

③燃料。营运车辆消耗的各种燃油的支出。

④轮胎。营运车辆运行耗用的外胎、内胎、垫带费用以及轮胎翻修费和零星修补费。

⑤修理。用于车辆各项修理的费用支出。

⑥折旧。营运车辆按规定提取的折旧费。

⑦养路费。向公路管理部门缴纳的车辆养路费。

⑧运输管理费。运输企业向运管部门缴纳的管理费用。

⑨税金企业。按国家税法规定的税种税率向国家缴纳的款项。

⑩行车事故费。用于支付行车肇事的损失费用。

⑪其他不属于上述内容的成本支出都归于此类。

根据 1994 年的统计，我国公路运输业的成本构成比例如表 4－1 所示。

表 4－1　公路运输成本构成比例(1994 年)

序号	项目	比例(%)	序号	项目	比例(%)	序号	项目	比例(%)
1	工资	10.7	5	修理	17.1	9	税金	0.8
2	职工福利	1.7	6	折旧	11.7	10	事故损失	1.9
3	燃料	24.6	7	养路费	13.7	11	其他	11.9
4	轮胎	4.3	8	运输管理费	1.6	12	总计	100

可以把表 4－1 运输成本分成五类：

①人工费，包括工资、休假薪资和津贴等(10.7% +1.7%)。

②设备费，包括设备购置、折旧、分期付款利息、零件、修理和轮胎等(4.3% +17.1% +11.7%)。

③燃料费(24.6%)。

④管理费，包括运输企业向运管部门缴纳的管理费用、保险费(行车事故损失)、税金及

养路费等(1.6% +0.8% +1.9% +13.7%)。

⑤其他费用，包括水、电、通信等各类杂费，即表中的其他费用(11.9%)。

3. 水运成本

水运成本可大致分为三个部分，即航行成本、运营成本和资本成本。航行成本是指仅与一次航行有关的费用，主要包括港口费、燃料和油脂费用等，它们与轮船的大小、动力推进器的类型等有关。运营成本是指与轮船是否处于应用状态有关的费用，主要包括工资、修理维护费、保险费以及管理费。如果船舶处于非运营状态，则这些费用可以减少或不发生。资本成本主要是指折旧和利息，当然这部分费用的核算方式根据不同性质的企业和管理方式而有所区别。在我国，航行成本和运营成本约各占总成本的 40% 左右，资本成本占总成本的 11% ~20%。水运最大的经济性是由船舶大小和航程远近决定的。吨位越大的船则每吨·公里平均运输成本越低，但其条件是必须有足够大的运量和相应的港口吞吐能力。另外，航程越远单位成本中所摊到的港口费用越低，水运的经济性也越好。

4. 铁路运输成本

实际上大多数的企业都利用同一设备生产一种以上的产品，这种情况在运输行业尤为突出，特别是铁路运输业。由于运输产品突出的时空特性，同一货物在不同时间、不同地点、不同方向和不同运输质量的情况下，即使产出相同的吨·公里数，也是不同质的运输产品。正是由于大量不同质的运输产品均使用同一设备(如同一运输线路、同样的机车车辆等)，于是就造成了大量联合成本和共同成本。经济学认为，当生产某一种产品的同时，导致以某一比例生产另一些产品时，而且这种连带产品与引起它们的主产品保持着固定比例，就生产了联合成本。例如从 A 地到 B 地的铁路运输，当列车把货物从 A 地运到 B 地后自身必然要返回，于是连带产生出从 B 地到 A 地的运输。假设运输成本由下式计算：

$$C = a + 2bxd \tag{4-1}$$

式中：a 为装卸费用，设 a 为 100 元；b 为列车每公里的运行费用，设为 1 元；d 为 A→B 的运输距离，设为 100 km。在缺乏返程货物的情况下，A→B 的运输成本为 300 元($100 + 2b \times 100$)。如果从 B→A 回来有了需要运输的货物，则往返运输的总成本共为 400 元，即返程运输只增加装卸车费用 100 元。在这个例子中，由 A→B 引起的返程运输的运输费用(运行费 100 元)即为联合成本。铁路运输中还大量存在共同成本，共同成本与联合成本的差别在于共同成本下各种产品的比例是可变的，而在联合成本下的产品比例是固定的。如上例中在联合成本下 A→B 和 B→A 的车皮数量是一定的，而在同一条线路上运送旅客和货物的比例，却是可变的。也并不是只要运输货物就必须运输旅客。经验表明，当联合成本和共同成本存在时，各种运输产品的成本要比单一产品的成本低，这种情况被称为“多产品经济”。但尽管铁路运输中联合成本和共同成本相当普遍地存在，然而某一特定的联合成本或共同成本却难以准确地计算。

路网规模经济和线路密度经济与铁路运输成本有密切关系，人们谈到铁路的规模经济时，往往容易把路网规模经济和线路密度经济混淆，实际上这两者是不同的。路网规模经济用来考察铁路网的经济效益是否随着路网内的线路里程的增加而增加，线路密度经济则是用来分析铁路某一线路的效率是否随着线路上运输密度的提高而递增。有研究表明，在具有一定的路网营业里程以后，铁路并不存在十分明显的路网规模经济，或者说继续扩大路网不一定能大幅度提高铁路的效率和效益或降低成本。这一点与过去一般的看法不完全一致。

在铁路运输成本的研究中，变动成本的确定具有重要意义。由于西方国家铁路定价目前多采取浮动运价形式，即允许铁路企业根据市场供求状况，以长期变动成本为低限，以长期变动成本加某一比例为高限的浮动定价办法，因此变动成本的分析研究在运输定价中占有极重要的地位。

5. 管道运输成本

管道运输最显著的特征是其规模经济特性。石油或天然气管道在运距不变的情况下，管道直径越大平均成本越低。国外有研究表明，管道运输能力增加一倍，单位吨·公里的运输成本可降低30%。但为了充分发挥管道运输的规模经济，必须有足够的货源以保证管道能在多年内保持足量的运输。管道运输的固定成本大大高于变动成本，即使在很大的产出范围内都是这样，与其他运输方式相比，管道的这种特性明显。

6. 各种运输方式运输成本的对比

将上述资料与美国 J. B. Hunt 运输公司 1994 年的卡车运输成本构成作对比，对比中发现，有两个最大的差别是在预料之中的。一是人工费，美国远大于中国(35.3%:12.4%)，因为美国的平均工资高于中国至少十几倍；二是燃料费远大于美国(24.6%:1 6.8%)，主要的原因是中国公路运输业平均的运输效率低，油耗大。美国油价中已含汽油附加税，类似中国的养路费，如将养路费计入油价，则中美公路货运的燃料费对比是(38.3%:16.8%)。中国与英国运输的成本对比情况也与中美对比基本相同。有研究认为，大多数英国公交汽车经营者的总成本中仅上路员工的工资就已占了约50%。

表 4-2 各种运输方式的运输成本构成比例对比(%)

项目	人工费	设施设备费	燃料费	管理费	其他费用	总额
公路货运，中国(1994)	12.4	33.1	24.6	11.9	18.0	100
公路货运，美国 Hunt 公司(1994)	35.3	34.3	16.8	4.9	8.7	100
公路货运，英国(1965)	41.6	28.0	16.5	13.9		100
公共汽车，澳大利亚(1988)	48	34	9	9		100
电车，澳大利亚(1988)	49	39	3	9		100
火车，澳大利亚(1988)	21	55	5	9		100
2.5 万 t 海轮，美国—日本(1986)	13.0①	50.6②	24.3	2.8	9.3③	100
6.5 万 t 海轮，美国—日本(1986)	7.8①	62.5②	20.7	1.7	7.4③	100
12.5 万 t 海轮，巴西—荷兰(1986)	4.6①	71.8②	17.3	1.1	5.1③	100
拖船 + 驳船，美国(1978)	13.8①	33.0④	16.7	9.7	26.8⑤	100
航空，伦敦—新加坡包机(1986)	5.7①	32.4	42.8	5.8	13.4	100
航空，欧洲内部(1983)	31.3⑥	28.7	17.7	22.3⑦		100
航空，美国内部(1983)	26.7⑥	32.1	24.3	16.9⑦		100

注：①仅包括船上(或机上)人员的工资和津贴。②未包括港口费用。③包括了备用品和润滑油费用。④已包括港口费用。⑤包括其他船只的拽航费用等。⑥包括售票、销售和业务推广等费用。⑦包括旅客服务费、着陆费和空中费用等。

表4－2还列出了一些国家公共交通及航空的运输成本构成。虽然不同运输方式的成本分类有各自的特点，如电车以电作能源、航空有着落费、大型海轮运输成本中未考虑港口及起终点作业与运输的费用，因此，不可作简单的对比。但是，可以看出，大型海轮和火车的固定成本的确是最高的(设备与维修费基本在50%以上)，而电车的燃料费是最低的(仅为3%)。表中未列管道运输的成本，因为管道是一种不需要运输工具的特殊的运输方式，是具有固定设施密集型最为突出的运输方式。总成本中燃料的使用相对比较稳定，但由于世界石油价格的起伏很大，在航空运输成本中，燃料费的比重却成了最不可预测的要素。

案例4－2

中外运为摩托罗拉提供的物流服务

中外运空运公司是中国外运集团所属的全资子公司，华北空运天津公司是华北地区具有较高声誉的大型国际、国内航空货运代理企业之一，下面是中外运空运公司为摩托罗拉公司提供第三方物流服务的情况介绍。

一、摩托罗拉对物流服务要求和考核标准

(1)摩托罗拉公司的服务要求

一是要提供24小时的全天候准时服务。主要包括：保证摩托罗拉公司麦收中外业务人员、天津机场、北京机场两个办事处及双方有负责人通信联络24小时畅通；保证运输车辆24小时运转；保证天津与北京机场办事处24小时提货、交货。

二是要求服务速度快。摩托罗拉公司对提货、操作、航班、派送都有明确的规定，时间以小时计算。

三是要求服务的安全系数高，要求对运输的全过程负全责，要保证航空公司及派送代理处理货物的各个环节都不出问题，一旦某个环节出了问题，将由服务商承担责任，赔偿损失，而且当过失到一定程度时，将被取消做业务的资格。

四是要求信息反馈快。要求公司的电脑与摩托罗拉公司联网，做到对货物的随时跟踪、查询、掌握货物运输的全过程。

五是要求服务项目多，根据摩托罗拉的公司货物流转的需要，通过发挥中外运系统的网络综合服务优势，提供包括出口运输、进口运输、国内空运、国内陆运、国际快递、国际海运和国内提货的派送等全方位的物流服务。

(2)摩托罗物质奖励公司选择中国运输代理企业的基本做法

首先，通过多种方式对备选的运输代理企业的资信、网络、业务能力等进行周密的调查，并给初选的企业少量业务试运行，以实际考察这些企业服务的能力与质量，对不合格者，取消代理资格。

摩托罗拉公司对获得运输代理资格的企业进行严格的月度作业考评。主要考核内容包括运输周期、信息反馈、单证资料、财务结算、货物安全、客户投诉。

二、中外运空运公司的主要做法

①制定科学规范的操作流程，摩托罗拉公司的货物具有科技含量高、货值高、产品更新换代快、运输风险大、货物周转以及仓储要求零库存的特点。为满足摩托罗拉公司的服务要求，中外运空运公司从1996年开始设计并不断完善业务操作规范，并纳入了公司的程序化管理。对所有业务操作都按照服务标准设定工作和管理程序进行，先后制定了出口、进口、国

内空运、陆运、仓储、运输、信息查询、反馈等工作程序，每位员工、每个工作环节都按照设定的工作程序进行，使整个操作过程井然有序，提高了服务质量，减少了差错。

②提供24小时的全天候服务，针对客户24小时服务的需求，实行全年365天的全天候工作制度，周六、周日(包括节假日)均视为正常工作日，厂家随时出货，我们随时有专人，专车提货和操作。在通讯方面，相关人员从总经理到业务员实行24小时的通讯畅通，保证了对各种突发性情况的迅速处理。

③提供门到门的延伸服务，普通货物运输的标准一般是从机场到机场，由货主自己提货，而快件服务的标准是从门到门，桌到桌，而且货物运输的全程在管理的监控之中，因此收费也较高，我们对摩托罗拉公司的普通货物虽然是按普货标准收费的，但提供的却是门到门、库到库的快件的服务，这样既提高摩托罗拉的货物的运输及时，又保证了安全。

④提供创新服务，从货主的角度出发，推出新的更周到的服务项目，最大限度地减少货损，维护货主的信誉。

为保证摩托罗拉公司的货物在运输中减少被盗，在运输中间增加了打包、加固的环节，为防止货物被雨淋，又增加了一项塑料袋包装，为保证急货按时送到货主手中，增加了手提货的运输方式，解决了客户的急、难的问题，让客户感到在最需要的时候，外运公司都能及时快速帮助解决。

⑤充分发挥中外运走马观花的网络优势，经过50年的建设，中外运在全国拥有了比较齐全的海、陆、空运输与仓储、码头设施，形成了遍布国内外的货运营销网络，这是中外发展物流服务的最大优势。通过中外运网络，在国内为摩托罗拉公司提供服务的网点已达98个城市，实现了提货、发运、对方派送全过程的定点定人，信息跟踪反馈，满足了客户的要求。

⑥对客户实行全程负责制，作为摩托罗拉公司的主要货运代理之一，中外运对运输的每一个环节负全责，即从货物由工厂提货到海、陆、空运输及国内外的异地配送等各个环节负全责。对于出现的问题，积极主动协助客户解决，并承担责任和赔偿损失，确保了货主的利益。

（注：主要内容引自中国物流与采购网）

4.3 运输成本的计算

4.3.1 运输成本计算的复杂性

1. 铁路运输成本

相对于其他运输方式，铁路单批量运输成本的计算可能是最复杂的。例如为了准确计算一批货物的运输成本，研究人员需要用很长的篇幅来描述有关铁路线方面和列车运行方面的各种支出，他需要弄清列车长度、运行速度、线路等级、运输密度、运行时间、列车是否晚点、车辆的利用率以及所有沿途车站和编组场的情况等等，这比使用卡车运送同样货物的成本计算要复杂得多，实际上这件事几乎无法做到。此外，回空车的存在更增加了问题的复杂性。铁路货车在装运货物从始发地运到目的地卸车之后，往往需要改变地点甚至返回原始发地才能再次装车。如果能马上利用这些卸空车装载货物，那么这些卸空车的运行比空车运行只增加很少运输成本；但如果卸空车不能被利用，那么回空车的运行成本就应该计算在上一次(或下一次)装车的货物运输成本之内。回空车还不是单批量运输成本有别于平均运输成本的唯一原因，单批运量在燃料和人工消耗上的差别还要取决于其所使用的不同车型和是否需要其他特殊设备，取决于其所在列车编成的长短，取决于运输线路的坡度和线路质量，取决于运输途中需要经过几次列车的编解作业，取决于线路和编组场上的拥挤程度，取决于该种货物的运输是否存在特殊的管制要求，等等。因此，有人估计准确计算某批货物铁路运输成本所需要花费的开支甚至会超过运送那批货物的开支。

2. 公共交通工具的运输成本

公共交通系统包括地铁、轻轨、公共汽车、有轨及无轨电车、小公共汽车、出租汽车和轮渡船等等。公交车辆根据使用年限计算的折旧费应该是车辆拥有成本的重要组成部分，但要想准确计算公交车辆的成本，还应该考虑与这些车辆相联系的机会成本以及当这些车辆不使用时可以节约的维修成本。但是，这些有关数字很难从公布的数据中得到，而且由于基本上不存在公交车辆的旧车市场，因此很难估计有关的价格水平。城市公交车辆拥有成本计算不清还有政府补贴因素的影响。在很多城市，公交的票价收入都不够弥补运营成本，因此一般还需要政府给予财政补贴。由于公交车辆的资本成本中政府补贴占的比重很大，要按照市场价值计算其机会成本就很难。此外，由于很多城市公交车辆是政府购买的，因此其折旧和还贷支出也没有算作车辆的拥有成本。最后，运输方式之间的成本对比应该做到成本项目一致，但城市公交的成本计算却很少把乘客乘车所耗费的时间价值计算进去。几乎没有任何一种城市公交的运营不包含上述因素，因此对其运输成本的计算需要进行某种程度的调整。

3. 卡车运输成本

卡车运输种类繁多，而且很大一部分卡车是由货主自备用来提供自我服务的，例如农、林、矿业自备车辆等等。但运输经济界大多更关注营业性卡车的运输成本问题，并总是假设企业自备卡车的运输成本与受雇卡车大体相同，其中的原因部分是因为后者的数据资料相对比较容易获得。营业性卡车的运输成本结构取决于卡车的类型和运输服务的类型。其中，运输服务可分为整车(truckload)运输和零担(lessthantruckload)运输两种类型，它们的运输成本结构也存在着明显差别。由于整车运输企业一般不需要自己的货场和中转设施，因此其车辆在全部财产和费用开支中都占很大比重，而运营成本主要由人力费和燃油费组成，也包括一些车辆维护和保险费用；这正好与零担运输企业的情况相反，后者恰恰需要专用的场站设施以便集散及配装许多来源和去向都不同的小批量货物，因此其场站设施与人工费用的比重会大些，而运输车辆开支的比重则相应小些。

人们不大愿意在卡车运输成本的计算上花费太多精力，原因在于：

①对于整车运输来说，每一趟出车的开支是明摆着的，唯有一些回程车费用处理的麻烦。而且，整车运输市场的高度竞争性也使得运价水平不可能大大高出其成本，由于很多整车运输的货物价值较低，运价即使只上升很小的幅度都可能导致托运人的利润化为乌有，因此运输需求的价格弹性相对较高。卡车被用来在公路上运货，简单看起来相差不大，但实际上公路货运从使用设备和所提供的服务分析，可能是差异性最大的运输形式。

②而对于零担运输而言，成本计算又可能太过复杂了一点，与铁路十分相似，零担公路货运的网络结构同样会导致幅员经济和密度经济问题。整车货运是直接把货物从发运人处运到收货人处，而典型的零担运输过程却包括：先用短程车辆从多个发运人处收集终到地不同的各种货物，然后在地区中心配载到长途车辆上，再由这些长途车辆运至终到地附近的地区

中心，最后才由当地的短程车辆送到收货人处。有时货物需要在地区中心存储若干时间，以便使到另一个地区中心的货物可以充分利用一辆大型长途货车的运力。假如一家零担运输公司并不是同时服务于货物的发送地和收达地，那就还需要与另一家零担公司联运，而这往往导致更长的运送时间。零担运输公司除了要拥有并运营车辆，还必须拥有并经营货场或货物中转站，而相对于车辆而言，货场或货物中转站的用工和费用更多。而且，零担运输成本对零担运价的确定又并不是决定性的，由于零担货物一般自身价值较高，运价只在整个货物价格中占很小的一部分，其销售的市场范围又往往很大，因此运价的变化即使较高也不会对货主的生产与销售造成太大影响。补充一句，民航固定航班服务的成本结构与公路货运中的零担运输十分相似，而航空业中与公路整车货运相近的是包机服务。

4.3.2 运输成本函数

1. 运输总成本、平均成本、边际成本

运输成本分析中经常用到总成本、平均成本和边际成本。这里首先介绍相关的基本概念。

运输总成本是指运输企业为提供某种运输劳务所耗费的成本总额。它由固定成本与可变成本两部分构成。

运输平均成本是单位运输工作量所耗费的成本。

$$平均成本 = 运输总成本/运输工作量 = (固定成本 + 变动成本)/运输工作量 \quad (4-2)$$

平均成本又可分为平均固定成本和平均可变成本。因为运输固定成本不随运输工作量的变动而变动，所以平均固定成本在一定限度内必然随运输工作量的增加而逐渐下降；因为运输可变成本是随运输工作量的变动而变动的，所以平均可变成本也会随运输工作量的变动而变动，其变动的一般趋势是随运输工作量的增加而增加，随运输工作量的减少而减少。

运输边际成本是增加单位运输工作量所增加的总成本。

$$边际成本 = 运输总成本的增量/运输工作量的增量 \quad (4-3)$$

如用 TC 表示运输总成本，FC 表示固定成本，VC 表示可变成本，Q 表示运输工作量，ATC 表示平均总成本，AFC 表示平均固定成本，AVC 表示平均可变成本，则各种运输成本可以用下列公式来表示：

平均总成本 $$ATC = TC/Q = AFC + AVC \quad (4-4)$$

平均固定成本 $$AFC = FC/Q \quad (4-5)$$

平均可变成本 $$AVC = VC/Q \quad (4-6)$$

边际成本 $$MC = \Delta TC/\Delta Q \quad (4-7)$$

2. 运输成本函数

运输成本函数是用于反映运输服务的生产量与其投入量之间关系的函数。运输成本函数主要依赖于运输企业的生产函数和其投入要素的市场供给函数。生产函数表明了运输的投入量与产出之间的关系。这种关系同投入要素的价格结合起来，就决定了运输服务的成本函数。

就运输企业来说，如企业投入要素的价格在整个营运期保持不变，在这种情况下，成本与运量之间就存在着正比关系。根据经济学的生产函数理论，当运输生产的规模收益率不变时，这时的成本函数是一个线性函数，它表示运输服务的投入量每增加一倍，其产出量即运输服务量也增加一倍。由于投入要素价格不变，投入量增加一倍，就使其总成本也增加一倍，如图 4 -1(a)所示。

如果运输企业的生产条件使规模收益率递增，要使运输服务量增加一倍，只需一倍以下的投入量即可，再假设运输投入要素的价格不变，该运输服务生产体系下的总运输成本函数将如图 4 -1(b)所示，按递减率增长。

如果运输企业的生产条件使规模收益率递减，那么，要使运输服务的产出量增加一倍，投入量就得增长一倍以上。再假设投入要素价格不变，这种运输服务的生产体系下的总运输成本函数将如图 4 -1(c)所示，按递增率增长。

当运输服务的生产体系的规模收益表现为先递增而后递减时，这时的运输成本函数如图 4 -1(d)所示，即在规模收益率递增的范围内，成本的增长率低于运输量的增长率，而在收益开始递减后，总成本的增长率则高于运输工作量的增长率。

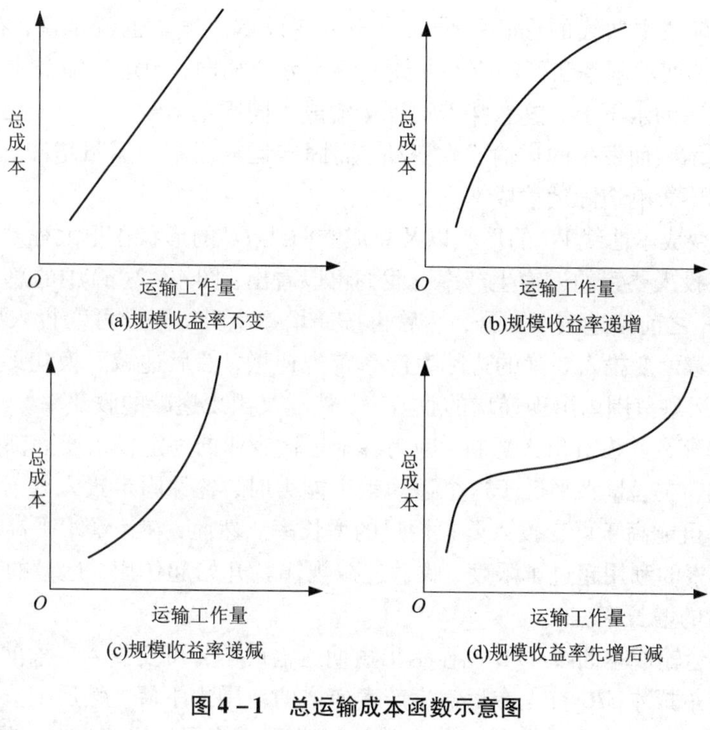

图 4 -1　总运输成本函数示意图

需要指出的是，对运输成本函数来说运输服务的生产量与成本之间的所有上述关系，都是以投入要素的价格不变为前提的。因此，当我们研究运输成本与运输工作量的关系时，必须首先考察投入要素价格的变化情况，然后再根据生产函数去估计成本函数，此时，投入要素的价格与生产函数共同决定运输成本函数。

3. 短期运输成本曲线

短期运输成本曲线是指短期内运输企业规模不变时的成本曲线。如图 4 -2(a)所示，对运输企业来说，每个运量水平上的总运输成本都是全部固定成本与全部可变成本之和。与图 4 -2(a)中的总运输成本曲线相对应的单位运输成本曲线列于图 4 -2(b)中。在此图中，我们可以看出短期运输成本具有以下几个重要特征：

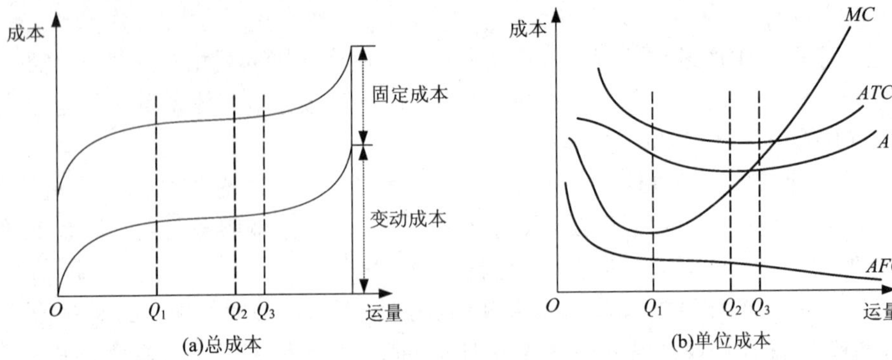

图 4－2 短期运输成本曲线示意图

首先，总运输成本曲线的形状完全取决于可变成本曲线。也就是说，在每一运量水平上，总运输成本曲线的斜率和可变成本曲线的斜率完全相同；固定运输成本只是把总运输成本曲线转移到较高的水平上。这意味着边际运输成本同固定运输成本完全无关。由于边际运输成本是因运量增减而发生的运输成本变动，而固定运输成本与运量增减无关，因此，固定运输成本的变化不影响边际运输成本。

其次，总可变成本曲线 *VC* 的形状以及总成本曲线 *TC* 的形状在很大程度上决定于运输生产中使用的可变投入要素的运输生产率。我们可以看出：图 4－2(a) 中的总可变成本曲线在到达运量水平 Q_1 之前按递减率上升，然后再按递增率上升，假设可变投入要素的价格固定不变，这就意味着可变投入要素的边际生产率首先递增，然后递减。换句话说，可变投入要素在 O 与 Q_1 的运量范围内出现递增的收益率，然后又出现递减的收益率。

这种关系的存在并没有出人意料，因为各个运输企业的固定投入要素都是按一定的运输生产水平设计的，在运量水平低于这个运输生产能力时，各种固定投入要素被充分利用，从而运量的增长率可能高于可变投入要素用量的增长率。然而，在运量水平高于这一设计能力时，固定投入要素的利用超过了限度，收益递减规律就开始起作用，运量的增长率就低于可变投入要素用量的增长率。

最后，平均运输成本曲线 *ATC* 也显示出短期运输成本与可变投入要素的生产率之间的上述关系。边际运输成本 *MC* 首先在运输生产率递增的范围内下降，然后上升，这就使平均可变运输成本曲线 *AVC* 和平均总运输成本曲线 *ATC* 都呈现出了“U”字形状。同时也可以看到：边际运输成本曲线 *MC* 首先迅速下降，其降低率高于平均可变运输成本曲线 *AVC* 和平均总运输成本曲线 *ATC*；然后又上升，分别和平均可变运输成本曲线、平均总运输成本曲线相交于它们的最低点上，即图 4－2 中的 Q_2 和 Q_3。之所以会出现这一情况，是因为：当边际成本低于平均成本，即边际成本曲线位于平均成本曲线下方时，平均成本必然因受边际成本影响而下降；当边际成本高于平均成本，即边际成本曲线位于平均成本曲线上方时，平均成本必然因受边际成本的影响而上升；当平均成本最低的时候，边际成本正好等于平均成本，两条曲线相交于平均成本的最低点。也就是说，边际成本上升，平均成本也上升；边际成本下降，平均成本也下降；只有在两者相等的时候，平均成本才既不上升也不下降，因此边际成本曲线穿过平均成本曲线的最低点是必然的。

4. 长期运输成本曲线

从长远观点来看，运输企业没有任何固定的约束，从而不存在固定成本与可变成本之分，也没有长期固定运输成本曲线。这是因为在生产规模发生变动的情况下，所有的投入要素都要发生变动。

图4－3绘出了某运输企业四个不同发展阶段、不同生产规模下的短期平均运输成本曲线 *SAC*，在每个特定生产规模下，都有一个运输成本最低的运量范围。例如，在第一阶段 O 至 Q_1 的运量范围内，企业的运输成本最低；在第二阶段 Q_1 至 Q_2 的运量范围内，企业的运输成本最低；在第三阶段，运量为 Q_2 至 Q_3 时，企业的运输成本最低；在第四阶段，运量越过 Q_3 时，企业的运输成本最低。

图4－3中每条曲线的实线部分表示运输企业四个不同阶段、不同运输水平下的最低平均运输成本。

假设上述运输企业在企业发展的不同时期，连续不断地进行生产规模的调整，以至每两次调整之间的运输生产规模相差幅度很小，我们就可以绘出一条长期平均运输成本曲线 *LAC* 同每条短期运输成本曲线 *SAC* 相切，如图4－4所示，长期平均成本曲线 *LAC* 切于 *SAC* 曲线的较低部位(不是最低点)。在几何学上，*LAC* 曲线称为各条 *SAC* 曲线的“包络曲线”。

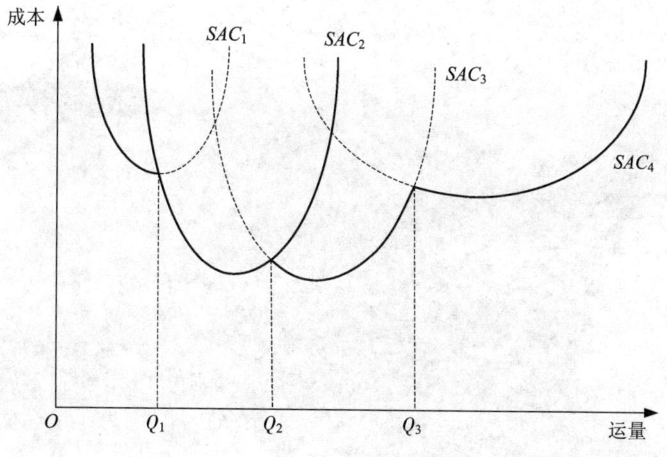

图4－3　某运输企业四个不同生产规模下的短期运输成本曲线

理论上一般认为，长期运输成本曲线 *LAC* 也有一个最低点，该点是与其中一条 *SAC* 曲线的最低点的切点。在此最低点以左，*SAC* 的左边与 *LAC* 相切，在此最低点以右，*SAC* 最低点的右边与 *LAC* 相切。

长期运输成本分析，是为运输企业的长期计划提供依据的。在长期内，运输企业根据所计划达到的运量，任意调整一切投入，建立一个规模适度的企业。这个运输企业是计划中最优的运输企业，其运量将是计划中最优的运量，因此，其成本也一定是最低的。在计划期间，运输企业可以根据预测选择最优的生产规模和最优运量，但一旦确定了生产规模，它就只能按照既定的生产规模组织运输生产，因此可以说，运输企业是在长期中计划，在短期中经营。故长期成本曲线通常也称为计划曲线，对运输企业长期决策有一定的参考价值。

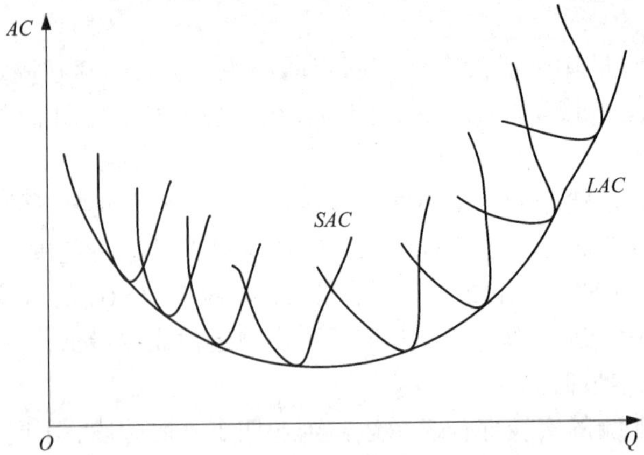

图4-4 长期运输成本曲线的短期运输成本曲线

案例4-3

塔什特戈号运输船

一、塔什特戈号船隶属马其顿船运公司

该公司吨位4500t；用于巴里巴板—新加坡之间的木薯运输和达累斯萨拉姆—桑给巴尔之间的转货运输。

(1)巴里巴板→新加坡：运载木薯3950 t，运费5.1 美元/吨；

新加坡→巴里巴板：运载制成品3150 t运费2.7 美元/吨；

每个运输周期在巴里巴板港停留2.5 天；

每个运输周期在新加坡港停留1 天；

一个来回航行距离960 海里，耗时3.5 天；

每天运营成本：1415 美元；

每年往返50 次。

(2)达累斯萨拉姆→桑给巴尔之间的转货运输；

达累斯萨拉姆→桑给巴尔：转运货物 1350 t 吨；
桑给巴尔→达累斯萨拉姆：空载
在桑给巴尔港停留 2 天；
在累斯萨拉姆港停留 1 天；
每年往返 69 航次；
一个来回航行距离 144 海里，耗时 2 天。

表 4-3　塔船用于达—桑间转货运输的成本

4500 t 塔什特戈号船

成本项目	单位	巴里巴板	新加坡	巴—新线成本计算	金额	新—巴线成本计算	金额	往返一次成本
航行成本								
港口费	美元/在港天数吨	0.14	0.20	4500 t/1.25 天/0.5 天	1237.50	4500 t/1.25 天/0.5 天	1237.50	2475.00
灯塔费	美元/入港次数	73.00	16.00	1 次	16.00	1 次	73.00	89.00
特别评估费	美元/停靠次数	2000.00		8000 t 以下船免费	0.00	8000 t 以下船免费	0	
货运成本					0.00		0	
快船费	美元/搬运吨数	0.25	0.16	3950 t	1619.50	3150 t	1291.50	2911.00
装卸费	美元/搬运吨数	0.56	0.32	3950 t	3476.00	3150 t	2772.00	6248.00
吊车费	美元/搬运吨数	0.00	0.14	3950 t	553.00	3150 t	441.00	994.00
轮船营运费								
营运日成本	美元/天	1415.00		1.75 天	2476.25	1.75 天	2476.25	4952.50
燃料费	美元/海里	0.73		480 海里	350.40	480 海里	350.40	700.80
成本合计				9728.65		8641.65	18370.30	
运费费率	美元/吨			5.1 美元/吨 ×3950 t	20145.00	2.7 美元/吨 ×3150 t	8505.00	28650.00
每吨利润				(代收成本)吨数	2.64		-0.04	

二、大船运输情况分析

大轮船概况：吨位 12500 t，用于巴里巴板—新加坡之间的木薯运输；
巴里巴板→新加坡：运载木薯 6850 t，运费 5.1 美元/吨；
新加坡→巴里巴板：运载制成品 3150 t，运费 2.7 美元/吨；
每个运输周期在巴里巴板港停留一次，每次 3 天；
每个运输周期在新加坡港停留两次，每次 1 天；

一个来回航行距离 960 海里，耗时 2.5 天；

每天运营成本：2116 美元；

每年往返 50 次。

表 4－4　大船用于新—巴间木薯运输的单位成本和利润

4500 t 塔什特戈号船

成本项目	单位	巴里巴板	新加坡	巴—新线成本计算	金额	新—巴线成本计算	金额	往返一次成本
航行成本								
港口费	美元/在港天数吨	0.14	0.20	12500 t/1.5 天/0.5 天	3875.00	12500 t/1.5 天/0.5 天	3875.00	7750.00
灯塔费	美元/入港次数	73.00	16.00	2 次	32.00	1 次	73.00	105.00
特别评估费	美元/停靠次数	2000.00		0	0.00	1	2000.00	2000.00
货运成本					0.00		0.00	
快船费	美元/搬运吨数	0.25	0.16	6850	2808.50	3150 t	1291.50	4100.00
装卸费	美元/搬运吨数	0.56	0.32	6850	6028.00	3150 t	2772.00	8800.00
吊车费	美元/搬运吨数	0.00	0.14	6850	959.00	3150 t	441.00	1400.00
轮船营运费					0.00		0.00	
营运日成本	美元/天	2116.00		1.25	2645.00	1.25 天	2645.00	5290.00
燃料费	美元/海里	1.27		480	609.60	480 海里	609.60	1219.20
成本合计					16957.10		13707.10	30664.20
运费费率	美元/吨			5.1 美元/吨 ×6850 t	34935.00	2.7 美元/吨 ×3150 t	8505.00	43440.00
每吨利润					2.62		－1.65	

三、分析如下问题

(1)从巴里巴板港码头到新加坡港码头运输木薯，考虑其收入和运输成本，每吨能够获得多少利润贡献？从新加坡向巴里巴板运送一般货物，每吨能获得多少利润贡献？

①塔船运输木薯：

单位利润贡献＝(收入－成本)/吨数

$$=[3950\times5.10-(2.75\times1415+480\times0.73)]/3950=4.03\text{ 美元}$$

②大型船运输木薯：

单位利润贡献＝(收入－成本)/吨数

$$=[6850\times5.10-(2.25\times2116+480\times1.27)]/6850=4.32\text{ 美元}$$

③塔船运输一般货物：

单位利润贡献 = (收入 − 成本)/吨数

$$= [3150\times2.7-(3.5/2+2.5\times1415+480\times0.73)]/3150=0.68\text{ 美元}$$

④大型船运输一般货物：

单位利润贡献 = (收入 − 成本)/吨数

$$= [3150\times2.7-(4.25\times2116+480\times1.27)]/6850=-0.35\text{ 美元}$$

(2)塔什特戈船在新加坡和巴里巴板之间往返一次的总利润贡献多少？如果是一艘大型轮船又如何？

①塔船：

总利润贡献 = 每吨利润贡献 × 吨数

$$=4.03\times3950+0.68\times3150=18060.5\text{ 美元}$$

②大型船：

总利润贡献 = 每吨利润贡献 × 吨数

$$=4.32\times6850+(-0.35)\times3150=28489.5\text{ 美元}$$

(3)无论运送货物的种类和数量是多少，塔什特戈船在新加坡与巴里巴板之间来回一次产生的新增航行成本是多少？如果是一艘大型轮船呢？

①塔船的航行成本：

$$=4500\times0.14\times2.5+4500\times0.2\times1+73+16=2564\text{ 美元}$$

港口费灯塔费

②大型轮船的航行成本：

$$=12500\times0.14\times3+12500\times0.2\times1+73+16=7839\text{ 美元}$$

港口费灯塔费

(4)如果把收入、航行成本、货物成本都考虑进来，每种类型的船只每往返次的利润贡献是多少？每种类型船只每年的利润贡献是多少？

①塔船：

运木薯的运输成本 =

$1415\times(3.5/2+1)+0.73\times480+4500\times0.2\times1+16+(0.16+0.32+0.14)\times3950=7606.65$ 美元

运制成品的运输成本 =

$1415\times(3.5/2+2.5)+0.73\times480+4500\times0.14\times2.5+73+(0.25+0.56)\times3150=10563.65$ 美元

所以，往返一次利润贡献

$$=(3950\times5.1+3150\times2.7)-(7606.65+10563.65)=10479.7\text{ 美元}$$

一年的利润贡献 $=10479.7\times50=523985$ 美元

②大船：

运木薯成本

$$=2116\times(2.5/2+1)+1.27\times480+12500\times0.2\times1+16+(0.16+0.32+0.14)\times6850$$

$$=12133.6\text{ 美元}$$

运制成品成本

$$=2116\times(2.5/2+3)+1.27\times480+12500\times0.14\times3+73+(0.25+0.56)\times3150$$

=17477.1 美元

所以，往返一次利润贡献

=(6850×5.1+3150×2.7)-(12133.6+17477.1)=13829.3 美元

一年的利润贡献=13829.3×50=691465 美元

(5)如果将塔什特戈轮调走而用一艘大型轮船来跑木薯运输，总的利润影响有多大?

若将塔什特戈船用于东非路线运营则可节约成本

=632240-(188505+315948)=127787 美元

即大船用于木薯运输的总利润=127787+691465=819252 美元

塔什特戈轮不调走时利润贡献=523985 美元

大型轮船的利润贡献=691465 美元

即不调走塔船时，该公司可增加利润=523985+691465=1215450 美元

所以，塔船调走所增加的年利润=819252-1215450=-396198 美元

(6)杰尔戈泼里斯先生应当采取怎样的行动?为什么?

答：应该让塔船继续用于巴新航线的木薯运输。

原因：①由问题5知，调走塔船所增加的利润为负；

②1963年，该公司每个船运日的平均利润贡献

=16181000/(27×31)=19332.14 美元 <2116 美元

由案例材料知，小型船只哪怕满载，其单位收益的经营成本都比大船的经营成本要高。所以，购买塔船用于运输木薯并不是一个好的投资决策。

(注：主要内容引自百度文库)

4.4 运输的外部性

4.4.1 外部性概述

1.外部性的概念

(1)外部性的界定

在经济学中，有关外部性的定义很多，“外部经济”、“外部效应”、“外部影响”、“外在性”、“外溢效应”等概念是各个时期“外部性”的不同称谓。从形式上说，当一个经济主体的行为对另一经济主体的福利所产生的效果，而这种效果并没有从货币上或市场交易中反映出来，就产生了外部性。因此，从与市场的关系来看，外部性(externality)是未被市场交易包括在内的额外成本及收益统称(若外部性被纳入市场交易，我们称之被“内部化”了)。外部性必须满足四个条件：①外部性不能单纯是某种物质影响，而必须是某种福利影响的效应；②产生外部性的主体必须是个人或集团人群，或处于人的控制之下的事物，受影响的一方也必须是人或人所拥有的事物；③外部性造成的福利影响，无论是利益还是损失，都是不支付代价的；④外部性通常是一种经济活动的副作用，带有偶然性和附随性，而不是一种经济活动的主导的和有意识造成的影响。

(2)外部性的分类

实际上，在经济学100多年的研究历程中，关于外部性的概念不但没有统一反而存在散

化的趋势，人们的观点也同样存在很大的差异。有的以外部性是否为正将其分为“外部效益”（或“社会效益”）与“外部成本”（或“社会成本”）；有的以经济实体（企业或物品供给者）和个体为界划分内部性（内部经济）和外部性（外部经济）；有以群体（代际）为界划分内部性和外部性的；有以系统（以一项买卖交易活动的双方为一个系统）或交易活动为界划分内部性和外部性的；还有的以外部性产生原因为研究对象将外部性界定为制度外部性作为制度变迁和政府干预的解释工具的。不过，以上各派大多倾向以“市场”为界划分内部性和外部性，即能够通过市场机制或价格机制内部化的都属于内部性，这部分外部性又可称为经济外部性，而不能够通过市场机制和价格机制内部化的是真正的外部性，即技术外部性。可见，外部性与内部性的界限是多样化的。物理界限（以“账户”为界）和观念界限（以“市场机制”为界）混合存在，从而导致外部性边界也是不确定的。许多学者在分析外部性时同时采用两种以上的划分依据，这是造成外部性研究观点纷争且往往争论无果的主要原因之一。

(3)经济外部性和技术外部性

这两种外部性的表面区别是：当技术外部性出现在生产（或消费）中时，它们必须表现在生产（或效用）函数中，而经济外部性就不是这样。比如说，当一家企业的成本受其他厂商在生产要素买卖中的行为所引起价格变动的影响时，就产生了经济外部性效应。举个能有助于说明这一问题的例子。一条新高速公路可能阻塞或破坏一个地区居民以前享受的美景，这一直接进入居民效用函数的事实就意味着它是技术的外部性。如果这条新高速公路还把当地修车厂经营的业务转移到高速公路服务站，那么修车厂主收入的减少就是一种经济外部性，因为这一后果是间接的，也就是通过两个企业所收取的价格的变化引起的。

技术外部性是真实的资源成本（即“真正的外部性”），如果决策时要确保得到最佳效率，就应该仔细考虑资源成本。总体来说，经济外部性不涉及资源成本（因此又被称为“假外部性”），但它们通常具有重要的分配意义（例如在高速公路一例中，服务站得益而修车厂受损失）。存在与项目有关的经济外部性这一事实，并不会减少总的净收益，但却表明在整个经济中存在调节，这种调节影响谁得收益谁受损失，因此在评估公共运输投资时，区别技术外部性和经济外部性具有重要意义，因为人们关心的除投资总水平外，还要关心成本和收益的发生方式。

(4)纯拥挤与纯污染

传统的福利经济学根据所涉及对象的不同类型来区分各种各样的外部性类别，有学者提出了一种简单的两分法，在运输领域内它可能比某些复杂的分类方法更加有用。

纯污染——“损人利己”。一些使用者确实滥用生活环境而称为污染者；而另一些人成为这种滥用的相对被动的受害者。例如，对于喷气式飞机发出的噪音，机场附近的家庭主妇们不得不忍受它。

纯拥挤——“损人不利己”。如公路交通是拥挤的典型例子，那么与之相关的人与人之间的主要分配事实就是，所有的使用者都以完全相同的方式使用生活环境（公共物品）。每个人都在破坏他人和自己的服务质量，对自己和他人破坏的比率对所有使用者来说大致相同。全体使用者由于他们自己施加的相互作用而均匀地遭受损失。

需要指出的是：在讨论外部性时，“内外部”的界定非常重要。例如，拥挤的公路上某一驾车者的加入，对其他驾车者的延误影响确实是外部性的。但对公路上所有的驾车者这个“俱乐部”来说，这种影响又是内部的。这里，以某一驾车者为界还是以所有的驾车者为界会影响我们对外部性的判断。

2. 交通运输的外部性

由于研究目的不同，对于运输的外部性有着不同的分类。如根据外部性的不同性质，可以分为运输外部经济和运输外部不经济；根据不同的运输方式，可以分为铁路运输外部性、公路运输外部性和航空运输外部性等；根据具体的内容，可以分为环境污染(如大气污染、水污染、噪声污染等)、交通拥挤、交通事故等；根据运输外部性产生的不同原因，可以分为运输活动产生的外部性、运输基础设施存在而产生的外部性等。由于视角与界定范围的差异，在讨论运输的外部性时存在着很多争议。

(1)运输基础设施产生的外部性

运输基础设施产生的外部性可以分为正外部性和负外部性，正外部性通常也是政府作为运输设施供给者的主要原因：①运输设施通常用于公共服务，例如基本的社会沟通、军事目的以及其他社会目的；②运输设施有利于促进边远和不发达地区的发展，有利于平衡地区间的收入分配；③可以通过系统的运输网络规划实现国家开发利用能源的目的。而运输设施供给的负外部性则包括：①土壤和水污染，土地表面封化；②生物圈、生态多样化和自然栖息地受到干扰；③人类沟通被隔离；④视觉障碍。

对于上述观点的主要争论集中于正外部性，认为当供给者身份不同时其能否作为外部性是存在差异的：如果供给者是政府，那么上述三个方面的正外部性是政府决策该运输项目必须考虑的内部效益，也是该运输项目得以建设的主要需求源，特别是其已经在该运输项目费用效益分析时计算在内了，如果仍然将其算做外部性则属于重复计算。

但是如果运输基础设施的供给者是私人，那么问题就不一样了，因为私人仅仅考虑该项目所能带给他的私人收益和私人成本，而上述正外部性并不能纳入该私人供给者账户，因此是外部性。

(2)运输活动产生的外部性

运输设施使用的外部性也包括正外部性和负外部性。关于运输设施使用的正外部性存在两类截然不同的观点：一种认为人们选择该种运输方式的原因是可通达性提高和成本降低(时间节约等)，这些可以在费用效益分析中考虑，因此运输设施使用不存在正外部性。另一种相反的观点则是比较宽泛的，将运输设施产生的新的消费和新型物流组织均计入其正的外部性。最近又有观点认为，运输设施使用的正外部性是显著的，可以分为金钱正外部性和技术正外部性。金钱正外部性是指因运输成本降低导致的：劳动力市场扩大、产品市场扩大、智力投资、想象力和自信、开发领土、支付效益以及降低医院成本等；而技术正外部性主要是指由于运输设施提供了便捷快速的运送病人的条件而使病人减少的痛苦和伤残程度。

运输设施使用的负外部性主要有四个层面：

一是交通拥挤所带来的额外时间和运营成本，即拥挤成本。关于拥挤成本是否是运输设施使用的负外部性，持不同划分界限观点的人给出的答案是不同的：如果以供给者“账户”为界，则交通拥挤成本一部分由供给者承担，一部分由使用者承担，前者无疑是“账户”内的，不构成外部性，而后者则是“账户”以外的，可以算做负外部性；如果以运输产品交易系统为界，在不考虑拥挤带来的大气污染等因素的前提下，拥挤成本分别由交易活动的双方(供给者和使用者)分担，虽然分担比例因运输产品交易契约安排的不同而有所差异，但仅是系统内的现金流转移，属于系统内部性。关于拥挤成本属于内部性的观点由以“市场机制或价格机制”为界限划分外部性的派别重新解释为，过度拥挤的运输设施并不是公共物品，而是俱乐部物品，其已经具备了私人物品的主要特征。因此，其配置可以通过市场法则组织，无论是谁(政府或私人)供给运输设施，都可以根据拥挤程度和支付意愿征收不同的使用费，这样拥挤外部性就消失了。

二是运输设施供给中没有涵盖的费用，即纳税人与使用者的现金流错位。这种观点的主要立论依据是，运输设施通常是由政府供给的，政府资金来自于纳税人，因此，纳税人是真正的供给者。但是使用运输设施的人群仅是纳税人中的一部分，甚至一些没有履行纳税义务的人，这样使用者无意中将一部分使用费用转嫁给了那些没有参与运输活动的纳税人，即第三群体，使他们无意中受到影响，这种现金流的错位部分就构成负外部性。但是新的相反的观点认为，运输设施投资决策是由纳税人的代表——国家做出的，存在这种错位可以事先预料；或者如果运输设施建设的基本目的不是经济性的而是为了改善社会条件，那么这部分费用应该被看作是公众的自愿负担，而不是外部影响，即不是负外部性。

三是与运输活动相关的环境影响，包括噪声、大气污染、气候变化、邻里之间交流割断、水和土壤污染以及运输设施运营带来的不舒适感和损害等。

四是交通事故造成的人力资源损失，这里的运输负外部性即事故成本主要表现为交通事故造成人员伤亡的损失，其具体计算公式为：

$$事故成本 = 人员伤亡损失额 - 意外伤害保险偿付额等$$

4.4.2　运输外部成本的评估与量化

1. 外部成本计量的复杂性

很少有人会怀疑未受污染的环境对人类来说很重要，有效的管制通常都要求管制者能够确定外部性影响的货币价值。例如，如果污染排放费能根据社会边际成本和社会边际收益来确定，则我们显然就必须计算出污染的社会危害。如果受影响的是市场物品和服务的话，则危害的测量相应地也就会比较直接；如果新建一条马路需要拆掉某些人的房子，则我们也可以计算出替代住所的市场价值。

但是，计量非市场部分的价值确实是一个难题，运输外部性研究的主要问题就源于许多损失无法在市场上标价。困难首先在于其影响的角度和范围可能是非常多非常大的。许多运输外部成本都是直接对周围产生影响的，例如拥挤、噪声、振动和引起人们呼吸和视觉障碍的排放物等，但也有一些外部影响会在较长时间以后才反映出来，例如污染物对人体的其他有害影响、某些污染物对当地植物或建筑物的损害等。在国家级或跨地区的层次上，一些污染物包括引起酸雨的氮氧化物和硫等气体，对水体的污染等，会在相当大的范围内扩散，危害远离污染排放地点的林地和湖泊，但这种作用一般需要一定的时间和累积，往往不是立即就出现的。特别是大量二氧化碳的排放会引起温室效应，改变全球气候，加快荒漠化和海平面的上升，氟利昂等有害物质的过度使用则破坏大气中的臭氧层，这些都是更为长期和更大范围的影响。运输外部成本这种在多时空层次上的多样化影响，使得对这些影响的评估和币值计算变得十分复杂，而且必然增大了有关政策制定的难度。目前运输外部性的评估方法一般只局限于在较低的区域级层次上使用，对于跨地区或国家级层次的评价或计算，这些方法已经很难适应。

运输外部性币值计量的另一个重大难点是，物理性的外部影响与其货币估价之间的联系在很多情况下并不是直接的，例如计算汽车排放 NO_x 对林业造成的影响，就要从测量特定时间和特定地域的 NO_x 排放量开始，到测定这些 NO^- 对一定时期内环境所造成的影响，再到测定有关地区内林木因此而遭受的损害程度，最后才是对林木损失价值的估计。在很多情况下，人们对其中每一种联系的理解都有很多模糊不清之处，因此有时要衡量某一外部性的物理或生化影响本身都很困难，更不用说对其进行价值估计了。在这方面如果再把很多外部性通常具有显著的非线性特征，以及在很多变化或影响过程中会出现的关节点和临界阈值，即从渐变转为突变考虑进去，问题就更复杂了。

2. 运输外部成本计量的方法

尽管存在着这些困难，对于计量运输活动所造成的环境、拥挤或事故成本的方法，近年来还是取得了一定进展，有人把有关的方法大体分成了如下几类：

(1)判例法

判例法是指采用历史判例来对环境的某些方面进行估价的方法，该方法主要受到长期一致性原则的指引。这方面的判例主要是关于环境破坏在赔偿方面的立法和司法裁决。表面上这种方法受到很多人关注，但实际上仍然受到多方面的制约。

尽管许多案例是关于运输服务供给者，尤其是船公司，不得不对有毒污染物泄漏事故进行赔偿，以及对机场扩建带来的附加噪声污染赔偿等的情况，但这种方法在交通运输中的主要应用还是对交通事故伤亡情况的评估。

判例只存在于那些权利已经被明确界定的领域，而这些判例又很少延伸到环境问题方面。即使没有这些实际限制，这种方法也会受到许多法律体系自身特性的限制。事故受害人(包括被害者亲属)在余生中需要获得照料，而法律通常是用来满足这种需求的。因此当环境破坏造成人员死亡时，人们不会考虑死者的“成本”。同样的，对动植物造成破坏的赔偿也不在法律裁决的考虑范围之内。最后，通过查阅在某些地方已经实证化的法律判例发现，它们并没有体现出一种连续一致的存在模式。

(2)规避成本法

人们可以隔离运输产生的那些对环境不利的结果：双层玻璃可以减轻噪声干扰；安装空调可以减少空气污染的影响；运输基础设施(例如涉及路况、航空交通管制雷达等)及其使用方式(例如为了限制速度等)和相对应的运输工具上的附属产品(如气囊和安全带等)采用更为安全的工程设计标准等，而应用更为广泛的方法是实现破坏环境的成本，与规避风险的成本相等，这就是所谓的“预防支出法”。

该方法的主要问题是，难以从包含其他收益的混合支出中分离出那些针对环境问题所做出的特定支出，例如上面谈到的双层玻璃和空调(它们同时带来了取暖费用的减少和室温的降低)。噪声隔离的方法有局限性，假如人们在花园中或者打开窗户时，隔离措施就不能提供保护了。从更根本的角度说，这个过程中存在着一个采取规避措施的最优水平。例如，从安全角度来看，航空运输为人们提供了一种极为安全但同时也非常昂贵的服务产品。从挽救潜在生命的角度出发，每一条生命的潜在价值都要比在公路上拯救一条生命的价值高得多，而在公路运输中，人均安全支出相应比其他运输方式低得多。

当人们研究降低生产的环境成本，以及弥补环境破坏过程中带来的损失，例如将石灰添加到被 NO_x 尾气污染过的水中，对这些情形的估价实质上是规避行为的一种反映。环境污染给健康带来的成本可以与损失的工作时间联系起来，例如，受燃料添加剂影响导致的愈加频繁的哮喘，或者飞机噪声导致睡眠减少从而造成工作时间的损失。分离这部分成本是很困难的，因此就需要在一个周期范围内来评估它们对个人或生产造成的影响。

(3)显示性偏好法/享乐价格法

在某些情况下，环境资源的消费者通过自身的行为，含蓄地显示他们对环境资源的估价。他们会牺牲一些金钱利益作为交换来限制资源环境的使用或者获得一些环境利益。典型的例子就是人们愿意多付钱而住到远离喧嚣的机场、公路的地方，或者出高价住远离繁忙街道的旅馆房间。因此，交通、震动、噪声和其他污染超过一定水平，就会使暴露在其影响下的有关住房等不动产价值遭受贬损，该方法就是根据住房等市场价格与环境质量方面的联系，推断交通污染所引起的环境成本。

(4)旅行成本法

新的运输基础设施会破坏以往无偿提供给人们的一些休闲娱乐场所，如公园、池塘等，被污染的河流湖泊会损害在那里钓鱼和游泳的人。失去娱乐机会的价值可以通过计算它的机会成本(人们愿意为类似的娱乐支付的价格)来衡量。由于环境遭到破坏后人们只能旅行去城市的其他地方甚至到外地去寻找这类休闲场所，以便享受曾经很方便就能获得的自然乐趣。于是，我们可以用这种旅行的成本，包括时间和金钱，来间接地衡量运输基础设施带来的外部性。

(5)表述性偏好法

又称或发价值法，这种方法不是通过观察实际情况来给环境成本定值，而是力求从人们愿为假定的情形所支付的价格中引出信息。使用的最广泛的方法是问卷调查，即询问有关的一组人，如果发生预先明确的运输造成的环境破坏，他们需要什么补偿以保持现有的福利水平，或者他们愿意付出多少代价来阻止破坏的发生。举例来说，在美国阿拉斯加的威廉王子海峡，埃克森公司的瓦尔代兹号油轮的泄漏污染了海滩，危害了野生动植物。海獭的生命究竟值多少钱？大多数人甚至从未见过海獭，就像从未见过威廉王子海峡一样，但他们还是愿意对这些自然资源的价值进行估量。在瓦尔代兹号油轮泄漏事件中美国各地的人都接受了调查，用以发现未曾到过威廉王子海峡的人是如何评估保护和保存其原始环境的价值的。调查和评估的结论是，那场事故的成本为30亿美元。有批评者指出，由于人们被要求评判的是他们不懂或未经历过的事情，因此结论是不可靠的。这就如同问人们愿为月球上生产的奶酪付多少钱一样荒谬。批评者还指出，由于人们无须真的掏钱，而且当他们说愿意为一个有价值的东西付很多假想的钱时往往感觉良好，因而他们的估价往往是出奇的高，但是可信度却并不很强。

这些评估方法各有自己的长处，也都存在着局限性，我们很难使用某种方法来评估所有不同的外部性影响。因此，我们常常利用不同的定量计算方法应对不同的外部成本，或者综合使用一种以上的评估方法来量化某一种外部成本。甚至对同一种外部成本，不同的分析人员或在不同的国家所使用的评估方法也不同，计算结果也可能存在很大差别。这里面当然也就产生了问题，就是以不同方式计算出来的运输外部性定量分析结果有时候很难进行简单的比较，也无法相加求和。例如，是否能把从规避研究得出的噪音污染价值和从既定偏好得出的空气污染价值相比较？所以，很多时候会引起人们对其真实程度的怀疑，并影响到其在实际中的应用。

4.4.3 交通拥挤概述

1. 交通拥挤的概念

从研究的角度来看，交通运输造成了某些严重的拥挤问题，也提供了有效的分析基础。运输的需求并非长期固定不变的，大城市里，上下班的人定点定时往返，形成有规律的交通高峰，而去乡间和通往海外目的地的假日路线上有季节性的需求高峰。交通基础设施虽然从长期来看其能力有弹性，但在任意给定的时期内，其容量是有限制的。例如，人们不能扩大或缩小机场终点的规模以适应需求的季节性波动。当某种交通工具的使用者由于基础设施容量有限而开始妨碍其他使用者时，就产生了拥挤的外部性。此外，交通拥挤不仅给公路使用者造成时间和燃料浪费(纯拥挤成本)，而且由拥挤带来的停车和启动进一步恶化了空气并产生其他形式的污染。由于公路交通拥挤往往集中在人们工作和生活的地区，所以地方形式的污染问题尤为突出。当然，如果不使交通工具在大部分时间闲置不用的话，一定程度的拥挤是不可避免的，问题在于多大程度上的拥挤是合适的。因为人们能接受一定程度的拥挤，但厌恶过度拥挤，还由于过度拥挤造成时间浪费和各种不便，于是产生最佳拥挤程度的某种隐含概念。

以道路拥挤为例，使用速度—流量关系这一交通工程学的概念可以为我们的分析提供帮助。假如选定一条直的单行道，考虑在一段时间内以不同速度沿该车道行驶的车流量，那么车速与流量的关系将如图4－5所示。流量取决于进入公路的车辆数和车速。当进入车辆很少时，车辆的交通阻力几乎为零，可以高速行驶，车速可能只受车辆性能和法定速度限制的约束；随着试图驶入该公路的车辆增多，它们之间产生相互影响，彼此都放慢速度；当更多的车辆驶入公路，车速下降，但在某一点之前，流量将继续增加，因为增加的车辆数的作用超过了平均车速的降低，这是正常的车流情况；当增加的车辆不能再抵消降低车速的那一点，公路达到了最大流量。这就是公路的“工程容量”，它与公路的“经济容量”不同，后者是指扩大容量的成本被所能带来的效益超过之时的流量。

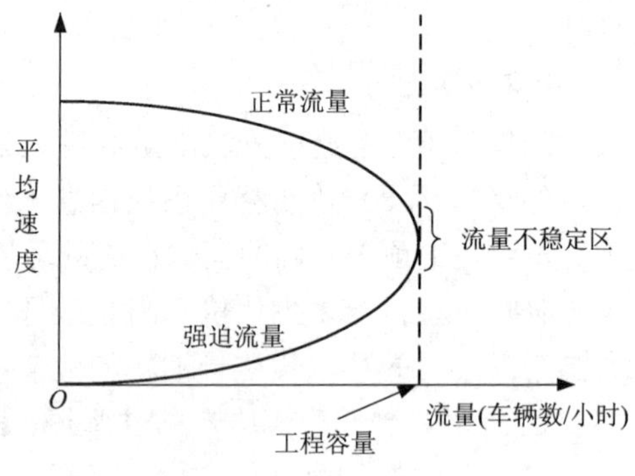

图4－5 速度—流量关系

由于缺乏确切的信息，会使驾车者继续试图驶入流量超过最大容量的公路并引起车速的进一步下降，结果使速度—流量曲线折回，这种车流水平称为强迫流量。虽然存在能提高决策质量的“向经验学习”的阶段，但实际上，如果没有任何干扰和管制，在交通高峰时间，流量将停留在不稳定区周围。对很多国际大城市的抽样研究表明，这一不稳定区在车速约为18公里/小时出现。

2. 交通拥挤的经济学分析

从长期来看，交通基础实施虽然其能力具有弹性，但在任何给定的时期内，其容量都是有限制的。而交通运输需求并非长期固定不变的，大城市里，上下班的人定点定时往返形成有规律的交通高峰，交通运输造成了某些严重的拥挤问题。当某种交通工具的使用者由于基础设施容量有限而开始妨碍其他使用者时，就产生了拥挤的外部性。此外，交通拥挤不仅给公路使用者造成时间和燃料浪费，而且由拥挤带来的停车和启动进一步恶化了空气并产生了其他形式的污染。

(1)交通拥挤产生过程

从个人决策的角度，交通拥挤难以避免，而且，交通拥挤一旦形成，便很难自发地改善。为了简单起见，我们以一个就业集中在市中心、居民区在其周围的城市为例，同时假定居民的收入都可以购买小汽车，交通的发展一般会出现四个阶段：

①所有的人都是只有一种运输方式可以利用，即乘坐公共运输工具去上班，每人花费 30 分钟。

②其中某人(A)购买了，一辆小汽车，驾车上班只花了 10 分钟，这一行动对其他人并无影响(即不存在外部性)，其他人仍乘坐公交花 30 分钟上班。

③其他通勤者看到了 A 享受的好处，开始购买并利用小汽车。因为小汽车对道路时空资源的占用远高于公交车，结果造成了交通拥挤，使开小汽车去上班所花费的时间上升为 20 分钟；并且，由于小汽车引发的拥堵，导致公交车的速度降低，因此乘公交上下班者要忍受 40 分钟的旅程。

④由于乘坐公交车的居民出行显著恶化，这样导致更多的居民购买小汽车，最终开小汽车上班花费的时间达到 40 分钟，实际上超过了原来乘坐公共汽车花费的 30 分钟，并且还带来了更多的空气和噪音污染。同时公共交通难以为继，被迫取消。最后，每个人就只好在要么买小汽车，要么骑自行车去上班这两者之间做出选择。这时每一个人都宁愿恢复到原来的情况，而不愿这种新的不合意的平衡，但是靠个人的行动显然难以做到这一点。

(2)拥挤的经济成本

车速—流量关系的实际形式以及任何一条公路的工程容量取决于许多因素。公路的一些最为重要的特征，如宽度、车道数目等，可以看作长期影响因素；短期因素包括交通管理形式和现行的控制系统，如信号灯等；最后，车辆的类型和交通组成也会影响容量。在短期供给较为固定的情况下，我们来分析一下拥挤的经济成本，如图 4-6 所示。

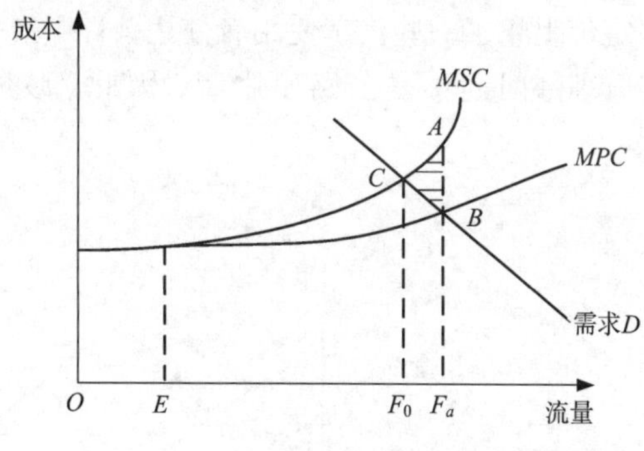

图 4-6　过度交通拥挤造成的无谓损失

图中，*MPC* 代表在每一交通流量水平下拥挤的边际私人成本(包括了驾车人承担的货币成本和他所感受到的自身的时间成本)，*MSC* 曲线代表在每一交通流量水平下拥挤的边际社会成本(*MSC* 与 *MPC* 的区别在于前者还包括了驾车人对其他公路使用者的外部影响。当道路车流量超过某一点，如图中的 *E*，每个驾车人的边际社会成本不但包括其边际私人成本，而且包括由于交通拥挤所导致的道路使用者之间的相互影响。当交通量大于 *E* 时，*MPC* 曲线与 *MSC* 曲线的差就是该流量下拥挤的经济成本(外部成本)。从社会的角度看，最优流量是在 *MSC* 和需求相等处(F_0)。然而，由于公路使用者或者不知道或者不愿意知道他施加给其他公路使用者的外部成本和拥挤成本，他们仅根据 *MPC* 选择是否出行，实际流量往往在 F_a 处，从而造成了过度的拥挤(F_a-F_0)。

(3)拥挤收费的经济学原理

从经济学的角度优化拥挤水平的想法是，利用价格机制来使旅行者充分意识到他们之间相互施加的影响。汽车驾驶者进入一条拥挤道路时应为他们造成的过度拥挤支付费用。效率原则在逻辑上也同样要求运输使用者为出行的边际成本付费，即每一位道路的使用者都支付由其引起的边际成本。这意味着除了支付燃油费、维护费、车辆折旧和自己驾车时间的成本，新加入的驾车者还应该承担他所引起的其他驾车人的时间损失，这些损失并不是驾车人自己的实际花费，而是由于车速降低给社会带来的。因而，符合逻辑的想法是，有关的公路管理部门有责任征收拥挤费。

图 4－7 是在拥挤道路上征收拥挤费用的示意图。在不考虑拥挤收费的情况下，对每位驾车人而言交通量就是图中需求曲线 D 与边际私人成本曲线 MPC 交点 b 所决定的 Q，该交通量对应的出行费用是 P。Q 大于社会最优的交通量 Q^*，这说明由于驾车人没有按照边际社会成本支付费用，导致拥挤。如果每辆车的最优道路价格是 P^*-e，即对驾车人征收相当于 P^*-e 的拥挤费用，便可以把车辆数减少到 Q^* 的水平并使对道路空间资源的需求等于边际社会成本曲线 MSC。对于驾车人而言，如果出行时会被征收拥挤费，他们感受到的边际私人成本曲线便由 MPC 移动到了 MPC^*，此时，那些对自己时间价值估计也最低的人，对交通拥挤的损失估计也最低，也最不愿意支付拥挤费用；而在不征收拥挤收费的情况下，这些人实际上又是最不怕堵在拥挤道路上的那些人。一旦开始征收拥挤费用，对时间价值估计较低的人就会因选择不交费而放弃在道路上占据空间，留下的那些人认为快速驾驶十分重要的人则能更有效率地使用道路。从图上看，由于拥挤收费的出现，需求曲线与边际私人成本曲线的交点便由 b 移动至与边际社会成本曲线的交点 a，社会效率目标得以实现。在交通量水平 Q^* 上，车辆的行驶速度可以大为加快，拥挤收费产生了福利收益（P^*ade-P^*abP），同时，公路定价阻止了一些汽车使用者使用公路，损失了消费者剩余 abd。该计划的直接受益者是公路管理部门而不是公路使用者，因此，政府征收的费用需要通过某些分配机制返还给公众。

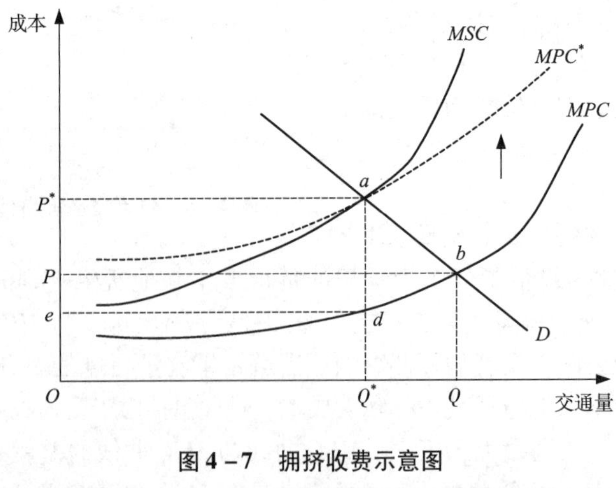

图 4－7 拥挤收费示意图

（4）拥挤收费的争议

虽然道路拥挤收费的基本理论比较简单，但人们对实施该理论的详细方法却一直争论不休。

①难以设计出征收拥挤费的可行方法。

城市地区的拥挤程度不同，但对道路网中的每个路段收取不同的费用显然是很困难的。为了使驾车人在事前就得知出行的拥挤成本，需要根据交通状况的实时变化来测算拥挤费并及时通知潜在的出行者，以便让他们进行思考和选择。此外，必须采用高效率且方便的收费方式和专门设施以免造成附加的拥挤。传统的公路收费站看来难以适用于实行拥挤收费的目的，而且这些收费站自身往往占地、用人和维护的成本很大，其导致的排队交费常常就是增加道路拥挤的一个重要原因。设计、安装和管理这样的系统当然是花费巨大的。需要发展先进的电子系统，能够随时高效率地识别记录现有车辆的情况、收费并能普遍告知交通状况和价格信息。

②可能会对分配产生不良影响。

对道路定价后，道路的使用便取决于潜在使用者的能力。这是否会对社会福利产生不良的递减效应。拥挤收费如果有效，富人和政府官员可能由于能够“购买”不拥挤道路空间而获益，因为他们重视时间的节省或无须自己付费（公车）；而能更自由地运行的公共交通工具，很可能将为经常惠顾它的低收入阶层提供更好的服务。对照起来，中等收入阶层可能被迫从私人交通工具转向公共交通工具，一种他们认为是次等的交通方式。我们很难进行这种不同阶层间的福利比较，但是，如果从道路收费中获得的收入能直接用于进一步改进公共交通，那么对中产阶级的不利影响就会大大减少。

③难以处理所征得的收入。

既然是为了提高社会福利，那么道路拥挤收费的收入必须要慎重地进行再分配。基于分配的理由，补偿受到不利影响的驾车人的一个可供选择的方法是，使用道路拥挤收费的收入来建设更多的道路；或者一部分钱可以用来改进公共交通；当然，也可以将这些收入看成是纯粹的税收收入，作为一般公共支出的一部分来使用，这样可以处理更广泛的效率和分配的问题。

④可能会引起通货膨胀。

因为道路定价的负担落在最终消费者身上，道路拥挤收入对货运成本的影响可能会引起通货膨胀。当然，由于货物运输成本与时间也有关联，因而道路拥挤收费导致的拥挤程度的降低可能会减少货运的时间成本，这对于城市配送运输来说尤为明显，从而会抵消部分拥挤收费的财务成本。

⑤可能会引起城市中心区的衰落。

道路拥挤收费会增加在大城市驾驶车辆的费用，有人认为这会加剧城市郊区化或者市中心区衰落的进程，但很难说这是一个合理的推断：征收道路拥挤费只不过是把本来就已经提高了的驾车代价货币化，它应该导致人们更为合理的出行和区位选择行为，到市中心的通勤时间肯定会因此而缩短，公共交通也无疑会变得更有吸引力。

⑥可能涉嫌侵犯个人隐私。

最后，道路电子收费系统的使用有可能引起关于个人自由或隐私权的问题。在有些国家和地区，人们对电子系统可以通过全面记录车辆的时空位置而侵犯驾车人的隐私权而表示异议，因此，这种系统可能还需要进行这方面设计的调整。

案例 4 -4

排放权交易和清洁空气

20 世纪 80 年代，在美国控制空气污染的成本大约是每年 180 亿美元。一个有效的排放物交易制度能在未来几十年大大减少这些成本。环境保护署的泡沫和抵消计划为利用交易制度来降低清污成本提供了温和的尝试。一个泡沫允许单个公司调整其对各个污染源的控制，只要该公司不超过总的污染限制。

理论上泡沫能被用来为许多公司或者整个地理区域确定污染限制。然而，在实践中，它被用于单个公司。事实上，结果是“许可证”在厂商内部交易——如果厂商的某一部分能够减少它的排放，另一部分就会允许多排放。自 1979 年以来，环境保护署的 42 个泡沫计划大约节省了 3 亿美元的减污成本。

在抵消计划下，新的排放源可以处在空气质量标准没有达到的地区，但是只有它们的排放物被现存排放源的排放物同量的减少所抵消才行。抵消可以通过内部交易实现，但是厂商之间的外部交易也是允许的。自 1976 年以来，已经发生了两千多个抵消交易。

由于它们的有限性质，泡沫计划和抵消计划大大低估了一个有广泛基础的排放物交易制度的受益。在一项研究中，使美国所有的杜邦工厂的烃排放减少 85% 的成本有三种不同的政策：①每家工厂的每个排放源都必须减少 85%；②每家工厂必须将其总的排放减少 85%，只允许内部交易；③所有工厂的总的排放减少 85%，允许内部交易和外部交易。在不允许内部交易时，减少排放的成本是 10570 万美元。内部交易使成本降到 4260 万美元。允许外部和内部交易使成本进一步降到 1460 万美元。

显然，一项有效的可转让排放计划带来的潜在的成本节约是很大的。这可以解释，为什么在 1990 年清洁空气法案中，美国国会强调把可转让许可证作为对付酸雨的办法。酸雨是在二氧化硫和一氧化氮污染穿过大气，变为硫酸和硝酸回到大地时产生的。这些酸对人、动物、植物和建筑物都是极其有害的。政府已批准了一项许可证制度，使得到 2000 年，二氧化硫减少 1000 万 t，一氧化氮减少 250 万 t。

在这一计划下，每一张可交易许可证将允许最多向空气中排放 1t 二氧化硫。电厂和其他排污实体将以它们目前的排放水平按比例分配许可证。公司可以进行必要的资本投资来降低排放，或许是通过出售它们多余的许可证；它们也可以通过购买许可证来避免进行这种代价高昂的减污投资。

在 20 世纪 90 年代初期，经济学家预计这些许可证将以每张 300 美元或更高的价格交易。事实上，在 1993 年，价格就低于 200 美元，并且，就如图 4 - 8 所示，到 1996 年，价格跌到了 100 美元以下。原因是减少二氧化硫排放的成本低于人们预计的成本。低硫煤的价格已大大降低，许多电厂利用了这点来减少排放。

从 1993 到 1996 年，部分地由于减少排放成本降低了，二氧化硫排放的可转让性许可证的价格一直在下降。

（注：主要内容引自参考文献[15]）

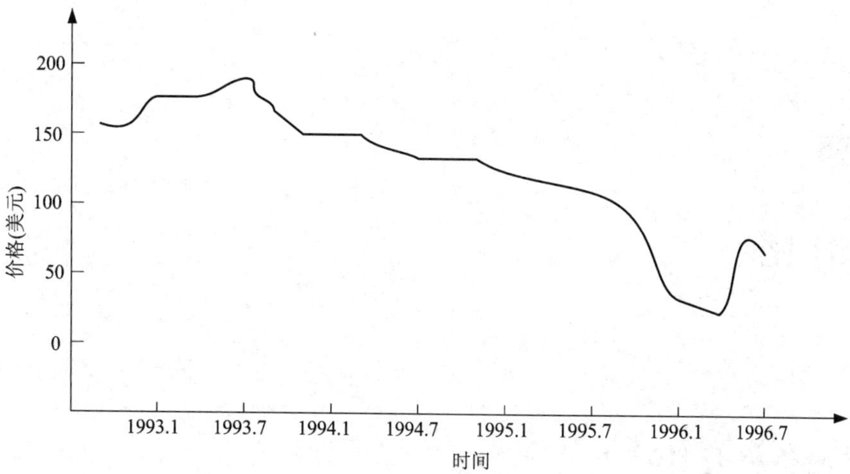

图4－8　可转让排放许可证的价格

重点与难点

(1)了解运输成本的概念与构成。掌握机会成本的概念。理解总成本、边际成本和平均成本的含义。

(2)掌握运输短期成本、长期成本分析。了解各种运输方式的成本特征。

(3)运输成本的外部性及其控制内容。

思考与练习

(1)什么是运输成本？运输成本由哪几部分构成？

(2)机会成本、增量成本、边际成本有什么区别？

(3)短期平均成本曲线和长期平均成本曲线均呈U形，其形成机理是否相同？为什么？

(4)给定某个运输企业的总成本表(如表4－5所示)，要求：

①推导出该企业的总不变成本和总可变成本表，并由此推导出平均不变成本、平均可变成本、平均总成本和边际成本表。

②绘出①中各成本曲线图。

表4－5　总成本表

Q	0	1	2	3	4	5	
TC	35	55	65	92	119	186	

(5)运输成本的外部性主要表现在哪些方面？

(6)运输外部成本的计量方法有哪些？试运用其中的一些方法评估一下你身边某一具体的运输外部性问题。

(7)什么是交通拥挤？工程上的交通拥挤与经济上的交通拥挤有何联系？

(8)交通拥挤是怎么出现的？交通拥挤能否自发的消除？

第 5 章

运输价格

5.1 运输价格及其特点

5.1.1 运输价格的意义

所谓运输价格，是运输企业对特定货物或旅客所提供的运输劳务的价格。它是运输产品价值的货币表现。运输是旅客和货物的空间位移移动。运输产品的价值由生产过程中消耗的生产资料价值、生产者为自己劳动所创造的价值、生产者为社会劳动所创造的价值所构成。

运输价格关系到国民经济的发展和人民生活，关系到运输业的发展，同时，运价制定的依据在理论和实践仍存在很多分歧，需要深入探讨。

首先，运价总水平关系到工农业产品的成本和价格。以运价为主体的运输费用，就货物运输来讲，是货主支付给运输企业的各种费用。正常的条件下，它在工农业产品价格中所占的比重是比较大的，运价上升必然促使工农业产品成本上升，从而导致销售价格上涨。

其次，各种运输方式的运价水平，关系到货主和旅客对运输方式的选择，关系到各种运输方式的合理分工和综合发展。运输比价合理，就会促使各种运输方式的合理发展，为建成综合运输体系起到应有的作用；反之，就会使运输业畸形发展，使运价偏低的运输方式供给紧张，不利于综合运输体系的建成。

最后，运输价格还关系到运输业本身的发展。运价在很大程度上反映了运输服务产品的价值，决定着运输企业的收入。运输收入一部分用于运输业的简单再生产和扩大再生产，另一部分则用于运输职工的生活消费，这部分收入的多少对职工劳动积极性的发挥关系很大。所以必须使运输企业通过自己的运输劳动取得合理收入，而运价则是决定运输企业收入的重要因素。

5.1.2 运输价格的功能和作用

运输价格在调节国民经济各部门的比例关系、资源的分配、社会总劳动时间的分配、调节或平衡供求关系等方面起着重要作用。具体来讲运输有如下功能：

1. 运输收入分配功能

首先，运输价格决定着运输业与其他行业之间的收入分配。在一般情况下，就整个国家运输市场而言，运输价格保持在一定限度之内，运价的高低对运输需求影响不大，即运价对调节运输市场的总需求的功能较小。在运输需求量随着运价变化不大的情况下，运价的提高就意味着运输业收入的提高，社会的收入从运输消费者转向运输供给者。在此情况下，运价往往在很大程度上决定了整个社会创造的价值和剩余价值在运输业和其他行业之间分配的比例。

其次，运价对运输业内部起着收入分配的功能。这种收入分配功能主要通过两种方式起作用：第一，单位运输产品的运价决定着单位运输产品的收入；在运输需求随运价变化不大的情况下，一种运输方式或企业提高了运价就意味着它的运输收入的增加；第二，通过运输需求量的变化起收入分配功能；运价在一定程度上决定运输需求量，运输需求者往往会根据运价的高低决定他们的运输需求。在运输需求量随运价变化较大的情况下，运价的提高就可能意味着某一运输方式或企业的运输收入的减少。

2. 社会收入再分配功能

这里讲的社会收入再分配是指运价对运输需求者之间收入分配的调节作用。运费的支付是收入由运输需求者向运输供给者的转移，运输支付的差异也可能导致收入由一类运输需求者向另一类运输需求者转移。同样的运输，对不同的运输需求者制定不同的运价，意味着收入由高运价的运输需求者向低运价的运输需求者的转移。实质上是社会收入的再分配。例如各运输部门确定的各种学生票、廉价公共汽车交通和地铁票价，各种货物的差别交通价格等，均在一定程度上对交通需求者起着收入再分配的作用。

3. 运输资源分配功能

运输资源分配是指运价对运输业与其他行业之间和运输业内部各种运输方式之间的资源分配的调节功能。

市场经济需求不断地将有限的资源配置于各生产部门，有限的资源在各生产部门的分配取决于投资报酬率，如果某一运输部门的投资报酬率高于其他生产部门或其他运输部门，将会导致投资于该运输部门的资源增多；如果某一运输部门的投资报酬率低于其他生产部门或其他运输部门，将会导致投资于该运输部门的资源减少。运输部门的投资报酬率在很大程度上取决于运价与运输需求量的乘积，而运输需求量往往又会随运价而变动。因此，运价具有分配运输业资源的功能。运价在一定程度上决定了对运输部门和各种运输设备的投资量，决定了现有各设施的利用程度。

4. 刺激运输业管理水平提高的功能

在自由竞争状态下，运输企业在运输市场上为了生存下去，经常受到运价下降的压力，因为在自由竞争的运输市场里，运价的需求弹性较大。为此，企业就需要通过提高技术水平和管理水平来降低成本，以便获得更多的利润或能够以较低的价格在市场竞争中争取较大的市场份额。

运价的功能和作用是两个既有内在联系，又有区别的概念。运价的功能是价格在国民经济某一方面所具有的技能，它是价格固有的功能；运价的作用，是运价实现其职能时在国民经济运行中所产生的效果，是运价内在职能的外在表现形式。合理的运价可对国民经济发展起到一定的积极作用，具体如下：

5. 正确制定运价，有利于促进各种运输方式之间的合理分工

运输量在各种运输方式之间的合理分配是组织合理运输的一个重要方面，它可以推动各种运输方式共同满足用户的运输需求。正确制定各种运输方式运价间的比例关系，有利于运量在各种运输方式之间的合理分配。例如，为了促使短距离运量由铁路运输转向汽车运输，

可以把铁路短距离运价规定得相对高一些；为了加强路港合作，鼓励联运，可以实行水路联运价格，规定凡经水陆联运的货物，实行减成计费等。

6. 正确制定运价，有利于组织合理运输

一般认为合理运输是运输组织工作的基本原则，消除过远、过近等不合理运输，是节省运输劳动、挖掘运输潜力的极其重要的环节。因此运价实行有差别递远递减原则，即各种货物按不同运输距离规定差价，并对某些主要大宗货物，根据其产销联系条件，分别规定运价递减终止里程，以资鼓励和限制。对某些不合理运输的方式，也有可能通过运价来加以限制。

7. 正确制定运价，有利于促进商品流通

商品的流通必须通过运输来实现，但是运输费用的高低直接影响这种流通的进行。如果运价过高，就使流通费用增大，会增加商品的售价，甚至成为市场无法接受的价格，从而使流通无法进行。可见，正确地制定运价有利于促进商品的流通。

8. 正确制定运价，有利于促进生产力的合理布局

货物运费是产品价格的重要组成部分，产品生产地点距离原材料产地及销售市场的远近，对产品价格中运输费用所占的比重有很大影响。因此，正确安排同一生产系列的原料、燃料、制成品的运价比例关系，正确确定各种货物运价率在里程上的变化，有利于工农业、商业地点的合理布局。

正确的运价还可以使生产地接近消费地，就近建厂；同样，正确的运价还可以对某些过远运输加以一定的限制，使之成为重要的制约条件。对于新的经济区的开发或支持边远地区的建设，则可采取运价上的优惠办法，以利于生产力布局的合理化。

9. 正确制定运价，可以促进国民收入的合理分配

国民收入在国家、企业个人之间的分配与再分配，除按国家计划运行外，还通过价格这个杠杆来实现，由于运输价格是社会商品价格的有机组成部分，其高低都将直接或间接地影响国民收入的再分配。

10. 正确制定运价，有利于国民经济的发展

运输起着国民经济各个部门、地区和城乡之间经济活动的“纽带作用”，合理地制定运价可以从经济上保证这种作用的充分发挥。它还能与其他商品的价格形成合理的比例关系，有助于国民经济各部门的均衡发展。

合理的运价对整个运输业的发展起着积极的推动作用，可以在经济上刺激运输业改善经营管理，降低运输成本，提高服务质量，以利于发展国民经济，提高人民生活水平。

5.1.3 运输价格的结构与形式

1. 运价结构

运价的结构主要可以分为按货物运输距离的差别运价结构、按不同运输线路的差别运价结构和按货种别和客运类别的差别运价结构三种形式。一般将前者称为距离运价或里程运价形式；后者则称为线路运价或航线运价形式。

(1)距离运价

即按货物运输距离而制定的价格。目前主要有两种制定形式：均衡里程运价和递远递减运价，如图 5－1 和图 5－2 所示。

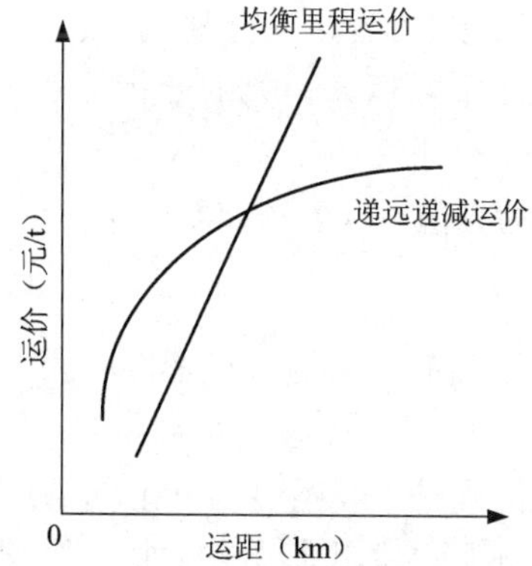

图 5－1　每吨货物运价与运距关系示意图

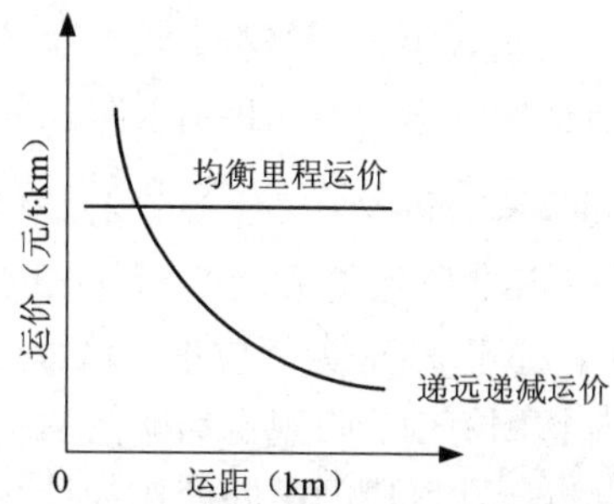

图 5－2　每吨公里货物运价与运距关系示意图

①均衡里程运价。

均衡里程运价是指对同一货种而言，货物运价率（即每吨货物运价）的增加与运输距离的增加成正比关系，即每吨·公里运价无论其运输距离的长短均为一不变值。主要运用于公路货物运输中。

公路货物运价之所以采用均衡里程运价形式，主要是因为公路货物运输成本的变化与运输距离的变化有内在的联系，即其运输成本的增加（或减少）与运输距离的增加（或减少）基本成正比，因此均衡里程运价能较好地反映运输成本的变化。

就营运过程而言，公路货物运输成本由三部分组成：始发地作业成本、途中行驶成本和终止地作业成本。由于汽车的装载量一般都比较小，故始发地作业成本占全部运输成本的比例很小，在长途运输中尤其如此。而在全部运输成本中占绝大部分的行驶成本，诸如燃料的消耗、折旧费、人员工资、管理费等与运输时间的长短基本呈正比关系。而同一辆汽车的运输速度是基本固定的。这样运输距离的长短与运输时间的多少亦基本呈正比关系。其结果是，行驶成本的增减与运输时间的长短有相同的正比关系。这就为采用均衡里程运价提供了依据。当然，实际制定运价时，应考虑短途运输中始发地作业、终止地作业成本的实际支出，另加一项"吨次费"，作为公路货物运价的组成部分。但就是这样，它在基本运价中所占的比重亦很小。故可以认为，我国公路货物运价基本上采用均衡里程运价形式。

②递远递减运价。

递远递减运价是指对同一货种而言，货物运价率（即每吨货物运价）虽然随运输距离增加而相应增加，但不呈正比增加，使每吨·公里货物运价随运输距离的增加而逐渐降低。主要运用于水路运输（沿海和内河）和铁路运输中。

递远递减运价被广泛使用于我国水路运输和铁路运输中，这是因为由于水路、铁路运输方式在营运中发生的成本与运输距离的变化关系同公路相比有加大的差别的缘故。

在公路运输中，因货物在始发地、终止地的作业成本占全部运输成本的比重较小，故每吨公里运输成本基本上不随运输距离的变化而改变。而在水路和铁路运输中，由于运输工具的载重量比汽车大得多，故而在始发地、终止地作业成本较大。这样，在分析单位运输成本因运输距离的变化而发生变化时，这部分费用不能忽略，在短途运输中尤其如此。由于无论在长距离或短距离运输中，若港的作业条件一样，同一运输工具在始发地、终止地的作业成本没有改变，因此随着运距的增加，每吨·公里的停泊成本（水运）或行驶成本（铁运）会下降，使每吨·公里运输成本下降。为使运价能适应运输成本随运输距离的变化关系，故而在水路和铁路运输中采用“递远递减”运价。

在具体制定运价时，我国水路和铁路运输采用不同的方法，以下作简要介绍。

水路货运运价公式：$P = (\sum B_i \times L_i + A) \times K_i$

式中：P 为某货物运价率（元／箱）；A 为船舶停泊基价（元／箱）；B_i 为各里程区段船舶航行基价［元／箱公里］；L_i 为相应里程区段的计算里程（公里）；K_i 为货类级别系数。

在具体测算时，除规定船舶停泊基价和船舶航行基价外，一般还应划分不同的运输里程区段，并以所在区段的中间值作为计算里程。同时，应对不同货类进行分级，每一级别规定相应的级别系数。

铁路货运运价公式：$P = \sum B_i L_i = B_0 L_0 + B_1 L_1 + \cdots + B_i L_i$

式中：P 为某货物运价率（元／吨）；L_0 为起码计算里程（公里）；B_0 为起码计算里程的行驶基价［元／(吨公里)］；B_i 为各里程区段的计算里程（公里）；L_i 为相应里程区段的计算里程［元／(吨公里)］。

属于距离别的差别运价结构变形的还有以下几种类型的运价结构：

①邮票式运价结构。

邮票式运价结构是指在一定的区域范围内，邮费就像邮信贴邮票那样，不论距离的长短，都采用同样的运价。邮件及某些货物的运输、市内公共汽车、电车、地铁、城际和市郊列车都采用这种运价结构。

②基点式运价结构。

基点式运价结构往往是不同运输方式或运输线路之间竞争的结果，是把某一车站作为基点，运费总额是发送站到基站的运费加上由基点到终点站的运费。因为这种运价结构具有歧视性倾向，因此受到不少非议。

③区域共同运价结构。

区域共同运价结构，也称成组运价结构。它是将某一区域内的所有发送站或到达站集合成组，所有在一个组内的个点都适用同一运价，也就是说，在每一个细分区域内部均采用邮票式运价结构，而在不同区域之间，则采用距离运价。远洋运输中航区运价即为区域共同运价。

(2)线路运价

线路运价是指按运输线路或航线不同分别确定的货物运价。主要运用于国际海运与航空货物运输中。

由于国际海运和航空货物运输线路一般都较长，而每条线路的自然环境和运输条件千差万别，即使运输距离相同，发生的运输成本也会有很大差异，如北大西洋航线与太平洋航线的船舶运输显然不能相提并论。此外，各线路的运输供求关系、竞争状况以及社会、政治环境等各不相同。因此，只有按不同线路分别确定运价才更符合实际。

综上所述，从理论上看，无论何种运输方式，采用线路运价的形式才比较符合运输价格的规律。但在实际的操作中，由于港、站的密度大，加上货种复杂，为简化运价的制定和运费计算，目前在我国水路、公路、铁路运输中采用距离运价有其合理性。但对航区或运输区域的划分应给予改进和完善。

(3)货种差别式运价结构

货种差别式运价结构是指对不同的货物采用不同的运价。实行这种运价结构的依据在于各种货物的运输价值或运输成本客观上存在着差异，同时按照运价政策和运输供求的需要，个别货物的运价和运输价值可以有不同程度的背离。

影响各种货物运输成本的主要因素有以下几个方面：

①由于各种货物的性质和状态不同，需要使用不同类型的车辆或货舱装载，如散装货物需要使用敞车或沙石车，贵重物品、怕湿货物和危险品需要使用棚车，石油、液体货物需要使用罐车，易腐货物需要使用冷藏车，某些货物还需要使用专用车。而各种车辆的自重、造价、修理费和折旧费不同，车辆的耐用程度也不同，因而对运输成本有不同的影响。

②各种货物的比重和包装状态不同，对货车载重力的利用程度就不同。重质货物在整车运送时可以达到货车标记载重量；而轻质货物单位体积的重量低，占有车辆容积大，不能充分利用车辆载重力，而且同种轻质货物对车辆载重力的利用程度还因包装状态和包装方法的不同而有所差别。因此，完成同样周转量的不同货物所占用的运输能力和所花费的费用可能是不同的。

③由于货物性质和所使用的车辆类型不同，装卸作业的难易程度也不同。车辆停留时间长短不一，货流的集中程度对运输成本也有影响。例如，煤炭、矿石、沙石等大宗货物，发送和到达比较集中，便于组织运输，因此相关的费用就较少。而有些货物不仅需要使用特殊的车辆，而且需要提供特殊的设施，这些都会使运输成本提高。

④各种货物的产销地理分布状况决定了其运输距离是不同的，而不同运输距离的货物其运输成本是有差别的。

因此，在制定运价时要根据不同类别的货物制定相应的运价。货种差别运价是通过货物分类和确定级差来体现的。在我国现行运价制度中，铁路采用分号制，水运和公路采用分级制，即将货物运价分成若干号或若干级别，每个运价号或级别都规定一个基本运价率，各种货物根据其运输成本和国家政策的要求，分别纳入适当的运价号或运价级别中。

(4)客运类别式运价结构

同一运输方式内不同客运类别所需要的设备、设施，占用的运输能力及消耗的运输成本也是有很大差别的，例如客船上的一、二等舱与四、五等舱之间，飞机上的头等舱与经济舱之间，火车上的软包厢与硬座车厢之间，普通客车与特快列车之间，就有很大差别，旅客的舒适程度和旅行速度也不同。客运运价当然应该根据运输成本、速度、舒适度等的不同而有所差别。

阅读资料

国际航空客运运价的种类

1. 普通运价

(1)不受限制的普通运价。所谓不受限制是指对中途分程的次数不加限制。以北京至伦敦的运价来说，即允许旅客在航程中中途分程。不受限制的普通运价又分以下几个等级：

头等级运价，又称“P”和“f”；

中间级运价，又称“C”和“j”；

完全经济级运价，又称“Y”；

(2)受限制的普通运价。所谓限制是指运价对中途分程的次数有严格的限制，不能随意增多或根本不允许中途分程。由于这一限制，故运价水平比上一个要低。

特殊的经济运价：主要有C2，Y2，M等。

2. 非普通运价

(1)折扣运价。折扣运价是在普通运价的基础上，给予百分之多少的折扣而来的，具体要根据旅客的不同年龄、职业、身份以及旅行的特殊目的而给予不同的优惠。折扣运价的种类很多，现列出下列几种：

婴儿、儿童折扣，代号IN和CH；

学生折扣，代号SD；

青年折扣，代号YXX；

家庭折扣，代号PD；

夫妇折扣，代号CST；

海员折扣，代号SC、DG；

国际航协销售代理折扣，代号AD；

导游折扣，代号TG；

空运业职员折扣，代号ID。

(2)促销运价。在空运市场疲软时，航空公司为了刺激和扩大销售而使用的运价。这些运价在使用上不尽相同，不同的种类有不同的适用条件。

预先购买的旅游运价，按不同的季节分：YLAP、YHAP、YAP等此价是来回程运价，使用有限制。

节俭旅游运价，分为：YS、YLS、YHS、YXS等。

个人短期游览运价，有：FE、YE、YE3M、YE45等此价有最短和最长游览期限的来回程价。

个人综合旅游运价，分为：IT、IIT等，这是目前世界上较为流行的一种旅游票价。

团体综合旅游运价，分为：GV或GIT，也是目前最为流行的旅游票价。

保本运价，主要有：YMB、YLB、YB等，对此类票价航空公司不赚钱，仅仅收回成本而已。

社会团体运价(GA)，此种票价适用于同一个社团或企、事业单位所组成的团体。

上述促销运价在运价表上又常称为特殊运价。

2. 运价的形式

在实际运用中，为了适用各种需求和各种特殊情况等，各种运输方式都有多种多样的运价形式来满足不同的需要。

铁路运价形式主要有：

①统一运价。这是铁路运价的主要形式，适用于全国各个地区，实行按距离别、货种别的差别运价。

②特定运价。除上述统一运价外，根据运价政策，对按特定运输条件办理，或在特定的地区、线路运输的货物，规定特定运价，对于提高服务水平和改善服务质量如客运空调列车、

货运运价等实行优质优价。特定运价一般按普通运价减成或加成，也可另定，它是统一运价的补充，可以因时因地因货制宜。

③浮动运价。对于不同季节、忙闲不均的线路根据不同的情况实行不同的运价。

④地方铁路运价。为了鼓励地方修路的积极性，允许地方铁路采用单独的运价。

⑤新路新价。对于新建的铁路线路，进行复线或电气化改造的铁路线路，实行新路新价，一般高于统一运价的水平。

⑥合同运价。也称协议运价，其运价水平由货主和承运人双方根据运输市场供求关系及各自利益协商认定，国外运输企业采取这种运价的比较多。

公路运价形式主要有：

①计程运价，又按整车运输和零担运输分别计算。整车运输以吨公里、零担运输以公斤公里为单位计价。

②及时运价，以吨位小时为单位计价，适用于特大型汽车或挂车以及计时包车运输的货。

③长途运价，适用于长途运输的货物，实行递远递减的运价结构。

④短途运价，适用于短途运输的货物，按递近递增的原则采取里程分段或基本运价加吨次费的办法计算。

⑤加成运价，对于以下条件运输实行加成运价：一些专项物资、非营运线路单程货物运输、特殊条件下运输的货物、特种货物等。

水运运价形式主要有：

①里程运价，又称航区运价，适用于同一航区各港间不同货种、不同运距而规定的差别运价。

②航线运价，适用于某两个港口之间的直达货物运价。

③联运运价，适用于水陆联运、水水联运等运输的货物运价，一般分别按铁路、公路和水路各区段的运价并以统一的规定的减免率进行计价。

国际水运运价可分为以下几种：

①班轮运价，远洋运输的班轮运价采取级差运价和航线运价相结合的运价。班轮运输是按照轮船公司或班轮公会制定并事先公布的运价和计费规则计收费用的。

②船次租船运价，按照船舶所有人和承租人之间在租船合同中约定的运价和装运货物数量计算运费的，有时也可以一个运费总额包干。航次租船运价取决于租船市场上运力的供给和需求关系，而其升降幅度则受货物对运费的负担能力和运输成本的限制。

③国际油船运价，油船航次合同中，运价通常都是由船舶所有人和承租人同意的，由某一国际航运组织或经纪人组织制定的油船费率表所规定的费率为基准，按租船市场行情确定增减的比例。

航空货物运价分国内和国际货物运价，国际货物运价又分为普通货物运价、特种货物运价、专门货物运价、集装箱货物运价等几种形式。航空客运运价一般有：

①普通票价，按距离别制定的基本票价。

②浮动票价，根据季节、线路而在普通票价的基础上加减成。

③包机票价，按满员计算的票价。

④其他票价，同一航线上，为了鼓励旅客乘坐飞机，规定有各种不同类别的票价，如头

等票价、公务票价、特种经济票价、预购旅游旺季往返票价、预购旅游淡季往返票价、优待折扣票价等。

5.1.4 各种运输方式运价的比价

不同运输方式间合理的比价有利于提高整个运输系统的效率和优化运输资源配置，特别对于短途运输，在多种运输方式之间具有可替代性，合理比价对经济的健康发展具有影响。短途货运中铁路、公路、水路运输最具有替代性，同时，它们又是我国目前最重要的三种运输方式。理解各种运输方式之间的比价关系，对于发展综合运输体系、建立健全运输市场具有重要作用。

1. 铁路与公路短途货运运价的比价关系

从技术经济条件来看，铁路运输的单位运输，成本远远低于道路运输。但在短途货物运输中，由于铁路运输始发终到作业时间长、费用高，会使其成本明显高于平均水平，并增加编组站和货运站的工作量，降低铁路线路的通过能力，延长机车车辆在站的滞留时间，使其运量大、运距长的优势难以发挥。而在短途运输上，道路运输则有明显的优势；机动灵活、可实现门到门运输、运输时间短、可加速物资周转，特别在鲜活易腐货物和轻型产品运输上，道路运输的经济效益和社会效益均高于铁路。

铁路运输全过程的运输费用包括运费、装卸费以及在没有专用线的情况下支付两头的道路运输的集散费用。道路运输全过程的费用则为运费和装卸费。从铁路运输和公路运输的分工上看，应使道路运输的使用者在200 km以内的运输中获得的综合收益高于铁路运输，使道路的使用者在价格的调节下转向道路运输。

在考虑道路运输与铁路运输比价关系时，也应注意到各地区的经济基础和产业结构的差别以及铁路集散问题。对于一些靠近铁路货场或自有铁路专运线的企业，特别是煤炭、矿石的运输，铁路的经济运距可能小于200 km。

2. 铁路与水路短途货运运价的比价关系

水路运输和铁路运输都具有运量大、成本低、适合长距离大宗货物运输的优点。但二者相比较，水路运输的运输能力更强，投资、成本燃料量也比铁路运输少，更适合承担大宗货物的运输。并且我国水路的运输资源丰富，未得到充分利用，而铁路运输能力受线路通过能力的制约，相比之下运能不足的矛盾较突出。

理顺水路运输与铁路运输比价关系的原则是要做好两种运输方式的合理分工，充分发挥水路运输的优势。1985年以后，铁路运价是长江水路运输运价的约两倍，是沿海运输的2～3倍，这不足以吸引铁路货流转向水路运输。因为除价格外，铁路的运送速度等其他效用要较水路运输好得多。根据国外资料表明，水路运输和铁路运输通过长期的市场竞争形势的较理想的比价关系应为1∶4～1∶5。

3. 客运票价的比价关系

除远洋运输外，水路客运水平在全世界全面衰落。目前，客运方式基本上是以公路、铁路和航空为主。对比1000 km以上的长途客运：航空时间最短，但起终点均需较长时间的等候及转乘旅行；走铁路和公路时间均较长，但起终点均需较短时间的等候及转乘旅行。

5.1.5 运输价格的特点

运输价格具有不同于其他商品价格的特点，这些特点是由运输业的特征决定的。运输是生产过程的继续，与工农业生产不同之处在于它不生产新的物质产品，只完成旅客、货物空间位置的变化。这种位置变换既不改变运输对象的形态，也不改变运输对象的化学成分，更不增加其数量，而且运输生产过程同时也是消费过程，两过程同时发生。

一般来说，运价变动的趋势大体上是和运输成本变动的趋势相一致的，运输成本的升高最终将导致运价的提高。因此研究运输企业成本的发展趋势，有利于预测未来的运价变动规律，有利于制订运价的长远规划。但是，在许多情况下，运价的动态与运输成本的动态往往是不一致的。一方面是因为成本是在不断地变化，而运价则必须保持相对的稳定；另一方面运价形成除取决于运输成本这个主要因素外，还取决于运输市场供求关系的变化以及其他经济和政治因素。

运输部门通国民经济其他物质生产部门比较，在成本构成上有它自己的特点。运输总成本的高低，取决于组成运输成本的各个成本项目的高低。因此研究运输成本及其变化趋势，必须针对运输成本构成的特点进行。运输成本构成中的燃料和折旧占的比重较大，它们的提高和降低直接影响到运价水平的变化。

运价及其构成有如下特点：

①运输成本构成中没有原料费这个项目。因为运输生产过程不改变所运对象的性质和形态，所以在运输生产过程中也没有形成产品实体的原材料。

②折旧费在运输成本中所占的比重比其他部门大。运输业的资金有机构成比较高，物质技术装备是运输能力的决定性因素，固定资产损耗对运输价值影响很大。

③在各种运输方式的成本构成中，燃料支出占有很大比重，因此，与运输工具有关的燃料支出专门作为一个项目列出。

④运输价格只有销售价格一种形式。工业产品有出厂价格、批发价格和零售价格之分，农产品有收购价格和销售价格之分，而运价没却没有价格形式的区别，只有销售价格一种形式。运价的这一特点，是由运输产品的生产过程同时又是运输产品的消费过程这一特点所决定的。

⑤运输价格具有按不同运输距离或不同航线区别的特点。运输产品的计量单位是复合单位——吨公里或人公里，既有重量又有距离。运价以吨公里若干元表示，叫做吨公里运价率。这种运价是我国沿海、内河、铁路、公路运输中普遍采用的一种运价形式。

同种货物的每吨公里运价因不同的运输距离而有所差别，甚至差别较大。按距离别的运价的形成基础，在于不同运距的旅客或货物运输成本不同，总的趋势是运输成本随运输距离延长而逐渐降低，即运输成本的递远递减。但是，制定差别运价率时，递远递减程度、递远递减的终止里程，除了根据不同货物距离别的运输成本外，还要考虑国家的运价政策以及促进生产力的合理布局、促进合理运输、充分发挥运输工具的作用、节约运输能力等因素。

货物或旅客运输按不同航线或线路规定不同的运价，称之为“航线运价”或“线路运价”。采用此种运价，是基于运输生产的地域性特点。运输工具在不同航线(或线路)上行驶，因自然条件、地理位置等有显著差别，即运输条件各不相同，即使货运(或客运)周转量相同，运输企业付出的劳务量及供求关系等却相差很大。因此，有必要按不同航线(或线路)采用不同的运价。目前，这种运价同样广泛使用于远洋运输和航空运输中。

⑥运价种类繁多，结构复杂。运输业是公用事业，面向千家万户，联系各地区、各行业，运输对象既有旅客又有货物，各种运输对象对运输服务、运输质量有不同要求，需要提供的

运输条件也多种多样，这就决定了运输业必须实行适应多种运输需要的多种运价制度。

完成同一运输任务，不同的运输方式其成本不同，多以运输价格随不同运输方式而变化。同样数量的货物，在同一条线路上运动相同的距离，货物的种类不同，运输成本不同，所以运价会随着货物的种类而变化。相同发送、到达地点的旅客，由于乘坐的运载工具不同、途中服务不同，也具有不同的运输成本，对应着不同的运价。

⑦运价与实践有密切关系。运输是生产在流通领域的继续。产品在空间上位移要发生价格问题，而产品在空间移动时间的变化，同样也要发生价值的变化，这一要求不仅在“鲜活”商品上很突出，就是在一般商品上尽量缩短从生产领域进入消费领域的时间、节约流通费用上也是非常有意义的，时间价值在高速铁路、高速公路和航空运输中体现得比较明显。

⑧运输产品在使用价值上具有不可替代性。运输生产是在不同地点、线路上进行的，运输产品是以重量和距离符合计量的，运输产品的使用价值具有时空上的不可替代性，相同价值的运输产品在使用价值上是不可替换的，因此会有不同的价格。

⑨运输价格因运输方向而变化。客货流的构成和方向上的不均衡，使用的在运工具的类型及其载重力利用程度，运送速度、货物发送批量和运送方式、运送条件以及运输路径、自然条件等因素不一样，运输劳动消耗不同，对应的成本和价格也不同。

⑩运输产品价值的表现形式与其他产品不同。运输产品的价值以它的使用价值为物质承担者，如果运输产品用于生活消费，那么它的价值就会随运输过程的终止而消失；如果用于生产消费，它的价值就会追加到所运商品的价值中去。运输成本与运输对象的价值有关，一般而言，随着运输对象价值的升高而增加，主要是安全与风险成本的增加。

5.2 运输价格的基本影响因素

形成运输价格的因素比较复杂，主要有运输成本、运输供求关系、运输市场的结构模式、国家有关的经济政策以及各种交通运输方式的竞争。

5.2.1 运输成本

运输成本是运输企业在进行运输生产过程中发生的各种耗费的总和。在正常情况下，运输企业要求运输价格要高于运输成本，这样才能补偿运输成本。因此运输成本是运输价格形成的依据和最低界限。按照财政部颁发的《运输企业财务制度》规定，运输成本由营运成本、管理费用、财务费用三部分组成。

①营运成本是与营运生产直接相关的各项支出。包括实际消耗的燃料、物料、用具等，修理费，固定资产的折旧费等。

②管理费用是运输企业行政管理部门管理和组织营运生产活动的各项费用。包括公司的经费、技术转让费、技术开发费等。

③财务费用是运输企业为筹集资金而发生的各项费用。包括企业在营运期间发生的利息支出额、金融机构手续费等。

5.2.2 运输供求关系

运输市场的供求平衡不仅会因运输市场价格对供给和需求的调节而促成，而且还会由于运输供给和需求对市场价格的调节而产生。

运输供给和需求对运输市场价格的调节，通常是由于供求数量不同程度的增长或减少引起的。为分析方便，以假定其中一个量不变为前提来讨论对运输价格的影响。

1. 运输需求不变，供给发生变化而对运输市场价格的影响

在图5-3中，S为运输供给曲线，D为需求曲线。当D不变时，若运输供给下降，曲线S向左移至S_1，市场平衡点A移至A_1，运输供给量从Q_0降到Q_1，运输市场价格由P_0上升至P_1；若运输供给增长，曲线S向右下移至S_2，市场平衡点由A移至A_2，市场供给量从Q_0上升到Q_2，运输市场价格由P_0下降至P_2。

2. 运输供给不变，需求发生变化而对运输市场价格的影响

在图5-4中，由于运输需求的增长，曲线D向右移至D_1，市场平衡点A移至A_1，运输需求量从Q_0上升至Q_1，运输市场价格由P_0上升至P_1；若运输需求量降低，曲线D向右下移至D_2，市场平衡点由A下移至A_2，市场需求量从Q_0下降到Q_2，运输市场价格由P_0下降至P_2。

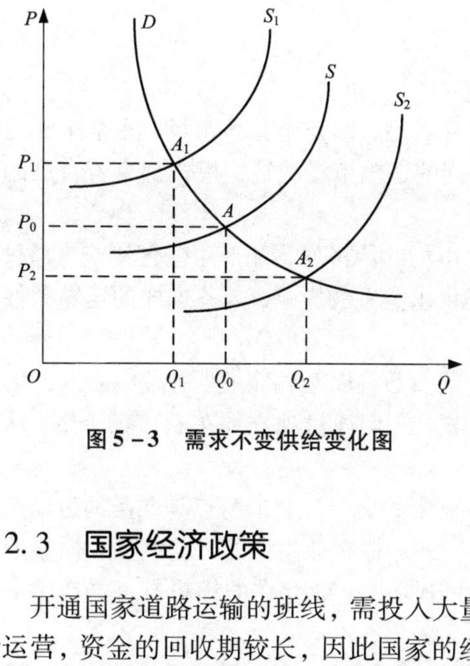

图5-3　需求不变供给变化图

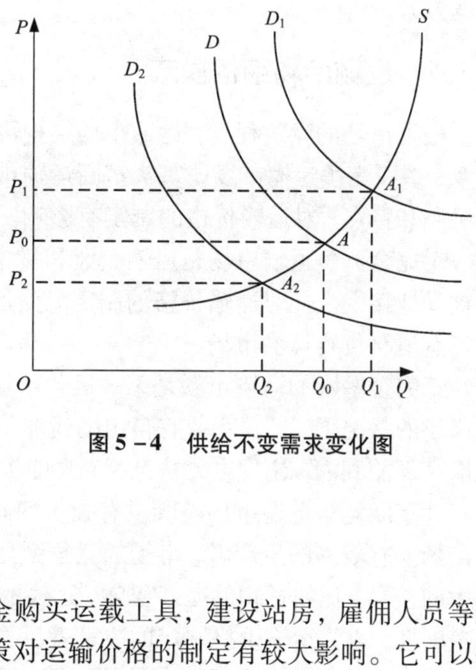

图5-4　供给不变需求变化图

5.2.3　国家经济政策

开通国家道路运输的班线，需投入大量的资金购买运载工具，建设站房，雇佣人员等进行运营，资金的回收期较长，因此国家的经济政策对运输价格的制定有较大影响。它可以扶持运输企业，同时监督运输企业制订合理的运输价格。国家对运输业实行的税收政策、信贷政策、投资政策等均会直接或间接地影响运输价格水平。

5.2.4　各种运输方式之间的竞争

影响运输价格的因素有速度、货物的完全以及是否能实现“门到门”的运输等。

以运输速度为例。若相同起讫点的货物运输可采用不同的运输方式进行，此时运输速度较慢的那一种运输方式只能实行较低的运价。这是因为，就货主而言，它增加了流动资金的占用和因货物逾期、丧失市场机会而造成的市场销售损失，与运输速度较快的那一种运输方式相比，其理论降价幅度为上述两项费用之和。计算方法表述如下：

1. 流动资金占用差(W_1)

$$W_1 = C \times q \times (t_1 - t_2) \times r \tag{5-1}$$

式中：C——每吨货物的平均价格，元/吨；

q——所运货物数量，吨；

t_1——选用较慢运输方式的运输时间，天；

t_2——选用较快运输方式的运输时间，天；

r——银行贷款日利率，%。

2. 货物逾期而造成的市场销售损失(W_2)

$$W_1 = (C_2 - C_1) \times q \tag{5-2}$$

式中：C_1——选用较慢运输方式每吨货物在销售地的市场价格，元；

C_2——选用较快运输方式每吨货物在销售地的市场价格，元。

以货物的安全为例，运输的目的就是保证货物在完好的状况下送到货主手中。货主选择运输方式就是为了让买的东西安全地到达自己的手中，所以他选择的一定是运输条件较好的运输方式。

5.2.5 运输市场结构模式

根据市场的竞争程度，运输市场结构可分为四种类型，即完全竞争市场、完全垄断运输市场、垄断竞争运输市场或寡头垄断运输市场。不同的运输市场的结构模式都有着自己的运行机制和特点，对运输价格的制定有影响。

①完全竞争运输市场是运输企业和货主对运输市场的价格均不能产生任何影响，都只能是被动地接受。此时运输价格的制定只受运输市场供求关系的影响，具备这样的运输条件的市场有道路货物运输市场。

②完全垄断的运输市场是某一运输市场由一个或少数几个运输企业所控制。在这样的运输市场的状况下，运输企业有自由的运输价格制定权，它们通过独立地垄断市场价格，从中赚取高额的利润，让货主无从选择，只能被动接受。

③垄断竞争运输市场是既没有独占的倾向又有竞争的成分。它的特点是同类的运输产品在市场上有较多的生产者，市场的竞争激烈。但不同的运输企业生产的运输产品在质量上有较大的差异，比如货物的完好程度、运输的速度，由于某些企业存在的优势有可能产生一定的垄断性，成为运输价格制定的决策者。

④寡头垄断市场是运输产品的大部分由几家运输企业运输。在这样的运输情况下，运输市场价格不是由供求关系所决定，而是由这几家运输企业通过讨论签订协议决定的。

5.3 运输价格的常见形式

5.3.1 距离费率制

费率是指对各种运输服务所订的合法的收费标准，诸如每公里多少价格等。距离费率制可分为标准的运距费率制度和递远递减费率制度。标准的运距费率制度即单位里程费率固定的运输价格制定方式。如果完全按照距离的远近成比例地制定运价，则 1 t 货物运输 1 km 运价是 0.05 元，那么运输 100 km 就是 5 元，运输 1000 km 就是 50 元，即运价与距离成正比例变化。但在实际中并不是按照这一原则定价，绝大数距离运价是按递远递减原则制定的，即运价随运输距离的增加而增加，但不如距离增加得快。换言之，虽然运价总额长距离比短距离多，但每公里运价则是短距离时较高而长距离较低。这样的例子在实际中是完全可能的：一吨货物运输距离在 100 km 以内时运价为 7 元，运输 200 km 是 10 元，300 km 是 13 元，400 km 只有 15 元。之所以不使运价随距离成正比增加，主要原因可以归结到运输成本的变化是递远递减的，即单位运输成本是随运输距离的延长而逐渐降低的。运输支出按三项作业过程可以分为发到作业支出、运行作业支出和中转作业支出，运输距离增加，虽然运输总支出会随着增加，但是其中成比例增加的只是与运行作业有关的支出和中转作业的支出，而始发作业的支出和终到作业的支出是不变的。因此，运输距离长时，分摊到单位运输成本中的始发和终到作业费用减少，因此运输成本降低。相反，如果运输距离短，分摊到单位运输成本中的始发和终到作业费用较多，成本就高。

按运输距离制定的差别运价，运价率与运输距离的关系主要有以下四种情况：

①运价率的递远递减变化与运输成本的变化基本上一致。

②运价率在一定距离范围内递远递减，超出该范围后运价率就保持不变。这有时是为了计算运费的简便，而且运输成本的递远递减在一定距离以上也已经不明显。

③运价率在一定距离范围内先递远递减，超出该范围后运价率反而递增。这种运价结构可能是为了限制某种过远的运输。

④运价率始终保持一定水平，不随运输距离的变动而变化，也被称做纯里程运价。

总运价是根据运价率和计价距离共同确定的，有些运价的计算还要加上另外的发到作业费用。

国外的距离运价结构中还有成组运价结构和基点运价结构。成组运价结构是将某一区域内的所有发送站或到达站集合成组，所有在一个组内的各点都适用同一运价，也被称为区域共同运价。基点运价是把某一到达站作为基点，并制定基点运价，运费总额是从发站到基点的运费加上从基点到终点的运费。这两种运价结构显然也是以距离运价为基础的。

5.3.2　分组费率制

分组费率制的运输价格有两种方法，即固定分组法和可动分组法。固定分组法指区内固定价格，跨区累计价格的制定价格的方法。可动分组法指按距离累计的定价方法。固定分组法制定的运价就像我们平时打车一样，在一定的区域内有相同的起价，当超过这一区域就是按照距离在原有价格的基础上收费。而可动分组法就是起价为零，随着运输距离的增加，运输价格会按照一定的关系相应地增加。

5.3.3　计时运价

计时运价是以吨位每小时为单位计价，适用于特大型汽车或挂车以及计时包车运输的货。所谓的计时包车运输是由包车单位确定。用车时间指由车辆到达包车单位指定地点起至完成任务时止的时间，其中车辆故障修理和驾驶员用餐等停歇时间及其他承包方责任延续时间应予扣除。整日包车，一日按 8 小时计算，实际使用时间超过 8 小时按实际使用时间计算。

计时包车一日实际行驶里程超过一定限额时，有的改按计程包车核收费用。

汽车旅客运价主要按车型类别制定。公路旅客运价有以人公里为单位的计程运价和以座位小时为单位的计时运价。计时运价用于计算计时客运包车运费。以普通大型客车沿正常营运路线运输旅客的运价称为旅客基本运价。旅客凭客票乘坐汽车客运班车，其所付费用称为汽车客票价。客票价根据运价和每一旅客乘车的计费里程计算。旅客乘坐普通大型客运班车的票价是按旅客基本运价计算的普通客票价。乘坐舒适性较好、营运速度较高的宽座客运班车的宽座客票价和小型车客票价，按旅客基本运价提高一定幅度计算；乘坐城乡公共汽车的票价和代客车票价，按旅客基本运价降低一定幅度计算。计程旅客包车和计时旅客包车的运费，根据其核定载客量及包用车型的基本运价按包用里程、小时计算。此外，还有随旅客运输业务而发生的包车取消费和包车空驶损失费、包车停歇延滞和供车延误费、补票费、退票费等。城市公共汽车的客票价一般按里程分段法计算或全程统一。

5.3.4 旅程运价

旅程运价又按整车运输和零担运输分别计算，整车运输以吨公里、零担运输以公斤公里为单位计价，按货物等级、一次托运重量、运距等分别制定。中国将汽车运输的普通货物，根据各类货物运输组织工作的难易程度不同，分为三等。以普通中型吨位车辆在正常营运路线从事长途整车运输一等货物的运价为基本运价。以基本运价为基础，零担、短途、二等货物和三等货物，以及一些专项物资或非营运路线单程货物运输和在特殊运行条件下运输的货物，运价在一定幅度内加成或减成。对短途运输货物运价，按递近递增原则采取里程分段或基本运价加吨次(一吨货物托运一次为一吨次)费的办法计算。特种货物(长大、笨重、危险、贵重、鲜活等货物)规定有特种货物分类表，按不同级别实行幅度不同的加成运价。专用运输汽车(液罐汽车、冷藏汽车和其他专用车)运输特定货物和应托运人要求以小型车辆运输货物，也实行加成运价。专用运输汽车载运普通货物按普通货物运价计费。

5.4 运输价格的制定理论

交通运输领域涉及定价的主要有两种类型，一种是确定运输服务的价格，如普通客运票价和货物的运价等(也包括租赁运输工具，如汽车、火车车厢进行载人和载客运输)；另一种是确定运输设施的使用价格，如确定收费公路的取费标准、运河过往船只的取费标准等。

5.4.1 定价理论

1. 劳动价值理论

这种价格理论的渊源，是李嘉图和马克思的劳动价值论为基础的关于价格形成的论述。该理论认为，价值规律是商品生产的经济规律，社会必要劳动时间决定商品的价值量。根据价值规律的要求，商品的价格必须以价值为基础，商品的交易则以等量价值为基础来进行。

运输价格是运输价值的货币表现，运输价值是物化在运输产品的社会劳动，是运输劳动者在实现商品位移过程中所耗费的物化劳动与活劳动的总和。运输价值也像一切产品价值一样由以下三部分构成，即在运输过程中转移的物化劳动价值(C)、运输生产者为自己劳动创造的价值(V)、运输生产者为社会劳动所创造的价值(M)，其中 $C+V$ 是生产运输产品的必要劳动消耗，被称为运输产品的成本。

运输价值是运输价格的基础，是指运价总是以运输产品上凝结着要在交换中取得补偿的抽象人类劳动这一社会关系为基础，运价始终围绕运输价值上下波动。

由于运输产品的价值量也即单位运输产品的社会必要劳动消耗在实际中难以准确确定，因此往往只能采用间接的方法代替。一般是首先计算运输产品的必要劳动消耗，即运输成本，并在运输成本的基础上加成一部分利润以制定运价。

关于利润的确定方法主要有四种，即：工资型、成本型、资金型和复合型。

工资型的运价，是按平均工资盈利率来确定盈利，即

运价 = 运输成本 + 运输业职工的工资 × 平均工资利润率

成本型的运价，以成本盈利率制定价格，即

运价 = 运输成本 + 运输成本 × 社会平均成本盈利率

资金型(也称生产价格型)的运价，以资金利润率确定价格，即

运价 = 运输成本 + 单位运输产品占用资金量 × 社会平均资金利润率；

复合型的运价主张按平均盈利率和平均工资利润率来确定价格。

采用成本加成本利润率来制定运价，方法简便，但其缺陷也是明显的，成本越大，利润越高，造成了为追求高利润而乱增成本，导致运价严重背离运输价值。按照劳动价值理论，在市场经济条件下，以市场来优化资源的结果必然使得各部门的利润率趋于平均化，于是价值就转化为生产价格，价格的形成以资金盈利率为基础。

2. 均衡价格理论

西方经济学认为，在市场经济中需求和供给决定市场价格，因此在西方国家的运输产品定价中，把需求因素置于非常重要的地位。下面我们通过分析运输产品的需求价格与供给价格来说明运输价格是如何被决定的。

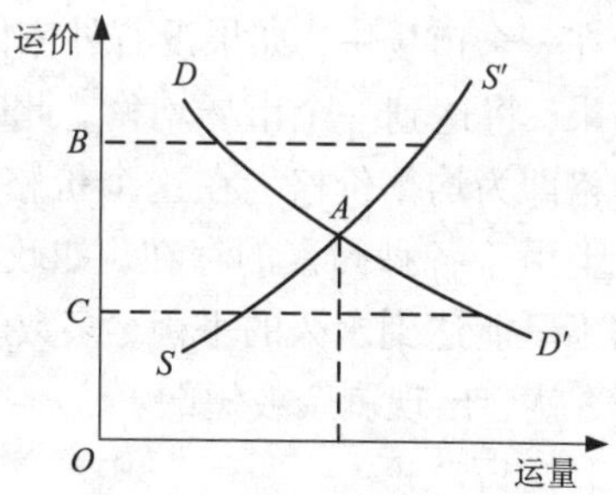

图 5-5　均衡价格示意图

运输产品的需求价格，是指货主对于运输一定数量的货物所愿支付的运价，它是由这一数量的运输货物对于货主的边际效用所决定的。效用是在商品和劳务价格以及收入均为已知的情况下，购买是根据消费者的爱好作出的。效用的意义是指满足欲望的功效，它是人们需要的一切商品所共有的一种特性。人们对于商品的需求，数量增加，总效用也增加，但总效用按递减的比率增加，即边际效用是递减的，而这个边际效用决定了需求价格。在运输产品中，由于边际效用的递减规律，使得运输商品需求价格也呈递减的趋势，即对于货主来说，当货主运送货物越多，在其他条件不变的情况下，他对每次多运的货物而愿意支付的运费愈低，也就是说，运输需求价格由于边际效用递减规律的作用，是随着运量的增加而递减的。运输需求量与运价呈反比例关系，运价越低，需求量越大，运价越高，需求量越小，这一规律也称需求规律，它可以反映在需求曲线上。在图 5-5 中 DD' 就是运输需求曲线，表明了运价与运输需求的反向变动关系。

运输产品的供给价格是指提供一定运输服务的运输者所愿意接受的价格，它是由运输服务中所付出的边际生产费用决定的，运输产品的边际生产费用就是运输产品的供给价格。运

输的供给量随着运价的提高而增加，随着运价的下降而减少，这是报酬递减规律作用的结果。因为在报酬递减条件下，要增加运输供给就必须付出更大的成本，而使得运价上升。如图5-5中SS'就是运输供给价格曲线，表明了运价与运输供给成正比例关系。对于运输业来说，短期内运输设备及运输能力增长有限，运输企业只能够通过内部挖潜来使供给增加，所以这种增长是有限的。但从长期来看，运输企业可根据需求调节运输供给，运输企业通过新建、扩建运输线路、运输设备，可以使运输供给提高较多，也即长期内供给弹性较短期内大。

均衡价格理论是以假定完全竞争市场为前提的。这里的完全竞争市场的存在必须满足下列几个条件：

①市场上有大量的买者和卖者，任何一个卖者或买者都不单独影响这种商品的价格，该商品的市场价格是由整个市场的供求决定的。

②同一产品都是同质的。

③各种生产要素可以自由流动，厂商可以自由进入或退出某一行业。

④市场信息是完全畅通的。

在上述完全竞争市场条件下，运输市场上运输商品的均衡价格由运输需求和运输供给同时决定。如图供给曲线DD'与需求曲线SS'交于A点，供求双方达成均衡，A点决定了均衡价格为HA，均衡运量为OH。如果这种均衡是稳定的，那么当市场背离均衡状态时，市场力量就会自动恢复均衡并保持均衡的趋势。上图中，如果运输业者把运价定为OB，在较高的运价水平下，运输供给虽然旺盛，但运输需求将会减少，造成运输市场上供过于求，这必然使价格下跌；如果运价在过低的OC水平，由于供给较少而低运价刺激的运输需求又会造成运输市场上的供不应求，从而引起运价上升促使运输企业扩大生产，提高运输能力，结果供给价格与需求价格不断接近。当供给价格等于需求价格时，供需达到平衡，我们就说由供需形成了均衡的运输价格。

在一个市场中，如果没有外来因素的干扰，一切处于竞争状态，则需求与供给相互作用的结果，将达到一个市场均衡，此时需求量正好等于供给量，需求曲线与供给曲线相交，交点价格即为均衡价格。在这个价格水平上，生产是最优的，价格是最优的，效益是最优的。实际上由于各种因素的存在，如政府的干预、垄断的存在、短缺在近期内无法解决等，使得供需不可能达到永久的平衡，多数时侯是围绕着均衡价格上下波动，当价格偏离均衡价格太远时，就会出现剩余或短缺。

3. 厂商理论

厂商理论运用于运输市场，主要是从运输企业立场分析在市场条件下如何制定运价。

厂商理论中最重要的也许是成本函数的确定。这里用简单的成本函数来说明运输成本与运量之间的关系，主要是通过分析运量的变动而引起成本变动，为定价决策作依据。完全成本是按照规定的会计制度和成本计算制度，核算运输生产过程中的一切耗费，是完整的全部成本。这里必须注意一点，即西方经济学的完全成本往往是包括正常利润在内的成本。边际成本是指当企业的产量增加一个单位时，其总成本的增量。举个例子来说，假设某运输企业每月的运输周转量为1000万t·km时，运输总成本为50万元，单位成本为0.05元/t·km，当周转量增至1100万t·km时，总成本增加了4万元达到54万元，平均单位成本为0.049元/t·km，而新增周转量的单位成本为0.04元/t·km，这0.04元/t·km就是边际成本。可以举一个运输市场上按边际成本定价的例子：一架未满载的客机即将离开登机口准备起飞，它这时候增加一名旅客的边际成本几乎等于零，因此国外很多航空公司都在十分方便的提前预订机票的同时，在机场实行价格非常优惠的临时机会机票，以便尽可能地增加收入。在西方定价中普遍以边际成本作为基础，一般认为当边际收入等于边际成本时，企业的利润最大。在实际应用中，由于边际成本不容易计算，所以一般用变动成本来代替。

完全成本可以分为固定成本和变动成本，运输成本中随着运量增加的部分，称为变动成本；有些成本与运量的关系不大，即使运量很小时也会发生，称为固定成本。当然变动成本与固定成本的划分并非绝对，一般来说一些在短期内不随运量变动的费用，从较长时期看，也会由于运量的增长而增加。所谓短期和长期，严格说它们应该是一组条件，而不是一段时间，可是我们几乎还是不可能把时间观念排斥在短期或长期分析之外。

在短期内，生产者的一部分支出是固定的，不论生产或者不生产，生产得多一点或少一点，这部分支出基本不变。他可以改变其他的支出来扩大或缩小产量。在一个较长的时期内，原先固定的那些支出也会随着产量的变化而发生变化。在短期分析中，最简单的运量－成本关系常做这样的假定：平均变动成本是固定不变的，总变动成本随着运量成正比例递增。总固定成本在任何运量下都保持水平不变，而运量较大单位产品的固定成本就越小。单位完全成本等于单位固定成本与单位变动成本之和。当平均变动成本不变时，就等于边际成本，所以西方一些运输企业的边际成本定价法实际上是以短期平均成本为基础的。图 5－6 的两个图分别表示总成本和单位成本随运量变化的情况。

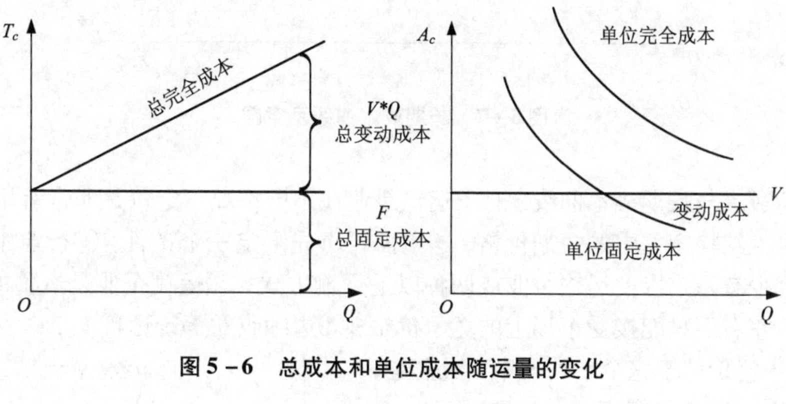

图 5－6 总成本和单位成本随运量的变化

用公式表示：

总成本：
$$T_C = F + V \cdot Q \tag{5-3}$$

单位成本：
$$A_C = \frac{F}{Q} + V \tag{5-4}$$

式中，T_C为总成本；A_C为单位成本；Q 为运量；F 为总固定成本；V 为变动成本。在一定的运量范围内，平均变动成本是不变的，是一条直线，边际成本也是一条直线。但在实际情况中并非如此，因为单位变动成本并不是一个固定的常数，对应于不同的运量，它会出现差异。在运量由很小开始增加的阶段，由于对燃料动力和设备利用效率的提高，以及劳动生产率的提高，单位产品的变动成本会有所下降。当运量接近正常水平时，单位变动成本逐渐稳定下来。当运量超过运输的正常生产水平，特别是超过很多时间，单位变动成本又会增加。这时的短期成本函数为：

总成本：
$$T_C = F + V(Q) \cdot Q \tag{5-5}$$

单位成本：
$$A_C = \frac{F}{Q} + V \tag{5-6}$$

式中，$V(Q)$是运量 Q 的函数，代表单位变动成本，并随 Q 的变动而变动。

对于长期来说，一切都是可变的，而对于短期成本曲线来说，运量不可能是无限增加，而一直保持成本不断下降的势头。当运量的增长受到运输能力限制时，短期成本迅速上升时，就必须投入新的固定要素，形成扩大了的生产能力，这时候，总固定成本和单位固定成本都会发生很大变化，从而又形成一条短期成本曲线，当分析期较长时，会形成若干条短期成本曲线，沿这些曲线作一条包络曲线相切于每一条短期曲线，就得到长期成本曲线（见图 5 - 7）。

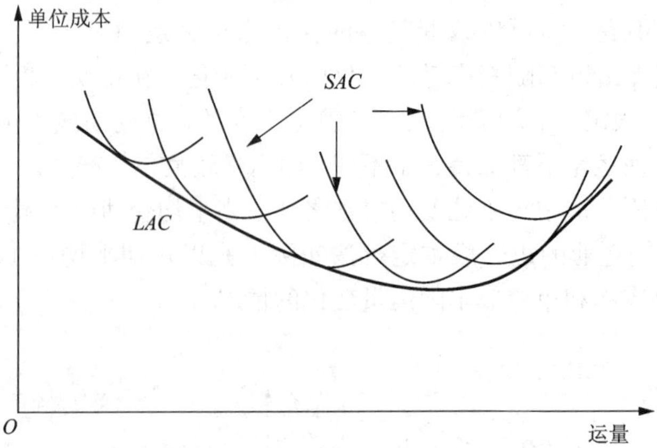

图 5 - 7　长期成本曲线示意图

了解短期成本与长期成本曲线，对于运输企业在不同情况下定价是非常有用的。

我们先讨论纯粹竞争中的短期价格，这里需要事先限定三个条件：①行业中纯粹竞争指在两地之间至少有两个以上运输企业或两种以上运输方式；②运输企业是运价的接受者，即运输企业无力左右而只能接受市场上的竞争价格；③边际收益等于运价。

图 5 - 8 中运价低于完全平均成本，当企业运量为 OA，其边际成本等于运价 OP，在这一价格上，企业的净收益为有阴影的矩形 PC，可以发现净收益小于固定成本，企业的经营有亏损，但它缩小了它的亏损。如果因为亏损而停止运输，那么它的亏损就等于其固定成本。因此，如果运价低于完全成本，但高于平均变动成本，那么，生产边际成本等于运价时的运量，所得到的净收益使亏损减少到最低限度。如果运价已经低于平均变动成本曲线，运输就得停止。如果不这样做，这家运输企业除了相当于固定成本的亏损外，还会亏损更多，因为运价不足以提供现期公司购买劳力和材料的单位成

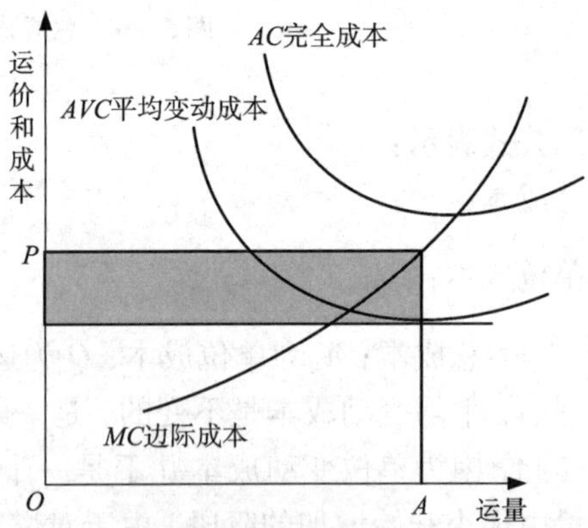

图 5 - 8　短期运价示意图

本。因此在完全竞争条件下，企业运价只要高于短期变动成本，企业就可以进行运输生产。当然这种情况也适用于垄断条件下但运输能力剩余的情况。

在纯粹竞争中，如果需求改变，运价如何变化？假设图5－9中D_1与S是短期需求曲线与短期供给曲线，并假定运输行业首先处于短期均衡状态，运价为P_1。

如果由于某些资源开发或新建工厂的原因，需求曲线上升到D_2，此时若政府不加以限制，则因为运输市场上供不应求，运价将上涨至P_2。在运价为P_2时，运输企业是极其有利可图的，但假设各种运输方式和运输企业都增加运输能力，运输供给状况就会改善，运价会逐渐由$P_2 \to P_3 \to P_4$，最后跌到P_5，运输业又一次处于短期均衡状态。

下面讨论纯粹竞争中的长期价格。图5－10中，*LMC*为长期边际成本曲线，*LAC*为长期平均变动成本曲线。运输企业的目标是使收入超过完全成本的数额，达到最大限度。实现这一目标的办法是通过调整运输能力，使长期边际成本等于运价，如图中运价为P_2，等于长期边际成本，运输企业的利润为图中阴影部分。如果运价低于P_2，只要运价还高于平均变动成本，企业在短期内还要继续生产；但从长期来看，低于P的运价，企业不应再继续生产，除非政府提供补贴，因为无论如何这样的价格是不足以补偿完全成本，运价P_1已相当于最低平均变动成本。

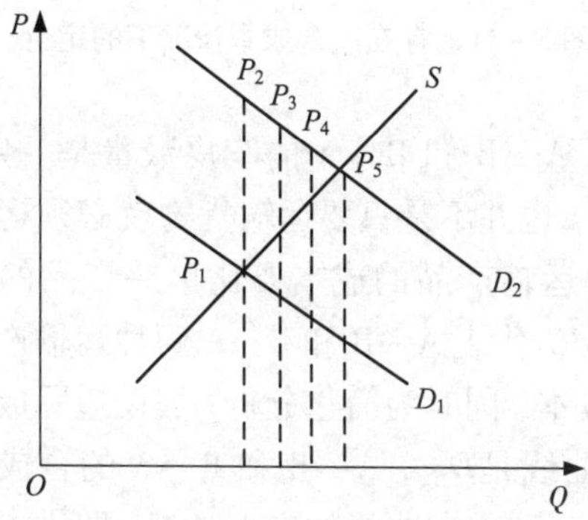

图5－9 需求改变引起的运价变化

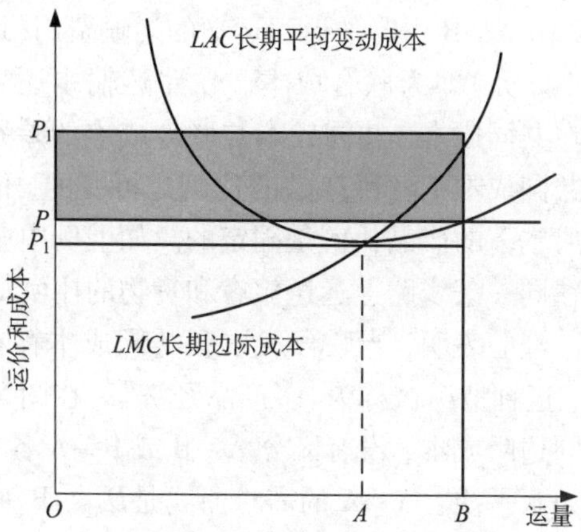

图5－10 竞争中的长期价格

垄断价格理论运用于那些能自由和独立决定其运价的运输者，在这种情况下，运输者是运价的制订者，而不像在纯粹竞争行业中的运输者是运价的接受者。不管在短期或长期内，垄断者是一个必须使成本和收益达到平衡的生产者。在短期内，垄断者应研究从现有设施中多运一单位运量的边际成本的变动情况；从长期看，要决定提供合适运量的最佳生产规模。垄断定价理论分析问题更注意需求方面。

对于垄断者来说，追求利润是其本能，而企业利润的大小决定于需求与成本之间的关系。当需求增加时，一般的结果是运价上升，但当能力有剩余时，需求增加，只要边际成本和边际收益适于较低的价格，垄断者也可能会降低运价。而当能力不足时，需求增加只会引起运价的上升。如果成本上升，垄断者会相应提高运价。

下面我们看什么是存在联合成本或共同成本情况下的有效定价。实际上大多数的企业都利用共同的设备等投入要素生产一种以上的产品，这种情况在运输行业尤为突出，特别是铁路运输业。由于运输产品具有突出的时空特性，同一货物在不同时间、不同地点、不同方向和不同运输质量的情况下，即使产出相同的吨公里数，也是不同质的运输产品。正是由于大量不同质的运输产品均在同一设备(如同一运输线路、同样的机车车辆等)，于是就造成了大量联合成本和共同成本。经济学认为，当生产某一种产品的同时，导致以某一比例生产出另一些产品时，而且这种连带产品与引起它们的主产品保持着固定比例，就生产了联合成本。例如从A地到B地的铁路运输，当列车把货物从A地运到B地后自身必然要返回，于是连带产生出B到A的运输。假设运输成本由下式计算：

$$C = a + b \times d \tag{5-7}$$

式中，a为装卸车费用，设a为100元；b为列车每公里的运行费用，设为1元；d为A→B的运输距离，设为100 km。在缺乏返程货物的情况下，A→B的运输成本为300元($100+2b\times100$)。如果从B→A后来有了需要运输的货物，则往返运输的总成本共为400元，即返程运输只增加装卸车费用100元。在这个例子中，由A→B引起的返程运输的运输费用(运行费100元)即为联合成本。铁路运输中还大量存在共同成本，共同成本与联合成本的差别在于共同成本下各种产品的比例是可变的，而联合成本下的产品比例是固定的。如上例中联合成本下A→B和B→A的车皮数量是一定的，而在同一条线路上运送旅客和货物的比例却是可变的，也并不是只要运输货物就必须运输旅客。经验表明，当联合成本和共同成本存在时，各种运输产品的成本要比单一产品的成本低，这种情况被称为“多产品经济”。在图5-11中，MC_1代表A→B和B→A两种运输产品的共同边际成本，没有区分A→B或B→A各自的边际成本，同时为简化分析，假设边际成本是一条水平线。A→A的需求曲线是D_{AB}，B→A的需求曲线是D_{BA}，A→B和B→A的合成需求曲线就是D。这样，边际成本曲线(这里代表供给曲线)和需求曲线的交点是C，即供求平衡点，其对应的价格P_1和运量Q_1则分别为有效价格和有效产出水平。有效价格P_1实际上是A→B和B→A两个价格的和，即$P_1=P_{AB}+P_{BA}$，这里$P_{AB}>P_{BA}$，因为A→B的需求大于B→A的需求。按照边际成本等于价格的原理，A→B的边际成本(等于P_{AB})也大于B→A的边际成本(P_{BA})。随着A→B或B→A需求曲线发生变化，它们的边际成本也会随着变化，其各自的运价和在总运价中所占的比例也将发生变动，例如我们可以移动D_{AB}或D_{BA}两条需求曲线中的任意一条，观察边际成本或价格的变化。如果共同边际成本由MC_1下降至MC_2，那么运输企业的定价也随之降至P_2，我们可以看到由于运价下降使得A→B和B→A的运量都增加了。同样可以用供求分析方法验证当运价低于或高于最优定价(平衡点)的市场逐渐趋于平衡的情形。

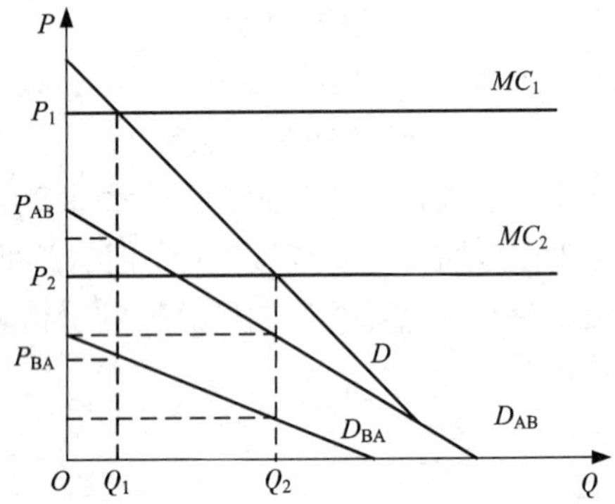

图5-11 存在联合成本情况下的定价

(1)平均成本定价

运输平均成本定价理论是指在运量一定的情况下，运价总收入必须足以支付运输业务的一切开支，所以运输平均成本是运价的最低极限。运输总收入在支付运输平均成本后，一般还应提供足以吸引投资的必要利润。因此，运输平均成本定价的运价应等于运输平均成本加利润(税收)。以上叙述是静态的解释，从动态的角度论述平均成本定价法应当是：平均成本定价法是根据单位产品(劳务)平均成本的变化，确定在不同运量条件下产品(劳务)平均成本的变化，确定在不同运量条件下产品(劳务)价格的方法。在产品构成中，单位产品(劳务)变动成本(C_v)不随运量变化(在一定时间、一定生产技术组织条件下)，单位产品(劳务)平均固定成本($\frac{F}{Q}$)随运量的增加呈下降趋势，如图5-12所示。

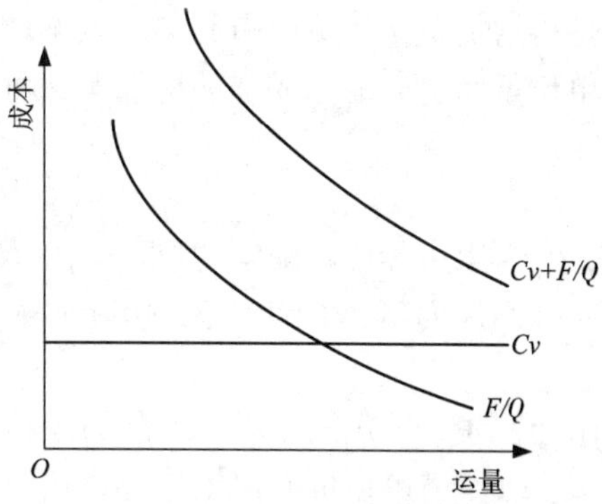

图5-12　平均成本曲线图

根据平均成本曲线，即可求出计划期一定运量条件下的产品(劳务)平均成本。在此基础上加上预计利润即可确定价格。可用公式表示如下：

$$P = \frac{F}{Q} + C_v + r \tag{5-8}$$

式中，P 为单位运价；F 为总固定成本；Q 为运量；C_v 为单位运量可变成本；r 为单位运量合理利润。

这种定价理论是我国目前普遍采用的理论。其优点是考虑了运输业的劳动消耗，特别是考虑了物化劳动和活劳动的价值，并且简单易行。它一般适合竞争不太激烈、运输市场不太活跃、货源比较稳定的运输线路或运输方式。

但它的缺点是：

①没有考虑到运输市场的供求关系与运价的相互影响，无法使运价不断地趋近于运输价值。

②没有考虑到运输生产的特点。运输基础设施一旦建成以后，运输供给的增长，往往需要较长的时间，而且呈跳跃式增长，而运输需求的增长往往是不间断地逐渐增长，供给和需求有一个时间差，不是超前就是落后，供给和需求绝对一致的情况只是一个短暂的时间，这一特点决定了按平均成本定价不能完全反映运输生产的实际消耗。当运输供给超前时，平均成本低于实际成本，当运输供给落后时，平均成本高于实际成本。

③没有考虑成本的差异和同等经营管理水平下收益的高低。运输业的实际成本除受配件材料、燃料价格、职工工资水平、资源情况等有关。因此，成本在各个地区、各条线路有很大差异。这些差异并不是企业经营管理造成的，以平均成本定价必然使各条线路、各个地区运输赢利高低不等，在多种运输方式存在的情况下，必然使运力向低成本高收益线路集中，而使高成本低收益、甚至亏损的线路趋向萎缩。

④以平均定价的平均范围相差很大。铁路、民航运输基本以部门平均定价，公路运输以省、市、自治区平均成本定价，水路运输则以航线、航区平均成本定价，致使有的成本反映了实际成本，而绝大多数偏离实际成本很大，从而形成同一区域大体平行的几种运输方式比价扭曲。价值规律促使货源在几种运输方式间转移，使平均成本高的运输部门受到打击。

(2)边际成本定价

边际成本定价是为了追求经济效率而采取的一种定价方法，又称边际贡献定价法。边际成本是指增加单位运量而引起的总成本的增加量，它是总成本对运量的导数。边际成本是指增加单位量而引起的总成本的增加量。可采用公式(5－9)来表示运量与运价的关系：

$$P_m = \frac{\mathrm{d}\,T_C}{\mathrm{d}Q} \tag{5－9}$$

式中，P_m为用边际成本确定的单位运价；T_C为总运输成本；Q 为总运输量。

在生产规模不变的情况下，边际成本实际上就是增加的可变成本，随着运输量的变化而变化。

图中，MC 为边际成本；UTC 为单位总成本；UVC 为单位可变成本；UFC 为单位固定成本。

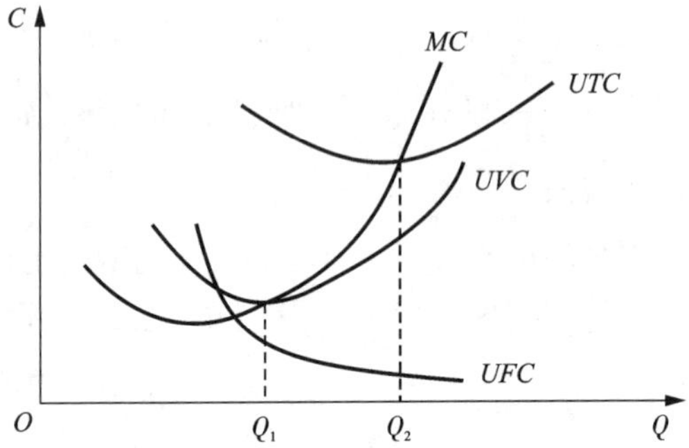

图 5－13　各单位成本关系图

图 5－13 横坐标表示货物运量 Q，纵坐标表示各单位运输成本 C。运输成本按其是否受货物运量变化而改变可分为固定成本与可变成本两部分。在一定条件下，因固定成本不受运量变化影响，故运输总成本的变化只受可变成本的影响，这时边际成本与单位可变成本相当，如图 5－13中运量为 Q_1 以内时，如实际发生的货物运量低于运输工具的运输能力，边际成本将低于单位总成本，如图中运量为 Q_2 以内时。反之，运输企业必须投入新的运输能力，这时的边际成本高于单位总成本，如图中运量越过 Q_2 时。

在货源不足、竞争激烈的线路和局部运输市场上，由于运量的增加将导致运输企业新的投入，每增加单位运量的边际成本，将会大于单位运输总成本，这时如果以边际成本为基础定价就会使运输价格相应变高，从而抑制需求。对于货源充足、运力不足的运输线路，这时每增加单位运量的边际成本低于边际总成本，若以边际成本为基础价，就低于原来运输总成本价，可促进运输需求。

在运力供过于求、市场竞争激烈的情况下，采用边际成本定价，其灵活性在于，能及时通过调整预期边际收益来调整运输劳务价格，以便维持经营，保住市场占有率；对于货源充足、运力不足的线路，由于固定生产要素制约着生产规模，当运量超过最优的定量水平时，边际成本就会迅速增加，并大大超过平均成本，这时按边际成本订价，就可以限制运量的增长，缓解运力紧张的状况，迫使货源向其他线路或运输方式转移，使运输布局趋于合理，并促使各种运输方式在其可替代的各条线路上逐渐形成合理的比价关系。因为增加运量必须追加投资，固定成本必然上升，所以，按单位运量总成本的增加量来定价，既考虑了实际成本，又考虑了长期供求状况，同时还可以满足分线、分地区制定运价的要求，从而避免了按平均成本定价的种种弊病。

但是，边际成本定价也存在缺陷。由于边际成本只考虑成本的边际变动状况，而不考虑总成本的状况，当边际成本长期小于平均成本时，就会造成运输企业的亏损，阻碍运输企业扩大再生产过程的顺利进行。

社会福利在价格等于边际成本时达到最大。因此边际成本定价是福利经济学家采取的定价观点，把价格看作是资源配置的方法，用以使社会福利最大化，而不单是使供应者福利最大化。在某些场合，由于商品或服务由公共机构所提供，这就等于使供应商福利最大化；在其他场合，则控制或激励私营公司，促使它们修订价格策略以使社会福利最大化而不是私人福利最大化。控制或激励的形式可以是限制定价的灵活性或者向企业征税和给予补贴，使得它们的价格符合社会福利最大化目标。

传统的经济理论假设厂商的目标是使利润最大化，为了达到利润最大化的优化价格，可能不同于使福利最大化或是保证最高的销售收入所需要的价格。这时，利润最大化的价格将导致收费超过边际成本和平均成本。

(3)完全成本定价

按照平均成本或边际成本定价，至少有两个缺陷：一是它们只反映运输企业财务上的成本状况，而没有反映基础设施的成本；二是平均成本或边际成本是一种历史成本，而运价的制定还应能够反映将来的成本支出状况。因此有些经济学家提出了完全成本定价理论。完全成本定价法是指依据运输企业的完全成本(也称为社会成本，是从全社会的角度来考虑的成本，它不仅包括生产者为某一生产经营过程所必须投入的成本，还应考虑整个社会为此还要付出的额外的代价，这代价称为外部成本)来考虑定价的一种方法。按照这种定价理论制定运价时，既要考虑私人成本，又要考虑外部成本；既要考虑固定成本，又要考虑可变成本；既要考虑直接成本，又要考虑间接成本；既要考虑目前支付的成本，又要考虑将来可能支付的成本，力求真实反映经济学意义上的运输成本，实现资源在各种运输方式间的合理配置，以及各种运输方式优势的发挥。如果所有的运输企业都能按完全成本确定价格，那么运输价格将能反映真正经济学意义上的运输成本，这将有利于资源在各种运输方式间的合理配置，以及各种运输方式优势的发挥。

(4)供求关系定价

供求关系定价论是指运价取决于运输产品的供求关系，运价应随着运输供给的增加而下降，随着运输供给的减少而提高，构成供给价格曲线；运价应该随着运输需求的增加而上升，随着运输需求的减少而下降，构成需求价格曲线。

4. 效用理论和按负担能力定价

运输业务的效用是把一定量的某种货物由 A 地运到 B 地，因而在运价制定中必须满足这种效用。为了制定运价，要以运输价值来衡量运输的效用，它标志着货物运价的最高限度，如果收费超过此限，货物就不能运输。这里的“运输价值”不同于我们在劳动价值论中谈及的运输价值，即生产运输产品的社会必要劳动，而是指两地间价格的差别。例如某种物品在 A 地的生产成本比在消费该物品的 B 地生产成本低，该物品在 A 地价格为 1 元，在 B 地价格为 1.2 元，如果一个商人打算把 A 地的货物运到 B 地去出售，那么运价必须低于两地产品价格之差。当运价高于 0.20 元时，就会阻止该物品由 A 运往 B。所以说，运输价值标志着货物运价的最高限度，如果超过该限度，货物就不能运输。

西方运输界还长期存在着“按负担能力收费”的做法，即以货物的负担能力为依据，高价值货物制定较高运价，低价值货物制定较低运价。负担能力的主张的核心是以对运输的需求而不是以运输成本为基础。高价货物实行高运价的原因是价值高的货物负担高运价能力较大，高价值货物运价虽高，但其承受能力大，运价在商品总价值中所占的比重往往却低于低价商品价值中运价所占的比重，因此运价对于高价值货物价格的影响反而较低。当然还有一个原因是运输高价值货物比运输低价值货物对运输条件要求高，运输者责任大。

一般情况下，本身价值较高的货物，其需求价格弹性系数小于1，这是提高货物运价，需求量下降的比率小于货运价格升高的比率，运输收入等于运输需求量乘以货运价格，结果是运输收入提高了。同样，本身货物价值较低的，需求的增加幅度大于运价降低的幅度，此时降低价格，运输收入同样增加。该理论从市场营销的角度分析有其可取之处，但该理论在实际的应用中存在两方面的问题：

①当前对于如何确定高价值货物和低价之货物的运价尚处于无规律状况。在国际货物运输中，有些航线高、低价值货物之比为五倍左右，还有更夸张的，有些航线两者之比是十倍以上。这种情况对新开通航线的运价确定起不了任何作用，毫无规律可循，因此运输企业在制订货物运价时应结合不同的航线货物运输需求交叉弹性和商品产销价格差等因素建立数学模型，制订合理的高价值与低价值的运价比。

②有些持有高价值货物的货主对以此运价不满意，导致运输企业在实施过程中很难。例如，有些货主会问高价值的货物与低价值的货物以同样的运输方式运送需求地，同样的运输条件，有何理由比低价货物贵呢？面对这样的问题，运输企业应认真地分析研究制订出各类货主的均能接受的价格。

负担能力定价论有两种解释：第一种是，运输负担能力定价论是指每种货物对运价都有一个负担能力，有的货物可负担的运价高一些，如黄金、五金百货等产品对运价的负担能力就大，运价高低对它的市场价格影响不大；而煤炭、矿石等低价值的货物对运价的负担能力就比较小一些，运价的高低对它的市场价格影响较大，因此，货物运价应该根据货物对运价的负担能力来确定。第二种是，对每种货物在考虑到它的运量情况，对运量少、价值高的货物收取能提供尽可能多的固定费用的运价。例如，在图5－14中，设*DD*代表某货物的需求曲线，*CC*为变动成本线(因不论运量多少每单位重量的变动成本相同，所以是一条水平线)。如运价定为*OR*，总收入以面积*ORPQ*代表，变动成本为*OCAQ*，则所提供的固定成本为*CRPA*。如果收低运价*OR*″，则提供的固定成本为*CR*″*P*″*A*″。但在此两者之间，收运价*OR*′，则提供的固定成本最多，为*CR*′*P*′*A*′，运价定于此处，最为有利。

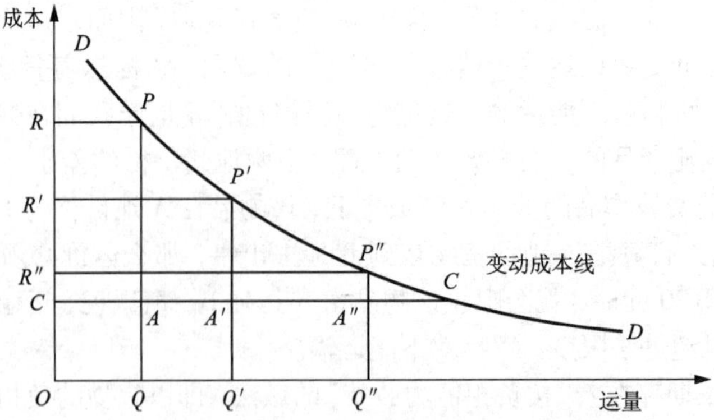

图5－14 运输负担能力定价原理图

以上两种解释基本相同，而后者对前者作了详细的解释，但含义又不如前者明确。所以把二者结合起来就把问题说清楚了：之所以贵重货物要负担更多的运费，除了不影响市场价格以外，主要是多收贵重货物固定费用，这样对运输企业有利，而又能为货主所接受。

效用理论和按负担能力收费之间也是有矛盾的。例如某贵重商品在 A、B 两地的价格相差无几，则其在 A、B 之间运输的需要是很少的，当运输价值以两地物价的差距来衡量时，尽管货物价值高，这种运输价值与其负担高运价的能力并没有一致性。还有些人认为实行按运输负担能力收费，低等货物实际是受了高等货物高运价的补助，这对于货主来说是不公平的。此外，运输业者对每种运输都尽可能收取最高的运费，获取高额利润，从而侵犯了公众的利益。尽管这些运价制定方法存在较大争议，但毕竟有其存在的理由。在实际的运输市场上，运输者都想按运价负担的能力对高价货物多收费，但竞争的力量对此有制约作用，运输价值也规定了最高限度，运价过高货物就将停止运输；另一方面，可变费用又规定了某种最低限度，运价不能低过它。

负担能力定价法实质上是一种价格歧视的方法，用于当平均成本定价法不合适、边际成本定价法又需要补贴的时候，收取使用者愿意负担的费用，使运价可以补充边际成本。或者说是试图确定每个消费者(群体)愿意为运输服务支付的最大数额。

价格歧视不仅能使供应者收回其成本，还有助于保留住享受这种服务的旅行者和托运者，尽管有时有必要使运费有差别，还有必要使服务质量有差别。

价格歧视表现在许多十分相似的服务收取不同的票价。在经典模型中，增加收入的办法是以同一产品向不同的顾客群体收取不同的价格；收益管理中则常常会有产品质量或其他形式的差别，这意味着向顾客提供服务时有成本差异。

5.4.2　价格歧视与高峰价格

1. 价格歧视

价格歧视(discrimination pricing)也可称为差别定价，指的是企业在出售一样的产品或服务时，对不同的顾客索取不同的价格的现象。有时候差别定价是指对成本不同的产品制定同样的价格，更多的差别价格是指成本基本相同而价格不同，其目的都是为了增加企业的总利润。

价格歧视传统定义是指同一商品以不同价格出售给不同消费者为价格歧视。首先，我们来看关键条件——不同售价，这里存在两个方面的问题：一是相同产品价格不同，可能是由于一些类似运输成本所致，这一般不能视为价格歧视；二是有时消费者对同一产品付相同价格也存在价格歧视，如果一种商品厂商实行全国统一价，远距离商品的运输和存储成本一部分由近距离消费者承担，这就是一种价格歧视。

实现差别定价需要满足三个条件：第一，企业对价格至少有一定的控制能力，即垄断能力，而不是只能被动地接受既定的市场价格；第二，企业能够根据价格弹性的不同把企业的产品市场划分为几个不同的市场，即企业必须能够分清应该向谁索取高价，向谁只能索取低价；企业的市场必须是能分割的，即企业必须能够阻止可以支付高价的顾客以低价购买商品。

价格歧视有多种分类方法。价格歧视按研究对象分为两类：终端消费品和中介工业品。从市场结构来看，可分为垄断市场结构和寡头市场结构两种。从研究模型来分，主要为经典理论模型和空间竞争模型。依照厂商是否自主区隔子市场(客户群)，可分为外生型和内生型两种。在菲利普斯分类方法基础上，按照区隔子市场变量，价格歧视基本形式分为空间、时间、质量、价值、消费者特征等几种。

经济学家A·C·庇古将价格歧视划分为三种类型：一级价格歧视、二级价格歧视和三级价格歧视：

一级歧视，指的是厂商根据每个消费者愿意为每单位付出的最高价格而为每单位商品制定不同销售价格。在一级价格歧视下，每个买者能够买到他们愿意购买的产品，并通过他们愿意支付的最高价格显示产品的价值，而厂商成功地获取了全部的消费者剩余，产量达到社会最优水平，也是完全价格歧视。但这一级价格歧视实际上很难实现的。厂商要想实行一级价格歧视，必须了解每个买者对其产品愿意支付的最高价格，在信息不对称情况下，是很难做到的，结果会是得不偿失。现实中可能成为讨价还价的交易。

二级价格歧视是指厂商销售同一种商品时，对不同的消费数量段收取不同的价格，也被称为数量歧视。实行二级价格歧视的垄断厂商利润会增加，部分消费者剩余被垄断厂商占有。

三级价格歧视是指厂商把消费者分为多种不同类型的消费者群，从而构成不同的子市场，分别索取不同的价格。三级价格歧视要求子市场的需求价格弹性不同，根据子市场需求价格弹性分别定价，在三级价格歧视下，厂商按消费者的特征分成不同的群体，需求弹性低的群体被索要高价，需求弹性高的群体享受低价，是利于垄断者获得更大的利润。

价格歧视三类形式的共同点是允许企业利用统一的定价去攫取本来能给予消费者的部分消费者剩余。

垄断厂商要能实现价格歧视，必须具备以下两个前提条件：第一，市场的消费者具有不同的偏好，且这些不同的偏好可以被区分开。这样，厂商才有可能对不同的消费者或消费群体收取不同的价格。第二，不同的消费者群体或不同的销售市场是相互隔离的。这样就排除了中间商低价处买进商品，转手又在高价处出售商品从中获利的情况。

价格歧视不仅体现在成本或价格上，在服务质量上也可能有极大的区别。企业常常会降低其顶级产品或服务的级别来生产性能较差的产品或提供质量较差的服务，这样它就可以以较低的价格出售这些产品从而赢得低端的市场。

通过区分愿意支付高价的顾客(向他们收取高价)和只愿意支付低价的顾客(他们可能愿意以较低的价格获得低级的产品)，分别制定不同的价格，企业可以同时提高利润和消费者的满意度。

阅读材料

价格歧视在民航业中的体现

航空公司通过严格地运用一些限制条件，把具有不同支付意愿的旅客划分为不同的群体，达到了三级价格歧视的目的。在上述分类的基础上，再根据提供的服务等级不同，在质量维度上对消费者实行二级价格歧视。民航业实施价格歧视的主要措施有：针对低价格机票设定提前购买或最短停留期限，规定不能退换或不能完全退换；针对非经停航班、经停航班、衔接航班，在某些具体时刻实行折扣；采用吸引旅客购买经济舱的全价票，如提供头等舱及公务舱的服务，对经济舱全票价旅客提供附加服务等。航空公司通过以上方法使市场上的旅客更加明确分化为不同的群体，使群体之间的差异更加明显，从而在不同市场对基本相同的服务实行更有效的价格歧视。

2. 拉姆齐定价

拉姆齐定价理论是拉姆齐于1927年提出来的一种价格理论，也称次优定价法，即在最优定价无法实行的情况下，分摊固定设施成本，利用每一个使用者群体需求价格弹性差别作为分摊固定成本的基础。拉姆齐价格理论的指导思想既考虑企业收支平衡，又尽可能的实现资源分配优化，围绕边际价格理论提出改善措施。拉姆齐定价实际上是一种价格歧视，但当它并非为企业获得垄断利润最大化，而仅仅是用于回收成本为目的定价时，是一种管制上所容许的价格歧视。

为了收回固定费用，必须制定高于边际费用的价格，这样价格与边际费用之间就形成了一个价格差，这个价格差控制在什么范围内才能使消费者剩余的减少最小化，是拉姆齐价格理论关注的核心问题。

需求与价格之间的敏感性有大有小，拉姆齐指出，价格差应与需求价格弹性成反方向，即对需求价格弹性大的需求制定与边际费用背离幅度小的价格，对需求价格弹性小的需求制定与边际费用背离幅度大的价格。这样做的好处是对需求价格弹性大的需求缩小价格差，可以相对地减少需求量的下降，对价格弹性小的需求加大价格差又不至于引起需求量的大幅度减少。这与不考虑价格弹性而制定的背离程度相同的价格相比，可以从整体上减少需求量的下降。由于需求量的减少幅度最小，因而消费者剩余的减少也就是最小的，可以获得比较理想的效果。任何偏离边际成本的定价都会引起运输设施使用中的无效率，对于那些需求弹性较大的使用者，价格上升引起的退出使用的无效率也会较大，而为了尽可能地减少这种无效率，就只好对需求弹性较小的使用者提高价格。

计算原理：

$$\frac{P_i - C_i}{P_i} = \frac{R}{e_i} \tag{5-10}$$

式中：P_i为对使用者i群体收取的单位运价；C_i为使用者i群体引起的边际运输成本；e_i为使用者i群体的需求弹性，R为拉姆齐指数。

由上式可以确定出单位运价：

$$P_i = \frac{e_i \times C_i}{e_i - R} \tag{5-11}$$

有观点认为拉姆齐定价法只能应用于剩余固定设施成本的分摊，即应该先利用互不补贴定价将固定设施成本的主要部分在不同使用者群体之间进行分摊，分摊不完的部分再使用拉姆齐定价方法。

3. 高峰价格

运输行业在服务上存在高峰问题，利用价格歧视方法可以解决高峰问题。

高峰定价法是一种不同使用者用基础设施的成本分摊方法；对一天中不同时间段的使用者按不同的价格收费。它的基础是：运输需求量在不同时间段存在很大差别，拥挤时间段要按明显上升的边际成本收取拥挤费；不拥挤的时间段，边际成本与平均成本相等，因此不收费。

大多数运输形式，无论是客运还是货运，对其服务的需求都有高峰，而且这种高峰是有规律的。如：城市公共交通在每个工作日的早晨和傍晚的繁忙时刻经历需求高峰；城市货物运输也有需求高峰以适应顾客的要求和经营习惯；一周之内，周末和工作日之间的需求水平有明显的差异；一年之中，空运、公路运输和铁路运输在夏季的几个月和春节等公共节假日期间经历假日交通需求高峰；在更长的时期里，随着世界经济繁荣和衰落的交替，船运需求也出现周期性的变化。这种运输需求在时间和空间上的不平衡性导致了运输服务定价的困难。面对这种情况，困难的是如何确定一种价格模式，以同时满足保证运输基础设施得到最优利用、为未来的投资政策提供指导、保证所有的相关成本得到补偿这三个条件。在短时间内出现有规律的运输需求变化，而在这段时间里来不及对资本设备进行调节，以保证价格一直等于长期边际成本。由于运输产品不能储存起来以调节需求变化，只能通过价格进行调节。

高峰问题，最明显的是城市公共交通。大多数城市公共汽车队的规模取决于每天早晨和傍晚上下班的繁忙时刻对公共运输服务的需求。一般来说，在主要的高峰时间运送的旅客，占全天运送旅客的一半以上。由于公共汽车的工作人员的数目取决于高峰的需要，上路员工的工资不随运输需求的变化而变化，因此可以视为提供高峰和非高峰服务的联合成本。

这种联合成本在一条运输线路上两个空间方向需求不平衡时的情况是一样的，需求大的方向边际成本小，需求小的方向边际成本大，在两个方向运输需求一定的条件下，两个方向的运输价格必须能够补偿运输供应者的全部成本。同样，非高峰和高峰时间的价格，也必须能够补偿公共运输公司的全部成本。

假定非高峰时间和高峰时间的运输需求是一定的，持续的时间相等，运输公司经营的短期边际成本（P_D）在满足某个运输需求的能力供给范围内是不变的，超过这个范围后变成无限大。以城市公共汽车公司为例，在短时间内，车队的载客能力固定，价格的目的是通过对车队的最优利用以达到社会福利最大化。在这种情况下，非高峰时间和高峰时间的需求都应该按各自的短期边际成本定价，如图 5－15 中的P_1、P_2。

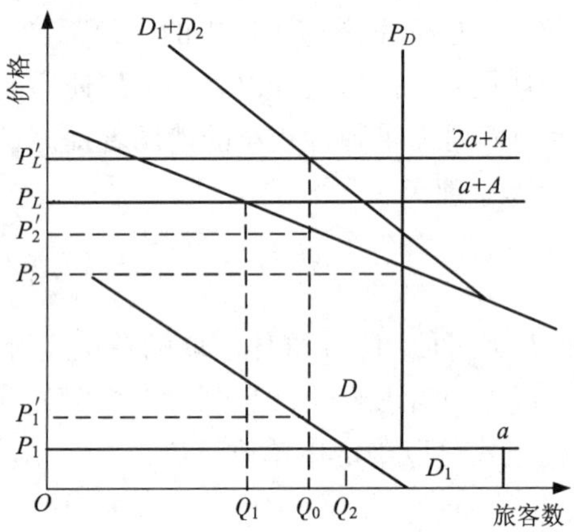

图 5－15　高峰定价法示意图

通过改变车队的规模来改变运输能力，不会影响短期边际成本。长期运输能力成本被视为在一定水平（A）上保持不变，高峰期对应的成本P_L为 $a+A$。由于运输能力与两个周次连在一起，运输能力的变化由非高峰期和高峰期即由整个活动周期的联合需求（分别为D_1、D_2）决定，等于两个周期需求的和（D_1+D_2）。相关的长期成本（P'_L）是两个周期的短期成本加上固定成本（$2a+A$）。

由于两个周期存在成本的不可分性，使得此例中的最优长期运输能力减小，而相应的两个周期的价格都上升，分别达到图 5－15 中的P'_1、P'_2，所得联合收入正好等于相关的成本。这是运输能力全天得到充分利用，定价的差异反映了不同的需求强度。

总之，由于运输能力与两个期间都有关，所以运输能力的变化取决于价格和每个期间运输能力的运作成本之差的和，而后者又与为整个周期提供新生产能力的成本有关。将这一分析扩展到任何数量持续时间不等的周期，只要根据其在整个周期中的相应重要性给不同时期加权就行了。

实际工作中，情况往往比上面的描述要复杂，因为乘客不会被严格限制在两个时间中的任何一个时间内，而是如果收取不同的费用，会在不同时段之间转换旅行，即前面叙述中非高峰和高峰期的运输需求相互独立的假设是不现实的，需要考虑它们本身的情况及交叉弹性。

5.4.3　其他定价方法

除了以上定价方法以外，还有其他的定价方法。在此，我们就介绍以下两种方法。

1. 拥挤定价

拥挤价格理论就是采用经济的办法来解决拥挤问题。下面用图 5－16 来说明拥挤价格理论基本原理。图中纵轴代表费用(价格)，横轴代表交通流量。两条需求曲线，一条是拥挤期的需求曲线(D_1)，另一条是闲散(低峰)期的需求曲线(D_2)。

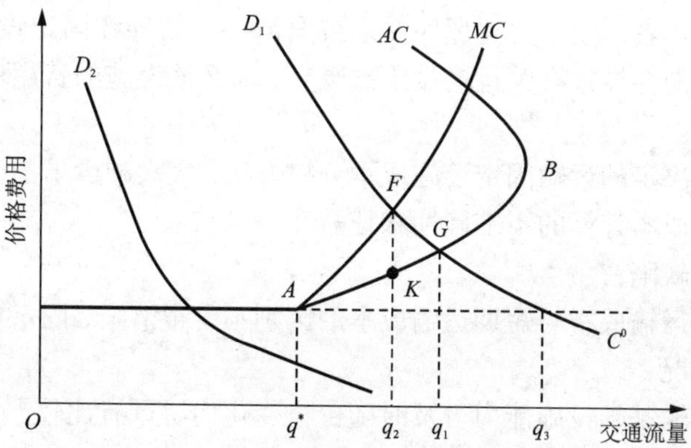

图 5－16　拥挤价格形成理论

假定边际费用不变，高峰期时间损失的费用使平均费用和边际费用均增大。在图 5－16 中，*AC* 曲线、*MC* 曲线自 *A* 点开始向上倾斜。*AC* 曲线从 *B* 点开始向左上方延伸，因为从这一点开始发生拥挤，车速降低，从而导致车辆流量减少。从 *B* 点开始的左上方状态被称为瓶颈式拥挤，与此对应的 *A*、*B* 之间的拥挤属于轻度拥挤。

由于驾驶员意识到行车的平均费用(*AC*)，因而交通量q_1由平均费用曲线和需求曲线(拥挤时的D_1)的交点 *G* 所决定。但是，从社会总效用最大的角度，边际费用(*MC*)与需求曲线的交点 *F* 所确定的交通流量q_2才是最理想的，q_2的流量可以减少行驶的损失时间。如何把q_1减少到q_2呢？方法之一就是对司机征收等于 *FK* 的税金，使司机意识到平均费用已提高到 *F* 点，这种税金成为“拥挤税”。这种收入与费用递增情形中的生产者剩余(超额利润)很相似，只不过归属目的不同，它作为政府的财源可以用于道路扩充、增设，强化交通机构和交通补助方面。

利用拥挤税调节交通流量虽说不是行政办法，很多经济学家都极力推崇。这时，有效的运价是实行拥挤收费。拥挤收费可以抑制对运输的需求，减少由于拥挤带来的成本增加。

2. 互不补贴定价

与边际成本定价相比，互不补贴定价原则的使用条件放宽了一些，但它还是只能适应长期运输成本与短途运输成本的区别不是很清晰，固定成本和沉淀成本的区别不是很清晰的情况，它对交通量与运输基础设施能力可及时随价格变化而协调的条件也有比较严格的要求。此外，由于对运量的预测不能十分准确、运输能力对运量的反应也往往显得迟钝，因此互不补贴定价原则的使用会有偏差。

某一运输设施的所有使用者作为一个整体，应该补偿该设施的全部成本；同时在所有使用者整体内部，也不存在一部分群体比另一部分群体支付过多的情况，价格使得任何一个使用者群体都不能通过取消其他使用者而使自己对运输系统的利用变得更好，即不存在交叉补贴。

互不补贴定价是有效率定价原则的扩大：运输设施的多个使用者形成的群体和多项服务，运输的总收入大于或等于总成本。

互不补贴定价所决定的运输固定设施成本分摊方法，大大减少了由于多个使用者共同使用基础设施所导致的成本计算的不准确性和任意性。为了有效地分摊运输固定设施成本，需要找出引起成本的使用者。它不关注那些如果被取消却不会导致固定设施成本减少的运输，但如果某项运输的取消会导致有关运输设施被废弃，那么该设施的费用就可判定是由这项运输的使用者所引起的。

互补补贴定价所决定的运输固定设施成本分摊方法，大大减少了由于多个使用者共同使用基础设施所导致的成本计算的不准确性和任意性。

互不补贴定价的缺陷：

①只能适应长期运输成本与短期运输成本的区别不是很清晰、固定成本与沉淀成本的区别也不是很清晰的情况，

②对交通量与运输基础设施能力可及时随价格变化而协调有比较严格的要求；

③不能完全解决运输固定设施成本回收问题；

④由于对交通量的预测往往不能十分准确、运输能力对交通量的反应也往往显得迟钝，互不补贴定价原则的使用会有偏差。

案例 5－1

互不补贴定价案例

由 A 经 B 到 D 路径较短，运输成本较低，由 A 到 D 的玉米应由此路径运输。

假设如图 5－17 所示道路设施已建成，维修成本不因运量而变化。

假如没有小麦的运输，把 B 到 D 的道路废弃是合理的，由 A 到 D 的玉米可改经 C 运输，其可变成本增加 5 万美元，但整个系统的固定设施成本因此减少 12 万美元。由此可以断定，小麦运输应承担 7 万美元的固定设施成本。

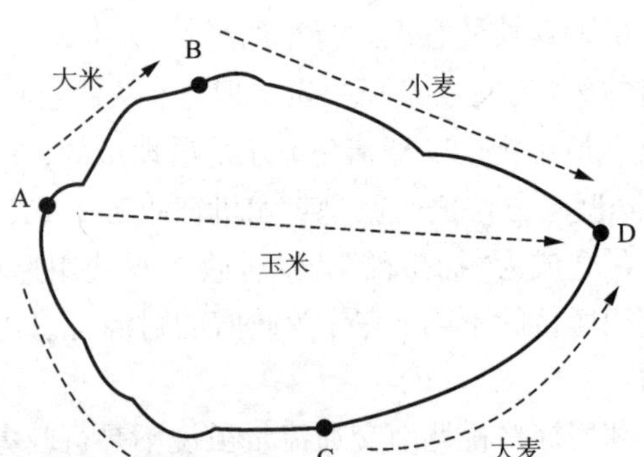

图 5－17　互不补贴图例

表 5－1　运输信息表

运输方向	货物种类	距离（km）	可变运输成本（万美元）	固定设施成本（分摊前，万美元）	固定设施成本（分摊后，万美元）
A 至 B	大米	3	3	3	3
B 至 D	小麦	12	12	12	$7+a$
A 至 D(经 B)	玉米	15	15		$1+b$
A 至 C	小米	10	10	10	10
C 至 D	大麦	10	10	10	10

注：$a+b=4$

如果没有大米或玉米运输，各条道路应如何变化？

如果没有大米的运输，A 到 B 的道路仍旧应该维持，因为玉米在这种情况下还是经 B 运输（$15+3<20$），不能产生节约，因此大米运输应该承担这部分固定设施成本。

如果没有玉米的运输，把 B 到 D 的道路废弃是合理的，小麦可改由经 A、C 运输，其增加的可变成本仍小于维持 B 到 D 的道路的固定设施成本（$3+10+10-12=11<12$），即可以断定 1 万美元的固定设施成本是由玉米运输引起的。

由此：A 到 B 的道路成本应由玉米和大米承担，B 到 D 的道路成本应由小麦和玉米承担。但每一种运输所分担的固定设施成本不应超过其单独使用该设施所应承担的数量，即大米运输不超过 3 万美元，小麦运输不超过 12 万美元，玉米运输不超过 15 万美元。

问题是 B 到 D 的道路成本中还有 4 万美元没有得到分配。

（1）单独考虑成本分摊方法：把每一种运输作为网络中独立完成的活动来考虑并计算成本，再以此为基础分配共同成本。本例中小麦运输的单独考虑成本为 24 万美元（可变成本 12 + 固定成本 12），玉米运输的单独考虑成本为 30 万美元（可变成本 15 + 固定成本 15），他们分摊共同固定设施成本的比例分别为 44.4% 和 55.6%，即表中 $a=1.78$ 万美元，$b=2.22$ 万美元。

（2）按受益分摊共同成本方法：根据受益各方受益的大小分摊共同成本。本例中假设没有 B 到 D 的道路，小麦运输可变成本增加 11 万美元（$3+10+10-12=11$），玉米运输可变成本增加 5 万美元（$10+10-3-12=5$），可变成本共增加 16 万美元，每 1 万美元的可变成本增加额应负担 4/16 万美元的道路固定设施成本，即玉米分摊 $5\times4/16=1.25$ 万美元，小麦分摊 $11\times4/16=2.75$ 万美元。

3. 为促进地区经济发展的运价政策

任何地区都会经历不同的经济发展阶段，西方一些学者主张在不同的阶段里为促进地区发展采取不同的运价对策。

地区开发一般都会经历这样的过程：在初始阶段，主要依靠开发自己的自然资源并输出原料，生产农产品、畜产品、林产品、矿产品或水产品等，这些产品的剩余部分则按未加工或半加工形态销售到地区以外，制成品则从外地输入。在第二阶段即开始工业化时期，区内工厂已经能对当地自然资源进行较深加工，但该地区需要的大多数制成品仍须从其他地区购入。在第三个阶段即工业化较成熟阶段，该地区变为食品和原料的输入者，并将外来原料制造为成品用以输出销售或在当地消费。在第四个阶段，地区原有的自然资源已大部分消耗，而其部分制造品的外地市场却遇到其他地区的有力竞争者。该地区在这个阶段仍可保持一定繁荣，但如果它不发展新的富有活力的经济活动，就要逐渐衰落。这里假设其他情况不变，只分析在不同阶段应采取怎样的运价对策。

当该地区处于上述第一个阶段时，显然低廉的输入输出运价对地区发展有利。因为这将有利于鼓励地区资源的开发，同时提高人们的就业和收入水平，由于输入制成品的低运价会使物价降低，也可以减少人们的消费支出。

当经济发展进入第二阶段即开始工业化时期，则应采用不同的运价政策，提高运价水平。原因是较高的产成品输入运价会导致较高的制成品价格，这将刺激当地的制造工业，同时保护本地区新生的制造业免遭外地竞争者的冲击；而较高的原料运价又会对原料输出产生抑制，鼓励在当地使用这些原料进行加工制造。

一旦地区经济达到较成熟阶段，又再次需要制订较低的输入和输出运价。这能使该地区便于输入其必需的食品和原料，并按低价格输出其制成品。在第三个阶段，制造和输出活动已占该地区经济的主要地位，对外地竞争者已有相当抗御能力。

在进入发展的第四阶段以后，地区应该对不能自给的原料及食品制订较低的输入运价，对制成品输入的较高运价则可以帮助本地制造商保有本地市场；因为不再输出农产品和原料，因此这些输出运价不再重要，但制成品的较低输出运价则可以帮助本地区效率较高的制造业至少在一个时期内继续保持外地市场。

这些经济学家认为，运价水平对地区经济发展的影响只是有限的，但如果能有意识地制订积极的运价政策，它也可能成为实现地区发展目标或改善经济状况的一种手段。

5.5 运输价格管理

运输业是国民经济中的基础产业，是连接商品的生产和消费的桥梁。如果运输市场的秩序混乱、管理不规范，而会导致作为运输产品交换媒介的运输价格被扭曲并发出失真的信号，直接影响商品的交换，使运输企业经营决策失误。

运输价格管理，是指根据运价本身运动的客观规律和外部环境，采用一定的管理原则和管理手段对运价的运动过程所进行的组织、管理原则、管理形式和实施管理的基本手段等。

运输价格的管理模式是指在一定的社会形态下，国家对运输价格的形成及运行机制等的调节方式。它的类型是由整个国家的经济性质和国家的经济运行模式所决定的。

5.5.1 运输价格的管理原则

当前，我国对交通运输业实行“有控制的市场价格”管理模式，其管理原则是：统一领导、分级管理；直接管理与间接控制结合；保护竞争、禁止垄断。

1. 统一领导、分级管理的原则

所谓的统一领导是指国务院价格主管部门统一制定，统一安排，在一定的组织程序和组织机构的帮助下，采用相应的管理手段，对全国性运输价格管理工作的价格方针价格调控计划、定价原则、调价方案与步骤、价格管理法规等内容进行组织、监督和调节。

目前，在运输价格管理过程中遇到的突出问题是，由于运输体系的不健全而造成运输主体的行为不规范，例如，主体竞争不公平：“地下”交易、“黑市”交易严重；许多无证的货运代理商从中赚取较大的利润等种种这样的扰乱运输市场现象表明，必须改革运输市场的运行机制，确保运输市场能公平、公开、公正地运营下去。

运输价格的“分级管理”，是指各级政府、运输主管部门按照各自的价格管理权限、对运输价格和收费标准所作的管理。

当前，公路汽车运价水平的管理权限在各省，由价格主管部门会同交通主管部门管理。今后国家发改委和交通运输部负责汽车运输方针、政策的制定，协调省际汽车运价。省际零担货物运价，由国家发改委和交通部确定。货运运价中抢险、救灾、军运等国家重点物资运输实行国家定价。

2. 直接管理和间接控制相结合的原则

运输价格的直接管理是指国家直接制定、调整和管理运价的一种行政管理方法。其根本特点是运价由国家价格主管部门直接制定并调整，同时采用行政手段，强制企业执行。运输价格一经制定，具有相对稳定性。

运输价格的间接控制是指国家通过经济政策的制定与实施，并运用经济手段来影响市场定价环境，诱导企业定价行为的一种价格控制方法。它的基本点是国家不直接调整价格，而是通过国家的政策和经济手段来诱导运输企业运输价格的制定，不具有强制性。

3. 保护竞争、禁止垄断的原则

随着运输业的发展，不同运输方式或同一运输不同企业之间必然存在着运输价格的竞争。竞争有利于各运输企业提高其运输服务，带动运输企业的发展，但要防止垄断，某些运输企业因在速度、货物的完整程度等运输服务方面强于其他的敌手，想强占运输市场，这样不利于其自身的发展，更加违背了运输业的宗旨即提供人民安全、舒适的服务。所以运输价格的制定应本着保护竞争、防止垄断的原则。

5.5.2　运输价格管理基本手段

1. 以法律手段管理运输价格

价格管理的法律手段指国家通过制定价格法律和法规进行规范化的管理。例如，规范运输价格的管理模式和管理权限、调节的原则、保护措施、禁止垄断和制裁办法等。

2. 以经济手段管理运输价格

价格管理的经济手段指国家利用财政、税收、信贷和投资等经济手段来调控运输水平。运输也是一个初期投资大、资金回收期长，对国民经济的发展有重要作用的企业。运输业除了要适应运输需求的变化外，实施管理决策和改善经营管理外，国家应对运输企业给予一定的扶持，使运输企业能长期、有效地经营下去，为人民带来方便出行的服务。

3. 以行政手段管理运输价格

价格管理的行政手段是运输主管机关或部门运用行政命令，规定统一的运价和实施带有强制性的措施和监督等办法，协调各种价格关系的一种手段。随着市场的进一步深化，国际道路运输通常采用以法律和经济手段来进行运输价格的管理，但有些情况还是需要运用行政手段来进行管理。例如，社会发生非常事件比如地震、水灾等急需某些物资，这时就必须由有关部门运用行政命令的办法强制运输企业按国家定价和国家指导价实施运输。

阅读材料

我国运输价格管理形式

国家采取何种价格管理形式，是价格管理的最基本内容。它是由管理模式决定的。目前，我国采取三种运输价格管理形式，即国家定价、国家指导价、市场调节价，并限定其各自的适用范围。

1. 国家定价

国家定价是由县级以上各级政府物价部门、运输主管部门按照国家规定的权限制定并负责调整的运输价格。

目前我国对航空和国家铁路的客货实行国家定价。由于国家铁路和航空运输由国家直接参与经营，具有较强的垄断性，因此其价格由国家直接制定并实施管理是很有必要的，否则会扰乱正常的运输秩序。但应该看到，“有控制的市场价格”模式下的国家定价与过去计划经济体制下的“固定价格”是有所区别的。后者在制定时主要根据运输价值而很少考虑其他价格形成因素；而前者，除了反映运输价值外，还注意到市场经济条件下的客观经济规律的要求，诸如运输市场的供求关系、与其他运输方式之间的比价关系等，同时，还根据运价指数的走向，定期与不定期地对运价进行调整。

2. 国家指导价

国家指导价是县级以上各级政府物价部门、运输主管部门通过规定基准价、浮动幅度或最高、最低保护价等形式制定的运输价格。

目前我国对于水路、公路中的旅客运输以及属于国家指令性计划内的货物运输均实行国家指导价。由于我国水路、公路市场已基本确立，市场竞争机制也已基本形成，从理论上看可不失时机地全部实行市场调节价，但目前对于旅客票价以及属于关系到国计民生的重要物资、抢险救灾物资等列入国家指令性计划运输的价格尚未完全放开，在可能的情况下，对一般货运，国家兼顾运输企业的经济利益，容许企业根据市场供求情况在规定的浮动幅度范围内自主定价。如交通部颁布的《直属水运企业货物运价规则》，承运国家下达的计划运输货物，可在基准价基础上，上下20%的幅度内由企业自主确定价格。

3. 市场调节价

市场调节价是运输企业根据国家有关政策和规定，主要通过市场供求情况自行确定的运输价格。

按照我国运输价格的管理模式，最终应实现以市场调价为主、国家定价和国家指导价为辅的价格管理形式。这样，才有利于价值规律在市场体系中真正发挥调节运输供求，合理配置运输资源，提高运输企业生产效率等作用。只要国家所采用的调控手段运用得当，市场调节价必然会推进运输业乃至整个国民经济的健康发展。

例如，2004 年国务院批准的《民航国内航空运输价格改革方案》中规定，民航国内航空旅客运输票价实行浮动幅度管理。各航线公布票价为基准价，一般情况下允许浮动 +25% ~ −45%。

5.5.3 我国运价制度回顾与案例分析

1949—1978 年中国实行计划经济体制，政府制定所有的经济决策，商品价格也由上级行政部门制定并严格管制。1978 年十一届三中全会后中国开始进行以市场化为取向的改革，改革的目标模式经历了一个从“计划经济为主，市场调节为辅”，到“计划的商品经济”，再到“社会主义市场经济”的渐进过程。本节仅通过公路运输价格的制度变迁过程为例对我国运价制度作一回顾。

中国公路运价制度的变迁过程大致可划为两个时期，下面分别给予介绍。

1. 严格管制时期的公路运价(1949—1984)

(1)集中统一运价管理体制的形式

中华人民共和国成立初期，汽车运价处于混乱状态，如 1950 年的汽车运价，最低 0.003 元每人公里，最高达 0.63 元每人公里。政府为稳定市场、稳定物价、保障供给，开始管理运价。

1966 年 1 月，政府在石油降价后，相应的降低汽车运价，所有的货物运价降低到每吨公里 0.2 元左右，客运运价一般都降到每人公里 0.02 元左右。1966 年前后调整的运价，一直用到 20 世纪 80 年代初。

(2)公路运价严格管制的背景

运输业在活跃地方经济、地区开发和国防等方面发挥着积极作用。中华人民共和国成立初期，政府为保障供给，对处于混乱状态的汽车运价进行整顿，逐步统一运价，以稳定物价，稳定市场，尽快恢复国民经济。

2. 逐步放松管制时期的公路运价(1984 年至今)

(1)旨在放松管制的公路运价改革

1966 年前后调整的运价，没有考虑运输成本的差异。1984 年 2 月，经国家物价局审查同意，交通部颁发《汽车运价规则》，实行差别运价，运价总水平保持基本稳定，局部略有降低，给予地方和企业一定的调价主动权，企业可以根据运输市场供求关系的变化，在一定范围和一定时期对运价作适当的调整和浮动。

(2)公路运价放松管制的原因

公路运价改革实质上是一个制度变迁的过程。由于交通等基础部门具有价格波及效应强的特征，国家对运输业实行低价政策，并进行严格管制，使交通运输业长期不能摆脱国民经济瓶颈地位。长期以来，公路运价水平总体偏低，存在明显的外部效益。公路运输部门的资金盈利率远远低于全国工业企业平均水平。偏低的运价使运输业缺乏自身扩大再生产的能力，制约了公路运输业的发展，造成公路运输产品供给不足。

综上所述，在公路运价制度变迁过程中，中央政府通过放松运价管制，逐步缩小计划价格的范围，扩大市场调节价格的范围，从而更好地利用竞争机制，促进公路运输业资源配置的优化和效率的提高。可以预见，中国运价的管理体制改革将进一步扩大企业定价权，建立以市场定价为主的公路及其他运输方式的运价机制。

案例 5-2

航空公司的票价差别

寻找最低的飞机票可能是一件令人眼花缭乱的事，因为任何一天都可以找到上万种不同的票价。一架 150 座的在美国两个城市之间飞行的飞机上，其中一个座位有 30 种不同的票价也不奇怪。有时候这些票价差别至少部分反映服务质量上的差别，例如头等舱乘客有更多的伸腿空间和更加丰盛的餐食，但另一些时候，同样的旅行经历却付出了不同的价格。1992 年夏天，从芝加哥到旧金山正常的二等舱往返票价为 800 美元，但航空公司的促销票价有的只卖200美元，而在飞机上服务水平和所用设施是完全相同的。

许多年来，航空公司用所谓的收入管理来增加利润，做法包括差别定价和市场促销。其中差别定价就是根据不同乘客的不同需求价格弹性来定价。一般来说，公务舱乘客的价格弹性较小，因为他们必须满足客户和市场机会对确定时间和地点的要求，通常这种旅行一接到通知马上就要动身。航空公司利用这种情况向这类乘客要高价，而且不要求他们必须提前购票。相比之下，假期旅行者可以在许多目的地之间进行选择(包括不坐飞机旅行)，并在很久之前就预先做好计划。由于这些可由旅行者自行做主的旅行需求对价格变化很敏感，因此航空公司就对某些机票定出优惠低价，以吸引乘客提前7～30天购买。

收入管理还包括确定有多少低价机票可以出售。虽然航空公司有必要留出一些座位按促销价出售，但在确定每个航班上到底应分配多少，仍有很大决策余地。经常客满的航班就没必要再出售很多低价票，而对那些客座率经常较低的航班，则应该多一些低价票以吸引更多乘客。确定最有利的票价组合是航空公司的一项复杂而又经常性的工作，计算机系统可以用来不断根据最新的资料评判和改变票价的最优组合。一位乘客在星期二打电话给旅行社，被告知某个航班没有优惠低价票，但另一位乘客却有可能在星期三同样通过电话买到了同一航班的优惠票。

优惠低价票往往有许多限制，例如要求提前付款出票并且不能退票等等，而正常机票就没有这些限制。因此，有些人认为这些代表了不同的服务水平，正常机票的较高票价体现这种票能给乘客提供更多方便。

思考与讨论

(1)运输定价有什么样的重要作用?

(2)航空公司采用的定价策略有哪些?

思考与练习

重点：(1)运输价格的基本影响因素；(2)运输价格的常见形式；(3)运输价格的基本定价理论。

难点：运输价格的基本定价理论。

思考与练习

(1)试分析合理制定运价的意义。

(2)运价的特点是什么?

(3)如何理解运价的职能?

(4)简述运价的基本结构。

(5)什么是价格歧视?请列举运输服务中的一至二个例子，并分析它们是否属于控制范围内所容许的价格歧视定价?

(6)简述各种定价理论的基本思路和各自的适用场合。

(7)运输价格管理有哪些基本手段?举例说明。

(8)结合我国运输业实际，谈谈运价的形成机制和改革问题。

第6章

运输市场

6.1　运输市场的概述

6.1.1　运输市场的概念

市场源于古时人类对固定时段或地点进行交易的场所的称呼，也即“市场”指买卖双方进行交易的场所。不过随着商务活动的不断发展，这一概念的内涵也不断扩展，除了传统意义上的交易场所（例如股票市场、期货市场等）外，还包含了交易行为的含义，也即市场一词不仅仅指交易场所，还包括了在此场所进行交易的行为。

而具体到交通运输，运输市场也有两层含义：从狭义上说，运输市场是指运输劳务交换的场所，该场所为旅客、货主、运输业主、运输代理者提供交易的空间，例如车站、港口等；而从广义上描述，运输市场则包括运输参与各方在交易中所产生的经济活动和经济关系的总和，即运输市场不仅是运输劳务交换的场所，而且还包括运输活动的参与者之间、运输部门与其他部门之间的经济关系。

广义运输市场定义中所包括的参与者，一般可分为以下四类：

(1)需求方——交通运输的需求者，例如乘客、货主等；

(2)供给方——提供运输服务的运输业者，例如航空公司、公交公司、铁路公司等；

(3)中介方——提供各种与运输相关服务的代理机构，例如货运代理公司、运输经纪人、运输信息咨询公司等；

(4)政府方——政府有关机构和各级交通运输管理部门。

在以上四类运输市场参与者中，前三者（也即需求方、供给方和中介方）直接从事着客货运输生产和交换活动，属于运输市场行为的主体。而政府方代表的是国家和公众利益对运输市场进行监督、管理、调控。交通运输部、中国民航总局、省交通厅、市县交通局以及财政、金融、税务、海关、城建、环保、工商、物价、商检、标准计量、经贸委、仲裁等部门和机构都属于政府方的范畴，这些部门和机构虽然不直接参与市场主体的决策过程，但其通过行政、法律、经济等手段，以管理、监督、调控等方式对运输市场进行规范，制定运输市场运行的一般准则，使市场运行有序化。

由于运输业对国民经济发展起着至关重要的作用，且其和土地、劳动力、资本、技术和信息一样属于经济资源的范畴，因此运输市场也可以看作是一种要素市场，其在市场体系中占据着非常重要且特殊的地位。

6.1.2 运输市场的主要特征

和其他的商品市场一样，运输市场是以商品交换为主要内容的经济联系形式，是运输产品供给方与运输产品需求方之间相互连接的桥梁和纽带，因此它具备一般商品市场所具有的特征和属性；但同时，由于运输业本身的特点，又决定了其具备与其他的商品市场不同的一些特征：

1. 运输市场具有较强的空间性和时间性，供求调节性差

由于在运输市场中，运输需求是对位移的要求，而这种位移是由运输市场的需求方所指定的带有起讫点方向性的位移，这一位移具有矢量特性。也就是说，在运输市场中，运输需求显现出一种空间特定性，而由带着这一空间特定性属性的运输需求所汇集形成的运输市场，也就自然具备了较强的空间性，例如我国的沿海、平原、城市等地区的交通运输业比较发达，而内地、山区、农村等地的交通运输业比较落后，运输市场存在着空间上的不平衡，这就是运输市场空间性的一个体现。

此外，由于运输市场运送的货物和乘客具有季节性的特点，因此运输市场也呈现出较强的时间性和波动性，例如春节、五一、十一等假期的客运市场会出现乘客数量达平时数倍甚至十数倍的情况。另外，运输市场时间性也体现在其对运输速度的要求上。

运输市场具备较强的空间性和时间性，在空间和时间上均存在着不平衡，但该市场的供求调节性却较差。对于一般商品市场来说，在交通、信息事业已经高度发展的今天，商品的供求受到的时空限制已经非常有限，由于市场价格的驱动，时空的不平衡关系很容易被市场自动调节。而交通运输服务是以交通运输设施为前提条件的，且交通运输的服务供求关系受到时空的严格限制，想对其供求进行调节，难度非常大。

2. 运输市场具有派生性，其与工农业产品市场相适应

由于运输需求具有派生属性，除少数乘车沿途观光的旅客和飚车族外，运输需求都是由国民经济相关产业活动及人们的社会活动派生出来的，这也使得运输市场在规模、质量和价格上都与工农业产品市场相适应。

3. 运输市场上出售的是非实物性产品

运输市场上所出售的并非实体的产品，而是人或物的位移，是非实物性的产品。这一产品具有不可感知、不可分离、不可贮藏和缺乏所有权等特点。

在其他的商品市场上，商品的生产、交换和消费，都是独立存在的，而运输产品的生产和消费过程融合在一起，这一点类似与服务市场中的情况，但与服务市场有区别的是运输市场的产品提供者并不直接作用于产品的消费者，而是作用于运输工具；运输市场的交换过程也较为特殊，在运输市场上，一开始供给方和需求方所交换的并非产品，而是一种以车票、货票或者运输合同作为契约保证的“承诺”，这一“承诺”随着运输生产过程的开始，通过一定的时间和空间延伸，在运输生产结束时，才完全转变为运输产品。

4. 运输市场上存在较多的联合产品

运输企业是为不同运输对象提供多种不同运输产品的企业，在多数情况下，它的设备是由多个个体(不同的运输消费者)联合使用的。从理论上讲，当生产某一种产品的同时导致以某一比例生产出另一些产品，而且这种连带产品会引起它的主产品保持着固定比例，就产生了联合成本。准确地计算联合成本具有一定困难，它给企业从供给角度分析市场竞争带来了

一定的难度。

5. 价格透明度高

一般产品(主要是工、农、建产品)的价格，由商品的价值量来决定。相同商品的价格，其价值量相同，价格由供求关系来决定。供不应求，商品的价格会上涨；供过于求，商品的价格会下跌。在供求关系一定的情况下，一般商品的价格在同一时间、同一地点还受交易双方的经营素质与承受能力的影响，对于不同的买主，其价格可能存在不同，也即不同的顾客或买主存在“背靠背”现象，这种现象在完全规范的市场上也在所难免。但在运输市场上，价格具有完全公开性，它在同一时限、同一地点的价格规范一致。

6. 个别市场的进入有一定的困难

运输市场具备一定的自然垄断性特性，个别市场的进入较为困难，且极易形成垄断。一方面，运输业在一定的发展阶段，某种运输方式往往会在运输市场上形成较强的垄断势力。例如许多国家都成有过运河的大规模建设时期，水运运量占统治地位，其后铁路又在相当长的时间里成为运输业的霸主。虽然在现在多种现代运输方式都得到了充分的发展，且互相之间产生了激烈的竞争，但他们在自己的优势领域依然保持着一定的独占性；另一方面，由于某些运输市场具有较明显的规模经济效应，成本次可加性明显，竞争者想要进入这些运输市场将面对准入限制、初期大额投资等困难。例如高速公路行业，极高的准入条件及巨额的投资成本，使得其一直被认为是接近极端的自然垄断市场。

6.1.3　运输市场的作用

运输市场的市场机制会在市场运行时，在以下几个方面发挥作用：

1. 提供运输供求信息

信息传递是市场的一个基本功能，市场通过价格信号向消费者和生产者提供有关稀缺状况的足够信息。

在运输市场中，参与运输市场活动的主体，拥有和掌握着不同的信息，通过自身的表现，向市场传递着信息，如运输价格信息、运输技术装备信息、供求信息等。市场信息在不同主体之间的流动，客观上起到调节和支配市场主体经济活动的职能。

运输市场提供的信息流向具有双向性，由需求方通过市场流向供给方的信息流使得运输生产的企业或个人能够根据市场的需求情况来决策自己的生产规模和提供生产和服务的水平；而由供给方通过市场流向需求方的信息流使得乘客或货主能够充分了解运输生产者，使得其在选择运输生产者上能够使自己的支出得到最大限度的效用满足。

2. 资源优化配置功能

在一定的社会生产规模中，社会资源的分配在各行业之间以及行业内部在客观上都存在着最佳的比例关系，运输市场也不例外，其通过运输价格，引导资源从获利较少的运输生产用途转到获利较多的运输生产用途上去，实现社会资源在运输业和其他国民经济部门之间的优化配置；实现运输业内部五种运输方式之间的协调发展；实现各运输企业达到规模经济，并在高效的管理状态下以较低的价格向社会提供多层次的运输产品。不过，由于运输业的公益性、垄断性，仅靠运输市场的调节很难真正达到资源的合理配置要求，这使得政府必须对运输市场采取一定的监管措施，让运输业内部保持合理的适度竞争，保证低成本高效率的运输系统的存在和发展。

3. 刺激社会生产力发展

运输市场对社会生产力的刺激作用体现在两个方面：第一，运输市场的竞争促使运输工具以及运输技术的进步，使得与之相关的钢铁、石油、通信等行业得到极大的发展，带来这些产业的技术革新；第二，充足的运输使一个国家的工农业生产实现专业化、规模化、区域化和科学化，使社会生产成为世界性的活动，全球各个区域的联系同时得到加强，资源在全世界范围内的有效配置成为现实，以运输业为基础的经济全球化推动了整个人类社会生产力的发展。

6.2 运输市场的分类

运输市场按照不同的标准，可以有不同的类别，图 6－1 列出了运输市场总体的分类情况：

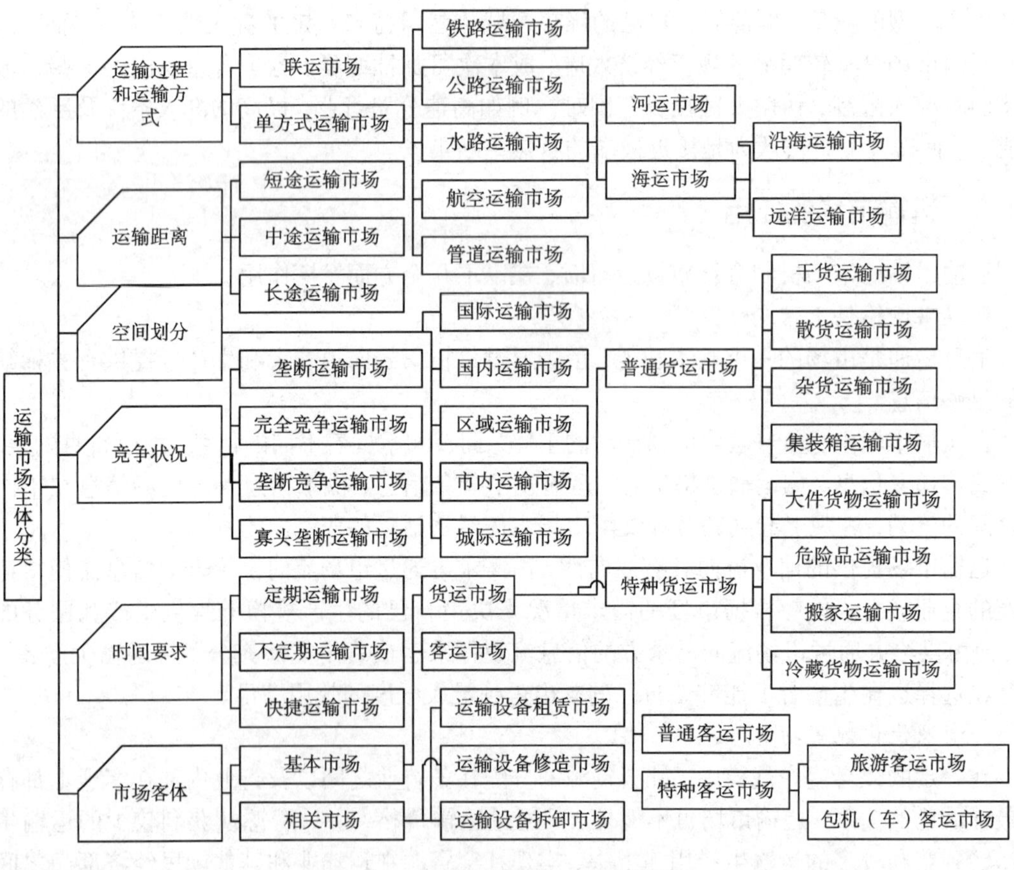

图 6－1 运输市场总体分类示意图

6.2.1 运输市场的分类标准

为了对运输市场体系更全面地了解，我们有必要对其进行分类研究：对于运输企业来说，掌握运输市场的分类，有助于其细分市场，制订相应的市场营销策略；对于管理方来说，有助于其制定和实施相应的管理政策及措施。运输市场按照不同的分类标准，可以有不同的类别。目前，运输市场主要的分类标准有如下几种：

1. 按运输市场涉及的运输方式

可分为包括两种或两种以上运输方式的不同方式间运输市场（如水铁联运市场、公铁联运市场等）和单一运输方式的运输市场（如铁路运输市场、公路运输市场、航空运输市场、水运运输市场和管道运输市场）。

2. 按运输距离的远近

可分为短途运输市场、中途运输市场和长途运输市场等。一般来说，不同的运输方式对于短、中、长途的定义并不一样，比如以汽车为运输工具的话，50 km 以内为短途运输，50 ~ 200 km 为中途运输，200 km 以上为长途运输；再比如以飞机为运输工具的话，600 km 以内为短途运输，600 ~ 1100 km 为中途运输，1100 ~ 3000 km 为长途运输，3000 km 以上为超长途运输。

3. 按运输市场的空间范围

可分为国际运输市场、国内运输市场、区域运输市场、城际运输市场和市内运输市场。

4. 按运输市场的客体结构

可分为基本市场和相关市场。其中，基本市场分为客运市场、货运市场；相关市场分为运输设备租赁市场、运输设备修造市场、运输设备拆卸市场等。

上面的货运市场也可以按照运输条件进一步分为一般货物运输市场和特种货物运输市场。一般货物运输市场可分为干货运输市场、散货运输市场、杂货运输市场、集装箱运输市场。特种货物运输市场可分为大件运输市场、危禁货物运输市场、冷藏运输市场、搬家运输市场等。以上的货物市场还可进一步细分，例如散货运输市场就可再细分为煤炭运输市场、粮食运输市场、钢铁运输市场、油品运输市场等等。

客运市场也可以细分，如一般客运市场和特种客运市场，后者如旅游客运市场、包机（车、船）市场等。

5. 按运输市场的竞争性

可以分为垄断运输市场、竞争运输市场和垄断竞争运输市场以及寡头垄断市场等。这种分类是针对特定时间、地点等条件而言的，比如有的运输企业在一些地区是垄断的，在另外一些地区则可能是竞争的。按竞争性划分的市场结构类型及特点如表 6 - 1 所示。

表 6 - 1　按市场竞争划分的市场结构类型及其特点

市场结构类型	厂商数目	产品差别程度	个别厂商控制价格能力	厂商进入产业难易	现实中较接近的运输子市场
完全竞争	很多	无差别	无	完全自由	公路货运
垄断竞争	较多	有一定差别	较弱	比较自由	城际运输
寡头垄断	几个	有或没有差别	较强	有限	国际航空运输
完全垄断	一个	唯一，不可替代	相当强	不能	铁路运输

6. 按时间要求

可分为定期运输市场、不定期运输市场、快捷运输市场等。

7. 其他情况

上述分类往往还可以交叉进行，如长途客运市场、短途客运市场、水运长途客运市场、水运短途客运市场，水运长途货运市场、公路长途客运市场，定期船市场、不定期船市场等等。

下面将以运输方式为分类标准介绍我国一些典型的运输子市场的情况。

6.2.2 公路货运市场

目前，我国的公路货运市场的市场结构已经较为接近西方经济学中的完全竞争市场，但在1983年以前，我国的公路货运还是计划经济，只有国有运输公司才能从事公路货物运输，在当时，各地的货主单位有运输需求时，只能向当地的国有汽车运输公司提交运输申请，然后由各地汽车运输公司调度室汇总各货主的运输需求和运力情况，统筹安排运输计划，确定运输车辆和具体运输时间，通知货主提前交款办理运输手续，然后执行具体运输任务。(美国也曾经对汽车货运进行过严厉管制，其当时的公路货运市场的运行模式与1983年前的中国类似)而随着改革开放的深入，我国的公路货运市场逐步放开，开始具备一定的完全竞争市场特征：多运输服务提供商、运输服务产品差别不大、单个运输提供商没有运输价格控制能力、运输服务提供商的进入完全自由等。

与其他运输子市场相比，我国公路货运市场现在处于买方市场，其完全竞争性体现在卖方的激烈竞争上，各运输服务提供商以压低运输价格的方式来争夺市场份额，一些运输提供方为了在价格竞争上取胜，甚至将运费压低到成本之下，而这些运输提供方为了收回成本甚至盈利，只能采用超载的方式进行运输。这也是我国公路货运市场上超载现象一直屡禁不绝的背后原因之一。

因此，虽然我国的公路运输市场接近于完全竞争市场，但市场的管理方(政府)还是应该对此加强监控与规范，以确保这一市场的健康发展。

6.2.3 航空运输市场

我国的航空运输市场，较为接近于寡头垄断市场的结构类型，我国国内的航空运输市场目前除了国有航空公司(中国国际航空股份有限公司、中国南方航空股份有限公司和中国东方航空集团公司)外，还有合资航空公司(鹰联航空有限公司、奥凯航空有限公司、春秋航空有限公司、上海吉祥航空有限公司等)参与市场竞争。不同航空公司之间在同一航线上通过飞行速度、起降时间、机票价格以及服务质量等方面展开竞争。而已经常态化的淡季时的机票打折营销，就是这一竞争的具体体现。

虽然航空运输市场的寡头之间的竞争让乘客得到了实惠，但从航空运输市场的可持续化发展上来说，并不建议将这一市场的竞争扩大，也即并不建议将这一市场转变为多个小运输公司，而不是几家寡头参与市场竞争。之所以不建议，也不可能将航空运输市场变成完全竞争市场，首先是因为航空公司具有准军事性的特征，即便在市场化程度最为开放的美国，其航空市场也依然采取了严厉的管制措施；除此之外，航空运输业属于资金、技术、信息密集型行业，随着企业规模的变化，其收益也会发生相应改变，具体来说，随着航空企业生产能力的扩大，其单位成本呈下降的趋势，这也使得航空运输市场上航空公司之间的联合和吞并不时发生；也就是说为了追求规模效益，这一市场有垄断的趋势和滥用垄断的可能，因此我国在开放空运市场的同时，必须加强监管，避免在该市场上出现过强的垄断力量以及完全垄断。

6.2.4　水路运输市场

水路运输按水路可划分为沟渠运输、湖泊运输、河流运输、海上运输以及远洋运输等，由这些运输形式形成的水路运输子市场的特点之间有着较大的区别：

沟渠运输由于水位浅，不利于机动船只的航行，仅能使用人力木船，其运输能力有限，速度较慢，目前已经或正在被公路运输所淘汰，不再成为运输市场。

海上运输、河流运输、湖泊运输中，同一条航道由港务局统一管理，根据航道的不同，参与运输的企业有一家或者多家之分，经济成分也非常复杂，相应的市场结构也会因航道的不同而不同。

6.2.5　铁路运输市场

我国铁路运输市场的市场结构较为接近完全垄断市场，在这一市场中，以前由铁道部，现在由中国铁路总公司进行垄断经营，该市场带有很强的卖方市场的属性，货主或者乘客所拥有的自由度仅仅是是否选择铁路运输这种方式。在铁路运输市场内，各类运输产品完全由中国铁路总公司(原铁道部)所提供，虽然目前在铁路旅客运输市场上已有高铁列车、特快列车、快速列车等不同产品，在铁路货物运输市场上已有五定班列、行包特快等差异产品，但考虑到运价等因素，这些产品之间其实并不存在太多竞争，仅仅只是中国铁路总公司细分市场的举措。

而从铁路运输市场外部来说，虽然在某些领域，汽车运输、水路运输和航空运输会和铁路运输产生一定的竞争，但这些竞争也并不激烈。例如煤炭运输，航空方式并不合适，水路运输又受制于地理条件，因此煤炭运输在我国很多区域只能选择铁路运输来完成。

由于铁路的自然垄断性，即便当前我国铁路正在逐步深化网运分离的体制变革，考虑到我国铁路运输的作用以及运营的安全性，未来也不太可能出现多家铁路运输公司在我国铁路网络上竞争的情形。对于完全垄断的我国铁路运输市场，为了削弱其运营方掌控价格的能力，必须坚持这一完全垄断的主体是国家，且价格的确定靠国家的宏观统筹决定，否则就会出现铁路票价飞速上涨的局面。

6.2.6　管道运输市场

管道运输一般来说仅限于运输水、石油、天然气等液态或气态物资，一般为专线专用，并不形成独立市场，换句话也就是说管道运输服务提供者同时也是运输的商品(水、石油、天然气等)的生产者和销售者，管道运输过程更多的是其销售过程的一个环节。另一方面，如果在未来，管道运输过程与生产和销售单位脱离，形成独立市场的话，也极有可能和铁路运输市场一样发展成完全垄断市场。

6.3 运输市场的中介

运输市场中介，也即运输代理(包括辅助性公司)，是社会分工和交通运输发展到一定阶段的产物：在旅客运输方面，中介意味着辅助服务提供商，比如旅行社，通过提供关于出行方式、时间、价格等信息来满足客户的出行需求；在货物运输方面，存在着集货转运公司、物流公司、运输咨询公司等多种形式的中介服务提供商。

6.3.1 运输市场中介的作用

一般来说，运输中介商对运输市场起着以下的作用：

协调咨询作用：运输市场的中介在运输市场中扮演着协调人的角色，他们的服务某种意义上取决于市场的形势和他们对市场的了解，中介商往往能够根据运输需求方的需要，为其介绍资源配置最佳的运输服务提供商，并以此从运输服务需求方和运输服务提供方获取收益。例如公路运输市场中的回程配载服务，就完全由运输中介协调完成。

化解风险作用：从作用上来说，运输中介的作用并不仅仅只是运输服务需求方和运输服务提供方的牵线搭桥者，其还为运输服务提供方提供了有效化解和减轻需求不确定性带来的风险的可能。例如旅行社能够为其合作的航空公司长期保证稳定的客源，避规其空位成本风险；而海上运输的无船运营商通过购买舱位分担远洋运输公司的空舱风险都是运输中介化解风险作用的具体体现。

技术服务作用：运输中介能为运输的需求方提供专业的运输经营知识，特别是涉及报关等环节时，运输中介的技术服务作用就会非常明显。

需要注意的是，虽然中介在运输市场上起着非常重要的作用，但中介并不是必需的，其工作一方面可由运输服务提供方扩展服务获得，另一方面当运输需求较容易满足的时候，运输需求方也不会乐于承担运输中介的中介费用，而会选择直接与运输提供方进行交易。换句话也就是说，在运输市场上，运输中介只有在运输需求复杂、运输过程环节繁多的情况下，中介才有存在的可能及必要。

6.3.2 运输代理

运输代理是运输市场中介中较有代表性的一种，其在作用上可分为运输企业运输产品的销售代理和货主及旅客的代理两种形式，比如飞机票的代售点就属于前者，而转运公司、第三方物流则属于后者。

1. 作为运输供给运输产品的销售代理

一般来说，运输企业愿意发展并委托销售代理的前提条件是运输企业直接与运输需求方交易的单位运输产品成本($C_{运}$)大于运输企业付给代理商销售单位运输产品的佣金(P)；而在另一方面，公司或企业愿意做销售代理的前提条件则是运输企业付给代理商销售单位运输产品的佣金(P)等于代理企业与运输需求方交易的单位运输产品的交易成本($C_{代}$)及其销售单位运输产品的利润($E_{代}$，$E_{代} \geqslant 0$)，也即某运输市场上有运输代理公司存在时，必然有如下的关系式成立：

$$C_{运} \geqslant P = C_{代} + E_{代} \tag{6-1}$$

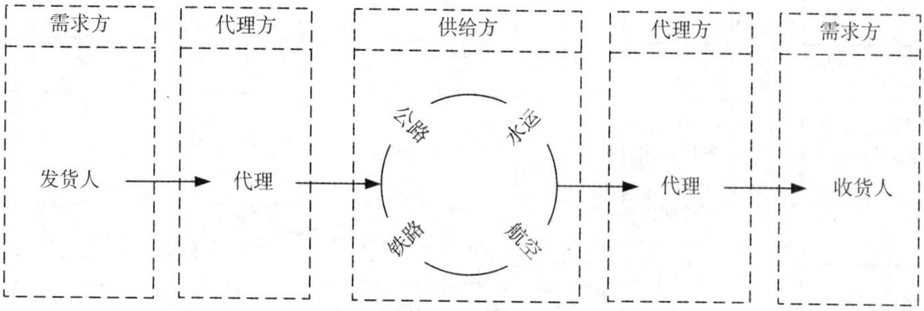

图6－2　运输代理在运输过程中的作用(货运)

在上式中，若 $P > C_{运}$，意味着运输企业自己销售运输产品的成本比付钱给代理商销售要便宜，此时运输企业会选择自己销售；若 $E_{代} < 0$，意味着代理商从运输企业拿到的佣金不足以支撑其销售成本，这时代理企业的选择只能是开发市场进一步降低成本，或者要求运输企业提高代理佣金。

不过在某些卖方市场中，运输服务提供方为了提高售票服务质量，代理商销售单位运输产品的佣金有时也会由运输需求方支付，例如铁路票代售点，其售票佣金就是由购票者而非中国铁路总公司支付。

2. *作为运输需求方的代理*

当代理公司是作为运输需求方(货主或旅客)的代理商角色的话，其收益就不是佣金获得，而是销售运输产品的收益。也即代理商的收益 = 运输产品价格 - 运输产品成本。此时，代理公司除需要努力开拓市场，扩大销售范围和销售量并努力降低经营管理和销售成本之外，还需设计好的运输产品组合，实现运输成本的最低化。

在这之中，运输代理在运输环节上一般都采取外包的形式：简单来说就是将涉及铁路运输的部分外包给铁路运输企业，将涉及航空运输的部分外包给航空运输企业，单从理论上来说，运输代理企业在这之中占据着主导地位，可按成本最低、服务最好的原则按需选择外包企业。因此从这点上来说，作为运输需求方的代理商，运输代理的存在和发展取决于市场，取决于产品设计运营成本，取决于代理企业的市场营销能力和企业经营管理成本等因素。这也是目前许多货运代理和旅行社不断推出新产品，加大市场开发力度的原因之所在。

6.4　运输市场的竞争

在任何市场中，竞争都是一个永恒的话题，运输市场中的竞争也同样体现在产品和服务的方方面面，这些竞争一方面促进了运输行业的繁荣，另一方面也导致了运输市场各种乱象的发生。

运输市场的竞争发生在运输活动的各个阶段，涉及运输服务方面的竞争更是运输需求方关注的重点，运输的生产过程可分为都层次市场结构，不同层次存在着不同市场主体和不同竞争结构：

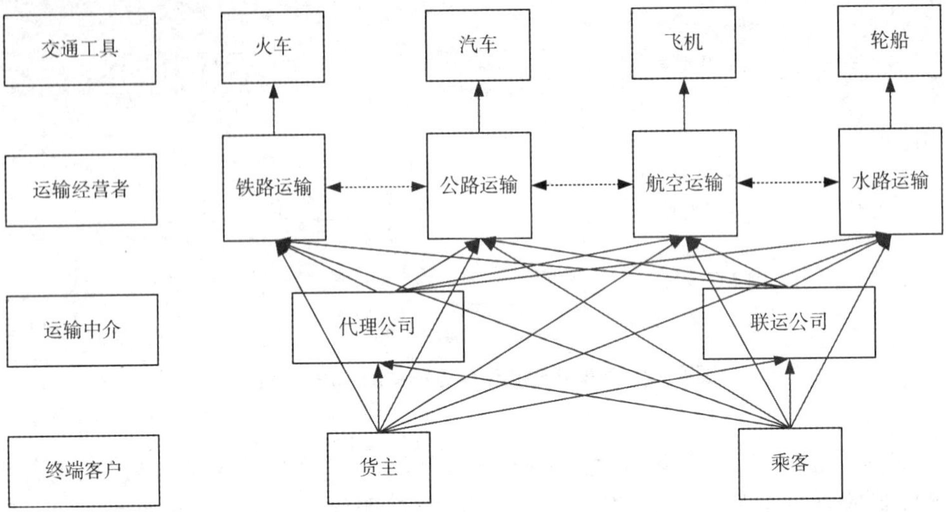

图 6－3　运输服务产生的过程

由图 6－3 可以看出，运输经营者通过火车、汽车、飞机、轮船等交通工具实现运输服务，而货主、乘客依靠代理公司、联运公司，甚至是直接与运输经营者取得联系，获得运输服务。而在这之间，由于货主和乘客有选择运输中介以及选择运输经营者的权利，运输经营者有选择不同厂商生产的交通工具的权利，因此可以说运输系统在不同的层次上都存在着广泛的竞争。

6.4.1　运输工具层面上的竞争

公路运输工具的竞争，其实就是汽车厂商之间的竞争，几乎全世界主要的大型汽车制造商都加入了我国的这一竞争当中。同时，我国自主汽车制造企业也有大大小小数十个，可以说这一竞争较为接近完全竞争的市场，而更确切地说，这一市场与其说是运输市场，还不如说是机械制造市场。

航空运输工具的竞争，主要就是两个商业飞行器的全球性公司之间进行的竞争，即美国的波音公司和欧洲的空客公司之间的竞争。由于民用飞机的研制和开发需要投入大量成本，因此其他厂商想要进入这一市场非常困难（我国已成立中国商用飞机有限责任公司，准备进入这一市场），另外，航空制造商为了分摊巨大的研发固定成本，都会与具有相关专门技术的公司展开紧密的合作，并通过对运输市场各个阶段的渗透和为全世界主要的航空客户提供全系列、不同型号的飞机，达到不断降低成本的目标，可以说，航空制造业是典型的具有规模经济和范围经济的行业，也是比较典型的寡头垄断行业。

铁路运输工具及水路运输工具的竞争形式介于公路车辆制造业和航空制造业之间，也即属于垄断竞争的市场结构。

6.4.2　运输经营者以及代理商之间的竞争

运输经营者以及代理商之间的竞争涉及多个方面，既有不同运输方式之间的竞争，也有同种运输方式之间的竞争，不同运输方式之间的竞争，较为典型的是铁路和公路之间的竞争，而同种运输方式之间的竞争，本书将以同一线路上的运营商之间的竞争来说明。

1. 铁路货运和公路货运的竞争

之所以以铁路货运和公路货运的竞争来说明不同运输方式之间的竞争，主要是因为铁路和公路运输服务是相对来说可替代程度较高的两种运输方式，它们之间的竞争关系较为明显。

公路运输市场趋向于完全竞争市场，货主在运营商的选择上一般会选择报价低的，公路的运输价格由公路运输的边际成本所决定；而与公路运输方式竞争的铁路，如果其边际成本高于公路运输，那么铁路运输将被排除在市场之外，不会有货主选择铁路运输；相反地，如果铁路运输的边际成本大大低于公路运输的边际成本，那么它将能够有比公路运输更大的价格下降空间，换句话来说它就能完全控制市场。以上的假设是建立在公路边际成本不变且公路和铁路的运力没有限制的基础上的；在实际环境中，铁路运输的边际成本确实是大大低于公路，但由于铁路的运力有限，无法完全满足市场的需要，因此其制定的价格远低于公路运输也无法抢夺到全部市场，在这种情况下，为保证铁路运输运营企业的收益，其价格制定以接近公路边际成本为宜。

以上分析都是基于价格是货主选择运输方式的唯一决定因素的假设，但事实上，运输时间、运输可靠性也是货主选择运输方式的考虑因素，另外，无论这两种运输的可替代性有多高，它们毕竟不是完全可替代的两种运输方式，因此，对于不同运输方式之间的市场竞争来说，其竞争程度不如同种运输方式之间的竞争激烈。

2. 同一线路上运营商之间的竞争

这里以同一航线上的不同航空公司间的竞争为例对此进行说明，国内的航空市场属于较为典型的寡头垄断市场结构，国航、南航、东航、海航等几家大航空集团把持着中国民航业绝大部分市场份额。

(1)“价格战”的本质分析——“价格弹性”

对于一条航线来说，航空公司间的产品并没有太大差异，如果一家航空公司降价，将会使其他航空公司在该航线上的市场份额减少，因此在同一航线上，航空公司的价格战总是有效且激烈。

价格弹性用公式可表示如下：

$$E_p = (\%\Delta\theta)/(\%\Delta p) \tag{6-2}$$

也就是说，价格弹性表示了价格变化1%，会使需求量变化百分之几。例如某航空公司某条航线上，其平均票价提高2%，其需求量减少了3%，价格弹性就等于：

$$E_p = -3\%/2\% = -1.5 \tag{6-3}$$

一般情况下，E_p 为负值，也即价格与需求量呈反向变化，价格的上升会引起需求量的下降，价格的下降会引起需求量的上升。显然，弹性价格与收入有如下关系：

当 $|E_p|>1$ 时，需求是弹性的，此时降价将会使销售收入增加；当 $|E_p|=1$ 时，需求是单元弹性的，此时价格变动对销售收入无影响；当 $|E_p|<1$ 时，需求是非弹性的，此时提价会使销售收入增加。

而根据对航空市场的调查，飞机的平均票价存在两个值 $P_{\max}$、$P_{\min}$，当飞机平均票价大于 $P_{\max}$，有 $|E_p|>1$，机票降价能够获得更大的总收益；当飞机平均票价小于 $P_{\min}$，有 $|E_p|<1$，机票涨价能够获得更大的总收益；当机票平均票价位于 $P_{\max}$ 与 $P_{\min}$ 之间时，有 $|E_p|\approx 1$，这时

机票价格的波动不会引起总收益的变化。

因此，当航线的平均价格在 P_{max} 以上时，就会有航空公司为了谋求更高的收入而主动降低价格(机票打折)，这时其他航空公司会发现自己的市场份额在缩小，而对手的销售收入在增加，因此其他航空公司为了保住自己的市场份额也会毫不犹豫地降低价格，甚至会比竞争对手的价格更低。当各方相继降价使平均价格不断下降至 P_{min} 以下时，航空公司会发现其收入并没有随着需求的不断增长而增加，反而是下降了，而更糟糕的是，当航空公司提供的运力不足以满足增长的需求时，航空公司就不得不面临增加航班的压力，在一个既有航班上多销售一个座位，提高上座率的成本很低，而在一条航线上增加一个航班的成本却很高。如果此时航空公司的价格已在 P_{min} 以下，其增加航班的成本根本无法由机票收入弥补，这时参战的各家航空公司会意识到，其市场份额的增加是建立在航空公司亏损金额不断增大的基础上的，此时，航空公司就会开始寻求协商解决的途径，停止毫无意义的恶性竞争，共同提升价格，提高利润。而“价格联盟”就是途径之一。

(2)“价格联盟”的本质分析——“卡特尔”

在寡头垄断行业里面，航空公司之间的激烈竞争往往会导致价格下降和利润减少。因此，航空公司之间虽然保持着激烈的竞争关系，但它们之间的相互依存关系又使得它们为了避免恶性竞争而相互妥协，达成“价格联盟”。

几家寡头垄断企业联合起来，共同规定一个市场价格，他们就有可能像垄断企业一样制定高价，使整个行业的总利润最大。这种联盟有公开和秘密之分，签订公开的协议的联盟，就叫做“卡特尔”，而航空公司之间的联盟形式，就属于这种。

在航空市场中，当市场需求旺盛时，“价格联盟”比较容易建立和遵守，但一旦市场需求趋淡，客座率下降，现有运力投入显得过剩，由于运力投入保持不变时，运营成本基本固定，此时单方面降价不仅可以获得更大的市场份额，而且收入的增量几乎全部可以归结为利润，所以总会有航空公司(一般是联盟中实力较弱的公司)率先破坏规则，以牺牲其他联盟公司利益为代价，挑起“价格战”，而当其他公司发现该公司私自降价的欺骗行为后，必将针锋相对，相继降低价格，此时“价格联盟”从内部瓦解，联盟公司重新回到激烈的价格竞争之中。

虽然所有发起价格战的航空公司都知道“价格战”是以整个市场的总收入下降为代价的，但第一个降价者往往会获得较大的短期利润，这也使得每个航空公司都面对较大的市场诱惑，使其成为“价格战”的始作俑者。

不过随着信息传递的加快，单方面的降价行为将很快被其他公司发现，率先降价的航空公司能获得的短期利益越来越少，再加上挑起“价格战”者会被其他航空公司所不信任，影响其日后在“价格联盟”中的地位，因此“价格战”在航空运输市场上也不是一触即发。

总的来说，目前，我国航空运输市场上的航空公司，都是在竞争和控制竞争两种状态上游弋。

6.4.3 运输市场的产品差异性分析

1. 产品成本的差异性分析

运输市场中，相同的运输产品，哪怕其所有运营水平完全相同，产品的成本也可能存在着差异。这里以两个互相竞争的航空公司进行说明。如图 6-4 中，A、B 点分别是两家航空公司的所在地，这两家航空公司运营水平完全相同，也均为货主提供包括用载货汽车将货物运送到机场，通过航空运输，最后再用载货汽车将货物运送到目的地的服务，这两家公司的服务覆盖范围均为半径为 L 的圆，在各自的服务覆盖范围内，其将货物由货主所在地运输到航空公司所在地的成本和货主所在地运输到航空公司所在地的距离成正比。图中 P 线为该货主航空运输及目的地载货汽车总成本(在目的地两家航空公司均无机场，需租借第三方机场及载货汽车服务)，图中的 O_AE_A 及 O_BE_B 分别代表航空公司 A、B 所在地的连线上各个点的总运输成本。显然，对于货主所在的 C 点，对于航空公司 A 来说，其运输成本为 E_{AC}，而对于航空公司 B 来说，其运输成本为 E_{BC}。不难看出，$E_{BC} > E_{AC}$，也就是说，两家运营水平完全相同的公司，提供同样的运输产品，所付出的成本依然会存在差异。

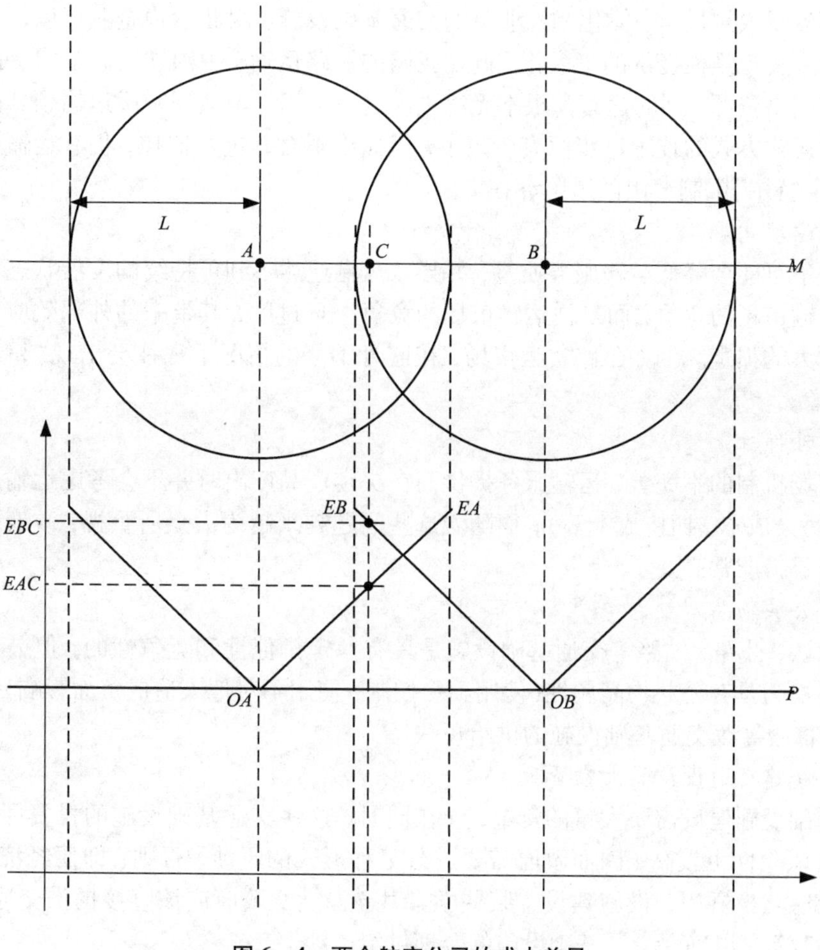

图6-4　两个航空公司的成本差异

2. 出发时间和到达时间的差异性分析

出发时间和到达时间的差异是运输市场有别于其他市场商品差异的一种特殊属性，例如某个运输产品是飞机从广州到北京，用的机型均为波音747-400，座位号均为56A，时间均为3小时。显然7:00起飞和23:00起飞的价格并不一样。

6.5 运输市场的监管

由于运输市场涉及多个其他方面的市场，因此要谈论运输市场的监管是非常困难的一件事情，图是运输市场的基本监管分类，重点主要在其中的微观及中观经济监管。

6.5.1 运输市场监管的考虑因素

一般来说，政府和管理部门对运输市场的监管都是出于以下的原因：

1. 遏制垄断权力

运输常涉及大规模、一体化和专业化的交通基础设施，因此运输企业可以仅凭垄断基础设施的供给来实现规模经济的最大化，例如我国的铁路运输，中国铁路总公司垄断了我国大部分的铁路网络资源，别的运营商根本无法进入这一市场。虽然现阶段运输领域内的垄断权力随着各种运输方式的技术进步而有所减小，但如果不对其进行监控，仍有运输服务提供者联合组成“卡特尔”限制产出的风险存在。

2. 控制过度竞争

无序竞争可能会降低运输服务质量，并导致运输业达不到可持续的发展状态。这并不是说要否定运输市场的竞争，而是说运输市场的竞争一旦过度，其带来的外部效应会对这一市场造成非常大的损害。例如公路货运市场，在监管不严的情况下往往会出现“超载”、“疲劳驾驶”等现象。

3. 管理外部性

由于市场机制的不完善，运输服务提供商在决定产品产出时并不会考虑运输产生的额外成本(例如污染成本、拥挤成本等)，而随着这些问题越来越为大众所重视，政府和管理部门的监管也就显得非常必要了。

4. 提供公共物品

必须承认，公路、铁路等交通基础设施是具有一定排他性和竞争性的，但公众在认识上却往往将其视为具有公共物品属性(使用不受控制，使用不对他人造成负面影响)。因此如果没有监管，将会导致交通基础设施的供给短缺。

5. 提供修建交通设施的大额资金

交通基础设施建设需要大量的资金，而在同时，这些交通基础设施的投资回收期长，其复杂程度与风险性也较高，因而政府需要进行某种形式的干涉，否则，即便经济合理，也可能没有企业愿意投资相关设施建设。某些学者甚至认为，政府应该直接提供交通基础设施，并出台相关政策，以确保交通基础设施的合理供给。

6. 满足运输需求

运输的有效需求由于现存收入分配体制有缺陷等多种原因，无法引导运输资源进行合理分配。因此，需要通过管制实现对运输资源的合理分配。

7. 避免高额交易成本

从理论上讲，自由市场可以出现最有产出，但这同时可能出现高额的交易成本，例如驾驶人在路上相遇时，可以商量谁有权先行，但如果直接规定转弯车辆避让直行车辆，能够更高效。

8. 整合运输与宏观经济政策

运输与土地使用之间有着密切的关系，如果在运输或土地市场中存在缺陷，就必须进行某种形式的协调。而对运输部门的干涉和监管，也不可避免地成为政府宏观经济战略(例如价格管制或投资计划)或产业政策的一部分。

9. 提高运输协调性

市场中存在大量的运输服务供给商，如果他们各自都独立决策的话，可能会造成低效供给和重复配置，基于此，也需要政府进行一定的干涉与监管，避免资源的浪费。

实践中，运输市场的监管主要靠运输政策工具实现，不过这些政策工具之间有可能会发生冲突，例如追求运输市场生产总值最大的目标往往和运输市场的服务质量产生冲突。

6.5.2　运输政策工具的种类

主要的运输政策工具有以下几种：

1. 税收和补贴

政府通过提供补贴和收取税收来改变运输服务的供求，例如很多城市通过补贴公交和地铁，使公交地铁可以以提供低票价来吸引乘客；而通过收取个人交通的燃油税来为道路建设筹集资金。

2. 价格控制

政府通过收益率管制(允许从制定价格中获得一定利润)、最高限价(允许以平均价格规律增长，但增长率要低于总成本水平)，不过这些方法既有优势也有一定缺陷。

3. 直接提供供给

政府通过设立国有企业的方式成为多种运输服务的直接供给者，这些国有企业负责供给大量的交通基础设施，特别是公路和警察部门等相关辅助服务。

4. 法律和规章

政府可以按法律来监管运输企业，实际上，政府也确实出台了大量的相关法律来指导和调控运输供需双方的活动。例如，政府运用一般法调控财政，劳方及其他相关市场，进而影响运输市场的运转方式。

5. 竞争政策和消费者保护立法

竞争政策一般用于调控限制性商业惯例和交通企业间的并购等，而消费者保护立法主要用来维护乘客的利益。

6. 许可证

政府通过许可证制度管理运输供给的质量和数量。一般这一运输政策工具用于特许的运输经营中。

7. 购买运输服务

政府在许多活动中，都需要使用运输服务，例如需要运输服务来调配军队、救灾物资等。而这往往以政府购买服务的形式实现。这一方式不但有助于运输产出的规模经济，也有助于降低相关运输产品的价格。

8. 道义劝阻

政府通过宣传等手段对运输市场的各方不安全行为进行劝阻或者引导。不过在很多情况下，这种道义劝阻的方式效果并不太好。

9. 研究和发展

政府可以通过项目研究影响运输市场的长期发展，从而达到对运输市场的监管效果。

10. 提供信息

政府通过多种机构为运输市场上的各方提供技术支持，例如提供市场的竞争信息从而使得市场供给方以及准备进入市场的运营商有针对性地制定企业的市场发展规划。

11. 与运输业投入相关的政策

由于运输会消耗大量能源，尤其是石油，因此，政府针对能源的政策会直接影响到运输市场，并可以借此实现一定的监管作用。

一般来说，如果运输市场存在缺陷，政府对其进行监管是符合公共利益的，但到底会产生多大程度的公共利益很难界定。另一方面，监管者制定的政策也不可能每个都解决对应的问题，例如为了减少某种运输方式的需求而出台的税收政策，在实施后很可能其使用却在增加。因此在实践中，很难对各项政策工具进行预测、监管和评估。这也是监管者在监管上遇到的难题。

6.5.3 政府对垄断的监管

在交通运输行业，政府针对垄断的监管措施通常取决于垄断产生的原因。从交通运输的发展史来看，各样的运输方式都基本受到过政府及主管部门的严格监管。而政府监管的出发点主要是保持运输市场的稳定，以满足不断增长的客运需要和货运需要。换句话说，很多运输市场之所以形成垄断结构，和政府政策是分不开的，因为政府和相关管理部门认为在这些市场中，过多的厂商进入只能导致行业的不稳定，而不是带来更有效的资源分配和更多的社会福利。

除政策原因外，某些运输市场形成垄断结构的另一重要原因是规模经济，这时如果政府不对其进行监管，这些运输市场的垄断商将根据边际收益等于边际成本原则决定产量，而另一方面又根据市场要求索要高于边际成本的价格以赚取垄断租金，在这种情况下，社会福利将蒙受损失。而事实上，政府的监管要达到的目标是垄断商按照边际效用等于边际成本的原则决定产量，但如果政府强行推行这一原则，则会导致垄断商退出市场，因为此时垄断商的收益还不足以弥补其生产成本。为了避免此类情况的发生，政府一般会采取如下三种政策来实现其监管目标：

1. 给予补贴并要求垄断商按边际成本定价

采用这种办法，政府要求厂商按照边际成本定价，同时利用政府税收对厂商进行补贴以弥补其损失。这既能保证资源的有效分配，同时也能保证厂商的投资能够获得合理的回报。

2. 管制投资回报率

这是对自然垄断行业最普遍的管制手段，政府允许厂商以其长期平均成本为价格，以保证厂商弥补其可变和固定成本。尽管在这种监管措施下交通产品的价格仍然可能超过其边际成本，也仍然会存在一部分社会福利损失，不过与完全垄断定价相比，社会福利的损失额度在可接受的范围之内。

3. 政府经营

政府直接经营垄断产业，最普遍的做法就是国有化，理论上讲，这种做法与上面的第一种政策在本质上是相同的，但与民营垄断商相比，国有国营的生产效率可能会偏低，也正是因为这一原因，目前世界上许多国家的政府开始对交通领域的国有企业实行私有化改造。

不过与以上观点相对，也有部分学者认为政府以上的三种政策都将带来一系列的消极影响，例如阻碍技术进步、生产力发展畸变、租赁资源浪费等，而这些都会影响到交通运营的服务水平以及运营商对消费者需求的重视程度上，因此关于政府对运输市场垄断的监管该采用怎样的形式，还有待进一步的研究和实践。

6.5.4　放松监管

西方国家放松运输监管的实践表明，对运输监管的放松，在一定程度上会对用户有利。特别在放松监管的初期，运输价格将会出现降低、服务范围将会扩大、运输产品的多样化也将会增加；而与此同时，放松监管后的运输安全问题与之前相比并无明显差异。因此，放松监管对运输市场来说存在一定的积极意义。

但是，实践也表明，除了公路运输，其他运输行业持续的放松监管，将会引发一系列的负面影响，在这些市场上，由于规模经济的效益，放松监管的情况下少数运输企业很容易就能取得市场控制权，通过控制例如机场、车站等稀缺资源收取垄断利益。因此，在这些市场上，政府的放松监管，也仅仅是在允许运输行为自由化以及允许经营者快速对用户需求的相应上置身其外，而在服务质量等方面的监管并不能放松。也就是说，政府的相关部门有必要从传统的供给者和规章制定者转变为一个时刻关注市场发展进程的监管者。

案例6－1

我国三大航空公司封杀东航事件始末

在2008年底2009年初东航在成都—上海航线上投放了部分低折扣的机票，这一行为让其他航空公司的机票销售业绩受到冲击。之后，国航、川航和上航三大航空公司与东航进行了多轮谈判，希望其单方面提升机票折扣，不过东航对此并没有买账。

于是在2009年1月5日，国航、川航和上航联合向成都地区机票代理发出《通告》："各销售单位：从即日起禁止销售东方航空公司（MU）的所有航班客票。一旦发现有单位销售，将屏蔽电脑，情节严重者，将终止授权；1月6日起将对市场进行检查。"

随即，东航对此做出反击，由于东航在成都的市场份额大致在10%的水平，而其他三家航空公司的份额达70%以上，东航很难对抗，所以，东航在其拥有市场话语权的总部上海和江苏对这三家航空公司展开了反击，不过由于其在上海和江苏的市场份额不足50%，其想同时封杀三家航空公司不太可能，故其选择了在这一市场上仅占2%份额的川航进行封杀，并希由借此打破三大航空公司的"封杀"联盟。

就在双方对峙了24小时，战场有进一步扩大危险时，参战双方突然闪电般和解，并低调表示放弃对对方的机票销售的封杀行为。而在这之中，民航主管部门的干预及监控起到了主要作用。

此前，国航和南航为了争夺北京、广州的市场份额，也曾经互相要求票代停止销售对方机票，但是同样持续时间不长。

案例6-2

国外道路运输业监管政策的演变

综观国外道路运输业的发展，主要经历了“自由时代”、“严格管制与行政规划时代”和“开放与竞争时代”三个阶段，在不同发展阶段有其相应的道路运输政策。

1. 自由时代(1800—1920年)

这一时期铁路发达，公路刚刚兴起。因而，当时主要开展了有关铁路和铁路营运政策与法规的讨论。

铁路政策主要关心的是铁路公司的垄断问题，产生了保护用户利益的运价政策，以及反对铁路企业合并的政策。由于道路运输企业当时还没有具备同铁路和水路运输竞争的条件，也没有垄断性质，因此这一阶段对道路运输来说是“自由时代”。

这一阶段各国都没有专项道路运输法规，也没有专职管理道路运输的政府机构。

2. 严格管制和行政规划时代(1902—1980年)

这一时期的转折主要是以第一次世界大战为背景。第一次世界大战时期可以说是铁路时代的巅峰时期，但很快就跌入了低谷。

由于汽车技术的进步，汽车保有量的迅速增加，道路运输业的发展以其机动灵活、门到门服务等特点，使其不仅能为其他运输方式提供集疏运服务，而且逐步成为铁路和水路运输的有力竞争者。这一阶段各国政府对道路运输采取的政策主要有：

(1) 严格的市场准入制度，对专业公路客货运输企业的经营范围、经营线路和车队数量都实行严格控制的政策；

(2) 由政府制定或控制运价的政策；

(3) 对公路使用者征收燃油税和车辆使用税费，作为公路基础设施建设和养护资金来源的政策；

(4) 将公路规划与建设作为道路运输政策的一部分，对道路运输实行行政规划的政策。包括以高速公路为主的国家干线路网的规划与建设，建立专职道路运输规划的政府机构，制定专项道路运输法规以确保道路运输规划得以实施的政策；

(5) 对不赢利的公路客运线路采取由政府经营或对私有经营者实行补贴的政策。严格管制和行政规划时代，由于严格控制企业和车队的数量，在道路运输市场也称为“数量控制”时代。

总的来说，这一时期的道路运输政策是以维护一定的运输秩序，适当收费为目的，依据供求平衡的原则对道路运输企业和车队数量进行严格控制的政策。

3. 开放与竞争时代(1980至今)

这一时期道路运输政策所关心的问题开始转向道路运输服务质量和效益问题；日益增长的交通量和私人小汽车的控制问题；由于私人小汽车的增长而产生的公共汽车乘坐率逐年下降、政府补贴不断上升的问题；公路客运补贴和效率问题；道路运输和环境污染等外部效应问题。随着对道路运输经济客观规律认识的提高，这一时期政府对道路运输的价格不再进行限制。但运价必须公开，有透明度。开放道路运输市场的政策，即取消了对企业和车队在数量上的控制，加强了对运输企业服务质量的控制，因此也称作“质量控制”时代。美国在20世纪70年代至80年代早期颁布的一系列运输业管理规章可以明显地看出这一趋势：

表6－2　美国20世纪70年代至80年代早期运输管理规章一览表

年份	规章名称及变化
1976	《铁路复兴和管制改革法案》——取消了大量对铁路运输产品定价的管制
1977	《空运货物解除管制法案》——开始实施空运货物自由竞争
1978	《航空公司解除管制法案》——开始分阶段取消对航空市场定价和市场准入的控制
1980	《斯塔格斯铁路法案》——在最大限度上允许竞争，为运输产品制定基准价格
1980	《汽车运输业改革法案》——增加了公路运输市场的进入和定价自由
1981	《东北铁路公司法案》——联合铁路公司可以停运极少使用的线路
1982	《公共汽车管制改革法案》——放宽市场进入和退出条件并分阶段放松费率控制

运输服务质量的控制一方面可利用市场机制由企业内部的质量管理制度来确保服务的质量，同时在市场机制的作用下运输企业的服务质量也受到用户的监督；另一方面，政府通过有关市场准入、安全等法规来确保运输服务的质量。例如，在欧洲联盟成员国，对于要求从事国际道路运输的企业，必须具备至少3年国内道路运输并有良好业绩的经验，才有资格发给国际道路运输营运执照。

鼓励利用计算机、卫星通信等现代科学技术建立有利于管理和决策的信息系统，提高客运服务质量和效率。

制定严格的车辆燃油消耗和废气排放标准，实行严格的车辆检测制度。

对不赢利的客运线路的经营采用招标制度，引入竞争机制，鼓励创新，提高客运服务质量。

（注：主要内容引自文献[8]）

思考与练习

重点：(1)运输市场的概念及分类；(2)运输市场竞争的层面；(3)运输市场监管的形式及作用。

难点：不同运输市场的特点及区别。

思考与练习

(1)什么是运输市场，其有哪些主要特征？

(2)如何对运输市场进行分类？

(3)运输市场的中介有哪些作用？

(4)试论述你对运输市场监管的看法。

第 7 章

运输投资与效益

7.1 运输基建项目建设程序及项目管理

7.1.1 基础设施及其分类

运输基建项目是指各种运输方式的基础设施建设项目，包括：铁路路线和车站、公路和城市道路、地铁和轻轨、港口、机场、输油管线等。基础设施是一个国家国民经济的社会管理资本，是国家全部经济活动、社会活动赖以存在和正常运行的基础条件。这些基础条件决定着该国的经济活力和人民生活水平。世界银行在《1994 年世界发展报告：为发展提供基础设施》中，将基础设施划分为经济基础设施和社会基础设施。所谓经济基础设施是指永久性工程构筑、设备、设施和它们所提供的为居民所用和用于经济生产的服务。这些基础设施涉及公用事业、公共工程以及其他交通部门。社会基础设施是指文教和医疗保健等。据此，运输基础设施可归入经济基础设施范畴，它是国民经济基础设施的一个重要部分。

基础设施的共同点是为国民经济提供公共性的服务。然而，随着市场经济在各领域的渗透，人们逐渐认识到，基础设施建设中的巨大资金运作也可以而且也应该遵循资金运作的一般规律和准则：谁投资谁担险，谁投资谁得益。而且这不影响它们国家所有的属性。1993 年十四届三中全会《中共中央关于建设社会主义市场经济体制若干问题的决定》将我国的投资分为三大类别：竞争性项目投资、基础性项目投资和社会公益性项目投资。

竞争性项目投资由企业自主决策，自担风险，所需贷款由商业银行自主决定，自负盈亏；基础性项目投资由中央政府负责国家重大项目，地方政府负责本地基础性建设项目，所需资金由国家开发银行等政策性银行，通过国家财政投融资，也可通过金融债券等渠道筹资，可采取控股、参股和政策性优惠等形式进行。基础性投资项目必须建立企业法人制度，企业法人对项目筹划、筹资、建设直至生产经营、归还贷款本息以及资产保值增值全过程负责；社会公益性项目建设由政府负责，由政府通过财政统筹安排。

运输业提供的某些产品是公共品，带有较强的社会公益性，但作为投资项目，则不宜列为社会公益性项目，也不宜列为竞争性投资项目。运输基础设置项目投资的性质应属于基础性项目投资。在具体建设过程中，为取得项目建设权，运输基础设施项目可以在施工企业中进行竞争性招标、投标，也可以培育和构造运输基础设施建设投入要素的市场。

7.1.2　基本建设程序的和意义

基本建设(capital construction)是国民经济中投资进行建筑、购置和安装固定资产以及与此相联系的其他经济活动，该词汇来源于俄文。20 世纪 20 年代初期，苏联开始使用这个术语，说明社会主义经济中基本的、需要耗用大量资金和劳动的固定资产的建设，以区别流动资产的投资和形成过程。中华人民共和国成立以后，在社会主义经济建设中，也采用这一术语。

基本建设在经济建设中占有重要地位。基本建设的主要内容有：

①建筑安装工程。包括各种土木建设、矿井开凿、水利工程建设、生产、动力、运输、实验等各种需要安装机械设备的装配，以及与设备相连的工作台等装设工程。

②设备购置。即购置设备、工具和器具等。

③勘察、设计、科学验证实验、征地、拆迁、试运转、生产职工培训和建设单位管理工作等。

基本建设的类型主要包括：

①按建设的性质分为新建项目、扩建项目和改建项目、迁建项目和恢复项目。新建项目是从无到有、平地起家的建设项目；扩建和改建项目是在原有企业、事业、行政单位的基础上，扩大产品的生产能力或增加新的产品生产能力，以及对原有设备和工程进行全面技术改造的项目；迁建项目是原有企业、事业单位，由于各种原因，经有关部门批准搬迁到另地建设的项目；恢复项目是指对由于自然、战争或其他人为灾害等原因而遭到毁坏的固定资产进行重建的项目。

②按建设的经济用途分为生产性基本建设和非生产性基本建设。生产性基本建设是用于物质生产或直接为物质生产服务项目的建设，包括工业建筑、建筑业和地质资源勘探事业建设和农林水利建设；非生产性基本建设是用于人民物质和文化生活项目的建设，包括住宅、学校、医院、托儿所、影剧院以及国家行政机关和金融保险业的建设等。

基本建设是形成固定资产的生产活动。固定资产是指在其有效试用期内重复使用而不改变其事物形态的主要劳动资料，它是人们生产和活动的必要物质条件，是一个物质资料生产的动态过程，这个过程概括起来，就是将一定的物料、材料、机器设备，通过购置、建造和安装等活动将其转化为固定资产，形成新的生产能力或使用效益的建设工作。

7.1.3　基本建设程序

基本建设程序(procedure of capital construction)，也就是线性基本建设工作程序，是指基本建设项目从决策、设计、施工到竣工验收整个工作过程中各个阶段及其先后次序。它反映工程建设各个阶段之间的内在联系，是从事建设工作的各有关部门和人员必须遵守的原则。基本建设涉及面广，内外协作配合的环节多，完成一项建设工程，需要进行多方面的工作，其中有些是前后衔接的，有些是左右配合的，有些是相互交叉的。这些工作必须按照一定的程序，依此进行，才能达到预期效果。科学的基本建设程序，客观地总结了基本建设的时间经验，正确地反映了基本建设全过程所固有的先后顺序的客观规律性。对生产性基本建设而言，基本建设程序也就是形成综合性生产能力过程的规律的反映。对非生产性基本建设而言，基本建设程序也就是顺利地完成基本建设全过程，满足人们物质生活和文化生活的需要，获得最大的社会经济效益的工程建设的科学方法。

基本建设程序管理是国家对基本建设项目进行管理的手段。在社会主义市场经济条件下，政府不一定直接介入工程建设，但可通过在建设程序上的管理达到宏观调控的目的。基本建设程序是多年建设项目管理经验的积累，是人们对建设规律的总结，是建设项目科学决策和顺利进行的重要保证。随意忽略基本建设程序中的某个阶段或者改变其顺序，不仅会造成资源的浪费，而且将导致或是盲目发展或是贻误地区经济的发展时机，从而危及国民经济的健康发展。

随着市场经济体制的逐步建立，我国的基本建设程序也发生了一些重大的变化。其中主要变化有以下三点：

①在项目决策阶段，增加了可行性研究程序。

②在项目建设市场的培育中，建立了招投标制度。

③在项目实施（主要是建设施工环节）阶段，实行了建立制度。

这使得我国的工程建设进一步顺应了市场经济的要求，并与国际惯例基于趋于一致。

基本建设程序主要强调对建设过程的管理，并体现国家行政的管理和计划属性。我国现行的基本建设程序分为四个阶段：决策阶段、设计阶段、施工阶段和验收运营阶段。对于不同的基本建设项目，由于其归口管理的部门不同，基本建设程序的内容要求有所差异。图 7－1所示为运输工程基本建设程序流程，其主要步骤规定如下：

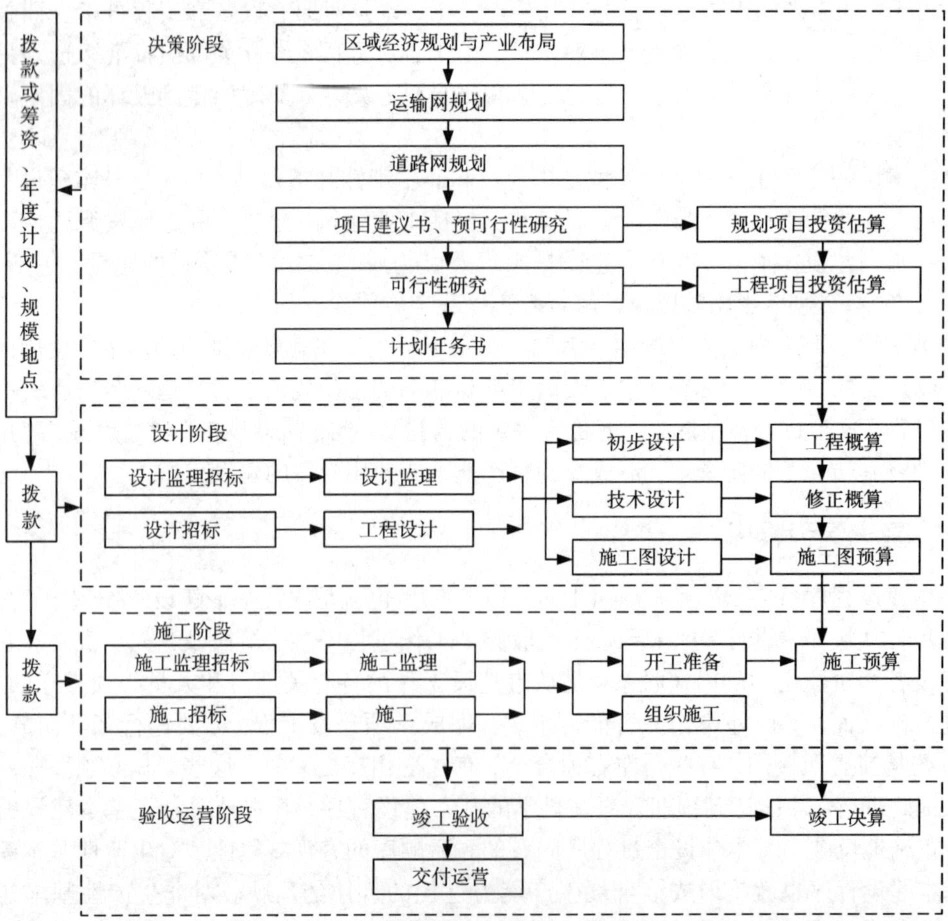

图 7－1 （道路）运输工程基本建设程序示意图

①根据公路建设的中长期规划，进行项目的预可行性研究，编制项目建议书。

②进行工程可行性研究，编制可行性研究报告。

③编制初步设计文件。

④编制施工图设计文件。

⑤编制项目招标文件。

⑥根据批准的项目招标文件、资格预审结果和公路建设计划，组织项目招标投标。

⑦根据国家有关规定，进行征地拆迁等施工前期准备工作，编制项目开工报告。

⑧根据批准的项目开工报告，组织项目实施，并按施工图设计进行施工。

⑨项目完工后，编制竣工图表和工程决算，办理项目验收。

⑩竣工验收合格后，组织项目后评价。

以上程序在符合审批制度的前提下，可根据具体情况，进行合理的交叉；小型项目根据具体情况，可以适当合并或减免一些程序。

基本建设程序中重要的步骤包括：

①项目建议书。项目建议书是要求建设某一具体项目的建议文件，是基本建设程序中最初阶段的工作，是投资决策前对拟建项目的轮廓设想。项目建议书的主要作用是为了推荐一个拟进行建设的项目的初步说明，论述其建设的必要性、条件的可行性和获得的可能性，供基本建设管理部门选择并确定是否进行下一步工作。

②可行性研究。项目建议书一经批准，即可着手进行可行性研究。可行性研究是指在项目决策前，通过对项目有关的工程、技术、经济等各方面条件和情况进行调差、研究、分析，对各种可能的建设方案和技术方案进行比较论证，并对项目建成后的经济效益进行预测和评价的一种科学分析方法，由此考查项目技术上的先进性和实用性，经济上的盈利性和合理性，建设的可能性和可行性。可行性研究是项目前期工作的最重要的内容，它从项目建设和生产经营的全过程考查分析项目的可行性，其目的是回答项目是否有必要建设，是否可能建设和如何进行建设的问题，其结论为投资者的最终决策提供直接的依据。因此，凡大中型项目以及国家有要求的项目，都要进行可行性研究，其他项目有条件的也要进行可行性研究。

③初步设计。初步设计的内容依项目的类型不同而有所变化，一般来说，它是项目的宏观设计，即项目的总体设计、布局设计，主要的工艺流程、设备的选型和安装设计，土建工程量及费用的估算等。初步设计文件应当满足编制施工招标文件、主要设备材料订货和编制施工图设计文件的需要，是下一阶段施工图设计的基础。

④施工图设计。施工图设计的主要内容是根据批准的初步设计，绘制出正确、完整和尽可能详细的建筑、安装图纸。施工图设计完成后，必须委托由施工图设计审查单位审查并加盖审查专用章后使用。审查单位必须是取得审查资格，且具有审查权限要求的设计咨询单位。经审查的施工图设计还必须经有权审批的部门进行审批。

⑤后评价工作。建设项目后评价是工程项目竣工投产、生产运营一段时间后，再对项目的立项决策、设计施工、竣工投产、生产运营等全过程进行系统评价的一种技术经济活动。通过建设项目后评价以达到肯定成绩、总结经验、研究问题、吸取教训、提出建议、改进工作、不断提高项目决策水平和投资效果的目的。

运输基建项目可能会耗费国家巨大资金和资源，特别是可能对地区的环境和人们生活带来影响，因此各国对运输基建项目的实施管理均较为谨慎。例如，在英国，新建公路项目要经过大约12年的论证准备阶段然后才能施工实施。

第1~4年：项目方案调查阶段；

第4~5年：交通大臣第一次决策和公众商议阶段；

第5~5.5年：交通大臣第二次决策阶段；

第5.5~7.5年：法定审批程序阶段；

第7.5~9.5年：对公众做进一步的公开咨询阶段；

第9.5~10年：将监察长的报告交各有关政府部门进行审议、写出报告并提出决定草案；

第10~10.5年：交通大臣第三次决策阶段。确信不会有司法审查风险时他将发布此项指令；

第10.5~12年：施工前的准备和交通大臣第四次决策阶段。这一阶段将完成施工图设计、进行工程招标、交通大臣对工程预算等进行决策等。

7.1.4 运输基本项目管理概要

项目的概念以及把它作为一个管理对象，引起人们越来越多的注意。项目管理集中关注工作的过程、结果以及取得结果的方法。从时间结构上说，项目管理包括了开始、中间及结尾三个部分。当一个项目成功完成的时候，一些新东西(如新的产品、新的装置或改进的工艺方法等)将会在以前它们不曾存在的地方出现。

项目管理主要是对项目的计划、组织和控制。广义的项目管理包含很多内容，如项目评价与决策；项目的招标、投标；项目的计划与组织管理；项目实施中的指挥、协调、控制，如项目合同管理，项目的投资、进度、质量与成本控制等；项目的竣工验收与项目后评论。此外，项目融资、项目采购、项目风险管理等也是项目管理研究的重要内容。本章研究的项目管理主要是项目在运作过程中组织和控制的具体问题。

项目管理的方法长期以来被认同为如何安排一系列任务的有效途径，如耗费了大量人力、时间及资源的新产品开发工作。最近，项目管理的方法被人们广泛应用并解决了许多难题，特别是在提高质量和让顾客满意方面带来了明显的变化和突破，项目管理的有效性得到了更充分的显示。美国著名质量管理专家朱兰将项目描述为“制定解决问题的进度表”。

项目管理在第二次世界大战后被越来越多的人重视，项目管理的理论研究与实证研究也发展很快，项目管理的应用给社会经济的发展带来巨大的影响。无论是大型项目，还是中小型项目，无论是军事、国防项目，还是一般民用项目，项目管理的理论和方法都得到了广泛的使用。

项目的特征可具体归纳为如下几点：

①具有具体的起始和终止日期；

②具有严格定义的最终目标；

③只发生一次；

④包含成本和时间计划；

⑤可产生具体的结果。

1. 项目的目标

在进行项目目标分解时，首先需要了解项目的最终目标和阶段目标。

项目的最终目标从总体上描述了最后结果。最终目标就是项目的最终结果，即项目最后

“交付”的结果。在确定了目标需求后，通常也就是确定了最终目标。但最终目标并没有表明为了得到最终的“结果”需要采取哪些步骤。

项目的阶段目标具体说明了为达到最终目标需要采取哪些行动。目标主要回答以下问题：

①要采取哪些行动？

②什么时候采取这些行动？

③需要哪些资源？

④项目成本是什么？

项目目标可进一步细分，细分时可用5个字母来代表，即S、M、A、R、T。

S——明确性(specific)，最终目标是否明确了应该做到哪一步以及何时完成？

M——可度量性(measurable)，你能够在多大程度上了解最终目标的完成情况？

A——可完成性(achievable)，在一定时间内最终目标是否合理，或者是否能够达到？

R——相关性(relevant)，最终目标是否值得进行下去，它是否很重要，很有价值？

T——可跟踪性(trackable)，你能够跟踪整个项目过程吗？

项目的直接与主要管理者一般是项目经理。项目经理制自1941年在美国产生以来，在工业发达国家得到普遍推广。我国于1983年3月由国家计委颁布的《关于建立健全前期工程项目经理的规定(草案)》中提出建立项目经理负责制，大大加强了我国的项目管理。项目经理在项目管理中起决定性作用，其好坏及能力强弱直接关系到项目组织能否高效运行和项目目标是否实现。项目经理必须严密组织、灵活协调，对项目资金、进度、质量和其他方面进行控制，才能使项目最终按期、按质完成有关方面提出的目标。项目经理在项目管理中处于中心地位，起决定性作用。

项目管理者(即项目经理)担任的主要角色如下：

①领导与决策者，即要确定项目的最终目标、阶段目标以及完成时间；

②计划者与分析者，即对主要活动和任务进行计划，对所需资源进行估算；

③组织者与协调者，即安排工作并分配任务；

④管理者与评估人，监督并评估整个计划过程。

2. 项目的组织

在项目开始以前，高层管理者必须确定采用何种组织结构，以便能将该项目的活动与企业的经营活动紧密结合。组织结构的主要类型有：纯项目小组、职能项目组和矩阵制。

(1)纯项目小组

纯项目小组由一个装备齐全的项目小组负责该项目的全部工作。其优点为：

①项目经理拥有充足的权力；

②小组成员只向一个上司负责。他们不必担心必须分出部分精力向职能部门管理者负责；

③联系线路短，可以迅速作出决策；

④小组成员的自豪感、士气和信誉都很高。

缺点是：

①资源重复配置，设备和人员都不能跨部门共享；

②忽视了组织目标和企业政策，小组成员无论在精神上还是在实质上都组织发生了

偏离；

③由于削弱了职能部门的权力，使组织在新技术和新知识方面落后了；

④因为小组成员没有职能部门的"家"，因此他们缺乏安全感，他们会为项目结束后的生计而担忧，并由此导致项目结束时间的迟缓。

(2)职能项目组

与纯项目小组相对的组织形式是职能项目组。职能项目组的职能部门为项目提供了一个"家"。

职能项目组的优点是：

①每个小组成员都可以参加几个项目；

②即使技术专家们离开了项目，他们仍留在职能部门中；

③职能部门是小组成员在项目结束后的"家"，职能专家可以垂直发展；

④特殊领域的职能专家组成一个关键部门，以协同解决项目存在的技术问题。

缺点为：

①与职能部门不直接相关的项目各部分缺乏必要的变革；

②小组成员的士气经常变得很低落；

③顾客的需求被放在了第二位，对顾客需求的反应速度减慢。

(3)矩阵制

矩阵制是最专业化的项目管理组织形式，它综合了职能项目组和纯项目小组的优点。

每个项目执行时从不同的职能部门抽调人员。项目经理决定执行什么任务以及何时执行，而职能部门管理者则控制可以使用哪些人和技术。

矩阵制项目组织结构的优点是：

①加强了不同职能部门的联系；

②项目经理对项目的成功负责；

③资源的重复配置实现最小化；

④项目完成后小组成员还有一个职能部门的"家"；

⑤遵循了企业的政策，增强了对项目的支持。

缺点：

①存在两个上司，经常出现对职能管理者的命令比项目经理的命令执行优先的情况；

②除非项目经理具有很强的谈判能力，否则项目注定要失败；

③本位主义乘虚而入，经常出现项目经理为自己的项目囤积资源的现象，并右侧损害了其他项目的利益。

对于项目管理来说，无论采取哪种组织形式(结构)，与顾客接触的最终的人是项目经理。当项目经理对一个项目的成功完全负责时，项目的沟通能力和柔性都极大地加强了。因此，项目经理除了对项目本身负责外，还要对顾客的满意、对项目小组成员的发展负责，并要对下属进行适当培训。

工作安排是根据项目的总体目标和阶段性目标做出的对具体工作先后关系进行布置，并利用各种组织工作的工具进行表述，为项目的有效控制打下基础。

工作安排常用的组织的工具有：

①网络图。通过制订网络计划的步骤，绘制网络图，找出关键线路，指明项目的主要瓶

颈(bottle neck)何在，有利于项目的顺利进行。

②项目进度表(gantt chart)。项目进度表是组织项目时能够使用的另一个非常有用的工具。从项目进度表可以看出完成项目中某项工作需要花费的实际时间。与网络图类似，项目进度表显示了各个事件之间的独立性。

③行动计划(acting plan)。行动计划也是一种基本的项目管理工具，它以表格的形式明确地确定了待做的工作、分工、所需资源(人力)、开始日期以及完成日期。

3. 项目的控制

项目的控制包括建立对项目完成情况的监督、汇报以及纠错等方法。项目计划一旦实施就需要开始密切注意计划的进度情况。

在项目计划中，要专门安排出对进展的监督工作及对计划的检查工作。一般通过手机数据并将数据整理成“现状”报告来对计划进行监督。小组成员定期开会，讨论这些报告并评估计划的进展情况。

控制计划的进展情况。控制计划时需要使用的主要资料有：

①项目时间表；

②项目预算。

对计划进行适当控制的目的在于在工作进行中能够了解计划的各个方面或特征。一般要跟踪工作业绩表现、成本以及时间表，主要目的有以下几个方面：

①跟踪进程。跟踪进程时，项目经理需要建立定期(至少每隔两周，但是一周一次最好)汇报制度。汇报应包括项目中各项目工作自上次汇报以来的进展情况。这些汇报应该总结出目前的项目进展情况以及到现在为止整个项目的进度。

②检测项目进程与计划的偏差。为了检测项目进程与计划的偏差，就需要将预算与实际支出进行比较。汇报可以为管理人员的决策提供有用的情况，汇报形式应该简洁。

③采取改正措施。在采取改正措施时，需要找出问题所在，同时及时获取有助于处理这些问题的信息。一旦发生了与计划不符的重大偏差，下一步就应该决定是否需要改正，然后采取相应的措施。

一旦项目开始实施，就希望确保它按计划运行。为了做到这一点，需要建立起汇报制度。汇报制度具有以下特征：

①提供及时、完整以及准确的现状情况；

②不增加过多的时间，从而提高效率；

③易于被项目小组成员以及高级管理人员接受；

④及时提醒悬而未决的问题以便采取措施；

⑤对需要阅读报告的人来说易于理解。

7.2　运输建设项目投资与融资

7.2.1　运输基建项目筹资

根据项目筹资中能否让市场发挥作用，可将我国运输基础设施分成两类。

第一类为非经营性项目，这类项目建设完全是为了获得社会效益，如提高公众生活水平和改善环境条件等，因此也称为完全公益性项目。它的主要特征是使用过程中无收费机制，因而也就无现金流入。这是市场失效而政府有效的部分，不可能依靠市场调节，只能由代表公共利益的政府来承担所有投资。

第二类为经营性项目，此类项目有收费机制，但又以其有无利润而分为纯经营性项目和准经营性项目两类。纯经营性项目可通过市场进行资源的有效配置，吸纳投资。它以利润最大化为目的，其投资形成是价值增值的过程；准经营性项目虽有收费机制，但因其附带部分公益性，经济效益不足以收回成本和获得基本利润，是市场失效或低效的部分，市场运行的结果将不可避免地形成资金供给的诸多缺口，需要政府支持，如政府补贴或政策扶持。

项目建设具有经营性特点是指，对其投资所形成的项目实行有约束条件的有偿使用，即项目建成后，通过收费进行有偿使用，再利用所收费偿还原先的投资。例如，我国目前的高速公路建设都采取这种形式。

1. 运输基础设施投资主体

各类交通运输基础设置建设，都要采取市场竞争的办法，进行建设和运营管理。纯经营性建设项目可以进入市场，直接招标，择优选择投资者；准经营性建设项目，政府给予必要的资助或特许条件，招标选择投资者；完全公益性建设项目，在政府明确其承担投资并提出有关条件后，通过市场招标，择优选择建设者。

(1)非经营性项目的投资主体

①中央政府：这是运输基础设施的最高层次的投资者与管理者；由交通运输部位主管单位，负责其职责范围内运输基础设施发展规划的制订、实施、协调与管理，并对重点运输基础项目进行直接投资。

②地方政府：地方各级政府对本地区运输基础设施项目进行投资。例如省、市(地)、县、乡政府对本地区管辖的非经营性公路投资建设，对已有公路投资大修和维护等。

③企业、公司、个人：主要是他们的捐资。

(2)经营性项目的投资主体

对于有偿使用的运输基础设施，其投资主体向着多元化方向发展，主要包括以下几个方面：

①政府(包括部委和地方)：现阶段政府投资的主要来源是预算内投资、政府性建设基金、政府财政债券等。随着市场经济的完善，政府基金将逐渐减少。经营性的建设项目中，政府投资可同其他投资一起作为经营性投资资金，全部实行有偿使用。

②国内企业公司：随着经济的发展、企业实力的增强，再加上国家对运输基础设施投资的优化政策，使一些企业把运输基础设施作为一个投资方向。

③外商和外国政府：近几年来，他们对我国运输基础设置的投资发展很快。投资项目涉及公路、桥梁、港口、机场、隧道、管道和城市道路等。加入 WTO 后我国政府加大力度改革外商投资的有关规定，采取更灵活的政策，扩大外商直接投资范围，调整外商投资股比的限制，使外资逐渐成为补充运输基础设施资金的重要力量。

④个体：通过筹集资金等方式，一些个体也成为投资主体。

2. 运输基础设施的建设资金渠道

表 7－1　运输基建项目的筹资方式

筹资方式＼资金渠道	国家财政	部属基金	地方政府	商业银行	非银行金融机构	企业公司		个体	外国政府	国外金融机构
						非上市	上市			
吸收投资和捐资	☆	☆	☆			☆		☆	☆	
自有资金						☆	☆			
贷款	☆	☆	☆	☆	☆				☆	☆
发行债券	☆		☆	☆	☆	☆				☆
发行股票	☆		☆	☆	☆		☆			☆
发行可转换债券	☆		☆	☆	☆		☆			☆
转让经营权				☆	☆					☆
组建产业投资基金					☆					☆
项目融资				☆	☆	☆				☆

各种运输方式的基建项目建设中，以道路建设项目的筹资最为开放和活跃。1986 年以来，我国高速公路建设从无到有，目前总建成里程已突破 3 万 km，很大一部分是靠社会集资和融资来建设的。今后还会进一步加大社会融资的比重。例如上海在“十五”期间计划修建高速公路所需的总费用达 400 亿元，而上海市政府每年对各类公路建设的总投资仅为 3 亿元，如按传统方式，靠国家投资建造，需一二百年才能完成。我国在“十五”期间计划公路建设投资需求近一万亿元，有五千多亿元的资金缺口需要通过市场筹资解决。随着融资体制的改革，公路建设资金从主要依靠国家投资、拨改贷、贷款到主要依靠社会筹资和项目融资，闯出了一条靠社会资金搞建设的路子，现在已经基本做到“贷款修路，收费还贷，滚动发展”，几乎不需国家财政投入就可以实现公路建设的快速发展。

以下简要介绍运输基建项目的主要筹资方式。

(1)债券

发行债券是筹集公路建设资金较为便利的一种方式，它不改变投资主体，也不必对现有的建设和管理方式进行改革，容易被公众接受。债券的种类包括国债、政策性金融债券和企业债券。目前公路建设债券均纳入企业债券的管理范畴。企业债券以其手续简便、成本低、期限长等优势，非常适合于作为交通基础设施项目的融资手段。企业债券与银行贷款相比，无须每季付利息，只需到期一次还本付息(附息债券为每年付息一次)，在目前银行利率较低的情形下，债券锁定票面利率有利于规避利率风险，总的融资成本相对较低。

例如，杭州交通投资有限公司为筹集杭州绕城高速公路建设资金，于 1999 年 10 月发行了 1 亿元企业债券，期限 5 年，年利率为 4.03%，比同期银行贷款利率低了两个百分点。虽然发行伊始恰逢国家有关征收利息税的措施出台，对债券的销售造成了一定影响，但最终在规定的期限内还是顺利地完成了销售。2006 年，重庆市为城市轨道交通建设筹款发行了 10 亿元规模债券，期限 10 年，年利率为 4%，结果不到三天被抢购一空。交通基建类型的债券票面因其回报的可靠性，在利率处于较低情况下，在投资者的投资视野中具有较高的价值。

(2)股票

目前，我国高速公路通过股票市场筹集资金主要有两种形式，一是境内上市 A 股和境内上市 B 股，B 股是境外投资者用外汇买卖的境内上市股票。另一种是直接在香港股票市场上市的 H 股。截至 1998 年底我国在香港股市上市的高速公路股份有限公司有五家，共计融资 115.7 亿元人民币。截至 2001 年底在我国国内上市的公路股份公司共有 12 家，共计融集资金 87.7 亿元人民币。17 家在境内、外成功上市的高速公路股份公司共融资近 203.4 亿元，标志着股票融资成为我国高速公路筹集建设资金的方式之一。

根据高速公路新建和已建成两种情况，实施高速公路股份制及上市发行股票的方法和基本程序有两种。对于新建高速公路，其具体操作步骤是：按照《公司法》的要求，由几个发起人共同拟订发起人协议、章程等，经有关部门批准和工商登记即可成立有限责任公司或股份有限公司。资本金一般应在整个公路项目总造价的 30% 或以上，也可以按分期建设分段投资的 30% 作为首期资本金，以后按工程进展分期追加资本金。这样高速公路就可以按股份制进行筹资、建设和营运。而对于已建成的高速公路进行股份制改造则比新建项目要复杂，但原则上也必须按照《公司法》的规定进行。

股票融资与债券融资比较而言，对企业的业绩要求更严。发行股票的股份公司，若想维护公司的公众形象以及能够从证券市场持续融资，则需要公司业绩能有与股本扩张趋势相匹配的成长性，要做到这点对一般公司来说是比较困难的。另外，从申报程序、监管、信息披露等方面来看，股票融资也比债券融资严格得多。对高速公路项目而言，股票融资的难点还在于：证券市场的规模太小，而高速公路建设的资金需求量非常大，二者的差距悬殊，大量安排高速公路项目上市筹资在现阶段尚不现实。

(3)可转换债券

可转换债券是指发行人依照法定程序发行，在一定时期内依据约定的条件可以转换成股份的公司债券。即可转换债券的持有人除可获得债券的固定利息(一般低于普通债券的利息)外，还可以在指定时间以约定条件将债券转换为发行公司的股票，通过出售股票获取资本利。可转换债券兼有股票和债券的双重性质，是一种综合的高级融资工具。随着我国经济的持续增长和资本市场的积极稳妥发展，发行可转换债券的条件已经成熟。经国务院批准，于 1997 年发布的《可转换债券管理暂行办法》，标志着中国可转换债券的发行正式走上正轨。发行可转换债券至少需要满足两个条件：一是处于成长阶段，有比较可靠的业绩增长基础与比较看好的增长机会；二是财务结构比较稳健，能够承受新增债务。我国相当多的企业债务负担沉重、经营风险大，对债务规模的增加相当敏感而不适合运用可转换债券融资。而高速公路公司成长性好，收益稳定，比较适合运用可转换债券的融资方式。

可转换债券的发行主题一般应为上市公司或拟上市公司(包括重点国有企业)，这样才能在发行后的适当时间有股可转。这点决定了可转换债券的实施范围是比较窄的。

(4)转让经营权

通过转让经营权融资的方法主要适合公路建设。这里是指是由政府将运输基础设施建成之后，再把经营权有偿转让给受让人。利用经营权转让可将投资和未来的部分收益提前收回用于新的项目建设。经营权转让可能会减少一部分利润，但可以解决当前公路(或基础设施)建设资金严重不足问题。同时可以为国外资金和私人资本参与公路(或基础设施)建设项目创造条件。

(5)组建产业投资基金

产业投资基金是西方发达国家惯用的一种金融工具。主要是通过发行基金收益券筹集资金，交由专家组成的投资管理机构运作，投资收益按资分配。产业投资基金是对实业项目进行长期投资的一种投资基金。它的主要优点是：

①它不同于债券等债务性融资方式，在项目建设中不必集中偿付大量本息，有利于降低项目的负债率，起到降低项目融资成本的目的。

②产业投资基金具有专家理财的特点，可以避免项目投资的盲目性和重复性。产业投资基金在实施具体的项目投资前，通常需要经过严密细致的效益评价程序，有利于保证项目预期的投资收益。

③产业投资基金由投资管理机构分散投资于不同的实业项目，有利于规避资金风险。

产业投资基金的主要运作方法和思路：

①以公募为主筹集资金，有利于组建规模较大的基金，也有利于基金的上市。

②以公司型基金为组织形式，可按照《公司法》运作。另可制定《产业投资基金管理办法》，对产业投资基金作出具体规范，以防范风险。

③产业投资基金的发起人应选择从事产业投资、资本运营的各类投资公司。由于产业投资基金主要从事实业投资，收益来自于投资后的长期分红，因此具备实验投资经营和资本运营经营的实业投资机构和金融投资机构作为发起人，有利于产业投资基金的运作。

④政府在产业投资基金的发展中应发挥导向作用。例如，根据产业政策和区域发展特点，对基金的设立审批和基金的基本投资限制做出规定；对国家鼓励发展的产业定向投资的基金在项目税收、信贷、基金推出等方面给予优惠政策。

⑤应借鉴国外先进经验，设计较为完善的管理、监督机制，使基金经理人能够有效监督被投资企业的经营行为，最大限度地减少基金投资风险，保证其收益。

⑥基金形式应采取封闭式，规定明确的存续期限，以保证其投资的长期性，其规模应比证券投资基金大，以减轻其投资风险，也避免被投机炒作。

(6)项目融资

项目融资是一种新型的社会融资方式，其雏形出现于 20 世纪 60 年代，70 年代初被运用于建矿融资，后来逐渐在一些大型基础设施建设项目中得到广泛运用。目前，项目融资已受到世界上许多国家的重视，并被许多国家采用。在发展中国家，项目融资的适用范围主要集中在基础设施建设方面，如公路及其配套设施、港口设施、机场建设、发电配电及有关设施、电信设施等。

在我国，项目融资一开始是作为一种引进外资进行基础设施建设的重要手段。我国公路建设利用外资的主要来源是国际金融组织和外国政府。到 1998 年底，我国已在 100 多个公路项目建设中利用国外资金，建设(包括建成后转让经营权)公路近 5000 km，利用外资超过 50 亿美元。国际融入组织贷款虽然期限长、利率低，但来源毕竟有限，且有汇率风险。因此，要扩大公路建设利用外资规模，必须增加外资来源渠道，比较可行的办法是开展项目融资。早期的项目融资是以合资合作方式为主的。通过合资合作可以引进一部分外资，缓解我国目前交通运输基本建设资金不足的矛盾，同时也有利于分散政府对基础设施投资的风险。国内不少公路项目采取了这种合作方式，基本上是成功的。但有些项目为吸引外资，在合资、合作期内，脱离项目收益情况，给予外方较高的保底收益率，是不可取的，现已被国家明令禁止。目前，公路项目融资主要以BOT融资方式为主。

所谓BOT融资方式，即政府就拟建的基础设施项目与私人企业和国外企业签订特许权协议，授予签约方投资成立的项目公司来承担该项目的筹资建设(build)、经营(operate)、特许经营期满后无偿移交给政府(transfer)。这种投资方式的主导思想是所有权与经营权分离。投资商的投资通过项目建成后的收益逐年收回，项目风险由多方承担，政府不承担债务责任，只是确定收费价格与特许经营期限。基于高速公路项目具有稳定回报的特点，就现阶段而言，实施内资BOT方式投资高速公路建设是一条可行之路，既解决了高速公路建设资金之需，又为民间资本提供了投资场所。

3. 几种典型筹资方式的资金成本

资金成本是指为筹措并使用资金而支付的费用，即它包括资金筹措成本和资金占用成本。资金筹措成本主要有：发行股票和债券支付的印刷费、发行手续费、律师费、注册费、代办费、资信评估费和公证费等等。资金占用成本主要有：股票的股息、银行借款利息和发行债券利息等。资金成本除了与筹资方式有关外，还与项目的投资风险、筹资数额、还贷期限、财务信誉等因素有关。在基本建设中，资金成本是评价一个项目筹资方案是否合理的评价标准之一，只有投资收益率高于资金成本的项目才能被接受。

资金成本是项目建设中的费用支出，属于资金的耗费。为了便于分析比较，资金成本通常用相对数——资金成本率表示。所谓资金成本率是指资金使用费率与实际筹集资金的比率，简称资金成本，可用以下公式计算：

$$\text{资金成本} = \frac{\text{资金占用费率}}{1 - \text{筹资费率}}$$

项目筹资中集中基本的资金成本有：商业贷款资金成本，债券资金成本，股票资金成本，项目融资资金成本和综合资金成本，它们的计算公式如下。

(1)商业贷款资金成本K_L

$$K_L = \frac{I_L(1-T)}{1-F_L} \tag{7-1}$$

式中：I_L——商业贷款年利率；

T——所得税率；

F_L——商业贷款筹资费率。

(2)债券资金成本K_B

$$K_B = \frac{I_B(1-T)}{1-F_B} \tag{7-2}$$

式中：I_B——债券年利率；

F_B——债券筹资费率。

(3)普通股票资金成本K_s

$$K_s = \frac{D}{P_S(1-F_S)} + g \tag{7-3}$$

式中：D——预计第一年股利率；

P_S——普通股发行的价销比的倒数(每股发行价/股价)；

F_S——普通股筹资费率；

g——预测普通股股利平均年增长率。

(4)项目融资资金成本K_P(BOT方式)

$$K_P = I_P(1 - T_P) \tag{7-4}$$

$$\sum_{t=0}^{n}[C_t - P_t(1 - F_P)](1 + I_P)^{-t} = 0 \tag{7-5}$$

式中：T_P——项目融资的评价所得税率；

I_P——项目融资的税前资金成本，可通过式(7-5)求出；

P_t——t年收到的融资贷款；

F_P——项目融资筹资费率；

n——资金偿还期，年，等于建设期加上特许经营期；

C_t——t年支付的资金占用费(利息、股息、本金等的偿还)。

(5)综合资金成本K_W(加权平均资金成本)

$$K_W = \sum_{J=1}^{N} K_J W_J \tag{7-6}$$

式中：K_J——第J种资金成本；

W_J——第J种资金占全部资金的比重；

J——可以是L、B、S、P中任意几个的组合。

7.2.2　项目融资概要

项目融资(project financing)是一种与公司融资(corporate financing)方式相对应的，以项目公司为融资主体，以项目未来收益和资产为融资基础，由项目的参与各方分担风险的具有有限追索权性质的特定融资方式。

项目发起人是项目的实际投资者，也称为项目投资者，它可以是单独一家公司，也可以是由多家公司组成的投资财团。项目融资中一个普遍的做法是成立一个单一目的的项目公司，发起人可能在公司中拥有股份，其性质类似于控股公司。项目发起人是项目融资中的真正借款人，它一般需要以直接担保或间接担保的形式为项目公司提供一定的信用支持。

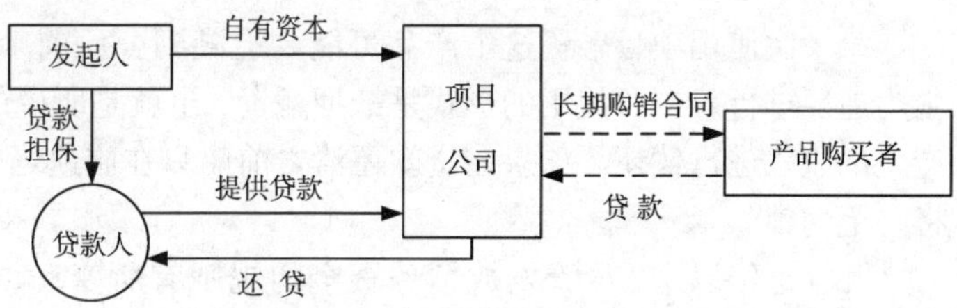

图7-2　项目融资简单示意图

项目公司由项目投资者根据股东协议(或称合资协议)创建，并根据《中华人民共和国公司法》及其他法律的有关规定在中国境内设立和注册，项目公司的主要法律形式是有限责任公司和股份有限公司。项目公司作为一个独立的法人，拥有公司资产和处置资产的一切权利，并承担一切有关的债权债务，在法律上具有起诉权和被起诉权的可能。投资者通过持股拥有公司，并通过选举任命董事会成员对公司的日常运营进行管理。项目公司以公司法人身份进行融资并承担相关责任，它是项目的直接主办人，直接参与项目投资和项目管理，直接承担项目债务责任和项目风险。

项目融资中的贷款人主要是商业银行、租赁公司、财物公司、投资基金等非银行金融机构、企业和一些国家政府的出口信贷机构，承担项目融资责任的银行可以是单独的一家商业银行，但一般是银团贷款，参与的银行可达几十家，甚至上百家，其参与数目取决于贷款的规模和项目的风险。银行一般希望通过组织银团贷款的方式减少和分散每一家银行在项目中的风险。贷款人为项目公司提供贷款，贷款人主要依靠项目本身的资产和现金流量作为偿贷保证，原则上对项目发起人拥有的项目之外的资产没有追索权或只有有限追索权。

探讨现代项目融资的起源就要探讨与有限融资相关的其他两个产品的发展：收购融资和证券化(图 7－3)。项目融资是这三种产品中最早出现的，美国金融市场早在“二战”后就引进了这一产品，推动债务融资发展，这已经在全球范围内各种各样的经济行为中得到了广泛的应用。

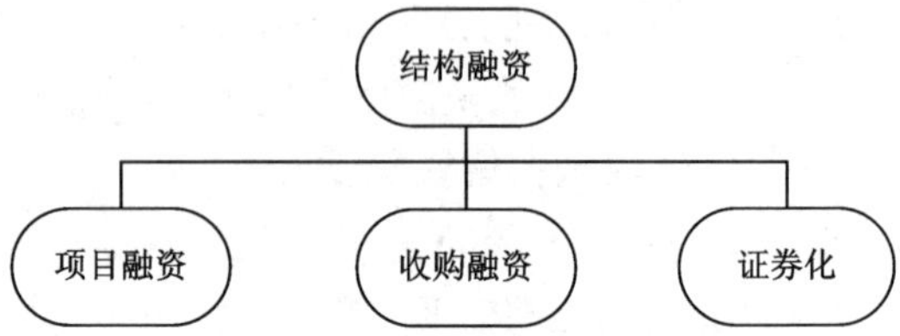

图 7－3　结构融资的三种方式

这三种产品除了有限追索权这个共同属性外，还有许多共同的特征。比如为了有效促使发起人与项目实体之间的法律分离，同时保留融资有效追索权的属性，所有这些融资形式都会创建的壳公司。通常情况下，与传统的产业融资标准相比，项目实体的资本负债比率很高，也就是说，债务金额与承诺权益有着密切关系。这三种产品也存在着差异性。每种产品所服务的目的不同，所采用的方式也不同。项目融资为了新建项目而将债务和无投票权股本融通过来，建设期间，利息本资本化；收购融资是将债务或准股本的形式融资购买别人剥离的或兼并正在运营的公司；证券化是通过债务或准股本的形式融资购买票据、债款以及贷款等应收账款。对于后两种产品来说，不存在建设期以及在这一时期中的利息资本化。

1. 项目融资的发展情况

第一次使用项目融资这个产品可能要追溯到公元前 1800 年，根据《汉莫拉比法典》，船主为造船进行筹资所使用的形式是抵押融资，也就是所说的船舶抵押合同。贷款由商业贸易产生的收入进行偿还。如果在贷款还清之前船只在旅途当中毁坏了，那么欠贷款人剩余债务将一笔勾销。

几个世纪以来，尽管发放债务资金的规则有所变动，但是不同的经济活动进行融资在 325 年前就成了银行业务的原则。以远洋贸易为例，货物和船只在每一次行程末尾都会进行清算，利润在投资者之间进行分成。每一次新的行程都需要努力恳求老的投资者或者新的投资者参与进来。一些投资者可能会愿意以这种特有的形式进行融资，并准备将来还进行投资。然而，他们也有可能在对下一次远洋贸易的融资目标以及对贸易汇报进行全面评估之后做出一次性决定。

但是，一旦贸易变成一种连续不断的行为，而不是一次性的决定，那么对于资金的永久性需求就变成了正常需求而不是特例行为。对于公司或者个人来说，如果他们的船只和货物经常漂在海上，那么他们就不能总是按照投资者的意愿给他们带来资金回报。荷兰东印度公司和英国东印度公司这两家公司开始做生意时规定投资者有随意抽回资金的权利。50 年以后，股权证的购买以及职业经理人控制永久性资本回报的权利才重新得到市场认可。

永久性资本概念出现以后，项目融资就从官方记载中隐退了。项目融资的再一次出现就到了 19 世纪中叶，即 1858 年苏伊士运河的融资(图 7 –4)。苏伊士运河融资是今天基础设施项目融资的先驱，尽管苏伊士运河的融资与当今的项目融资有明显的不同之处。比如，英国—法国特许经营商是苏伊士运河的发起人，从埃及政府获得了长达 99 年对运河进行建设、运营和维修的特许权，而今天这种长过 30 年的特许权是非常罕见的。到 1869 年 11 月 17 日，苏伊士运河从融资结束到投入使用花费了 11 年的时间。今天，对于建设期这么长的重大基础设施项目，发起人是否还能成功地融资是值得探讨的。

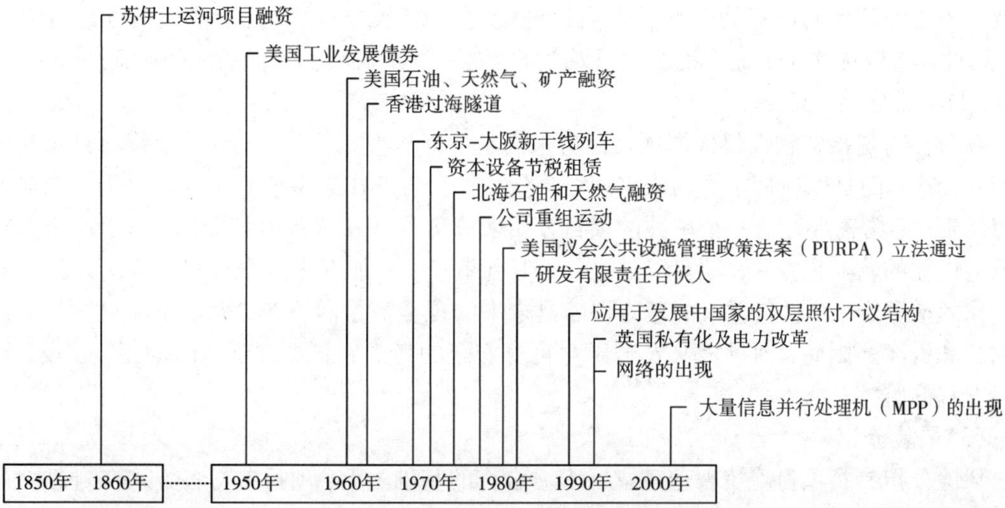

图 7 –4　项目融资发展时间表

2. 项目融资的特征

与传统的公司融资项目相比，项目融资有其特定融资方式，它们之间的区别见表 7 – 2。项目融资具有以下主要特征：

表 7 –2　项目融资与传统公司融资的比较

内　容	项目融资	公司融资
融资主体	项目公司	发起人
还款基础	项目的未来收益和资产	发起人和担保人的信用
贷款银行对项目发起人的追索权	有限追索	全额追索
风险承担者	项目参与各方	发起人
对发起人债务的影响	不进入资产负债表，不影响信用度	进入资产负债表，影响信用度
贷款技术	复杂	比较简单
项目周期	长	比较短
融资成本	较高	较低
贷款人对项目的管理权	参与项目管理	不参与项目管理
典型负债率	70% ~90%（*）	40% ~60%

注：*交通运输基建项目一般要求资本金不低于 50%（我国规定不低于 30%），即负载率小于 50%。

(1)有限追索

项目贷款是“有限追索权”的筹资方式。追索是指借款人未按期偿还债务时，贷款人要求借款人用除抵押资产之外的其他资产偿还债务的权力。对于一个工程项目而言，如果采用传统融资方式，贷款人为项目借款人提供的是完全追索形式的贷款。在这种情况下，借款人的资信等级是贷款人最为关心的事情。而采用项目融资方式，贷款人的贷款回收主要取决于项目的经济强度，除了在有些情况或有些阶段下贷款人对借款人有追索权之外，在一般情况下，无论项目成功与否，贷款人均不能追索到项目借款人除该项目资产、现金流量以及所承担的义务之外的任何形式的财产。在项目融资中，项目本身的效益是偿还债务最可靠的保证，因此，项目贷款人更加重视对项目效益的考察，注重对项目本身的债务追索。

(2)项目导向

项目导向是指贷款人仅根据项目优劣来决定投资与否，即项目融资不依赖项目发起人的信用和资产，而是以项目本身的未来现金流量和项目资产作为举债的基础。对于一个典型的项目融资，通常需要建立一个单独的项目公司来筹集资金并持有项目资产，由于这个新设公司没有以往的营业记录，除项目以外也并无其他资产，只能依靠这个项目本身的未来收益和资产来筹措资金；项目贷款人的基本保障是未来的现金流量和资产，而不是项目发起人以往的财力和资产。因此，项目贷款人出于对自身安全的考虑，需要对项目的谈判、建设、运营进行全程的监控。

(3)风险分担

风险分担是指项目融资普遍建立在多方合作的基础之上，项目参与各方均在自己力所能及的范围内承担一定的风险，避免了由其中的任何一方独自承担全部风险。

项目发起人通过项目融资可以达到利用外部债务融通项目大部分资金的目的，从而可以把项目的大部分风险转移给项目贷款人，以减少项目发起人所承担的项目风险。对于项目贷款人而言，其风险也只能维持在可接受的水平上，因而只有将项目风险合理地分配给项目的参与各方；原材料及设备的供应商、产品买主和服务用户、承保人和项目东道国政府机构，以及设备供应商所在国的进出口银行。项目的不同参与方承受风险的大小，取决于他们所希望得到的回报及其风险承受能力，从而形成了项目公司对偿还贷款承担直接责任、项目发起人提供有限担保、由第三方向贷款人提供信用支持的风险分担结构。

(4)债务屏蔽

债务屏蔽是指在项目融资中通过对投资结构和融资结构的设计，可以把项目债务的追索权限制在项目公司中，从而对项目发起人的资产负债表没有影响。项目融资是一种非公司负债型融资，也称为资产负债表外的融资，即项目的债务不表现在项目发起公司的资产负债表中。项目融资的非公司负债型融资特征使得项目发起公司能够以有限的财力从事更多的投资，且达到将投资风险分散和限制在多个项目之中的目的。非公司负债型融资有利于公司进行其他的融资活动，因为项目的贷款安排不反映在公司的资产负债表上，项目融资的这一特点体现在不会给项目发起人造成不利的资产负债结构，从而不会造成公司的资产负债比例失衡而超出银行所能接受的安全警戒线。

(5)项目周期长

由于项目融资所涉及的资金量和风险都比较大，所以，项目评估由于慎重而延长。在项目谈判中，由于要协调项目参与各方的不同利益，而有关风险分担的每一细节又必须在合同中加以详细规定，因而谈判的时间也会延长；项目实施由于规模庞大而相应地延长。项目周期比较长，一般都需要经历几年甚至十几年时间。项目融资耗时长短对项目的成败有着重要的影响。如果耗时过长，会徒增直接成本，还有可能错过市场和其他机会，造成更为严重的经济损失。由于许多这种大型项目需要许多年才能建成，因而项目融资一般是随着项目建设的进程，在项目的生命周期内分阶段、多渠道地筹集资金。这种分阶段的融资办法，适应项目不同阶段的需要而选择不同的融资形式。

(6)融资成本高

因为在项目融资中，贷款方承担了较高的风险，所以项目融资贷款所要求的利率要高于普通贷款。而融资过程中烦琐的程序、各种担保与抵押等因素都增加了项目融资的费用。在实施项目期间，可能还得花费额外的费用来监控施工进展及贷款的使用，这些因素都令项目融资的成本大大上升。

(7)负债能力强

项目融资可以增强项目的债务承受能力。通过建立复杂的多边担保体系，可以提高债务承受能力；通过对项目融资结构的设计，可以排除许多风险因素和不确定因素，对项目潜在的风险也会有较为清醒的认识。

由于项目融资主要依赖于项目的现金流量和资产而不是依赖于项目的投资者或发起人的资信来安排融资，故而有些对于投资者很难筹措到的资金可以利用项目融资来实现。因此，采用项目融资一般可以获得比传统方式更高的贷款比例。项目资金的比例取决于贷款人对项目风险和现金流量的分析。一般而言，项目风险越大，资本金比例应越高。

3. 项目融资的结构及其主要形式

每个项目融资都具有自己的特殊结构，但基本结构通常可以分为两类：①依靠项目现金流量来海宽的无追索权贷款或仅有有限追索权贷款；②先支付一定数量的资金来购买未来项目收益(或销售收益)的“预先购买”或“产品支付”。项目融资的主要形式有以下几种：

(1)产品支付法

产品支付法是项目融资的早期形式之一，起源于20世纪50年代美国的石油、天然气和矿产品项目开发，并被证明是行之有效的无追索权贷款或仅有有限追索权的融资方式。它完全以产品和销售收益的所有权作为担保(而不是采用转让或抵押)的方式来实现融资的信用保证。贷款银行从项目中购买到全部或一个预定产品份额的产品，这部分产品的收益就是项目融资偿债资金的主要来源。

典型产品支付方式的结构特点是：

①项目的产品是还本付息的唯一来源；②融资期限短于项目的实际经济生命期；③贷款人不提供运营成本所需资金。

(2)预先购买协议

预先购买协议具有产品支付法的许多特点，是更为灵活的项目融资方式。其灵活性表现在贷款人可以成立专设公司，这个专设公司不仅可以购买规定数量的未来产品，还可以直接购买这些产品未来的现金收益。项目公司支付产品或收益的进度，将被设计成规定的分期还款、偿债计划相配合。

(3)融资租赁

融资租赁是一种以资产为基础的租赁。与一般的融资方式相比，融资租赁项目发起人能利用一些国家对工程和机器的资本性投资的减税政策来降低成本。它的另一个优点是，利用租赁获得固定资产使用权可以不必在使用初期支付其全部资本开支。设计轮船和飞机制造的融资租赁在美国和英国已极为普遍。在发达国家中，相当多的大型项目是通过融资租赁方式来筹措资金的。

融资租赁的一般形式为：当项目公司需要筹资购买设备时，由租赁公司向银行融资并代表企业购买或租入其所需设备，然后租赁给项目公司。项目公司在项目运营期间以营运收入向租赁公司组织租金，租赁公司以其收到的租金向贷款银行还本付息。租赁期结束后，出租人基本上可以收回全部成本并取得预期的商业利润，租约也通常在最低租金水平上延续相当长的一段时间，租约一般不会规定项目公司具有购买权，而很有可能规定项目公司作为唯一代理人在租约期满时以出租人同意的价格销售资产，大部分销售收入将返还给项目公司作为销售代理费。

(4)建设—运营—转让(BOT 方式)

BOT 项目融资方式的特点是借助私人投资建设原来要由政府开发的基础设施。BOT 的一般做法是：政府部门与投资者签订投资项目的特许权协议，使投资者具有建造经营的权利。项目公司在项目经营特许期内，利用项目收益偿还投资及营运支出，并获得利润。特许期满后，投资者将该项目无偿交还给当地政府。

对于筹资者来说，采用 BOT 方式筹资的主要优点是：

①可以利用外部资金发展国家重点建设项目；

②提高项目的管理效率，可以引进国外先进的生产与管理技术；

③方式灵活，能产生一些衍生产品，如 BOO(建造—经营—拥有)，BOOT(建造—经营—拥有—转让)，BLT(建造—租赁—转让)，BTO(建造—转让—经营)等。

①特许：项目发起人成立一家专设股份有限公司，即项目公司。它被政府授予特许权，并由政府出具给股东安慰信。安慰信(letter of comfort)通常是项目主办方政府写给贷款人，表示支持其对项目公司贷款的信，信中一般表明三个方面对贷款人的支持，即经营支持、不剥夺资产(没收或国有化)及提供资金等。安慰信的条款一般不具有法律约束力，是担保人不愿接受法律约束的情况下所采用的一种担保形式。

②建设：项目公司与承包商签订建设施工合同，接受保函，同时接受分包商、供货商的保函权益转让，并与经营者签订经营协议。

③融资：项目公司与商业银行签订贷款协议，并与出口信贷机构签订买方信贷合同；商业银行以项目资产作抵押为出口信贷机构的贷款担保。

④运营：项目公司向担保受托人转让收入(如销售合同下的收益，或道路、桥梁、隧道的过往收费等)。

⑤移交：项目公司在特许经营期结束后将项目移交给政府部门。

采用 BOT 方式建设对所在国政府主要有以下优点：

①有利于吸引国内外私人投资，缓解政府建设资金来源不足；

②有利于减小政府对项目投资的风险(被转移到私营机构)；

③有利于提高大型基建项目的运作效率和获得先进技术、设备和管理经验(提高建设项目的设计和施工质量，还可以缩短施工期限，降低各种费用)；

④有利于基础设施产业化，并取得规模经济效益；

⑤有利于吸引具有一定实力的国际大公司共同完成项目，缓解基础设施部门承担某些项目能力不足的矛盾。

但 BOT 方式也有一些不足之处：

①由项目公司全权运作，至少在特许经营期内，政府不能拥有对基础设施建设项目的经营权和实际的所有权。

②政府部门转移过来的某些风险将在较高的融资费用中反映出来，“高风险、高回报”将使得私营机构有可能得到十分丰厚的利润。

③BOT 项目操作非常复杂，因此前期准备过程长，政府和项目公司投入的人力和费用比较多，项目运作的风险大，失败的几率也比较大。

④项目公司的投入资本主要来源于国内外银行，而收费为所在国到的货币，项目建成后，会导致大量外汇流出，加重所在国外汇储备的压力。

(5)世界银行和其他多边金融机构贷款项目的联合融资

世界银行贷款项目的联合融资是世界银行为提高发展中国家在国际金融市场上的筹资能力推出的一种融资方式。它由世行对其项目贷款的同时，为提供商业性贷款的其他贷款人提供必要的担保，以鼓励国外资本，尤其是那些长期、低息的国外私人资本流向发展中国家的基础设施部门。世界银行对其担保的联合融资收取一定的担保费。这些项目通常可以获得较低的贷款利息的优惠，但世行对其贷款项目要求借款国政府进行担保。

与世行相反，世行的私有企业贷款机构——国际金融公司(IFC)贷款给私有企业，并且不要求政府担保。但 IFC 贷款不是低息的，而且费用较高。

前述我国公路建设中的合资合作融资方式基本属于这一类项目融资。

4. 项目融资程序

虽然不同项目的融资活动千差万别，但是项目融资的基本程序一般都要经过以下阶段。

(1)项目提出阶段

项目融资是有两类项目主体提出的：一类是政府，尤其是以国有经济为主导的国家，根据政治、经济、社会、军事等多方面需求，提出项目，特别是大型基础设施项目和高风险的新技术项目；另一类是企事业或外商经过对各种因素的分析，根据政府、社会的需要，向政府部门提出项目建设。

(2)项目融资可行性研究与项目风险分析阶段

项目可行性研究是通过分析项目在其经济生命期内的经济效益，来判断项目在经济上是否合理和技术上是否可行。项目可行性研究的主要内容包括项目本身的财务评价、项目发起人的财务评价、国民经济评价和项目风险分析等工作。

项目融资的风险分析是在项目可行性研究报告获得通过后，从项目债务资金提供者的角度，侧重考察和分析项目融资期内的项目风险，从而判断项目债务资金本息偿还的可靠性和安全程度。项目融资可行性分析为项目融资工作开展提供最重要的依据。

项目风险存在于项目的各个阶段。因此，在项目可行性研究的基础上，有必要按照项目融资的要求，对项目风险做出进一步详细的分类研究。不仅要对项目风险作定性分析，而且更要注意系统的定量分析，分析各种风险因素对项目现金流量的影响，以便设计出可为各出资方所接收的共同承担风险的项目融资方案。

(3)项目融资决策阶段

项目融资决策是在项目融资可行性研究和项目风险分析的基础上，项目投资者对一些根本性问题，诸如融资方式、融资结构、投资结构、聘请融资顾问等重大问题做出判断和决定。

①选择项目融资方式。

项目公司可以通过发行股票债券、融资租赁、投资基金、BOT 和参与多边合作及利用外国直接投资等方式筹措资金。选择何种项目融资方式，取决于项目的投资规模、投资性质和项目自身的技术经济要求，还取决于投资者对债务责任分担和债务资金数量、时间、融资成本等方面的要求，以及诸如税务结构和债务会计处理等方面要求和综合评价。

②选聘项目融资顾问。

项目投资者选择项目融资方式作为筹资手段，需要选择和任命融资顾问，通常聘请投资银行、财务公司或者商业银行中的项目融资部门来担任融资顾问。项目融资顾问的主要任务是：协助项目投资者全面地分析和判断项目的风险因素，确定项目的债务承受能力和风险，设计和选择能够准确反映出投资者融资战略要求，并有助于实现项目投资目标收益率的项目融资结构及其相应的资金结构，分析和比较可能的融资方案，综合考虑各类项目融资参与者的意见或建议后，再做出融资方案决策。

③设计项目融资结构。

项目融资结构是设计项目融资方案的关键之一。在设计项目融资结构时，必须考虑选择何种项目融资方式或几种融资方式在项目资金使用的不同阶段上的组合，安排股本资金和债务资金的比例关系，并统筹考虑资金使用进度和计划安排项目所需资金的筹措时间和偿还时间，争取实现项目资金结构和资金进出项目的最佳时间组合。

项目融资必须确定恰当的项目股本资金和债务资金的比例。安排项目融资结构的一个基本原则是，在保证项目公司不会因为借债过多而降低项目的经济强度的条件下，尽可能地降低项目的综合资金成本。由于大多数国家的税法都规定公司的贷款利息或债券利息的支出可以计入公司成本冲抵所得税，项目使用债务资金可以降低项目资金成本，但是，项目的财务状况和抗风险能力会随着债务的增加而相对地减弱。因此，确定项目的股本资金和债务的比例应主要依据该项目的经济强度和项目的债务承受能力而定。

④设计和选择项目融资方案。

设计和选择项目融资方案，主要是在确定项目的投资结构和项目的融资方式前提下，依据项目融资的可行性分析，并考虑项目股本资金和债务资金的来源及资金成本，运用现金流量模式及其敏感性，来确定最佳的股本资金水平并满足项目投资者和项目债权人对相应风险的要求，从而实现预期的项目投资收益率并据此安排项目融资活动。

(4)项目融资合同谈判阶段

项目融资谈判是项目发起人或政府部门，在提出项目并进行了可行性研究和风险分析的基础上，通过各种渠道、多种形式选择候选合作伙伴，并与他们就融资总额、融资期限、提款方式、还款方式、融资条件和资金提供方的其他要求等重大问题进行会谈，最后选定合作伙伴，并与之进一步协商各方面的条款，形成法律文件，签订合同。

项目融资谈判结束后，谈判双方在正常情况下都要签署融资协议。在与贷款银团的谈判中，为了满足贷款银团的要求，有时需要调整融资结构和资金结构，甚至修改相应的法律文件。谈判结束后，双方根据谈判中达成的共识，在项目融资顾问和法律顾问的协助下，双方共同起草贷款协议和担保文件，并对贷款银团正式介入之前已经签署的协议根据谈判内容做必要修改。

(5)项目融资实施阶段

在正式签署项目融资的法律文件之后，项目融资就进入实施阶段。此阶段应做好以下工作：根据项目合资协议(或叫股本协议)和项目融资协议等，筹措和运用资金，实现融资项目的开发建设、项目公司在项目建设期完成项目投资计划的执行管理、项目融资中的风险控制与管理、项目融资中的融资文件的执行管理。

在项目融资中，项目投资者、项目公司及其他参与方之间通常需要签署大量的具有合同性质的融资文件，并通过一系列的融资文件及其信用担保协议，实现项目风险在项目各参与方之间进行合理分担。例如，项目投资者或项目公司多在项目融资协议签订之前，通过招标投标确立项目施工单位，并与施工单位签署项目建设承包合同，项目公司依据项目建设承包合同对项目建设开发阶段的全过程进行管理，即对项目建设阶段的质量、工期和费用进行监督、控制和管理。在项目融资中，贷款人将会通过其经理人(一般是由项目融资顾问担任)经常性地监督项目的进度，根据融资文件的规定，管理和控制项目的贷款资金投入和部分现金流量，帮助项目投资者加强对项目风险的控制和管理。

对含特许期运营还贷的项目，如BOT方式，项目融资实施阶段还应包括项目运营和移交。对于高速公路项目，在项目营运期间，项目公司的主要任务是收取车辆通行费，对项目设施进行正常的养护维修及定期的大中修，并将收费收入按供款方的优先次序进行还债，收回股本，获得预期收益。

在特许期结束后，项目公司应将项目经营权移交给当地政府。移交也可能发生在其他一些情况下，例如：①项目公司在特许期限内违约；②由于不可抗力使项目建设或运营不现实；③由于政府违约或运营环境发生突变，使项目建设或运营不可行；④政府决定对项目进行实质性改造、扩建等。特许期结束的正常移交，政府要向项目公司支付费用，这种支付不是基于项目移交时的公平价格，而是基于项目建成的技术规格。根据对项目性能的检查情况，确认项目是否恰当地维护且仍在正常工作，可以对支付额进行调整。如果在特许期内项目公司成员所获的收入足以提供合理的产权投资利润，而项目维护得当，运作正常，那么移交时的支付是象征性的。如果在移交时，项目设施损坏较多，则视修复费用从项目公司的履约保证金中加以扣除。移交标志着一个BOT类融资项目的结束。

5. 我国项目融资现状及主要问题

(1)我国项目融资现状

自改革开放以来，我国允许开办有外资参与的合资公司，国家鼓励外商投资和贸易，引进外国资本和技术。项目融资作为一种重要的国际金融工具，在20世纪80年代中期本介绍到了我国的企业界和金融界。

1983年，位于深圳的投资42亿港元的沙角B电站项目是我国第一个完成的有限追索的BOT项目。这个项目在国际上产生了比较大的影响，使得国际上看好中国项目融资发展的前景。而在国内，当时还未能明确提出建立市场经济，所以并没有引起多大的注意。直到十年之后，项目融资才在我国的社会经济发展中引起人们的兴趣。1994年5月和11月，原国家计委分别与世界银行、亚洲开发银行、世界银行外国投资咨询服务中心联合召开了两次关于吸引外资参与我国基础设施建设的国际研讨会，并派员对印度、泰国、菲律宾、中国香港、澳大利亚、英国、挪威、奥地利、匈牙利等国家和地区吸引私人资本投资基础设施，特别是对

BOT 建设方式的政策导向、操作方式、管理办法、经验教训等问题进行了考察研究。在此基础上，原国家计委拟订了 BOT 法，以此指导项目融资的顺利实施。

目前，我国许多项目建设都已采用项目融资的方式，而且大多为 BOT 方式。仅交通项目就有：北京长城轻轨铁路、广州轻轨铁路、武汉城市铁路、广东和上海等地的高速公路、桥梁和隧道灯项目。其中，我国首条 BOT 隧道——宁波常洪隧道于 2002 年通车，工程总投资 4 亿元，由上海城建集团、隧道股份、宁波中天投资有限公司按 45%、45%、10% 比例投资成立宁波常洪隧道发展有限公司作为该工程的项目公司，注册资金 1.4 亿元，项目公司将获得 20 年隧道专营权，预测投资回报率 10%。类似工程还有投资 16.5 亿元的上海大连路隧道工程等。

在高速公路项目融资中，中方的入资并不局限于向国内银行借款一种形式，还有将辖区原有公路作价抵充入资资金，这一般用于对这条旧公路的改造或同方向新路建设的项目；也有地方政府将公路建设与土地开发相结合，指定出让公路沿线或某特定土地开发权与外商合作建设高速公路，这实际上是以土地使用权抵充资金入股。有的地方把这种办法称为“以地换路”。

(2)我国项目融资中存在的主要问题

尽管我国利用项目融资方式来发展基础设施和基础产业已有十多年的历史，但是在项目融资的过程中，仍然存在一些问题。

①目前我国对项目融资所涉及的行业限制、项目条件、指导原则、项目收益分配原则、政府担保的范围与界限等具体问题还没有统一的管理和制定出相应的政策来规范和指导项目融资的实施。项目融资要求有健全的法律体系和金融市场作为保证。

②项目成本比较高。造成项目成本较高的原因是多方面的，其中除了项目融资本身的原因外，还有一些外部原因造成了项目成本的上升。如冗长的审批体系，招标过程中的不公开性所造成的投标方、参与方及可能提供支持的银行在前期工作方面的大量重复劳动所产生的成本。另外，项目融资是一个复杂的系统工程，涉及面广、参与部门多，由于缺乏经验，部门之间的协调难度大，也造成成本上升。

③项目融资在鼓励引进国外的新技术、管理经验等方面与预期仍有差距。我国通常是通过私下谈判而很少采用竞争的招标方式来挑选最合适的外国投资者。在没有采用竞争招标的项目中，往往缺少评估外国投资方报价的基准点。在费用谈判方面，采用成本加回报率估价，并过于强调的是谈妥的股本回报率。这不利于项目公司引进新技术与新的管理经验，对项目业绩缺乏促进作用。

对此，一些国外投资公司建议我国政府可以采用一些方式积极地承担更多的责任，以此来支持项目融资的发展。例如：

①缩短计划和调查所需时间。对收费公路项目建议采用新的审批程序，以缩短项目从计划到开始建设的时间，降低项目开工前的高成本。

②降低高额投标费用。典型的 BOT 项目的一个投标方需要花费 100 多万美元来通过资格预审，如果中标，还要花费几百万美元。加上评标标准的不公开性造成重复劳动引起的成本提高，如此高额费用减少了投标者，不利于市场的竞争择优。建议通过投标文件标准化、向未中标公司支付补偿费等方法减轻投标方负担。

③尽早(在项目可行性研究阶段)查明项目风险和确定合理的风险分担方式。公共部门

应该承担更多一点的风险，对公共基础设施领域（如收费道路和铁路）采用税收优惠政策。

④增加商业自由度。应给予项目发起人更大的商业灵活性，如确定道路收费标准等，以加强他们的信心。

⑤备用的融资支持。需提供从属贷款保证主要债务的偿还，或者提供用于支持项目的某一阶段的贷款。在不可抗力发生产生索赔时，就可使用紧急贷款资金，减少项目的风险。

综上所述，为了更好地利用项目融资，需要建设健全法律体系和有效的金融市场，加强项目融资中政府部门的协调。只有这样才能有效维护国家、使用者和项目投资者多方的权益。

7.3　运输基础设施的经营管理

7.3.1　运输基础设施的收费管理

目前我国主要是对公路项目实行社会化的收费管理。

1. 收费公路的产生及发展

早在公元前 1950 年，就曾经出现过一条由亚述人建造的从叙利亚通往巴比伦的收费公路。从 1281 年开始，英国对通过伦敦桥的车辆和行人、船只收费；500 年后不列颠国会通过了一项法律，允许各郡建收费亭征收过路费用于公路养护。1706 年收费信托机构开始建立，负责收费公路的筹资、建设维护和经营。英国的工业革命使得收费制得到较快的发展。截止到 1820 年，英国已拥有 32000 km 的收费公路，年收入超过 125 万英镑。在美国，第一条由私人建造的收费公路于 1794 年在宾夕法尼亚建成并投入使用。公路全长 100 km，建造成本 465000 美元。19 世纪的澳大利亚具有与英国相类似的公路收费制度，到 1870 年，维多利亚州共建成收费亭 123 座，年收入 90680 英镑。

我国的公路通行收费制度是在不断深化公路管理体制改革的新形势下产生和发展起来的。为了解决公路交通设施严重滞后于交通需求的问题，广东省顺德市容齐镇公路桥等一批基础设施的建设，突破了公路建设靠国家投资的传统体制，率先进行贷款建桥、收费还贷的改革尝试，并于 1984 年开始对过往车辆实行收费制度。国家充分肯定了这一改革尝试，并于 1984 年 12 月在国务院第 54 次常务会议上将“贷款修路、收获还贷”作为促进公路事业发展的四项优惠政策之一。1987 年 10 月 13 日国务院发布的《中华人民共和国公路管理条例》第一次明确规定，公路主管部门对利用集资、贷款修建的高速公路、一级公路、二级公路和大型的公路桥梁、隧道、轮渡码头，可以向过往车辆收取通行费，用于偿还集资和贷款。1994 年 7 月 18 日，交通部、财政部、原国家计委联合颁布的《关于在公路上设置通行收费站（点）的规定》和 1997 年 7 月 3 日发布的《中华人民共和国公路法》进一步规定了公路的收费条件：①封闭（包括部分封闭）型的汽车专用公路；②平原微丘区超过 40 km 和山岭重丘区超过 20 km 的一般二级公路；③长度超过 300 m 的公路桥梁；④长度超过 500 m 的公路隧道；⑤上述公路、桥梁和隧道必须是由县级以上地方人民政府交通主管部门利用贷款及向企业、个人集资建成的公路，或是国内外经济组织依法受让收费还贷公路收费权的公路，或是国内外经济组织依法投资建成的公路。实行公路收费制度扩大了公路建设的资金来源，调动了全国各地建路筑桥的积极性，加快了公路等基础设施的发展步伐。

2. 收费的分类

由于收费目的的不同，收费公路可划分为收费还贷公路、收费经营公路和收费控制公路三种类型。

(1)收费还贷公路

如果某条公路是贷款修建的，那么收费目的是为了在规定的期限内筹措足够的资金用来偿还贷款本息。贷款本金、贷款利息、还贷期限以及预期该公路未来的交通量对收费标准确定都有很重要的影响。为了维护公路使用者的合法权益，贷款修建的一般应为高等级公路并具有明显的级差效益。级差效益越大，公路用户对收费的敏感性越小，因而收费对交通量的影响也越小。由于修建公路所需的贷款一般由政府出面筹措或政府担保并指定事业单位进行，因而贷款收费实质上是政府行为。所收取的通行费收入补偿收费公路所需的养护与收费管理开支后的余额用于偿还贷款本息，不应当用于其他公路的建设与改造，更不应当用于非公路项目，这是实行公平负担原则的需要。贷款收费的时间严格局限于贷款偿还期内，一旦还清全部贷款本息，应立即停止收费。

(2)收费经营公路

经营性收费公路是指由国家特许某法人组织负责建造和经营，以获利为目的的收费公路，也反映收费经营项目经国家特许将某已建成公路一定时期内的经营权有偿转让给某法人组织负责经营、以获利为目的的收费公路。由于公路具有公益性资产的性质，西方经济学家一般不主张公路由私人经营或实行收费制，因为私营企业以赢利为目的，在存在市场缺陷的情况下，不适当地收费将影响公路网作用的充分发挥。这意味着，在西方国家公路由私人经营并实行收费制仅是权宜之计，而不是长远的发展方向。为了维护公路使用者的合法权益，提高公路网的使用效益，政府有义务通过制定有关的法规来有效地规范公路经营企业的收费经营行为。

(3)收费控制公路

此类公路上对车辆通行进行收费的目的是为了最大限度地提高现有道路的使用效益，利用收费来提高车辆通行的成本，有效地控制拥挤公路的交通量。因此，此类公路上对车辆的收费通常称为拥挤费。

3. 公路收费方式

目前我国采取的公路车辆通行收费方式主要有以下两种：

(1)开放收费方式

开放收费方式是指根据需要在收费公路上的不同位置设置多处主线收费站，而不是在各个立交匝道的出入口处设收费站。这样，车辆可以不受控制地自由出入收费公路，收费公路对外呈现“开放”状态。采取开放收费方式，一般分车型确定每车次收费标准；车辆每经过一次主线收费站缴一次费。我国有些高速公路(如新疆吐乌大高速公路)通过设置若干主线收费站实行开放式收费。

开放式收费具有以下优点：

①收费站和收费车道数较少；收费站与互通立交不建在一处，因而立交形式不受收费站的影响，可以选择最简单式，所以建设投资较少，管理维护费也低。

②其中央若干条收费车道可以建成往复变向车道，以适应上下行交通量在一天的不同时刻出现明显差别的情况，使设施利用率提高。

③当需要时容易改造成免费道路。

④交费简便迅速，对交通影响小。

⑤收费设备简单，容易实现自动化。

⑥长途车辆因交费需要多次间歇停顿，可减缓驾驶员因单调驾驶而产生的困倦，客观上有助于行车安全。

其缺点是：

①当在两站之间设有两个以上互通立交时，会出现漏收情况。

②不能严格根据行驶里程收费，因此收费标准不易做到准确合理。

③长途车辆多次交费延误旅行时间，容易引起使用者反感。

④不能兼顾高速公路出入口的交通管理，不便阻止行人、非机动车辆及不合格车辆的进入。这对于混合交通严重且使用者缺乏现代交通意识的地区来说很不利。

(2)封闭收费方式

封闭收费方式是指在收费公路主线起止点以及所有的立交匝道出入口设置收费站；除收费公路起止点以外的主线上不再设任何收费站。这样，可控制所有收费公路的进出口，使收费公路对外呈现“封闭”状态。车辆则可以在收费公路内部自由通行；使用收费公路只需交一次费。采取封闭收费方式，一般分车型确定车公里收费标准。目前，我国大多数高速公路都采取封闭收费方式，即在入口处领取通行券，在出口处交款。

封闭收费方式的优点是：

①严格按车种和行车里程收费，公平合理。

②能控制漏收情况。

③停车及交费次数少，使用车容易接受。

④可以兼顾出入口的交通管理。

⑤借助通行券上记录的信息，可以获得多种交通情报，如各出入口的分时交通量、各立方交通量的分配、各路段交通量及平均车速等。同时，也可以根据记录的信息，对收费人员的工作量、差错率及工时利用率等实行跟踪管理与考核。

其缺点是：

①收费站及收费车道数多；收费站与互通立交合建一处，为便于收费，立交形式需作专门考虑，造成投资增大。

②入口、出口车道因分别装有各自的收费设备而相对固定，不易开辟中央复变向车道。

③较难改变成免费道路。

④入口操作简便，但出口操作复杂，费时效多，为了不影响交通，只能增加出口车道。

⑤收费设备复杂，造价高，管理维护费用高。

4. 收费标准

收费标准包括标准车(小汽车)的收费标准和不同车型的收费标准。

目前，我国公路收费标准还没有统一，一般确定公路收费标准的依据有以下几点：

(1)财务依据

对于还贷收费公路以规定期限内偿还全部贷款的本息为依据，对经营收费公路以经营期内实现预期投资收益率为依据。这是收费的下限依据。

(2)消费者收益价值依据

按有无比较原则分析各种车辆行驶费用的节约额，以此作为收费的上限依据。这是实现道路建设社会效益最大化的效益公平原则。

(3)引发成本依据

即以不同车辆在不同道路上行驶所引发的费用为依据，例如行车对路面的损坏程度、车辆占据道路的空间大小、与此相对应的不同等级道路的建造成本和养护管理成本等。这是实现道路建设社会效益最大化的引发费用公平原则。

(4)使用者承受能力依据

以道路使用者承受能力为依据来考虑不同地区、不同经济水平下不同车型使用者的支付标准。这是实现道路建设社会效益最大化的支付能力公平原则。

(5)效益最大化依据

以经营者能够获取收益的最大化为依据。

以上依据有时是相互矛盾的。例如，引发成本依据要求扩大小汽车与重型货车的收费价差，因为重车造成道路的损坏程度远远大于小汽车；而效益最大化却要求经营者缩小两者的差距，因为小型车具有较小的收费弹性，交通量基本不受收费高低的影响，大型车具有较大的收费弹性，收费提高会导致交通量明显下降。为确定一个比较合理的容易被大家接受的收费标准，一些省级人民政府在核定标准道路收费标准时提出了“与相关省市标准相适应”的要求。表7－3是部分高速公路车辆分类汇总表，表7－4是部分高速公路车辆收费标准汇总表。

表7－3　部分高速公路车辆分类汇总表

高速公路	类别	一类	二类	三类	四类	五类	六类
吉林省	货车	2.5 t以下	2.5～7 t	7～14 t	14 t以上		
	客车	7座以下	7～28座	28座以上			
沪宁	货车		2 t以下	2～5 t	5～10 t	10～20 t	20 t以上
	客车	6座以下	6～20座	20～50座	50座以上		
成渝	货车	1 t以下	1～3 t	3～5 t、国际标准集装箱车	5～10 t	10～15 t	15～25 t
	客车	10座以下	11～30座	31～50座、30卧以下卧铺	50座以上、30卧以上卧铺		
合宁	货车	2.5 t及以下	2.5～7 t	7～15 t	15～40 t	40 t以上	
	客车	19座及以下	20～40座	40座以上			
广州至开平	货车	2 t以下	2～7 t	7～20 t	20 t以上		
	客车	20座以下	21～50座	51座以上客车、卧铺			
哈尔滨至大庆	货车	2 t以下	2.5～7 t	7.5～14 t	15 t以上		
	客车	19座以下	20～39座	40座以上			

表7-4 部分高速公路车辆收费标准汇总表 单位：元/车公里

高速公路	一类	二类	三类	四类	五类	六类
吉林省	0.25	0.45	0.60	1.20		
沪宁	0.40	0.60	0.80	1.00	1.20	1.60
成渝	0.32	0.64	1.28	2.40	4.00	5.00
合宁	0.30	0.60	0.80	1.50	1.50	
广州至开平	0.225	0.45	0.90	1.462	2.138	
哈尔滨至大庆	0.45	0.83	1.05	1.20		

除此之外，在我国的公路通行收费实践中，有些地区或路段对大吨位货车还采取了按核定吨位收费的方式，有些道路还采取了按车辆轴数或轴重收费的方式。

5. 我国公路的收费管理系统

(1)人工收费管理系统

人工收费管理系统是指对进入高速公路网络的车辆发给通行卡以及出口处验卡收费等程序，全部由手工操作完成的收费管理系统。在收费过程中还可以辅以人工稽查式监督，以及各种规章制度，以达到强化管理的目的。我国高速公路的收费管理系统中不少属于人工收费管理系统。

(2)半自动化收费管理系统

半自动化收费管理系统是指由人工完成收费和找零工作，由计算机完成车型判别、计算费额、打印票据、数据积累汇总等工作所形成的收费管理系统。半自动收费管理系统是在人工收费管理系统的基础上发展起来、向全自动收费管理系统发展过程的一个阶段性产物。1995年以来，我国越来越多的高速公路开始采用半自动收费管理系统。

(3)全自动收费管理系统

全自动收费管理系统是指利用微波技术的不停车电子收费系统。道路两旁的信标装置通过安装在车辆上的类似电话磁卡的装置发生数据交换，来完成对行驶车辆的收费工作。

7.3.2 经营权有偿转让和特许经营管理

1. 基础设施特许经营的概念

基础设施的特许经营是实现政府管制和企业市场化运作相结合的一种重要机制，也是基础设施供给的PPP(public - private partnership，公私合作)制度最常采用的形式。

所谓基础设施特许经营，是指政府把应当由政府控制或带要由政府实施的基础设施项目通过特许授权，在一段规定的时间(特许期)内，由国内民营企业或外国企业作为项目的投资者或经营管理者，进行开发建设、维护、经营管理以获取商业利润，并承担投资和经营过程中的风险，特许期满后根据特许经营合同的约定将项目移交给政府的经营模式。基础设施特许经营既可以运用于基础设施的新建及运营，也可以由政府把已经处于运营或即将投入运营的基础设施项目通过授予特许经营权的形式，移交给企业经营管理。

基础设施特许经营在国外一般称为“公私合作”，指公共部门通过与私人部门建立伙伴关系提供公共产品或服务的一种方式。PPP 本身是一个意义非常宽泛的概念，不同组织和国家都有各自不同的理解。欧盟委员会认为，FPP 是指公共部门和私人部门之间的一种合作关系，其目的是为了提供传统上由公共部门提供的公共项目或服务；其区别于公共采购的一个根本特征是，私人部门被授权利用基础设施，通过投资经营获取利润，虽然其部分收入也可能来自公共部门的支付，而政府采购则完全是由政府承担成本、支付对价。加拿大公私合作国家委员会认为，PPP 是公共部门和私人部门之间的一种合作经营关系，它建立在双方各自经验的基础上，通过适当的资源分配、风险分担和利益共享机制，最好地满足事先清晰界定的公共需求。美国公私合作国家委员会则认为，PPP 是介于外包和私有化之间并结合了两者特点的一种公共产品提供方式，它充分利用私人资源进行设计、建设、投资、经营和维护公共基础设施，并提供相关服务以满足公共需求。

交通基础设施的特许经营，在我国就是由政府或其授权的部门将某项目的建设权或者经营权有选择地授予具有资格的受让人，并以受法律约束的协议规定双方的权利和义务。

2. 我国基础设施特许经营发展情况

(1)发展概况

我国基础设施特许经营的发展历史不长，主要从 20 世纪 90 年代开始，到目前为止已经有十几年了。在这十几年间，基础设施特许经营项目从无到有，规模不断扩大，目前正处于快速发展时期。总体来看，各地方均不同程度地开展了特许经营试点，但区域发展较不平衡，东部沿海地区在投资规模、项目数量、管理运营水平等方面都处于领先，中西部地区起步和发展相对较慢；对基础设施特许经营的认识正在不断深化，已从一开始单纯为引进外资和为项目提供资金，发展到深化投资体制改革、转变政府职能、引进先进的管理理念和技术；有些地方在项目管理、合同谈判等方面积累了一定经验，为项目的顺利实施提供了保障。

(2)立法情况

从 20 世纪 90 年代中期开始，国务院有关部门和地方政府相继发布了一些规章和规范性文件，用以规范迅速发展的基础设施特许经营活动。交通部在 1994 年 7 月发布的《关于转让公路经营权问题的通知》中规定："为了筹集公路建设资金，加快公路建设发展速度，国家允许外商或国内非交通管理部门独资、合资建设和经营公路，对已建成的收费公路允许有偿经营权转让给外商或国内非交通管理部门。"1995 年 1 月，原对外经济贸易合作部发布了《关于以 BOT 方式吸收外商投资有关问题的通知》。1995 年 8 月，原国家计委、电力部、交通部联合发布了《关于试办外商投资特许权项目审批管理有关问题的通知》。这两个通知构成了指导我国 BOT 项目试点工作的主要依据。此后，北京、天津、山西、深圳等地政府先后以地方性法规、规章形式发布了基础设施特许经营管理办法，明确规定了公用事业的市场化改革方向、投融资体制改革的路径、特许经营的范围以及实施步骤等，为基础设施特许经营的操作提供了重要依据。1996 年 10 月 9 日，交通部颁布了《公路经营权有偿转让管理办法》，并于 1996 年 11 月 1 日起实施，为公路经营权的有偿转让的如何实施明确了方向。2004 年 3 月，建设部以规章形式发布了《市政公用事业特许经营管理办法》，对城市公用设施特许经营项目的建设、融资方式、经营、管理等进行了规范。此外，我国现行一些关于基础设施建设的法律法规对相关领域特许经营也作了原则性规定。例如，《中华人民共和国公路法》第 21 条第 2 款规定，国家鼓励国内外经济组织对公路建设进行投资；第 65 条第 2 款又规定，由国内外经济组织依照本法投资建成并经营的收费公路，约定的经营期限届满，该公路由国家无偿收回，由有关交通主管部门管理。《收费公路管理条例》第 11 条第 3 款规定，经营性公路建设项目应当向社会公布，采用招标投标方式选择投资者。

3. 基础设施特许经营的优点

①可以拓宽融资渠道，突破财政资金不足的制约，加快建设基础设施。随着我国经济社会的快速发展，对基础设施的需求越来越大。单纯依靠政府有限的财政资金，很难满足基础设施建设需要。以农村基础设施建设为例，我国有 70 多万行政村，有 300 多万自然村，如果把这些村落数量作为基数计算，要达到“十一五”规划规定的饮水、安全、道路、交通等建设目标，需要约 4 万亿元人民币。虽然近年来我国加大了农村基础设施建设力度，采取了相关措施，但建设资金不足仍然是造成我国农村基础设施建设相对滞后的重要原因之一。通过特许经营方式鼓励和引导社会资金投资基础设施项目，可以弥补基础设施项目的投资缺口，在不增加财政支出的条件下，加快基础设施建设。

②可以深化投资体制改革，促进政府职能转变。进一步拓宽项目融资渠道，发展多种融资方式，形成投资主体多元化、资金来源多渠道、投资方式多样化、项目建设市场化的新格局是投资体制改革的重要目标。《国务院关于投资体制改革的决定》（国发〔2004〕20 号）明确提出，要合理界定政府投资范围，能够由社会投资建设的项目，尽可能利用社会资金建设；要引入市场机制，利用特许经营等多种方式，吸引社会资本参与有合理回报和一定投资回收能力的公益事业和公共基础设施项目建设。发展基础设施特许经营是深化投资体制改革的一项重要举措，有利于进一步转变政府职能，降低财政风险，提高基础设施服务效率。

③可以有效增加竞争，提高公共产品和服务质量，降低公共产品和服务价格。以政府投资为主的传统体制下，基础设施由政府统一经营，处于垄断地位，外无竞争压力，内无发展动力，运行效率较低，价格虽然不是很高，但产品和服务的质量不能完全满足人民生活需要；价格形成形式单一，部分产品和服务价格偏高。引入特许经营模式，能够打破传统的垄断经营模式，通过招标等公平竞争方式确定投资人，有利于基础设施经营单位提高质量与效率，降低价格，使最终用户受益。

④可以引入市场化经营管理理念，激励创新。通过实施基础设施特许经营，可以发挥民营企业在经营管理方面具有的灵活性和高效率优势，克服政府部门在人事制度、行政程序、报酬激励等方面存在的困难。此外，公共部门由于缺乏利益激励，在技术改进和创新方面缺乏积极性。引入特许经营，可以激励创新，在基础设施领域引入新技术，改变长期以来技术相对落后的局面。

4. 交通运输基础设施特许经营的形式

目前，我国交通基础设施特许经营的形式主要有两种：

一是采用 BOT 方式等项目融资营建设交通基础设施。关于 BOT 方式在前面已有介绍，这里就不再重复。

二是政府将交通基础设施建成后把经营权有偿转让给受让人。这种形式实际上就是交通基础设施的经营权有偿转让。在我国各种运输方式的基础设施中，实行经营权有偿转让较多的是公路，外国也有铁路等其他运输方式实行经营权有偿转让的。高速公路建成后，将经营权有偿转让给外商，这样，地方政府马上可以得到一大笔资金投入其他公路的建设，而外资集团则有自己的多余资金购到公路经营权，通过收取过路费得到丰厚的利润。

5. 公路经营权转让的原则

由于我国经营权转让大多是公路，因此后面的介绍以公路为主。

公路经营权是依托在公路实物资产上的无形资产，它是指经省级以上人民政府批准，对已建成通车的公路设施允许收取车辆通行费的收费权和由交通部门投资建成的公路沿线规定区域内服务设施的经营权。

公路经营权的转让是由省级交通主管部门授权所属的公路经营公司，将经批准的规定范围内的全部或部分公路经营权，在一定期限内转让给具有法人资格的境内、外单位经营的一种特许行为。我国公路经营权的转让应遵循以下原则：

①坚持解放思想、锐意改革的原则。

在具体执行时要有科学态度，谨慎从事，切不可一哄而上，做到既大胆吸收国外及民间资金，又防止项目过多过滥，以免短期内公路产业过度民营化，以基本满足公路建设资金需求为难。

②严格坚持国家规定的特许经营项目批准的范围和条件。

在选择转让项目时要慎重，一定要选择合适的项目，并且做好充分的准备工作，对有兴趣购买经营权的企业要进行严格审查，对项目事先进行正规的资产评估。

③坚持公平合理、风险共担、互惠互利的原则。

转让经营权是为了筹集资金，加速公路发展，受让的企业或私人则是为了赚取利润。切忌急功近利，避免在扩大资金来源的驱使下，对公路资产估价过低，造成国有资产的损失。

④积极促进公路特许经营的本国化。

由于目前国内经济组织资本不足，在外商参与的情况下，也要鼓励国内企业积极参与，一方面可以防止外商垄断，另一方面，可以锻炼队伍，为我国企业积累投资或经营经验。

6. 公路经营权有偿转让的调节和范围

在选择和确定有偿转让经营权公路时还应考虑公路的技术经济特性、地理环境和区域经济发展水平等因素。一般要符合以下条件的公路才有转让经营权的可能性：

①对于道路使用者具有垄断性，即没有并行的其他通道。这类公路一般有足够的交通量，也可对道路收取垄断价格。

②虽然有并行的不收费道路，但两者或因距离缩短，或因级差效益较高而使通行成本悬殊，使用者即使缴费也感觉到使用收费道路有明显的经济效益。

③通行量很大，单位时间收入很高，容易通过收费回收成本并获得高额利润。

④政府许诺以其他优惠条件，例如划出一片土地，将其开发权授予受让人，使受让人感到有利可图。

当然，政府如果答应给受让人进行一定的经济担保，从而在一定程度上减少受让人承担的风险，对受让人来说也是有利条件。对这一点政府在决定前应慎重考虑。

目前，国家规定可以转让经营权的基础设施为：高速公路；10 km 以上的一级汽车专用公路；300 m 以上的大型独立桥梁；500 m 以上的大型独立隧道；高速公路和一级汽车专用公路服务区的饮食、加油、维修、旅馆及商店等，这些项目比公路自身更具有商品属性，也在可转让之列。

7. 公路经营权转让期限和价格

目前世界各国对公路经营权转让期限尚无统一的确定方法。我国政府规定公路的特许经营期最长不能超过30年。

确定公路经营权转让年限，可采用两种方法：

一是计算投资回收期再加商定的盈利期作为转让期限的方法。如某高速公路的投资回收期是20年，盈利期是8年，则特许经营期可规定为28年。

二是双方达成共识的合宜投资收益率计算方法。以一个合宜的投资收益率作为贴现率，把投入使用后的各年预测收费向基年贴现，计算动态投资回收期，以此为特许经营的期限。合宜的投资收益率一般比同期金融市场利息要高。计算公式如下：

$$\sum_{t=0}^{J+T}(B_t - C_t - P_t)(1+i)^{-t} = 0 \tag{7-7}$$

式中：i——双方认可的合宜投资收益率；

B_t——第t年的收费收入；

C_t——第t年的经营成本；

P_t——受让方为得到特许经营权而在第t年应支付的费用；

J——如为BOT方式，J=建设期（年），否则$J=0$；

T——特许经营期（年）。

利用上述计算公式计算得到的经营期也只能作为参考，在实际确定特许经营期时要考虑很多因素，要经过反复协商才能达成协议。

公路经营权的转让价格是转让活动中的核心问题之一；我国一些收费公路项目曾经与国内外经济组织多次协商谈判，最终仍未成交，其中不能取得一致意见的主要问题就是转让价格。《中华人民共和国公路法》第六十一条规定："……公路收费权出让的最低成交价，以国有资产评估机构评估的价值为依据确定。"一般来说，我国劳动力较便宜，投入要素中大多数的原材料价格相对不高，因此，我国高速公路造价比其他发达国家要低，另外，我国各级政府为了鼓励公路事业发展制定了不少优惠政策，如免交相应税费、征用土地优惠等，这些因素也直接影响了高速公路的成本，所以公路经营权出让价格一般高于高速公路的实际财务造价。《中华人民共和国公路法》规定经营权的最低成交价要以国有资产评估机构的评估价格为主要参考依据是合适的。

8. 我国公路经营权有偿转让存在的问题

我国公路经营权的转让工作仍处于探索和起步阶段，还存在着较多的问题，主要有如下表现：

(1)政府有关部门认识不一，对推进经营权转让较为谨慎

国家"收费还贷"政策的出台，有效地调动了多方筹资建路的积极性，大大加快了我国公路建设的步伐。但各地在执行国家收费还贷的政策时，也出现了一些偏差，致使部分地区收费公路项目过多过滥，甚至出现了"关卡林立"和"行路难"的情况，严重损害了这些地区的社会形象与投资环境。对此，国家多次明令清理整顿。各地政府积极贯彻国家文件的有关精神，合并了一些过密的站点，撤销了一些已还清贷款的项目。鉴于此，政府有关部门也希望今后的收费公路一旦还清了贷款都能迅速撤销。但是收费公路的经营权如果转让，在经营期内就不能撤销。在这种情况下，推进经营权的转让，是否会造成收费站点过多，不易控制？政府有关部门对此心存疑虑，对推进公路项目的经营权转让就十分谨慎。在无形中已影响了这项工作的开展。

(2)多头审批，程序不规范，标准不统一

符合条件的公路项目，其转让审批程序通常包括多个环节。一般为先由市以上交通主管部门牵头，根据转让意向报省级政府及国资局评估立项，立项批准后，进行资产评估，将其结果再报国资局认可批准，然后作为转让谈判的底线或作价依据。当转让方案经协商谈判商定后，再报省级政府审批。由于公路项目投资规模普遍较大，多属于限上项目，且可能涉及外资，因此，审批时，除交通部门外还涉及原计委、外经贸、经贸委、工商等多家部门，环节较多、时间较长，这些都在一定程度上影响了这项工作的开展。如果是国道项目或含有中央投资的项目还需报交通部审批，时间更长。加之在立项审批的过程中，在审批的多个环节中，尚存在程序不规范、标准不一致的现象。如《中华人民共和国公路法》规定国道收费权转让应报交通部审批，国道以外的收费权转让报省、自治区、直辖市政府审批，而交通部1996年9号令中规定凡含有中央车购附加费或中央财政性资金的公路也需报交通部审批。这些不一致的现象也同样影响着经营权转让工作的开展。

(3)交通系统的体制改革滞后，经营权转让后项目业主与原收费、养护单位的关系有待理顺

在公路原有的事业体制下，收费与养护都不同程度地存在着“机构臃肿、效率低下、人员富余、费用过高”等通病，这与社会资金“降低成本、提高效率”的要求相冲突。在我国目前已完成的公路经营权转让项目中、收费与养护基本上仍沿袭着过去的事业体制，大多数项目业主无权参与收费站的管理，无权选择养护单位。这既有交通系统体制改革滞后，收费、养护体内循环，自我封闭，迟迟未走向市场的影响，又与经营权转让时没有明确双方的权利、义务，没有理顺委托代理关系等有关，需要引起足够的重视。

(4)部分地区公路项目的投资环境有待改善

在部分地区，政府对待公路项目的经营权转让存在着短期行为。在融资形势较紧、急需引资时，尚较注意投资环境的改善与维护，一旦融资环境相对宽松，对资金的需求不十分紧迫时，就不太重视投资环境的改善与维护，原先承诺的优惠政策开始打折，一些损害业主利益的事件也会不时发生。

(5)交通发展规划缺乏前瞻性，竞争性项目的推出过于随意且缺少与经营权受让方的沟通

经营性公路的投资回报在相当程度上受到经营期内竞争性项目的影响。政府在制定交通发展规划时，应科学地预测未来较长时期内社会经济发展的需要，合理地安排竞争性项目；政府在吸引社会资金进入时，应将规划中今后的竞争性项目及其影响考虑在内，并做好与社会投资者的沟通工作。在我国的公路经营权转让中，由于部分地区的交通发展规划滞后于当地社会经济发展的步伐，以至于规划经常调整，竞争性项目不时有“意外”出现。加之在这一过程中缺乏与社会投资者的沟通，使得社会资金进入后有受骗的感觉，既影响了政府的信誉，也为经营权转让后项目良好的合作运营留下了隐患。

(6)部分项目成本过高，投资效益不佳

建设成本是影响投资回报的一个重要因素。在我国公路的投资建设体制中，由于尚未真正实施项目法人制和资本金制，筹资、建设与营运相互脱节，投资主体不参与项目决策，无法在项目前期对成本进行有效控制；建设单位不负责资金的筹措且缺乏成本控制的利益机制。因此，在项目前期，高估造价，高报概算，在建设过程中虚报造价、随意搭车、乱摊成本

等现象不时可见，人为地加大了部分项目的建设成本，影响了项目的投资回报，最终也降低了这些项目对社会资金的吸引力。

(7)部分项目风险无法锁定，使社会资金望而却步

社会资金受让公路项目的经营权，并未指望获取暴利，而是着眼于稳定的收益。因此，社会资金在某种程度上要求锁定公路项目的投资风险也在情理之中。这突出地体现在社会资金在无法判断风险时转而要求获取固定回报。故当国家明令禁止固定回报的做法后，如何在一定程度上锁定风险，就成为吸引社会资金的一个重要因素。公路项目的投资风险最主要在于未来交通量预测的准确性上。由于交通量的预测是一项专门的技术，涉及的因素多，工作难度大，因此，社会资金很难靠自身的力量或者委托中间力量去对公路项目未来的交通量做出较为准确的预测。他们一般只能依靠项目可行性报告中的预测交通量去对项目投资回报与风险做出判断。但是，我国的项目可行性报告有许多是"可批性报告"，是为了通过项目审批而编制的，其中的交通量预测也带有相当的指向性。依据这样的交通量预测而进行的项目资产评估，确定的项目投资回报、项目经营期、项目转让价等也都不可避免会和今后的实际产生较大的误差，给项目投资留下较大的风险。这一预测误差产生的风险若不能控制在一定的范围，必然会使社会资金瞻前顾后，影响社会资金的投资热情。

(8)经营权转让后，项目业主与行业管理的矛盾需要妥善解决

近年来公路行业管理的要求逐步提高，具体体现在对道路维修、交通标识、周边绿化及环境整治等方面都提出了更高的标准，相应的费用支出也有较大幅度地增加。而以社会资金为主的项目业主则希望尽量降低开支，提高经济效益。由于在上述项目的经营权转让时尚未预见到新近较高的行业管理标准，在确定转让价时未剔除有关费用，因此，该项新增的费用由谁承担就成了矛盾的焦点，如不妥善处理，也将影响项目的正常运营。

7.3.3 运输基础设施的综合经营与开发

近年来，我国公路建设带动沿线区域经济发展的经验使人们对公路建设的观念逐步发生了变化，人们逐渐对公路特别是高速公路的潜在的巨大商业价值有了新的认识，高速公路带来的综合经营和开发的商机被重视起来，成为国内公路主管部门十分关注的新兴事业。但是，由于高速公路经济开发既无明确的界限，也无统一的规定，更没有相应的行政法规和法律，其内容、形式、界限、外延、管理都尚在探索之中。因此，高速公路综合经营开发应该说是一个亟待完善的新事物。

1. 高速公路综合经营与开发的意义

高速公路综合经营开发是在搞好收费和服务区管理的基础上，充分利用高速公路具有巨大影响的无形资产及沿线土地、边角和现有设施，从事广告、仓库储存、旅游业、房地产等多种经营，从而增加建设、养护资金来源的活动。高速公路的综合经营与开发具有重要意义。

①繁荣沿线经济，促进高速公路产业带的发展。

高速公路产业经济带的明显特点是：高速公路一般在较发达地区首先建成，区内有一定经济基础，一般都有大型城市为依托，产业结构偏新、偏高，沿线经济区由粗放型向集约型转化加速。高速公路便于各种信息及时传递，加大并延伸了大城市经济辐射的影响力和范围。根据产业带理论和梯度规律，高速公路周边地区为受辐射最强的地方。在这样的背景下，对高速公路进行经营开发，见效最快，受益最大，从而带动周边各区域的经济发展。

②有利于提高高速公路经营效益，促进经营开发企业的发展。

高速公路综合经营开发具有一定的辐射作用，使沿线周边地区也得到不断开发，这将产生更多的交通需求和高速公路的收费收入，从而使高速公路养护、服务设施的完善得到了更雄厚的资金保障，促进高速公路本身的可持续发展。由于高速公路相对于其他道路具有明显的技术经济优势，经营开发使其自身资金流动加速，加快回收投资。

③高速公路综合经营开发有利于吸引更多的资金投向高速公路建设，加快我国高速公路滚动发展。

在相当长的一段时期内，高速公路建设将一直是交通基础设施建设中的一个最活跃、发展最快的投资领域，但建设资金不足将是最大的难题。我国的民间资本经过几十年的积累，越来越雄厚，它寻求一种安全、稳定的投资渠道的内在驱动力越来越强烈。高速公路投资大、回收慢，很多经营者信心不足，缺乏热情。引入高速公路经营开发机制，给经营者、投资者提供宽松的环境、减少企业风险，加快回收投资，激发投资者的热情，从而通过扩大有偿转让公路收费权、贷款、合资修建高速公路以及项目融资等多渠道、多形式筹措建设资金，尽快建设我国高速公路，以发挥其网络效益和规模效益。

2. 高速公路综合经营开发的内容

(1)广告开发业务

广告作为一种有效的沟通形式和改进生活的手段，在人们生活和社会生产中日益受到重视并得到较快发展。高速公路沿线及桥梁、隧道有很大的广告利用价值。高速公路的广告业务，可便捷地沟通、指导人们的经济活动和旅游活动。一些省市的高速公路管理部门及其经营者，利用本身拥有的大众传播媒介和便利条件，在收费站、加油站、服务区、收费票据以及公路两侧可供开发的地方经营广告业务，收取一定的报酬，加快资金回收，同时还增加了高速公路的景观效果。

(2)旅游开发

近年来，高速公路以其舒适、快速、较好的服务等特性吸引了大量的客流。随着我国经济的发展，人民物质文化生活水平的提高，出外旅游的人将越来越多。高速公路有关部门应抓住机会发展旅游资源。

(3)仓储开发

高速公路的仓储开发主要通过向客户提供货物装卸、堆放、储存、理货、包装、发货等服务，从而收取相应的费用并获得经济效益。如何利用高速公路便捷的交通条件与各类主枢纽相衔接，提高货物周转速度，是经营开发部门关注的问题。高速公路收费站、服务区、立交桥下及周边有很多可供经营仓储开发的空间，这些地域与高速公路互通性好，通过加工、改造整理，可以作为向客户提供货物仓储的场所，能获得很大收益。

(4)土地开发

高速公路的修建既引起沿线土地增值，又引起土地紧张。这一矛盾的两方面决定了土地开发的方向，一种是沿线土地合理开发利用，一种是空间开发利用。

在我国，很多省、市、自治区政府为了筹措资金，加快高速公路建设，从政策上给予公路主管部门相应的优惠，允许在新建高速公路两侧的一定范围内从事经营性土地开发和其他业务。有的允许划出一定地块由交通建设部门进行土地开发，所得收益用于交通建设；或者指定交通建设任务，由土地开发经营者建设。有的把当地资源开发和修建道路紧密结合起来，资源开发和道路建设项目同时立项、资金同时筹措，形成交通投资多渠道、多元化的格局。

(5)其他

高速公路综合经营开发内容随着各地的开发时间在进一步拓展。一些经营公司利用高速公路交通条件便利、管理人才丰富、设备精良、服务设施完善等优势，对外进行信息咨询、技术服务、商贸等多种形式的经营活动，取得了较好的效果。

3. 高速公路综合经营开发的实施

结合我国的国情及各地经验，我国高速公路的综合经营开发可采取以下几种经营形式：

(1)自主经营

由高速公路管理部门成立高速公路经营开发公司，负责全路线经营开发的规划和经营业务的运营管理，经营公司可以是特许的，也可以是招投标的优胜者。公司在高速公路管理部门的指导下，统一经营、统一核算，根据责任、权利相结合的原则，实行分级分层经营管理。开发收入一部分上缴高速公路主管部门，用于高速公路发展事业，一部分用于企业的滚动发展。

(2)高速公路经营公司负责经营

由高速公路经营公司负责高速公路的综合经营开发工作。经营期限过后，再按有关协议和规定处理。

(3)合资、合作方式经营

高速公路主管部门或经营开发公司与高速公路沿线有关企事业单位、个人或其他投资者共同筹措资金，按投资额度大小享有开发经营权。经营者在保证开发项目的资产不流失的前提下，按协议期限获取一定利益后，再将其资产收归国有。或者，由高速公路沿线有关企事业单位、个人或其他投资者投资，高速公路主管部门或经营开发公司参与合作，按合作合同分配利益，在经营一定年限后，收归国有。

(4)承包与租赁方式经营

将统一规划的综合经营开发项目的主要设施承包或租赁给经营者，由经营者自主经营，高速公路主管部门按承包或租赁合同规定，向经营者收取部分承保利润或租赁利润。

高速公路的综合经营开发方式很多，各地方可以根据自己的特点，不断探索新的方式。

4. 高速公路综合经营开发的前景

高速公路的综合经营开发在国内尚无固定的模式和过多的成熟经验。但随着改革开放的进一步深化，它必将成为拓宽高速公路业务、增加经济效益的一个很有发展前景的项目。

①伴随着高速公路沿线工商业的发展，高速公路的综合经营开发将逐渐成为自我发展、自成体系的独立行业。根据国外的经验，随着高速公路的建设和运营，沿线各地将会利用有利的交通条件相应地发展工商业，促进沿线工商业的发展。这种发展的必然结果，就要求与之相配套的房地产业、广告业、旅游业等服务性行业要尽快地发展起来。为此，在高速公路出入口的附近、立交桥和服务区的周围，伴随着工商业的发展以及经营开发的不断兴起，将逐渐形成组团式的较为完整的综合服务体系。

②高速公路的综合经营开发将逐渐成为美化环境和保障车辆安全畅通的重要手段。通过综合经营开发，将使得高速公路成为组团式的饮食、休息和旅游服务区，特别是对旅游景点和风景点的开发，将使得高速公路成为带状的美化区。同时，由于综合经营开发提供了便利的休息、娱乐和旅游场所，减少了司乘人员长距离、长时间乘车带来的疲倦，为减少交通事

故、保证车辆安全畅通提供了便利的条件。

③伴随着交通开发的兴起和经济理论研究的深入，交通运输经济学作为一门新兴的科学正在逐步兴起。它不仅将随着交通开发的全面展开而日益丰富，反过来，它也将成为我国高速公路综合经营开发的指导性理论，指导有关部门制定开发政策和经济措施，做好长远规划，有计划地进行滚动发展，达到开发与经济发展一体化，使得高速公路的开发工作成为长盛不衰、创新发展的一个新兴行业。

案例 7－1

巴基斯坦利用 BOT 建设 Indus 高速公路(Nuriabad—Karchat—Sehwan 段)

(1)项目简介

Peshawar 是巴基斯坦西北边界附近的主要城市，它与阿富汗边界处的 Khyber 山口一直被中亚各国视为印度大陆的门户，在历史上扮演着极其重要的角色，目前仍是中亚和南亚的重要连接枢纽。Karachi 则是位于巴基斯坦的南部边界的大城市。Karachi 和 Peshawar 都位于印度西北部河流 Indus 西部。Indus 河畔现有高速公路(N－55)顺 Indus 河而行，是 Karachi 和 Peshawar 之间(约 1200 km)的主要交通枢纽。与其他路线相比，Indus 高速公路距离相对较短，交通也相对通畅，而且不受河水泛滥影响。从建成之日起，Indus 高速公路不同区段的拉直和等级提高等施工工作就一直没有中断过，以缩短原有距离、提高行车安全性和增加交通流量。

很久以来，大家都觉得应该在 Nuriabad(N－5，74km)和 Sehwan(N－55，80 km)之间修建一条直达公路，而不必绕道 Jamshoro(在 Hyderabad 之前不远处)。因此，一条连接 Nuriabad 和 Sehwan，中间途经 Karchat 的高速公路项目(全长 147.3km)被提上议事日程。两个区段的建设费用估算分别为：Nuriabad 至 Karchat 区段：600000000 巴币；Karchat 至 Sehwan 区段：475000000 巴币。

(2)项目公司的组成

在巴基斯坦，国家公路局(NHA)是交通部授权的、负责所指定高速公路或任何州内公路的设计、建造、经营和维护，以及收取并保有这些公路通行费的政府部门。NHA 的建设资金，部分来自政府拨款，其他则来自当地或外国金融机构的贷款，所收取的过路费是其还本付息的主要资金来源。

1991 年至 1992 年，在对有意投标的公司进行资格预审之后，NHA 发布了拟新建高速公路及其收费系统的融资、设计、建造和运营，以及现有已建公路区段的等级提升的招标书，邀请有关承包商和金融机构联合体以建造—经营—移交(BOT)特许权方式投标。共五家公司(或联合体)投了标。最后，Sachal 工程(私营)公司(巴基斯坦注册)和 Tilbury Douglas(英国注册)的合资公司(以下简记作 SEW－TD 公司或项目公司)，经 NHA 评标并报交通部审核后中了标，特许权协议从 1993 年起生效。

(3)项目管理咨询公司的组成

为了更好地管理从 Karachi 到 Peshawar 大约 1200 km 的 Indus 高速公路(N－55)一直在进行的等级提升工作，以及新建两个区段高速公路的施工，NHA 决定聘用专业项目管理咨询公司提供 1989 年 12 月 11 日备忘录中所规定的工程咨询服务。最后，由日本 Pacific ConsuLtants International 公司、日本 Construction Project Consult 公司、巴基斯坦 Engineering Associates 公司和巴基斯坦 Techno Consult 公司所组成的联合项目管理咨询公司（以下简记作 PMU 公司）中了标。

PMU 公司提供的工程咨询服务包括：评审由国家交通研究中心 NTRC 完成的 Indus 高速公路的可行性研究报告；评审和确认 Indus 高速公路的两个新建区段的设计方案——Peshawar－Karappa Chowk 区段（69.50km）、Nuriabad－Karchat—Sehwan 区段（147.30km）；协助 NHA 准备招标文件和合同文本；对 Kohat 隧道进行技术和经济可行性研究并完成详细设计；对 Indus 高速公路的综合收费系统进行研究。

（4）特许权协议

①特许权的授予。

特许权协议于1993年生效执行，协议确定了具体合同条款以及政府将提供一定资金支持的原则，这种资金支持的详细条款在政府财政支持协议和项目账目控制协议中具体确定。经政府批准之后，SEW－TD 公司在特许权协议、政府财政支持协议和项目控制账目协议之下的权利、责任和义务就明确了。根据特许权协议条款：

除非政府另有批准，NHA 在任何时候都必须占有项目公司不少于51%的资本金股份，而且 NHA 的直接利益人必须间接占有至少30%的股份；

Sachal 工程（私营）公司和 Tilbury Douglas 公司在任何时候都必须是项目公司的组成公司，即不许中途退出（如抛售全部资本金股份，参见下条）；

SEW－TD 公司必须保有至少1000万美元或较之已确认完成工程量（按特许权协议所规定的）价值的10%更高的资本金；

SEW－TD 公司同时承诺在任何时候，按投资协议中所规定的，保有其在合资公司中普通股份的比例不低于30%；

SEW－TD 公司还无条件保证，它将会按照政府财政支持协议中规定的，向政府支付项目公司所欠的任何款项，但以5000万美元为限，它也会承担特许权协议之下项目公司的所有债务。

②特许权协议的主要内容。

根据特许权协议，SEW－TD 公司必须：

建造从 Nuriabad 到 Karckat 的81.08km 和 Karchat 到 Sehwan 的66.085km，即全长147.17km 的高速公路新建区段；提供所有相关的收费和其他设施；在30年的特许期内经营和维护整个 Indus 高速公路。

相应地，政府同意在特许期内：

将 Indus 高速公路已建区段移交给项目公司；授权项目公司进入和占有履行特许权协议所需土地的专有权利，但这些土地及其上所建公路的所有权仍归政府；按政府财政支持协议向项目公司提供财政支持。

根据特许权协议，SEW－TD 公司拥有收取和保有 Indus 高速公路已建区段通行费的权利并接管 NHA 对该公路的其他职责。项目公司成立了一个特别工作小组，以安排 Indus 高速公路已建区段的移交工作，其主要任务是：

对 Indus 高速公路已建区段情况的初步调查，包括道路状况、已有的通行费收取设施、附属建筑、装备和配件，对 NHA 为 Indus 高速公路已建区段所签订的维护合同的调研，项目公司将接管这些维护任务；对 NHA 现有收费站职员进行评估并为项目公司对他们的聘用作必要的安排；为项目公司建立适当的财务系统。

③特许权的移交。

在30年特许期到期时，项目公司收取和保有公路通行费的权利、所有的收费装置和其他设施、维护完好的Indus高速公路将全部免费移交给巴基斯坦政府。

(5)政府的主要担保和支持协议

根据政府财政支持协议，SEW-TD公司获得下述担保或支持协议以保证项目的经济可行性。同时，根据这些担保或支持协议所获得的资金必须符合项目账号控制协议。

①交通流量补充协议。

特许权协议确定了公路通行费的计算公式，包括：

作为一封闭收费高速公路区段运营的单位公里费率，加上这些区段作为一开放收费区段运营时的单位车辆通行费(五类车辆不同通行费)。

单位公里费率和单位车辆通行费的调价公式，以每年6%或消费价格指数之较高者调价。根据特许权协议，只有在下列之一情况下，才能调整通行费：

如果一年内的实际交通流量少于担保的交通流量，政府和SEW-TD公司可经协商同意后提高下一年度通行费至最优通行费的最大值，即特许权协议中确定的使项目收益最大的通行费。

如果政府要求执行此协议中所规定费率更低的通行费时，SEW-TD公司将获得政府的现金补贴。

此外，如果由于采用该较低的通行费，造成实际的交通流量比估计的交通流量更高时，政府还必须支付SEW-TD公司因此而增加的额外经营成本。

②支持贷款协议。

根据该协议，巴基斯坦政府将提供一笔数额为139750000巴币(约为项目总投资的13%)的贷款，作为SEW-TD公司为该项目的建设资金或工程建成之后的再融资资金，贷款利率固定为每年8%。

③外部风险补充协议。

根据该协议，当外部风险所引起的额外费用造成项目公司无法还本付息的时候(需经审计公司核准)，巴基斯坦政府将提供一笔贷款用于支付SEW-TD公司由于海外贷款外汇汇率变化超过15%或利率变化超过20%时所引起的额外费用。当SEW-TD公司在汇率和利率向有利方向变化分别超过15%和20%时，任何还本付息过程中节省的钱必须优先用于偿还该贷款欠款。

(6)融资计划和风险管理

在融资计划中，SEW-TD公司决定将放贷方的第一笔承诺贷款作为完全的商业贷款。该承诺贷款包括一笔相当于总投资额10%的备用贷款，以支付任何额外工程量以及由于工程受损、延期或者收入短缺所引起的额外开支。SEW-TD公司要确保这笔承诺贷款的数额足以应付估计可能出现的最不利情况。

SEW-TD公司还采取了下列各保护措施，以降低和消除放贷方所面临的主要危险，保证放贷方提供的贷款能够按计划得到及时的偿还。

①最小经营收入担保。

SEW-TD公司收取的通行费收入是贷款还本付息的主要来源，特许权协议和交通流量补充协议担保了通行费用收入的最低额。根据该协议，SEW－TD公司可以在实际通行费收入达不到协议所规定的最低额时(不管原因如何)，可以从交通流量补充协议中所规定的支持贷款中提取相应数额的资金。

②外汇风险和利率风险的担保。

根据外部风险补充协议，政府将提供支持贷款给SEW－TD公司，用于支付由于海外贷款外汇汇率变化超过15%或利率变化超过20%时所引起的额外费用。

③建设成本超支的预防。

为了降低工程建设中成本超支的可能性，SEW－TD公司作了全面的地质勘探和工料估算，并依据对承包商的技术和经济能力的预审结果，与他们签订了固定总价或限价建设承包合同，将成本超支风险主要转移给了承包商。

④建设工期延误的预防。

高速公路新建区段工程将在第一个五年特许经营权期间内分阶段陆续完工。随着时间的推移，已建区段中会有预期的通行费收入增长，新完工区段中增加的交通容量也会带来部分收入，因此一个或多个区段的一般工期延误不会对项目公司的财务状况产生太大的影响。但为了防止由于承包商的不良表现引起较大工期延误并带来较大财务影响，SEW－TD公司采取了下列有关措施：

要求承包商提供一笔占合同价总额10%的履约保证金。承包商将承担最高额达合同总价7.5%的违约赔偿金，这是SEW－TD公司从应付给承包商的工程款中所扣除的。出于名义上的考虑，也可能要求承包商把其所持有的SEW－TD公司所发行的优先股权转移给NHA。

如果某部分或某阶段的工程建设出现较大工期延误，并最终导致SEW－TD公司无法满足特许权协议所规定的建设竣工期限时，政府就可行使提前中止特许权协议的权力。

⑤特许权的中止。

如果政府在没有合理理由的情况下违背了特许权协议或者政府财政支持协议中的任何条款，SEW－TD公司有权单方面中止特许权经营。如果SEW－TD公司因该原因而中止特许权经营，或者政府由于SEW－TD公司未能履行职责而中止特许权授予，或者政府接管对SEW－TD公司的控制，政府必须在6个月内偿还SEW－TD公司所担负的商业债务或接管该公司对放贷方的责任和义务。

⑥不可抗力风险的管理。

根据特许权协议，工程建设期间所发生的不可抗力事件对SEW－TD公司履行义务的能力所造成的影响可以减轻公司的义务。公司可以获得特许期的延长以补偿其所遭受的损失。同时，SEW－TD公司已购买足够的保险，以涵盖不可抗力风险对其机械、设备或者建设工程在协议执行期间可能造成的损失，这些保单应可以在所保险的事件发生时在保险市场可获得的最大范围内防止项目的收益损失。

从本案例可知，巴基斯坦政府能够向项目公司提供一些担保和支持，如支持贷款、最低运营收入、外汇和利率担保、无偿提供土地等，帮助项目公司分担风险，保证项目的成功。

（注：主要内容引自参考文献[1]）

案例 7－2

北京地铁奥运支线 BT 工程项目实践

北京地铁奥运支线工程项目是国家举办 2008 年国际奥运会公用配套设施的重点工程项目。该项目是北京市乃至全国在轨道交通设施建设方面第一个采用 BT 投资方式实施的项目。采取 BT 方式是由本项目自身的公益性、投资额度大、项目回收期长、高风险低收益等特点决定的，也是政府在推进基础设施投融资改革中的一次有益而大胆的尝试，本次工程的投融资模式界定为“政府全程主导下的 BT 项目投融资模式”。

1. 奥运支线 BT 项目的运作流程

2004 年，北京市发展与改革委员会以京发改〔2004〕2330 号文件《关于印发采用 BT 模式建设地铁奥运支线文件的通知》批准同意采用 BT 模式建设地铁奥运支线。BT 招标工作由北京市基础设施投资公司代表政府负责组织，北京地铁 10 号线投资有限责任公司具体实施。

工程由招标人采用 BT 模式通过公开招标的方式确定中标人，由中标人负责组建奥支项目公司，项目公司负责筹措相应的建设资金，并按确定的设计计划和技术标准建设奥运支线工程，工程施工以工程总承包的方式由中标的投资者中有总承包资质的单位承担。招标人委托建管公司对项目的投资、安全、质量、工期进行全过程的监管。工程竣工、验收合格后，招标人以股权收购的形式接收项目公司，并向中标人支付合同价款。

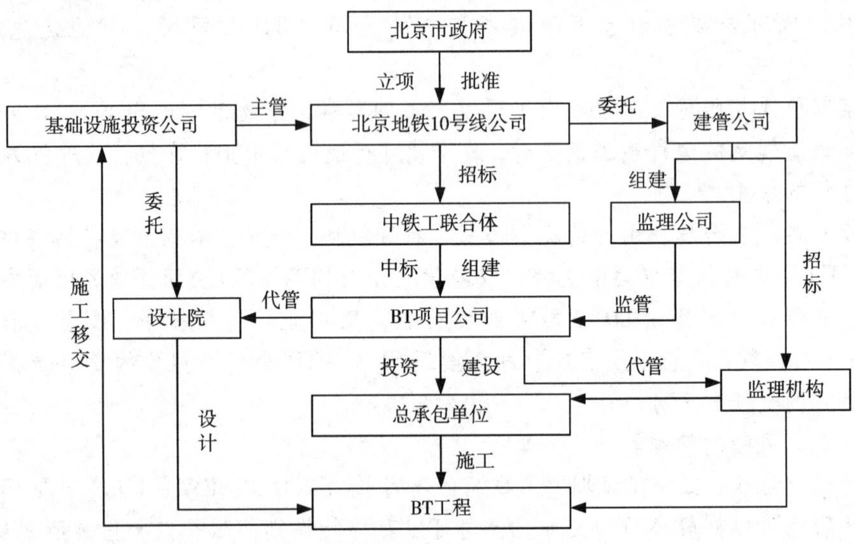

图 7－5　项目管理模式框图

2. 奥运支线投融资与运营管理上的积极探索

北京地铁奥运支线 BT 工程既是国内城市轨道建设领域第一个 BT 工程，也是中国铁路工程总公司向“高端”市场运作的重点项目。

奥运支线 BT 工程项目创造了许多地铁建设之“最”：在所有北京市地铁项目同期工程中开工最晚，工期最短，进度最快；质量标准最高；管理机构简化精干，人员最少；等等，这些成绩的背后是项目运行机制的优化。

地铁奥运支线投资建设项目从政府市政规划开始，到项目建设完成并成功移交，其间可以划分为5个阶段：

(1)立项阶段

包括政府对北京市地铁投资建设需求的识别、对投资建设所需财力支持的估算和政府在城市轨道交通方面的规划、项目投资建议的提出以及主管部门对项目投资建议的审查和批复。这一阶段主要是确定项目投资的范围。

(2)决策分析阶段

包括地铁项目建设单位对项目的必要性和现实性进行的经济合理性分析、对项目工程施工的条件进行的技术分析，并据以对项目方案进行的论证和优化，在优选出来的初步方案基础上选择适合的投融资模式。这一阶段主要是确定项目的规模和投融资方式。

(3)公开招标阶段

在确定采用BT模式后，公开招标阶段主要是建设单位——北京地铁10号线投资有限责任公司作为招标人，通过招标代理机构的运作选择实力、报价最为相宜的投标人。这一阶段主要是确定项目的融资代建单位。

(4)签订BT项目合同阶段

包括投标人和中标人按照招标文件的要求组织的谈判过程和BT项目投资建设合同的正式签署过程。这一阶段主要是通过书面签认确定项目各方的权利和责任。

(5)项目实施阶段

项目实施是整个运行过程中最重要的阶段，是项目公司围绕项目合同开展工程施工作业、实行专业化管理的阶段，整个项目的运行在移交回购步骤结束。奥运支线BT项目的运行是基于建设体制中的投资、建设、运营和监管“四分开”的思想，把传统政府投资项目建设管理中的行政管理关系，转变成委托人、融资代建人、项目公司三者之间的契约关系，即基于合同的委托代理关系。项目运行机制的创新之处在于，以BT投资建设合同为核心，以全过程控制为手段，以控制成本和降低风险为目标，内外监督相辅相成，在项目运行的每一阶段实行专业化、规范化管理。

作为在政府全程主导下、企业市场化参与的一个全新的项目投融资模式，北京地铁奥运支线BT项目在形式、内容和具体的操作过程中蕴含着大量的管理实践创新。政府采用法人招标方式，对北京地铁奥运支线中适合于单独招标的部分以BT的方式进行国际公开招标，选择了中铁工程等三家国企的联合体作为项目的融资、投资、建设的主体。联合体按照BT合同要求成立专门项目公司进行管理和建设，将管理公司与总承包部合二为一，减少管理层次，提升管理效果；按照六部一组的组织结构设计，专家组外聘五位专职专家以及兼职专家，敢于在科技上投入，不惜重金引进人才，以保障工程质量，克服工程难题。

（注：主要内容引自参考文献[4]）

重点与难点

重点：(1)运输基建项目筹资和融资方式；(2)现代项目管理核心内容。

难点：各种融资方式的特点。

思考与练习

(1)基本建设程序有何特点？它有什么作用？

(2)项目融资产生的背景是什么？其与公司融资有何区别？主要特征包括哪些？

(3)转让经营权和BOT方式有何异同？从融资角度分析，哪个资金成本高？为什么？

第 8 章

运输管制

8.1　运输管制理论

8.1.1　运输管制概述

1. 管制的内涵

管制，也称为“规制”(regulation 或者 regulatory constraint)，最早起源于美国，是指管制性行政主体根据法律法规的授权，为追求经济效益和社会效益的最优及维护社会公平正义，对经济及其外部性领域和一些特定的非经济领域采取的调节、监管和干预等行政行为。

从国家制度的层面上看，管制是政府管理的一项重要法律制度。从经济学角度出发，对管制的内涵有四种不同的观点。

第一种观点的代表是传统的经济学学者卡恩教授，其认为管制是政府设计的主观行为，强调“管制是对该种产业的结构及其经济绩效主要方面的直接的政府规制，比如进入控制、价格干预、服务条件及质量的规定，以及在合理条件下服务所有用户时应尽义务的规定”。

第二种观点的代表是管制理论的权威斯蒂格勒，其认为管制的设计和实施是产业为了自己的利益而争取来的，作为法规，产业因自己的需要而制定和操作管制的具体内容。

第三种观点的代表是丹尼尔·F·史普博和植草益，他们强调管制的行为特点，认为管制是一种行为。前者认为“管制是由行政机构制定并执行的，直接干预市场配置机制或间接改变企业和消费者的供需决策的一般管制或特殊行为”。后者认为“通常意义上的管制，是指依据一定的规则对构成特定社会的个人和构成特定经济的经济主体的活动进行限制的行为。进行管制的主体有私人和社会公共机构两种形式”。

第四种观点的代表是我国学者余辉，其认为管制建立在公共利益的基础上，从主体角度加以定义，可以理解为管制是政府机构为了对不完全公正的市场进行管理，制定一系列的法律法规进行规范，针对微观经济主体在市场交易的过程中，实施内部的管理进行直接干预的行为。

从上述四种观点可以看出，在经济的范畴领域，政府管制是为了实现市场利益的最大化，以治理市场失灵的手段达到资源配置的合理化，即管制的基本内容是制定政府条例和设计市场激励机制，以干预经济主体(主要是企业)的价格、销售或生产等决策。

现代意义上的运输管制是从 1887 年美国联邦议会设立州际商务委员会(Interstate Commerce Commission，简称 ICC)，并通过制定《州际商务法》来防止铁路运用其当时的垄断性地位歧视小的货主和损害消费者的利益开始的。在这之后的很长一段时间里，大多数西方发达国家的铁路运输业受到了政府的严格管制。后来这种管制还扩大到运输业的其他领域，如公路运输、航空运输等。运输管制(transport regulation)是指政府为实现其特定的经济和社会目标，针对运输业的特殊情况而实施的一种特殊有效的管理和控制。也就是政府对运输业实施的特殊管理形式，是执行社会运输政策的手段之一。

2. 运输管制的分类、对象与手段

(1)运输管制分类

运输管制主要体现在两个方面，一是经济性运输管制(economic regulation)，二是社会性运输管制(social regulation)。前者主要指市场进入和价格的限制，后者则包括服务质量、安全性与相应的环保标准等。

一般来说，经济性管制是对某一个特定行业、特定产业进行的一种纵向性管制。这些行业往往具有自然垄断性等特点，如铁路的轨道运输网络等，这些环节获得合法垄断，有合理意义和社会效应。如果他们的服务质量和价格不合理，很可能危及到购买并使用这些产品的人的利益，这时，政府要在准入管制的同时进行价格管制。

经济性的运输管制是指政府为防止资源配置的低效和为消费者提供公平服务，对企业进入运输市场的资格、退出运输市场的条件、提供运输服务质量、数量和价格以及运输企业的投资、财务等等方面进行的一系列规定。根据管制的内容分为垄断管制和竞争管制。垄断管制通常是对铁路运输和管道运输等易形成独家垄断的运输方式进行管制，常用的管制措施为运输价格管制；竞争管制包括对不同运输方式之间的竞争、企业间的竞争进行管制，基本出发点是避免毁灭性竞争的发生，常采取的管制措施包括市场准入控制、最低运价控制等方面。西方国家在运输业的经济管制方面一般都经历了几个不同的阶段，包括市场自发竞争时期、对运输垄断进行管制时期、管制目标转向过度竞争时期和放松管制时期。

社会性的运输管制是指政府为保障运输业中的劳动者和消费者的安全与健康，保护环境，以防止社会生产生活秩序的混乱、防止灾害等为目的，对与提供运输服务相关的各种活动制定一定的标准，并限制或禁止某些特定行为的规定。管制的主要内容有政府对城市交通拥堵的管制、对环境污染的管制、对交通安全的管制以及对特种货物运输的管制等。

(2)运输管制的对象与手段

针对运输基础设施产业的市场结构，需要管制的对象是各类企业的市场准入行为、定价行为、互联互通行为、垄断行为、服务质量以及普遍服务义务等。

管制的手段包括制定规章、行政许可、行政检查、行政处罚、行政强制执行、行政裁决等。如运输市场准入或进入管制，包括运输企业进入市场并提供服务的许可和有限资源(如运输设施建设所需要的岸线、空域等)占用的许可等，管制机构做出市场准入的行政许可，一般应该采用公开招标、拍卖或组织听证会的形式，价格管制则采用了成本加成机制和价格上限机制两种方式。

3. 管制的特征

①主体的特殊性。管制的主体不同于一般行政管理的主体，一般行政管理的主体是各级政府、政府职能部门以及法律法规授权其从事某种一般行政管理活动的授权性组织。而政府管制的主体是负有管制职能的特殊主体，是管制性的行政主体。在我国改革开放初期，管制性行政主体基本上是集管理与管制于一身，一般是行使行政管理职能的中央政府部门。随着社会经济的发展，为了适应经济体制改革的形势，对政府管制体制进行了一系列的改革，成

立相对独立的管制机构，一般是指国务院直属机构、国务院直属事业单位或国务院部委管理的国家局中有一定管制职能的机构或单位。其中国务院直属机构和国务院部委管理的国家局按照行政法学的理论上分，可以被认定为职权性管制主体。国务院直属事业单位的管制权力来源于法律和其他规范性文件的特别授权，可以认为授权性管制主体。

②权力来源的特殊性。管制的权力通常是来源于特定法律法规，或者是权力机构或上级行政机关专门决议的授权，是因特别授权而获得的授予职权，这不同于一般行政管理的权力，后者的权力是宪法和组织法一般授权的，是一般行政主体固有的职权。我国的管制性行政主体多为综合性的管制机构，其和管制权力并非同时产生，是先有主体后才有管制权力。一些相对独立的管制机构不是狭义立法直接设立的，而是通过权力机构或上级行政机构的特定法律、法规甚至是非法源性的规定特别授权，是在一般的行政管理权力之外增加的。

③权限的特殊性。管制性行政主体拥有立法权、执法权和司法权，是有很高权威性的行政机构或授权组织，它和普通行政管理主体只享有执法权有很大的区别。为了管制的需要，其可以设立标准，设定权力义务，创制法律(广义)。当然，这不同于立法机构的立法权和司法机构的司法权，是“准立法”和“准司法”的行为，性质上仍属于行政行为。管制活动有极强的专业性和权威性，如果管制性行政主体缺乏创制性立法权，会很难实施管制行为。必须指出的是这种创制性的立法权应受到严格法律的规制和监督。在我国，行政司法行为包括行政裁决、行政仲裁和行政复议。管制性行政主体同样拥有这种准司法权。

④对象、内容和目的的特殊性。一般的行政管理的管理对象是国家的行政事务和公共事务，是对这些事务的——进行规划、组织、管理和实施，其目的是为了通过对国家和公共事务的管理，提供社会公共服务。管制和一般行政管理的区别在于，其告知的对象主要针对经济活动领域及其所涉及的“外部性”领域，这些领域需要政府的调节、监管和干预。因为存在垄断和竞争，导致经济领域的信息不对称和外部性问题的产生，因此管制就会很好地缓解这些问题。为了实现经济和社会效率，维护社会的公平，在反垄断领域、经济领域和社会领域进行管制就显得尤为重要。

⑤原则、手段和方法的特殊性。政府管制除了要遵守合法性和合理性原则外，还有一些特殊的原则。在反垄断管制上，要坚持竞争原则的同时，还应遵循市场机制优先和平等公正的原则。在经济学管制方面，要兼顾自然垄断和适度竞争的协调问题，坚持社会效益和经济效益统一协调的原则。社会管制应坚持以人为本，公正和诚信相辅相成的原则。管制的手段有更强的“刚性”，因此行为具有“单方性”的特点。有时，政府还会为了实现管制的目标，实施一些特殊的管制方法。如反垄断管制通过采取禁止垄断协议、禁止滥用市场支配地位、禁止行政垄断等方法实现管制的目的。经济性管制通过采取控制市场的进入和退出、实现价格管制、控制质量等方式来实现管制的目标。社会管制通常采取设定社会基准法、倾斜立法等方法来实现管制目标。

8.1.2　运输管制产生的原因

学术界对管制出现的原因有多种解释，存在着若干种关于为什么会出现管制的理论，其中具有代表性的是管制的公共利益理论、利益集团理论和管制俘获理论。管制的公共利益理论认为政府管制是被用来解决市场失灵问题；管制的利益集团理论认为管制是利益集团博弈的结果，还认为管制有成本而且可能是低效率的；管制的俘获理论则认为，管制政策有利于被管制行业，因为立法者或者管制机构会被管制行业所俘获。

1. 公共利益理论

经济学家早已意识到，市场在某些方面存在不完善，这些不完善会对消费者产生不利影响，而且也会损害第三方利益，即市场失灵。而市场失灵的来源主要包括自然垄断、信息不完备、外部性和公共物品特性以及恶性竞争等。在管制的公共利益理论中，管制手段被用来解决市场失灵的逻辑依据是由于存在市场失灵，政府应该通过管制干预来提高经济运行的效率，弥补市场缺陷带来的效率损失，以此来提高社会的福利水平，保护公众利益。该理论的代表人物卡恩(Kahn, 1970)将公共部门(public sector)和公用事业(public utility)视为两种“竞争性市场模型明显不能描述或甚至无从描述”的经济，他认为“管制的实质是政府命令对竞争的明显取代，作为一种基本的制度安排，政府试图用管制来维护良好的经济绩效”。他对管制做了如下定义：“对某种产业的结构及其经济绩效的主要方面的直接的政府规定……如进入控制、价格决定、服务条件及质量的规定以及在合理条件下服务所有客户时应尽义务的规定。”公共利益理论中，政府被看作是道德人，包含三个假设条件。

①市场自身的控制脆弱，会出现市场失灵的情况，从而导致无效率或不公正的现象。

②政府是公共利益的维护者，对于社会的公正公平，会基于中立的立场，给出无代价、有效的反应，实现理想的目标。

③政府有一双“无形的手”，市场的缺陷和失灵，政府都可以通过干预达到福利的最大化。从上述的理论可以看出，以公共利益为的原则获得巨额的利润，会使用各种合法和非法的努力，实际上这是利益集团和管制机构互相达成妥协的过程。

从实际的情况出发，仔细分析可以看出这一理论的一些问题。首先，政府是由不同权力和政策工具的政府机构组成，由于理性的限制、信息不完全和不完备，各大利益集团就会对政府产生巨大的影响，因为政府的许诺能力是有限的，就会导致管制无法实现资源配置的最优化和效率的提高。其次，对于要实现市场竞争完全性的可能性低，会出现市场失灵问题，出现这个问题时，政府采取的管制手段的边界就很难界定，会出现政府制定的管制规范无穷无尽。同时，在市场失灵时，政府管制产生的假设也无法检验，其进行管制也是没有依据的，是政府的一种主观判断，在有些领域，为了树起防止竞争的壁垒，高成本的投入也会使公众很难相信这是为了公共利益。

2. 利益集团理论

随着对管制理论研究的不断深入，许多经济学家从政治经济学角度来研究管制的起源，得出管制是利益集团博弈的结论，还认为管制并不是没有成本的，而且由于管制者的信息并不完备，因此管制可能是低效率的。管制的利益集团理论认为一种行业是在各种利益集团的存在下运作的，这种利益集团被看作管制的需求者。注意，在各种利益集团之间，他们所需的管制的性质及程度各不相同。政府也可以被看成利益集团，它又提供管制的权力。因此，它的利益就在于保住这种权力。因而，他们要为那些最有效的帮助他们保住权力的利益集团提供管制，准则制定机构便坐镇其中。作为准则得以提供的工具，它试图在使自身利益最大化的同时，平衡利益集团各方的需求。因此，在政府管制之下，利益集团可以展开一系列的活动来影响政府管制政策，从而为本集团争取到更好的竞争地位，获取更大的集团利益。

政府管制的利益集团理论可以分为两派：芝加哥学派和弗吉尼亚学派。芝加哥学派主要是在奥尔森的理论基础上，通过模型去刻画和描述利益集团内部的行为，其利益集团理论也叫“俘获理论”，即利益集团通过活动来俘获管制决策中的政府。其理论代表人物包括斯蒂格勒、佩兹曼、贝克尔、波斯纳等。弗吉尼亚学派以公共选择理论出名，其利益集团理论也可叫“寻租理论”，主要从寻租角度证明利益集团对社会福利的负面影响。其理论代表人物包括克鲁格、托里森、塔洛克和布坎南等。

弗吉尼亚学派的寻租理论是在 20 世纪 60 至 70 年代经济学家们在讨论垄断、关税和政府管制所造成的社会损失的过程中形成和发展起来的。政府的经济管制可能导致寻租的机会，经济学上租金是指资源获得的超过机会成本的收入，租金主要是管制政策带来的短缺或双重价格引起的。而寻租活动是对既得利益进行再分配的非生产性活动，它本身并不能增加社会的福利，却要耗费社会成本。塔洛克认为政府管制的目标不再是社会福利最大化，而是一种租金的制度安排。政府意在通过政治强制力对财富进行重新转移和分配，而推动政府进行管制设租的就是背后的利益集团。利益集团的寻租行为主要包括三种形式：一是通过游说或贿赂等手段直接获取租金；二是通过各种手段改变政策环境来间接获取租金；三是表面上进行生产性的投资活动，但其真正目的在于达到政府所确定的某种标准并据此获得政府的补贴性租金。特定利益集团为维护或攫取既得利益，往往不惜以给社会造成 100 元损失的代价来获取 10 元的利益，因为整个社会的损失会平均分摊到全体社会成员身上，而特殊利益只为利益集团成员所独占，这是塔洛克所提出的“赢者通吃”的规则。

3. 管制俘获理论

管制俘获理论的概念首先出现在斯蒂格勒于 1971 年发布的论文《经济管制论》中，他提出受管制的产业和不受管制的产业相比，并不具有更高的效率和更低的价格。佩兹曼在市场失灵、政府管制的预测以及政府经济管制的有效性三个层面上对该理论作了进一步的阐述。他认为无论管制者是否获利，被管制产业的产品数量和价格并不发生很大的差异，主要的差别是各大利益集团之间的收入分配。盖利 · 贝克尔更倾向于认为管制是利益集团之间的竞争，结果是更有利于增加具有较大影响力的利益集团的福利。

该理论有着一定的前提条件：

①政府的基本资源是权力，各个利益集团能够说服政府运用其权力为本集团的利益服务。

②管制的需求者和供给者在选择效用最大化的行动过程中都是理性的。

在这一前提下，管制俘获理论认为，政府采取管制手段，是为了适应产业对管制的需求，特定的产业是一种利益集团，对管制机构有一定的影响力。斯蒂格勒认为管制是响应利益集团最大化其收益的需要而产生的，一个利益集团可以通过说服政府实施有利于自己的管制政策而把社会上其他成员的福利转移到自己的利益集团中来。佩兹曼则通过构建管制均衡模型得出如下结论，即管制易于使组织得更好的利益集团受益。利益集团的行为受个体成员欲望的驱动，通常利益集团的规模越小，搭便车的效果就越小，个体成员行动的欲望就越强烈，因此小的利益集团比大集团更容易组织。

管制俘虏理论认为管制的立法机构和管制机构为了自己的利益需要，在一定程度上会受到特殊利益集团的影响并代表它们的利益，这是特殊利益集团寻租的过程。在这一过程中，利益集团为了让管制者帮助其建立垄断地位，获得巨额的利润，会使用各种合法和非法的努力，实际上这是利益集团和管制机构互相达成妥协的过程。前提是假设立法者和执法者均被被管制产业俘虏，这种强调纯粹经济人的假设过于绝对，虽然存在管制者可能和被管制的企业进行权钱交易的情况，但受到公众和舆论的监督，多少会有限制。

综上，可以看出管制理论经过不断的发展，形成了不同的阶段。政府管制的初衷和目标是为了维护社会公共利益，提高社会的福利水平，对公民的合法权益进行平等的保护。但要指出的是政府管制不是万能的，应遵循一定的规律，在这个规律的范围内适度运行。具体来说有三个原则：

①在市场失灵的情况下，政府管制应严格限制其管制范围。

②政府管制要限定在必须要通过管制才能矫正的范围内，同时要在市场失灵严重的情况下。

③政府管制还要遵守效益，谋求公共利益。

8.1.3 运输管制的必要性

由于运输市场不完善，因此需要政府进行管制。虽然学术界对运输管制存在各种争议，但运输管制主要出于以下考虑。

1. 遏制垄断权力

运输业常涉及大规模、一体性和专业化的交通基础设施，特别是铁路和航空运输业由于沉淀成本巨大以及成本的次可加性强等生产技术特点，具有自然垄断性，并认为自然垄断是规模经济条件下产生形成的。由于规模经济的存在，自由竞争可能造成低效率，因此某种程度的政府管制是必要的，应当受到为保证特定企业垄断权的进入管制和为防止该垄断企业利用垄断地位形成垄断价格的可能而实行的价格管制。尤其是在19世纪30年代后期，铁路主宰内陆运输阶段尤为显著。虽然现阶段运输领域仍然存在垄断权力，但由于各种运输方式的技术进步，至少在发达国家，这种纯垄断有所减少。但人们仍担心运输服务供给者联合组成卡特尔限制产出，以此阻止新企业进入运输市场。

2. 控制过度竞争

无序竞争可能会降低运输服务质量，并导致运输业达不到可持续的均衡。其实问题并非竞争本身，而是竞争所带来的外部效应，有些社会部门也因此得不到满意的服务。如公路运输业的沉淀成本较小，替代竞争程度较高，因此容易出现过度竞争，从而而产生的行业内部的缺乏稳定，会给生产者带来不必要的高风险，从而导致他们削减自己的产量。导致消费者生活必需的运输服务供给不足或不稳定，使运输供给与运输需求产生不平衡，因此政府应对公路实行以限制竞争为目的的进入管制；同时，由于运输服务的必需性、共同使用运输工具和设施的公平负担、防止公路运输业的毁灭性竞争以维护必要的稳定和秩序等原因，政府的价格管制也是必要的。

3. 管理外部性

由于市场机制的不完善，私营部门在制定决策时不会考虑运输产生的额外成本，如污染成本和拥挤成本。作为管制的内容之一，外部性问题无论在地方、国家还是全球范围，正受到越来越多的关注。

4. 确保交通运输基础设施供给

交通运输基础设施具有公共物品和私人物品特性的俱乐部物品属性，即在一定的容量范围内，服务可以同时供许多人消费，这时消费具有非排他性，显现出公共物品的特性；而当超过一定的容量范围时非排他性就会消失，拥挤就会出现。拥挤意味着有限的消费容量和无限的消费规模之间的冲突，并使消费产生排他性，此时则显现出私人物品的特性。因此运输管制应有别于对公共物品的管制，如果没有政府干涉，会导致供给严重短缺。在实践中，诸如对超过道路或路网通行能力规模的运输设施实行收费、根据不同的需求弹性差别定价、防止消费者之间交叉补贴导致的不合理的公共成本分摊比例等管制方法纷纷出现。另外，交通基础设施建设所需成本高、投资回收期长，复杂性和风险性也相对较高，因而需要某种形式的政府参与，或直接提供此类交通基础设施，并出台管制私有部门的相关政策，以确保交通基础设施的合理供给。

5. 满足运输“需要”

有效需求由于现存收入分配体制有缺陷等多种原因，无法引导运输资源进行合理分配。因此，需要通过管制实现对运输资源的合理分配。例如运输需求较少的乡村和贫困地区，提供运输服务特别是铁路等高成本投资的运输服务往往会造成收益不能弥补成本，如果政府不介入，这些地区的运输服务供给就会缺乏。因此，需要政府管制的介入，通过由国家直接经营或由政府对运输企业给予补贴来达到在这些地区提供运输服务的目的。

6. 整合运输与宏观经济政策

运输与土地使用之间有着密切联系，如果在运输或土地市场中存在缺陷，人们就会意识到应进行某种程度的协调。在更广泛的政府宏观经济战略(如价格管制或投资计划)或产业政策中，对运输部门的干涉也成为宏观政策的一部分。如2008—2009年间，美国为了抵制经济萧条，引入传统凯恩斯宏观财政政策时，就经常会涉及交通设施领域的重大公共投资问题。

7. 提高运输协调性

市场中存在大量的运输服务供给者，若他们独立决策，可能会造成低效供给，导致公共运输利用不足；若缺乏某种程度的集中调控，也可能会导致运输设施的重复配置，造成资源浪费。因此，有必要对运输业实行一定程度的管制。

实践中，用来解决各种问题的政策间也可能会发生冲突。例如，调控外部性的政策可能会导致收入分配产生相反的效果，也可能与追求国民生产总值最大化的社会目标相悖。又如，保障高成本研究能够顺利实施的政策，却意味着赋予私有供给者以垄断特权(例如，通过专利制度或政府合同方式购买一项新技术成果)。各种政策措施的依据和目标不仅会存在分歧，而且这些政策工具的作用也是不确定的。

8.1.4 管制成本与效果

经济学家研究了管制的影响，以权衡管制的成本与效益。

1. 管制成本

①政府部门的管制费用。最直接和明显的政府管制成本是政府相关管制部门因管制而发生的一系列费用。如政府管制立法需要进行广泛的调查研究工作，需要专门的政府管制机构来具体实施，而由于政府管制机构与被管制企业间存在严重的信息不对称等原因，政府管制运行就需要耗费更多的人力和物力，这也是政府部门管制费用的主要组成部分。

②社会福利损失。通过价格管制来防止垄断定价造成的社会福利损失成效甚微，仅仅是价格管制的失效，并不足以将垄断定价造成的社会福利损失归结为政府进入管制所带来的成本，因为此时即使没有管制，自然垄断企业仍然会制定垄断高价，造成社会福利损失。但是，现实中很多“自然垄断”产业垄断地位的维持已经演变成完全以来与政府的行政保护。此时，

垄断企业凭借垄断地位制定高价造成的社会福利损失恰恰是政府管制所带来的，应该看作是政府管制成本。

③收入转移“成本”。垄断者制定垄断高价造成社会福利损失的同时，也造成消费者收入向生产者的转移，也是政府管制成本的一部分。

④企业成本增加。政府管制试图迫使被管制企业牺牲自己的利益而在社会福利最大化的点上进行生产，以达到资源的优化配置。然而，作为追求自身利益最大化的理性的企业并不会自觉地与政府的管制目标相配合，政府管制的最终效果也就未可全知。事实表明，政府管制很有可能导致被管制企业的成本有所增加，如政府管制使现有产业内企业免受竞争威胁，这在一定程度上会弱化企业的成本最小化行为倾向。

2. 管制效果

管制的效果主要是由某个机构把各项法令目标转换成各项经营规则的途径来决定的，以便通过公司根据这些规则进行的调整来产生价格、销售量以及服务质量的变化。在 20 世纪 60 年代以前，大多数管制价格和进入的机构都适当地有自己的管制方案，以使结果能够由文件来说明。

1970 年以前，管制对于公用事业部门和运输业的价格水平几乎没有体现出什么影响。然而在 70 年代，管制具有过分地降低价格的作用。尽管每年度增加“正当的”成本的公司要求被管制机构让它们提高价格，但管制委员会的作用仍然变得比较具有约束力。

天然气业(不是垄断产业)在 20 世纪 60 年代就被管制起来了，结果使 70 年代中期以前天然气的短缺量增加到总需求量的四分之一之多。这种管制是通过最高限价进行的，即“区域费率”把新的合同价格保持在历史上各地区将石油从地下开采出来的生产成本的水平之上，而在此之前，有关机构把天然气的开采地价格维持在接近以固定市价所能达到的水平。可以想象得到，这一制度不可能为同时实现价格稳定和供货充足而起任何作用：即作为天然气价格比其他燃料较低的结果，天然气需求增长率超过了每年的国民生产总值和总能源消费增长率。而相应的供给增长量只是在边际成本高于历史的平均成本的时候才会出现。因为受到控制的最高限价是以平均成本为基础的，所以同等的供给增长量是不会出现的。

20 世纪 70 年代，美国航空业也产生出与在天然气业相同的管制结果。作为对管制和通货膨胀的反应，它们大大地降低了这 10 年的早期阶段的服务质量。整个 70 年代，航主次缩减，且提供给航空旅客的方便的定期航班次数较少，而拥挤不堪的航班次数较多。但是，美国民用航空局也强行采用了费率结构规则；在需求富有弹性和低于平均成本的价格条件可能导致服务增加的地方，这些规则制止了特别航班次数的减少。在此同时，航空公司一直以两种不同的价格来提供服务：即座位容量大时，价格很低，特殊情况下价格很高。美国铁路部门多少也实现了与上述相同的管制结果，只是管制的理由稍有不同。在燃料、劳动和资本的成本上升的情况下，美国州际商业委员会准许铁路部门的收益增加，这就使铁路服务价格指数与平均成本保持一致。但是如果铁路服务价格指数大于平均成本的增加量，则该委员会就不会准许服务量减少。因此，美国铁路部门必须继续为小托运人，即在短途铁路线上托运货物和寻求少量但却是经常要求服务的那些人的服务，即使这些服务的单位成本的增加比收益的增加更快。为了满足各种服务要求并仍能赚取利润，价格与成本的差额就必须增长很大的数量，而长途运输市场则会遭受来自有竞争力的卡车运输供给者的侵入。因此，铁路部门面临着市场摩擦率增加的危险，这样就会使其价格停留在补偿成本的平均价格的水平之上。

上述结果都是两种性质截然不同的管制过程的产物。

①在收益率方面，管制的负担产生了一个管制上的时滞，这一时滞开始不利于而并非有助于未受管制的公司；

②由于政治的，而不是效率的原因，各管制委员会控制了现行价格提高的影响规模。

在 20 世纪 60 年代后期成本开始上升之后，管制上的时滞惩罚了企业，而且由于管制所适用的情况增加，使得关于管制案例的决策所适用的情况增加，使得关于管制案例的决策所需的时间也增多，所以过去的成本与现行的成本之间的差额扩大了。这样，通货膨胀率愈高，在提高被管制的价格方面决策的时滞越长，则管制对上述产业部门的利润的削减效果就愈大。进一步说，除了由办公室工作产生的管制时滞的问题外，得到准许的价格增长量并不足以补偿成本的增长量。为了容易避免逆向的社会反应，价格制定机构根本不会准许金额大到以数十亿美元计算的价格增长量。人们所提出追加收益的美元规模影响着管制者，以致使他们甚至不愿同意那些按照效率标准是完全正当的收益的增加量。

在 20 世纪 60 年代后期，随着超管制的影响开始为公用事业、运输和通信等产业部门所感受到，美国的制造业也在开始受到对卫生、安全和环境等方面的管制。为了使用发放许可证的权力来迫使企业的设备符合种种详细的规格，从而管制公司的经营活动，曾经建立了很多新的管制机构。因为这样的标准制定制度是可引起诉讼和可延长的，所以这些管制措施被证明是过分详细和不灵活的。它们迫使企业进行大量的投资，以便满足各种设备规格；这些投资额倒过来又会增加引起最易遭受新的管制措施约束的那些行业中的生产成本。

这些成本的增长量本该由较少的污染和较少的工业与公路两方面的事故所弥补。但是，分析者们未能发现应当由新的管制活动来改善的不卫生环境有重大的变化。关于工人安全管制的研究表明：工伤事故发生率并没有由于管制机构的活动而普遍降低。

对汽车的管制，多少产生了一些相同的结果。美国联邦公路安全署在实施管制的最初几年里，把管制活动引导到提高撞车事故发生后的人员存活率方面，目的是使每一亿辆（交通工具）英里的事故死亡率降低三分之一（摘自《关于 1969 年美国国内交通与汽车安全方案实施的第二个年度报告》）。但是，近年来美国公路事故发生率的情况可以由以下几个原因而得到令人较满意的解释。这些原因是：①事故保险费用；②个人收入水平；③汽车驾驶速度；④驾驶员年龄；⑤驾驶员酗酒程度；⑥除实施管制活动以外的长期趋势。在按实行管制前的一些有关资料所建立的统计方程被用来预测引进强制性安全措施之后那段时间的事故发生情况的时候，人们发现，没有管制的条件下预期公路事故死亡率与管制的条件下的实际公路事故死亡率相差无几。

实施环境管制所得到的利益并不比采用其他重要的“社会控制”措施所得到的利益重要得多。诚然，环境管制的实施在某些地方取得了积极的结果；即在这些地方，环境管制机构通过行使法规来减少或消除某个特定的公司造成的污染。由于这些行动，有些河流和空中走廊比 5 年前要清洁些（资源保护基金会，1982 年）。但是，环境改善的情况怎样推广的问题却是有争议的。因为每个产业以及每个州的管制标准是不一样的，而且这些标准的强制实施程度也普遍存在差别，所以不能说管制已经使全国范围内的空气和水的质量得到改善。与此同时，旨在减少污染的产品和生产工艺改进工作已在进行之后，各项具体的产业管制标准得到了适当的执行。因为在新的技术条件下，保存目前作为废物而被排放的投入品是有利可图的，所以污染物质曾经一直在减少（参见克兰德尔，1983）；米尔斯和怀特（1978 年）关于自动排泄物的管制)。因此，近来空气和水的质量的变化可能是由于产业活动的变化的影响，而不只是由于管制活动的影响。

总的来说，卫生与安全管制制度最可能使大多数受到管制的产业中的价格提高，而使它们的国民生产总值减少。此外还表明，由于这种管制制度的注重之处从厂商行为转向其设备，所以它并不会给卫生、安全与环境质量带来改善的作用；然而，这些改善作用本来可能是采用其他管制方法的结果。换句话说，这些管制机构一直在产生大量的成本效应，但是，人们却不可能肯定这些机构是否已经产生了人们依照可能实现的法规想要实现的利益。

8.1.5 管制经济学的发展趋势

尽管管制的利益集团理论和俘获理论可以解释某些管制政策有利于被管制行业的现象，但是它却不能解释有些管制政策受到了被管制行业的反对，乃至最终导致了该行业的放松管制等现象。而且各国放松管制的进程并不是按照芝加哥学派所期望的那样，由放松管制最终走向放任自由的经济政策，而是部分保留和改进了管制制度。

作为管制经济学研究对象的政府管制活动近年来有了新发展，主要体现在如下方法：

①激励性管制与放松管制在全球兴起；

②社会性管制日益发展，其管制领域不断扩大；

③政府管制方法更着重体现市场原则，出现政府管制活动与市场机制相融合的趋势。

政府管制活动中这些新趋势的出现促进了管制经济学的迅速发展。政府管制的无效一方面可用实证分析的管制俘虏理论来解释，另一方面，即使不存在管制俘虏问题，由于政府与企业之间存在着信息不对称，导致管制制度本身也存在着缺陷。但在政府管制低效与市场失灵同时存在的情况下，完全放弃管制或实行私有化也并非是解决问题的万全之策。因此，实行激励性管制与部分放松管制便成为政府管制的发展方向。

1. 激励性管制(incentive regulation)

传统的管制理论假设以信息对称为前提，激励性管制理论研究在信息不对称的情况下，对激励机制进行设计，把管制问题当作一个委托代理问题来处理。

激励性管制旨在克服原来管制缺陷，采取激励策略，使受管制企业提高内部效率。具体是在保持原来的管制结构的条件下，通过设计合理的制度来克服传统政府管制所存在的缺陷，激励被管制企业提高内部效率，也就是说给被管制企业施加压力，使其提高生产效率和经营效率，从而增强企业竞争能力。该理论是对传统管制理论的突破和发展，是对传统思维方式的根本性变革。

在管制实践中，管制者与企业之间是信息不对称的。具体地说，存在两种形式的信息不对称：事前的逆向选择和事后的道德风险。前者指相对于管制者而言，企业对产业环境具有更多的私人信息，如技术状况、成本信息、需求信息等；后者指在管制契约确定或企业的努力程度、经营行为等不能完全为管制者所观测。激励性管制政策的设计就是在基于这两种信息不对称的前提条件下寻找使管制者目标函数最大化的合约。

激励性管制主要针对如下几种管制形式：特许投标制度、区域竞争(或称为标杆竞争)制度、价格上限管制、社会契约制度等。尽管上述激励性也不同程度存在着某种缺陷，但很大程度上改善了传统管制存在的问题，在欧美一些国家的实践中取得了较好的效果。

激励性管制理论中，有两个代表性的理论，这两个理论的基础比较厚实，操作较为成熟。

第一是特许投标制理论，代表人是德姆塞茨。该理论强调在管制中引入竞争的机制，各家企业通过拍卖的形式进行投标，使自己的企业在某个领域获得独家的经营权。在投标的过程中，各家企业在服务的价格和质量上得到充分的竞争，服务质量高且价格低的企业可以获得特许经营权。用特许投标的管制方式能更好提高企业的生产效率，减轻管制者的压力，更值得一提的是可以很好地解决政府管制中很难解决的企业对信息垄断的问题。

第二是区域间竞争理论，这是雪里佛针对管制者和被管制者之间存在的信息不对称情况提出的。其提出将全国的垄断企业划分成若干个地区性的企业，让特定地区的企业和其他地区的企业相互产生竞争，以此来提高生产效率、完善服务质量、降低销售成本，为管制者提供真实的企业信息，以供管制者参考。

案例8－1

我国机场航空收费的激励性管制改革框架

由于机场的土地等投入要素的稀缺性、机场建设环境的外部性以及航空服务网络范围经济的存在，在位机场在提供航空服务时拥有极大的市场势力。政府对机场进行管制的主要原因就是为了防止机场滥用市场势力提高航空服务收费。我国机场航空收费管制的目标包括四个方面：

①保证机场不会滥用垄断势力侵害使用者的利益，尤其是航空公司和乘客的利益。同时，也要保证机场不以服务质量和服务设施标准的下降为代价获取垄断利润。

②能平衡市场参与各方的利益，尤其必须在机场和航空公司之间公平分配风险和来自机场运输量增长及效率改善的利润，因为航空公司开辟新航线时在飞行器和营销方面投资巨大。国际民航组织（International Civil Aviation Organization，简称ICAO）认为，解决民航价格体系问题的根本原则是“保持各方的利益平衡”，这种平衡包括两层含义：接受服务的一方必须向提供服务的另一方支付全部的、公平的经济成本；由于航空运输的整体性和专业性，必须平衡各个方面的利益。政府应该鼓励各方在适当的层次上，以适当的方式进行合作，特别是在经济困难的情况下，更应如此。

③创造改善机场绩效和激励投资的稳定的环境。有效的机场收费管制应能创造改善机场绩效和激励投资的稳定的环境。前者要求借鉴其他国家的激励性管制框架，后者要求管制政策具有一定的稳定性和可预见性，故政府必须采取一定的措施改善管制承诺，比如，有相应的制衡机制约束管制期内合同的重新谈判。

④机场收费结构应能内部化机场发展带来的环境成本，激励机场保护环境。在地球环境全球化的今天，机场的环境保护不仅对机场所在地的居民十分重要，而且对全国乃至全球的气候变化都有深远影响。国外的许多管制机构越来越多地通过经济管制方式来保护机场环境，收取噪音费和排放物费等起降附加费是应用得最多最有效率的经济管制方式。我国2001年已颁布了《中国民用航空噪声规章第36部（航空器型号和适航合格审定噪声标准）》（简称CCAR36部）和《中国民用航空规章第34部（涡轮发动机飞机燃油排泄和排气排出物规定）》（简称CCAR34部），制定了在我国机场起降的航空器的噪声和排污标准。为了保护机场环境，我国可以对超过这两个标准的航空器征收噪音费和排放物费，以鼓励航空公司使用噪音更小、排放物污染程度更低的航空器。

ICAO为了实现国际机场航空收费的标准化，曾在9082/4文件中制定了机场航空收费的五大原则，它们是：

①成本相关(cost - relatedness)，即机场收取的航空费用必须与机场提供服务和设施的总成本存在确定的关系)。

②单一预算(single till)，即机场的航空收入和非航空收入应被视为一个整体，设置航空收费时必须考虑非航空收入，来自高盈利性的非航空商业的收入要用来弥补机场的航空服务成本)。

③非歧视(non - discrimination)，即机场向所有使用其设施的航空公司设置收费的基础应相同)。

④磋商(consultation)，即机场应就收费结构、收费水平以及可能影响这些收费的任何新进展与航空公司和其他重要消费者磋商)。

⑤管制(regulation)，即机场和航空公司之间任何有关收费结构和水平的争端应由一个独立的管制机构仲裁。

机场航空收费宜采用激励性管制中的价格上限方法，这主要有以下两个原因。

其一，价格上限管制能激励机场提高效率。提高效率是我国机场改革的一个重要动机。如果采取传统的成本加成管制，机场可以获得总成本加上被允许的收益率的收益，但管制机构要确认机场宣布的成本是否合理，而机场的信息优势意味着它总是可能证明其夸张的成本是合理的，因此成本加成管制不能激励生产效率的提高(即使成本最小化)，因而使劳动和资本效率低下。价格上限管制允许机场在不超过平均价格水平的情况下，有调整个别服务价格的灵活性，从而可以让机场充分考虑经营成本、需求弹性、竞争压力、不同服务之间的互补性或替代性因素，在特定的管制期限内，给机场以利用其信息优势改善绩效的激励。

其二，从国外自然垄断产业运用价格上限管制的实践看，价格上限管制比较适合于一些面临竞争的产业采用。最早采用价格上限管制的英国电力及其他自然垄断产业在实行价格管制的同时，还伴随着产业的私有化和自由化，竞争几乎与价格上限管制同时到来。美国的激励性管制首先也是在存在一定竞争的电信产业实施。在对机场实行价格上限管制的所有欧洲国家，情况也与此类似。欧洲经过对航空公司的三次“一揽子”自由化后，航空公司之间的竞争日益激烈，中枢轮辐式航线结构的形成造就了一批低成本航空公司和通勤航空公司，航空公司的竞争迅速波及到机场，商业化定位的机场无论是私有、合资，还是地方政府所有，都为了成为低成本和通勤航空公司的基地而展开了竞争。

属地化之前，我国的机场之间竞争程度很小，这主要是因为航空运价、航线发展和航班进入还受到政府严格管制，政府又对机场航空收费实行行政定价，机场没有与航空公司进行讨价还价的必要和余地。在放松航空公司管制的世界潮流的影响下，我国政府对航空公司的管制必将有所放松。属地化后，许多容量利用不足的中小机场会更加重视效率的改善，而我国正在构建的中枢轮辐式航线结构，将使选择支线机场的航空公司慎重考虑航空收费，以降低成本，增加竞争力。所有这些都预示着我国机场业的竞争格局将会逐渐到来。

价格上限管制的实施价格上限管制在具体实施中，可分为以下几个步骤：

①把全国机场分为几大类，调整目前的机场航空收费水平，使其等于机场提供航空服务的成本。为了与我国构建中枢轮辐式航线系统的规划相一致，可按机场在国内航线网络中的重要性及其吞吐量，分为枢纽机场、干线机场和支线机场3个层次。另外一个更现实的分类是，按照现行民航机场的分类标准，根据机场客流量的多少，以年旅客吞吐量1000万人次、

100 ~ 1000 万人次、50 ~ 100 万人次和 50 万人次为界，将机场分为Ⅰ类、Ⅱ类、Ⅲ类和Ⅳ类机场。机场合理分类后，分别比较计算各类机场提供航空服务的成本，并调整航空收费水平，使其与成本相关。

②计算平均利润率。根据各类机场的综合财务状况，计算各类机场的平均利润率。

③根据机场近年来的客流量实际增长和预测，确定各类机场的生产率增长。我国机场规划时，中央和地方政府都预测了新建或扩建机场的客货吞吐量增长趋势。

④确定起降费、停场费和旅客服务费在整体价格上限中的权重。

⑤确定全国机场航空收费的整体价格下限。价格上限管制的基本思想是允许被管制企业在不超过上限的价格水平下自主定价。但是，根据其他国家的经验以及中国其他产业的管制实践，为了防止机场在地方政府的默许甚至纵容下的恶性价格竞争行为，应规定一个全国机场的整体价格下限水平，下限的标准仍是成本相关，使机场收费至少不能低于目前经营管理最有效率的机场的成本水平。

（注：主要内容引自参考文献[8]）

2. 放松管制(deregulation)

放松管制又称取消管制，是指放松或取消一些原有的管制制度，如把有关企业进入、定价和投资等方面的管制从许可制变为申报制等。放松管制的主要特点是向受管制行业引入竞争机制，首要目的在于引入竞争机制、减少管制成本，促进企业提高效率、改进服务以及促进技术创新等。

许多经济学家提出，管制过程实际上是在增强而不是遏制垄断权力。这一观点部分地是基于前面提到的管制利益集团理论。自 20 世纪 70 年代中期开始，公众对管制所强加的经济负担的不满意状况，加上经济学家对各种具体的管制方案的批评，引发了一场强有力的，旨在废除许多特定的管制方案的政治运动。要求废除的第一个主要管制方案是对于航空公司的管制制度。很久以来，经济学家对强加在航空公司的管制制度作了批评，他们认为，如果"过度竞争"的基本理由没有被应用到结构上存在竞争的航空公司中来的话，则这一理由就可能是一个"幻想的"东西。

自从 1978 年撤销美国民用航空局以来，大多数事实已经证明了 60 年代后期对管制活动的运行情况所作的评估。在定期航空服务方面，固定的机票价格提高了，但是旅客们却倾向于按照打折扣票价乘坐飞机，而在需求富有弹性和成本低于平均值的情况下，票价则降低了。依靠大量的经济措施，取消管制后的美国航空运输业一直经营得较有效率。与此同时，即使有些企业面临破产的威胁，但是正常的企业却增加了可赢利性。在成本降低的情况下，由于灵活服务而获得的收益，允许效率较高的航空公司在较小规模与中等规模的城市之间提供较多的服务，从而产生由摩里逊和温斯顿二人所估计的价值为 60 亿美元的消费者收益。

在美国航空公司的管制取消之后，其他部门的取消管制的法规也相继颁发了。在很大的程度上，对利润率的管制已经被取消掉了或部分地由增加对竞争的依赖而取代了；而竞争则是作为汽车运输、铁路运输、代客买卖证券业务、长途电话以及(在某种较低的程度上)银行业等行业部门中的价格和销售量的决定因素。不过，这些行业部门中的每一个部(在相当大的程度上)对为维持竞争的经济结构的前提条件感到满意，因为它们的市场通常足够地大，以致能够支持几个彼此竞争而又具备有效规模的企业。在国家干预的基本理由比较强有力以及市场对典型管制优势较不显著的条件下，放松管制的运动还没有发展到削减对卫生、安全和环境的管制这一范围。在后面的领域内，“管制改革的压力”并非采取全部取消管制的形式，而是主张政府采用较少的限制或减轻企业负担的干预方法，以实现有关管制目标。

最令人注目的是，经济学家们已经提出建议：政府应该创造可销售商品的权利，以便人们从事受限制的和令人不满意的商品(比如污染物)的经营活动。由于这样的权利和销售这样商品的市场，各个企业就会发现制造污染是要付出代价的。拥有各种可销售权利的制度允许企业和管制机构事先要知道污染物质的数量(等于所颁发的单位销售权的总和)，但事先并不要求知道继续进行排污过程的价格。

目前，在放松对一些行业的管制方面已经有了重大的进展，而在这些行业内有关管制措施的经济例证并不是强有力的，而且，由管制活动所产生的最近结果已经引起服务质量的严重下降。“改革”将是否进一步围绕着用那些“限制性较小的替代方式”来取代管制这一问题，是20世纪80年代和90年代理论与经验两方面研究的课题。然而时至今日，从管制可能在以后仍然存在的角度来说，关于改革的福利经济学的议事日程与政治日程有着重大的差别。

运输管制进行改革，首先要确定运输企业在进行经济和运营选择方面拥有何种程度及规模的自由度。这些选择包括：进入或退出市场、决定运价及服务水平的权力等方面。根据运输企业自由度的不同，可以对放松管制模式进行划分。具体来说，放松管制的模式可以划分为以下几种：

(1)带有“竞争性提供”的管制

这种放松管制的模式是在运输管制中引入激励机制，即所有的运输市场都是被管制的。但在某些市场上的有些服务方式则是通过建立在竞争性投标制基础上的特许经营权的“竞争性提供”。这种服务方式，迫使运输企业揭示他们的真实成本，通过竞标方式获得在政府允许范围内提供服务的权力。比如可以将特定的公共公路路线出售优先权。通过竞争购得优先权的企业在这些线路上就拥有了运营权。

(2)部分放松管制

部分放松管制通常采取两种基本方式：第一种方式是在一些运输市场放松管制而在另一些市场则不放松管制。比如，美国的城市间公共运输市场是完全放松管制的市场，而城市内部运输市场则不是。第二种方式是针对所有运输市场都取消一部分管制条款。比如在法国等一些国家，运输企业在进行投资决策时是自由的，但在市场进入和决定费用水平及结构等方面则是受限制的。

(3)完全放松管制

实行完全放松管制模式，政府在以下几方面对运输企业不会加以任何干预：运价水平和运价结构、生产投入要素的使用形式、提供服务的水平、线路及路网的规划和设计、进入和退出市场的自由、投资决策、企业的法律所有制形式及固定资产等等方面。但这种放松管制模式并不是鼓励企业放任自流。如政府在放松进入管制的同时对运输市场中参与竞争的企业在经营能力和经营素质方面仍有管制要求，以保障消费者得到有效和高质量的服务。同时，政府还应该关注放松管制后的社会公益性，对以下方面进行必要的管制：①运输引起的外部性，如安全、污染等；②行政规定，如注册登记和发营业执照；③对一些特殊社会群体的对待，如老人和残疾人。在这些方面的运输管制是不能放松的。总的来说，放松管制不是取消管制，而是要用适合这些行业特点的激励性管制取代过去过于僵化的旧管制，管制的职能也更加致力于促进竞争。

放松管制主要是针对经济性管制而言，因为相对于社会性管制而言，经济性管制起源较早、体系较为完整，在政府早期管制中占据着主导地位。但近年来，随着经济发展水平的提高，对生活质量、社会福利等问题关注程度日益加强，各国在逐步放松经济性管制的同时，将关注点更多投向了社会性管制领域。社会性管制在政府管制中的地位与作用正逐步提高，管制的领域也不断扩展，管制方法与手段也在不断改进。政府对社会性管制的重视在某种程度上是社会进步、生活质量提高的反映，更直接体现了对消费者利益的保护与对社会可持续发展问题的关注。因此各国对社会性管制不但没有放松，反而进一步增强了，将成为未来政府管制中一个日益重要的组成部分。

案例8－2

放松航空管制的效果

美国的航空业在1976年以后经历了较大的变革。在那以前，定期航班的票价和飞行路线都由民用航空委员会(Civil Aeronautics Board，CAB)严格规定。CAB所定票价大都高于市场自发决定的水平；同时市场进入也受到严格限制，许多航线只允许一两家航空公司专营。但CAB于1976年开始放松了票价管制，到1978年航空公司已可以在标准票价的基础上下浮50%或上浮10%。1980年，CAB取消了票价的下浮限度，且挺高了上浮限度。1978年10月《取消航空管制法》通过以后不久，CAB允许航空公司自由选择和开辟航线，许多新的航空公司相继成立。到1981年，航空业管制完全取消，CAB自身也于1982年宣告解散。

表8－1是美国航空业20世纪70至90年代的一些主要数据，可以看出在放松管制前后该行业的基本变化。其中航空公司数目先是有了很大增加。但后来略有减少；飞机航班的客座率一直在稳步提高；航班平均每人英里的收入水平一直下降；在剔除燃料价格上涨的因素以后，运营成本指数基本保持稳定。从这些数据可以看出，放松管制使美国航空业的竞争增加，航空公司效率提高，而乘客也得到了实惠。

表8－1　美国航空业放松管制前后的一些主要数据

年份	1970	1975	1980	1982	1985	1990
航空公司数目	35	33	72	89	86	60
客座率(%)	50	54	59	59	61	62
平均每人英里收入(美元)	0.085	0.077	0.074	0.071	0.062	0.055
成本指数	86	100	120	125	110	102
剔除燃料因素的成本指数	95	100	101	96	103	100

注：平均每人英里收入按1975年美元不变价计算；成本指数以1975年为100。

(注：主要内容引自参考文献[9])

案例8－3

能否取消所有的管制

美国对铁路、公路、航空和电信业的放松管制看来取得了巨大成效：竞争增加了，价格降低了，服务也改善了。这些经验支持了自由派经济学家的主张。然而，我们不应匆忙就做出结论，认为所有行业的管制都应该取消。从经验中我们只是得知，某些行业的管制已经变得过时了。变化着的消费者需求、新技术和市场上的替代品使得现行原有管制成为过时甚至违背了管制的初衷，经济和政治力量的结合使他们注定要消亡。

但这些管制曾经是必须的吗？在很长一段时期内，其他陆上运输方没有形成对铁路的可行替代，自然垄断力量当然会很客易地剥削消费者并阻碍经济增长。在发射通信卫星之前，长途电话业在很大程度上也是如此。甚至连汽车运输和银行业的限制竞争在大萧条的深渊中也很有意义。因此，不能仅仅因为管制后来变得过时，就得出管制干预从来就毫无意义的结论。

即便在今天，大多数人仍然认为有必要对很多行业实行管制。例如，本地电话业和电力输送的网络就仍然是自然垄断的，政府可以强制其所有者更多地开放网络，但未受管制的网络所有者仍然可以通过收取高的价格牟取垄断利润。因此，即使一个“放松管制”的行业，仍然需要对其进入或供给的关键领域实行某些必要的管制。现有的管制也许不是最优的，但与完全不受管制的垄断相比，可能还是要好些。

同样，很少有人会强烈建议仅仅依靠竞争和消费者的良好判断来决定市场上药品的种类或质量。美国食品及药品管理局实行的管制确实在一定程度上限制了药品行业的竞争、增加了成本并阻碍了新技术，但其好处是使得药品更加安全。与其他行业一样，这里存在着竞争优势与管制优势的权衡问题。这里的基本政策问题总是，管制的收益是否大于其实施所造成的成本。而对公共政策的持续挑战在于，如何使管制适应市场条件、消费者需求以及技术的变化。

（注：主要内容引自参考文献[10]）

8.2 运输管制的内容

8.2.1 运输管制内容

交通运输管制是政府对运输业实施的特殊管理形式。交通运输管制主要包括经济性管制和社会性管制两类。前者控制运输市场的供给数量、谁供应运输服务以及消费者支付的价格。后者控制运输服务的质量，倒如车辆的设计、排放限值、人员培训等。实际上这两套工具之间存在不可避免的重复。倒如，限制市场进入，可以抑制运输对环境产生的许多有害影响，而严格的质量控制可以起抑制竞争的作用。

1. 进入和退出管制

市场进入和退出的管制是运输管制中最重要的一种形式，因为它影响运输市场的结构。这一管制的根本目标是通过禁止新的潜在的运营者进入运输市场并提供竞争性运输服务，从而保护现有运输市场的垄断性结构，同时它也不允许现有的运营者自由停止服务的提供。如政府可以给驾驶人、运输工具或运输单位签发执照，以此来管理交通运输设施的质量和数量进入和退出管制的内容涵盖了运输企业从设立到退出行业的全过程。

例如，我国对公路客运企业实行许可证制度，《中华人民共和国道路运输条例》第十条规定，“申请从事客运经营的，应当按照下列规定提出申请并提交符合本条例第八条规定条件的相关材料：①从事县级行政区域内客运经营的，向县级道路运输管理机构提出申请；②从事省、自治区、直辖市行政区域内跨2个县级以上行政区域客运经营的，向其共同的上一级道路运输管理机构提出申请；③从事跨省、自治区、直辖市行政区域客运经营的，向所在地的省、自治区、直辖市道路运输管理机构提出申请。依照前款规定收到申请的道路运输管理机构，应当自受理申请之日起20日内审查完毕，作出许可或者不予许可的决定。予以许可的，向申请人颁发道路运输经营许可证，并向申请人投入运输的车辆配发车辆营运证；不予许可的，应当书面通知申请人并说明理由。对从事跨省、自治区、直辖市行政区域客运经营的申请，有关省、自治区、直辖市道路运输管理机构依照本条第二款规定颁发道路运输经营许可证前，应当与运输线路目的地的省、自治区、直辖市道路运输管理机构协商；协商不成的，应当报国务院交通主管部门决定。客运经营者应当持道路运输经营许可证依法向工商行政管理机关办理有关登记手续。"

案例8-4

纽约出租车行业的进入障碍

为了限制出租车司机的数量和便于对他们进行管理，纽约市于1937年要求所有出租车司机登记并购买出租车营运许可证，这些许可证每个10美元，当时共登记了11787份。由于以后一直没有颁发新的许可证，因此拥有这些许可证的人就成为纽约市出租车特许行业的一员，而进入这一行业的制度障碍使别人无法进入这一市场。

尽管拥有许可证的出租车数量一直没变，但对出租车服务的需求却已经急剧增加，结果那些许可证的价值就变得很高，因为拥有它就等于获得了赚取经济利润的机会。实际上，出租车许可证的价值等于它将来能产生的利润流的现值。到20世纪80年代后期，纽约市每个出租车许可证交易价格已经超过10万美元。

纽约出租车行业的进入障碍导致出租车服务供不应求，结果没有许可证的出租车在纽约街上到处非法载客，有时甚至导致这些"黑车"司机与合法司机之间的暴力冲突。而另一个相关的问题是，有许可证的出租车司机由于在市区有很多载客机会，因此往往不愿送乘客去较边远的地区。不少人主张改变出租车行业的这种管理方式。其中一个建议是，可以准许一些无许可证的出租车运营，但不得在街上兜客，只能应乘客的电话要求提供服务。

（注：主要内容引自参考文献[11]）

2. 运输价格管制

运输价格管制是运输管制的一项重要内容，是政府对运输业价格制定的引导、限制和规范等方面的政策。价格管制决定了价格的水平和在服务的时间、距离和方式等方面的结构。

经济学家认为，要实现资源的有效配置，价格水平和结构应该反映提供各个个别服务的边际成本。因为提供服务的边际成本随着旅行时间(如高峰期、低峰期)、旅行距离和方式的不同而变化，所以在需求弹性的作用下，价格也应相应地变化。运输价格管制的原因较多，但归纳起来主要是为了促进运输业稳步发展和维护运输消费者的合法权益。

对运输价格进行管制基于以下原因：

①如果产品的价格不反映其真实成本，则几乎不会刺激运输生产者提供消费者真正需求并愿意支付的服务方式。

②交叉补贴被认为是收益由较富裕的一方转移到较不利的一方的一种利益再分配形式。价格管制导致在一个大的运输服务范围内的统一收费，从而使许多高运输密度地区服务的定价高于边际成本，而低运输密度地区服务的定价则低于边际成本。通过这种方式，前者获得

的多出的收益就可以补助后者的赤字。在同一运输方式内部从短途旅行到长途旅行的收益的转移也是统一价格系统引起的交叉补贴的方式。

运输价格管制包括两方面的内容：

①为了保证运输供给需要的投资而实行的投资回报率管制。

②为了运输市场公平竞争及保护运输服务消费者利益而实行的运输价格上下限管制。

在市场经济较为发达的国家，政府一般不采用直接的方法来控制运输价格，而是通过支持公平竞争、防止垄断等法规对运输价格进行规范和调节。但对于一些特殊的运输部门如班轮运输、旅客运输和城市公共交通等，政府又往往使用一些直接的方式控制运输价格。

在货运领域，运价的管制分为运价水平和运价结构两部分。其中货运运价水平管制是对整个行业运价总水平提高百分比的限制。这种运价总水平的提高要以行业中代表性企业运营成本的上升作为依据，因此，事前需要核实大量的成本数据资料。虽然控制运价总水平提高是运价管制的主要内容之一，但其实并不是十分重要，重要的是运价结构。以美国为例，运价结构往往包括一个水平高到几乎不会有任何运输发生的公布运价表和一系列需要由管制所允许的对各种货物和不同地区的运价减让办法。实际上，差不多所有的运输都是通过减让运价实现的。运价的具体减让首先要由承运人与货主谈判协商，达成协议后要提交给所在运输行业的运价管理局，如果这一减让的运价被判定低于让其他承运人获得正常利润的水平，就会被运价管理局驳回；被运价管理局认可的运价协议还需要提交给州际商务委员会，在那里仍有被驳回的可能。如果运输企业仍要履行被驳回的运价协议，它就要印刷并公布这一运价，并在管制机构举行的听证会受到质询。这种复杂的运价结构管制其实并不能真正起作用，因为具体的运价是否合理只有在具体的时间和发到地点对具体的货物才能够真正判定，公布运价对其他运输服务几乎没有参考意义，而面对成千上万需要裁定的运价疑案，州际商务委员会根本没有办法切实弄清楚，只能将绝大部分予以批准了事。因此，想要对运价管制建立起真正严格监督的管制体制，并没有实际的可操作性。

对旅客运价的管制要求与货运十分类似，不同的是，客运的实际运价原则上都需要公布。航空公司之间的竞争日益激烈导致针对不同类别乘客的折扣票。

我国对交通运输业的费率实行较严格的管制，各种运输方式的费率均有明确的运价表予以规定，运输企业被要求按照运价表收取运输费。例如，《中华人民共和国铁路法》第二十五条规定：“国家铁路的旅客运输票价率和货物、包裹行李的运价率由国务院铁路主管部门拟定，报国务院批准。国家铁路的旅客、货物运输杂费的收费项目和收费标准由国务院铁路主管部门规定，国家铁路的特定运营线的运价率，由国务院铁路主管部门获得国务院物价部门同意后规定；地方铁路的旅客票价率、货物运价率和运输杂费的收费项目和收费标准，由省、自治区、直辖市人民政府物价主管部门会同国务院铁路主管部门授权的机构规定；兼办公共旅客货物运输营业的专用铁路的收费项目和收费标准以及铁路专用线专用的收费标准，由省、自治区、直辖市人民政府物价主管部门规定。”第二十六条规定：“路途旅客票价、货物、包裹、行李的运价，旅客和货物运输杂费的收费项目和收费标准，必须公告，未公告的不得实施。”

又如，《中华人民共和国民用航空法》第九十七条规定：“公共航空运输企业的营业收费项目，由国务院民用航空主管部门确定。国内航空的运价管理颁布由国务院民用航空主管部门会同国务院物价主管部门制定，报国务院批准后执行。国际航空运输运价的制定按照中华人民共和国政府与外国政府签订的协定、协议的规定执行；没有协定、协议的，参照国际航空运输市场价格制定运价，报国务院航空主管部门批准后执行。”

3. 服务水平管制

运输服务水平管制的内容涵盖运输业经营的技术和服务标准，由管制机构对运输企业的路网和服务水平专门做出规定。在很多国家，如法国、荷兰、瑞典等，由某一政府机构以规定运营线路的数量、长度、运量、起始点到终点的停站地点等方式规定公共公路和铁路线路网络的组织结构。它还规定每条线路的最小服务频率度运营的时间长短。运输企业则在这些规定基础上制定或修改运营决策及资源配置方式。

《中华人民共和国铁路法》、《铁路货物运输规程》、《铁路旅客及行李包裹运输规程》、《汽车旅客运输规则》、《汽车货物运输规则》、《水路运输管理条例》、《水路旅客运输规则》、《中华人民共和国民用航空法》、《国内旅客行李航空运输规则》、《国内航空货物运输规则》等法规对运输设备的提供、班次、时刻表、票据、运营线等均有比较明确的规定。例如，在《中华人民共和国铁路法》第十三条中对铁路服务水平做出了规定，在《中华人民共和国民用航空法》第九十五条中对航空服务水平做出了规定，而交通安全则由诸多交通安全规则加以规范。

在我国目前的服务水平管制的规定中，有关安全、运输工具、运输业从业技术人员的考核以及运输合同条款方面的规定较多也较为详细；而对于服务的水平、次数等规定比较笼统。

4. 运输补贴

运输补贴是政府为了维护某种运输方式能够正常经营所给予的优惠。由于一些重要的交通运输企业具有较大的社会效益，即正外部性，政府还可以用提供补贴的形式发挥作用。常见的运输补贴有两种形式：

①为运输使用者（即消费者）提供补贴，使他们转向更合乎社会需要的运输方式。

②为运输提供者（运输企业）提供补贴。

一般多采用后一种方式，因为更容易操作，实现的成本也低。这个理由一直被广泛地用来为向铁路和城市公交部门提供大量补贴作辩护。在完全竞争的市场中并不需要采取这种政策，但如果边际社会成本定价并不普遍，补贴便可以为解决外部性问题提供可行的次佳方法。

政府之所以给予运输业以不同程度的补贴，往往基于多方面的原因：

①由于运输管制特别是对产量和价格的管制会极大地限制运输企业用自己的收益弥补其总支出的能力，因此为了保证被管制运输企业的经济活力，政府就会对运输企业提供补贴，以弥补运输企业的总成本和总收益之间的差距。

②运输业项目往往投资额巨大，具有较大的风险，国家补贴可以使风险减少，从而保证运输业能够健康地发展，鼓励和刺激企业与私人对运输业投资。

另外，政府对运输业的补贴也可以是出于对运输业发展的特殊目的而设定的。如对运输船队现代化补贴，或者是为了发展某项新的运输方式（如管道运输、多式联运）而给予的补贴。有些国家为了保证边远地区的居民享有最基本的交通出行权利，要求企业在这些航线或道路上经营。由于运输条件恶劣（如气象条件和路况条件）或者由于需求偏少，企业不能盈利，这种情况下政府也会给予补贴。总之，由于运输业某种运输方式对一国国民经济和社会发展的贡献，多数国家的政府会对运输业给予这样或那样形式的补贴。

尽管政府对运输的补贴形式多种多样，但归纳起来补贴可以分为直接补贴和间接补贴。通常直接补贴是指政府(中央政府和地方政府)的财政支持，而间接补贴通常是指政府对运输业的税费减免。直接补贴包括营运补贴、购买运输工具的补贴、现代化补贴和折旧补贴；间接补贴包括投资津贴、投资保证、建造储备金、关税免除以及运输研究补贴等。

补贴形式的最大困难是，如果为了通常的收入目的而给予运输企业以一次性的补贴，则会出现如何最有效地利用这些补贴和对消费者征收适当费用的问题。尤其是很难确定定价和经营目标来确保管理部门能够有效地运用各种固定的补贴以达到社会福利目标。在这种情况下，商业性标准(即以利润量大化为定价目标)会导致垄断性剥削，这是与补贴所要达到的社会目标背道而驰的；而社会福利最大化标准(即以边际社会成本定价)又会破坏成本、价格和产出之间的联系，很可能导致交通运输系统的无效率，即以过高的成本提供服务。尽管一些管理部门已经使用一定的方法尽量减少这样的损失，但不能完全肯定在长期内这些方法能不能解决问题。

我国运输补贴分为中央财政补贴和地方财政补贴两级。中央财政补贴主要用于铁路和管道，补贴方式主要是差额式补贴，即由中央财政拨款弥补运输企业运营亏损。地方财政补贴主要用于补贴城市公共交通，对地铁、公共汽车等城市公共交通等进行补贴。

5. 政府投资

交通运输基础设施建设投资巨大、回收期长、年利润率低，而且交通运输基础设施又具有准公共性等特征，这使得交通运输业的建设和发展仅仅依靠市场本身解决供需矛盾是远远不够的，有时必须要由政府作为投资主体介入。政府对运输的投资，尤其是对交通运输基础设施的投资，是运输业发展的重要象征。

政府投资占全国国民经济的投资比重反映了该政府对交通运输业在国民经济发展中的作用和地位的重视程度。在经济发展的不同阶段，各国政府投入到运输业的资金占同期国民经济投资总量的比例各不相同。政府根据国民经济对运输的需要以及运输发展水平，来确定对运输的投资总量。一般情况下，在经济进入高速发展之前，各国政府都会大力投资运输业这个国民经济的先行产业；在主要交通运输框架基本形成以后，政府在国民经济较高层次上稳定发展阶段，主要是对已经形成的运输框架进行完善，因而相对的投资比例就会有所下降。在确定运输投资占国民经济投资总量比例时，主要遵守的原则是：①运输投资与本国经济发展需要相适应；②运输投资与经济实力相适应；③运输投资与运输技术相适应。

政府投资在各种运输方式间的分配是政府发展合理的运输结构，满足国民经济各部门对不同运输方式需要的手段。一般来说，政府将资金投向运输网中的瓶颈环节或最薄弱环节。这是由于运输生产是网络性生产，只有均衡发展，才能产生最大的生产力。瓶颈的形成出现会阻碍整个运输网功能的发挥，造成运输能力的巨大浪费；另一方面，政府投资还会有意识地投向那些对国民经济最重要的运输方式。

国家实施的投资政策包括两个内容：政府直接投资和政府引导投资。

(1)政府直接投资

政府直接投资是直接由国家财政将资金投向某一地区的某一运输方式。这种形式的投资能够直接地体现国家的意图，也能够较快地实现国家的投资目标。但是由于这种形式的投资需要从国家财政直接投入，而其规模往往视国家财力大小而定，一般与国家的国民经济发展程度成一定的比例关系。

政府直接投资的交通运输项目往往是涉及国家运输网络的关键项目，私人或企业不愿意投资的项目，或者由于投资项目过大，私人或企业无力投资的项目。另外，还有某些政府不愿意让企业投资或参与的具有国防或其他战略意义的项目。在我国大多数的铁路建设、公路建设、港口的水下工程建设均是由政府直接投资的。

(2)政府引导投资

政府引导投资政策是国家通过财政、税收、信贷等经济杠杆引导或者限制社会资本投向某一运输项目。各种运输项目投资数额都比较大，由于财力有限，政府不可能包揽运输业所需的全部投资，有些运输方式也需要具有一定的竞争性，因此，各国政府都希望利用社会资金来完成国家无法完成的其他运输项目的投资，一般是鼓励投资于社会效益较好的运输项目。由于企业所追求的目标是企业自身利润的最大化，而国家需要投资的却往往是社会效益较好的项目，这两者往往是比较难统一的。为此，各国政府往往采取各种优惠政策来加以鼓励。我国为了吸引境外资本投向公路、港口、机场等基础设施项目。曾专门颁发过鼓励外国资本投资基础设施的法规，如《中外合作建设、经营港口码头实施办法》等。

由于多数运输项目具有公益性和基础性，国家为了防止垄断带来社会净效益的损失，同时也为了国家运输网络的完整配套和高效率运转，鼓励投资往往是与限制投资结合使用的。例如，为了保证国家有限的海岸线资源的有效利用，多数国家对企业投资港口建设制定了审批手段。运输项目可分为公益性、基础性和竞争性的项目。公益性项目包括如入港航道、引航设施、防波堤等。这些设施具有公共产品的性质，公共性强，社会效益高，而投资回收困难。而基础性设施包括运输线路、港站等，是运输不可缺少的设施，同样具有较高的社会效益，但是这些设施投资往往可以通过一定的方式来回收。具有竞争性的投资，如运输工具的投资，这类投资具有一定的盈利性，有些甚至具有较高的盈利性，因而对企业是具有吸引力的。对于这类投资，国家除了必要的审批手续外，一般对企业开放，由市场来调节供需的平衡，这不仅是由于国家建设资金缺乏所致，也是建立市场经济的需要。

6. 标准与规章制度

通过相关的标准与规章制度对交通运输进行管制，也是政府常用的一种手段。以控制公路运输外部性的政策为例，可以采用制定排放标准，强制性推行低污染汽车或强制报废旧汽车等直接或间接的手段；公路上执行的速度限制主要旨在降低事故风险，并有节约燃料的补充效果；许多国家强迫驾车者系上安全带也是为了降低事故成本。定期检测车辆和给卡车和飞机等载运工具发放许可证，都是为了保证达到最低的安全和环境标准。他们所要达到的目的是相似的，即减少运输的边际环境成本。

虽然以上所述都是控制污染的实际规章，但应该把它们严格的划分为两类：

①对外部性的直接控制(例如有关噪声、污染的立法)。

②通过控制运输来减少外部成本(如对卡车行驶路线和飞机航线的限制性规定)。

这两类措施的实际效果是不同的，噪声标准直接用于限制外部后果，但允许其他经营特征自由调整；而行驶路线的限制要严格得多。对比一下环境税与噪声标准，考虑到标准或规章一旦制定，就不能轻易地频繁改动，对污染的定价可能比实施噪声标准更加灵活。同时，由于技术是可变的，污染定价也会优于规章，目为前者会鼓励迅速采用更干净的技术。

对于运输业，一种可能的选择是采用环境税与排放标准相结合的方法。采用这个方法时，所有的车辆都必须满足规定的标准，而且超标的车辆要被“罚款”。如果标准是严格的且大大低于现有排放水平，那么这就和定价方法一样有效，与此同时为车辆经营者提供努力的明确标准。不过，这种税收与标准相结合的方法用在车辆的制造阶段更为有效，因为在这个阶段最容易把新技术注入运输部门。

8.2.2 政府运输管制的历史沿革

政府对运输业的管制和干预政策反映了社会对运输业的态度。英国作为现代运输发展最早的国家，政府对运输业进行管制和干预的阶段性发展具有代表性。

1. 反垄断阶段(1930 年以前)

出于军事、政治和财政等原因，政府在某种程度上一直对运输业感兴趣。这一时期，政府关注的主要不是运输市场的效率，而是保证有充足的运输力量使政府能完成防务、市政管理和国内稳定等重要任务。18 世纪后期和 19 世纪早期，快速发展的技术革命和产业革命更加强调需要经济、高效的运输系统，导致这一阶段政府对运输业干预较多。

政府对运输业的早期参与大多是准许建设运河和铁路设施。从政治角度看，政府意识到运河，尤其是铁路公司可能发挥潜在的垄断力量。因此，在 1930 年以前，英国通过了 200 多个管制法案来控制私有铁路企业的垄断权力。

到 20 世纪 20 年代，英国铁路公司不得不公布收费标准，履行运输商的义务，禁止进行不正当优惠，必须按照规定格式提交账簿，并受到工资谈判机制的管制。某些法律还写明了公司的社会服务义务，法律最初要求铁路公司提供特定的廉价服务，而后要求铁路公司提供工人车票。

上述情形并不是英国独有的，欧洲的大多数国家一开始就把铁路系统建成国有企业，主要是出于战略原因或为了控制自然垄断产业。美国积极鼓励私人所有制和私人投资，但早在 1856 年就通过了首个价格管制法案，1887 年成立了州际商务委员会，对铁路运输进行管制。在加拿大，政府也于 1903 年通过了铁路法进行管制。

2. 过度竞争管制阶段(1930—1945 年)

第一次世界大战之后，公路运输得到了发展，其具有市场进入门槛低、所需资本少等特点，大大地削弱了以前铁路享有的近乎垄断的优势。铁路运输企业在应对廉价公路运输竞争时往往受到许多商业限制的阻碍。受管制的铁路业除了财政紧张外，还表示担心过度竞争造成危险的运营习惯，支线运输会产生不充足或不可靠的服务。于是，政府将管制的重点集中在运输的危险运营习惯和过度竞争两方面。

这一政案的法律表现形式是 1930 年通对的《公路运输法案》(Road Traffic Art)和 1933 年通过的《公路与铁路交通法案》(Road and Rail Traffic Art)，两个法案分别对公路旅客运输和公路货物运输实行了数量许可证制度，力图缓和公路运输的竞争环境，公路旅客运输还借助许可证的分配优势，鼓励提供非营利性社会公共汽车服务，并向这种服务提供交叉补贴。在促进公路和铁路形成公平的运营环境方面也有其他措施，如在铁路定价上放松管制，或将最低工资率和明确的雇佣条件引入到公路运输市场中等。

其他国家也出现了类似的对过度竞争现象的管制。例如，美国采用联邦立法来控制沿海航运(1933 年)、城市间公交运营(1935 年)、货运业(1935 年)、航空公司(1938 年)、内陆水运(1940 年)和运输经纪人(1942 年)，许多州级政府也加强了管制。

3. 中央控制和国有化阶段(1945—1951 年)

第二次世界大战结束后的几年，英国经历了重建和重点在于工业国有化的产业政策时期。《1947 年的运输法案》是政府第一次在非战争年代把英国运输系统的很大一部分置于政府的直接控制之下。

4. 建立竞争性框架阶段(1951—1964 年)

从 1951 年到 1964 年，英国运输政策经历了从协调运输向鼓励竞争的转变，实行分散控制的政策。根据 1953 年运输法案，免除了铁路公司长期以来一直负有的许多法定义务(如必须公布费率和票价等)，国有化公路运输部门也恢复了私人所有制。支持这种竞争方法的基本论点是，即便最完整意义上的一体化是可行的，它也将产生一个巨大而不灵便的机器，适应性很差，无法迅速满足运输业不断变化的紧迫需求。

1962 年的运输法案将这些政策发展到顶点，使铁路公司摆脱大部分余留下来的法律约束，把管理机构地方化，将铁路管理与公路运输管理分离开来，并认识到要在商业上有生存能力，就需要铁路网的合理化。国有化公路运输公司(由英国公路公司和几家专业企业组成)被赋予了一定权限，要求它像私有企业那样经营。

“以竞争求协调”的政策在 1962 年以后遇到了很多问题。铁路和公共运输普遍陷入越来越严重的财政困难，而公众越来越关注汽车数量增加引起的需要提供更多道路空间的问题，以及汽车数量增加对环境，尤其是对市区环境造成的实际影响。

5. 受控制的竞争阶段(1964—1974 年)

1964 年，政府开始进行一系列的运输政策研究，产生了 1968 年运输法案，希望把市场机制的自动过程的优点和直接控制的优点结合在一起。这一政策是综合性的，要建立权力机构(旅客运输管理局)控制和协调城市公共运输，为公路运输设计新的质量许可证制度，提供特殊资金支持社会上必要的运输，制订全国公路建设计划等。这个法案的法律框架和所实行的许可证制度，旨在为公平竞争提供一个基础，把大多数部门有关运输方式的实际协调工作留给市场力量去解决。但由于外部性广泛存在，竞争不可能解决拥挤和环境恶化等问题。

6. 寻求效率阶段(1974—1980 年)

1974 年到 1979 年政府政策的重点，是以使运输政策有助于实现经济增长和提高国家繁荣、保证合理的个人流动水平以满足社会需要、使生命损失和环境破坏的有害后果减到最小等为目标。这些政策大大降低了政府的支出，更强调资源配置的效率。

1980 年的运输条例更进一步强调资源配置效率和市场机制，取消了对快车运输部门的数量许可制，在控制质量的前提下允许自由竞争。进一步放宽分担法和空运管制法，使私人运输业有较多机会在乡村地区提供有限形式的公共运输服务，而非国有化政策导致有限数量的国有运输资产出售给了私人运输业。

7. 管制改革时期(1980—20 世纪 90 年代后期)

1980 年以来，运输管制发生了重大改革。虽然各国在改革的形式和进度上有显著差异，但就各种公共运输方式而言，这个改革过程的特征是政府放开了对运输的所有权，管制体制也更加趋向自由化。与之相比，出于环境原因和拥挤问题，各国都加强了对汽车使用的限制和管理。

政府所采取的自由化措施不仅是法律的改革，而且包括对管制的诠释和管制措施的改变。此外，这些措施还跨越国界，例如在 1992 年，欧共体就明确提出要取消相关制度障碍来促进运输的自由经营。之前，多数经济学家认为，由于规模经济和潜在的严重市场失灵，政府积极参与到市场管制中是符合公共利益的，而目前的普遍看法是，政府干预的失败是比市场不完善更具有破坏性。

工业化国家普遍对运输业进行管制，运输管制发生变革的主要原因是经济学家们认为管制不一定有利于公众利益。大多数经济学家认为，当一个商品或服务的价格等于长期社会边际成本时，社会福利达到最大化，但是在20世纪50年代、60年代及70年代出现的大量证据表明，管制机构使得价格长期偏离社会边际成本而不是趋近它们，对经营的补贴和对决策的干预，导致了技术上的低效率。美国航空部门的经济研究也证明了未受管制的运输市场比受管制的运输市场更有效率这一论断。美国民用航空局对长距离、高密度的货物收取较高运费，而加利福尼亚州不加管制的州内市场运费却相对较低，这证明了对城市间航空旅客运输放松管制是合理的，提高了市场经济效率，效率提高带来的利益转移给了消费者。

另一个支持管制改革的理论是可竞争性理论。该理论坚持，在进出市场足够容易的情况下(即没有沉没成本，但存在配合减价的时间滞后)，即便是自然垄断产业也只能得到零利润的竞争结果。然而，这个模型更多的是放松管制的事后证明而不是促进因素，因为它是在美国多数产业放松管制后才充分发展的。不过，后来的美国航空工业的经验数据并没有完全支持可竞争性假说。

20世纪60年代中期，在世界范围内相继发生的管制改变在各个国家或模式上并没有统一形式，部分原因是各国在70年代早期，运输业的状况不同导致管制改革的起点不同。从20世纪70年代到20世纪90年代早期，美国放松对国内运输系统的管制，并通过一系列自由化措施引导本国运输业实现了该转变，如表8－2所示。其他国家也跟随这种趋势，有的是出于从改变中可以获得巨大的效益，但也有一些地方是因美国的直接影响所致，如加拿大的管制改变就是受到美国的影响。

表8－2 1976—1989年美国运输业管理规章的主要法律变动

年份	变动内容
1976年	《铁路复兴和管制改革法案》——取消了对定价的许多限制
1977年	《空运货物解除管制法案》——开始实施空运货物自由竞争
1978年	《航空公司解除管制法案》——开始分阶段取消对定价和市场准入的控制
1980年	《斯塔格斯铁路法案》——取消了对线路停飞的许多限制，给予更多的定价自由
	《汽车运输业改革法案》——增加了进入和定价的自由，减少了定价局的作用
1981年	《东北铁路公司法案》——使联合铁路公司能停运极少使用的线路
1982年	《公共汽车管制改革法案》——放宽市场进入和退出条件并分阶段放松费率控制

实际上，运输业管制机构的权力在逐渐减少，运输业正逐渐像普通商业企业一样经营运作。运输业虽然仍是受管制的产业，但管制重点有所转移。例如，1980年法律将州际运输市场准入的举证责任从申请方转移到抗议方，这种转变有效地缓解了企业的进入障碍。同样，政府逐渐撤销了对货运铁路的价格管制，运输价格也可以在一段合理的区间内波动，还允许

进行合理的设备重组，尤其是准许了企业兼并。

英国也在效仿这种追求效率的举措，法律上的改革首先是《1980 年运输法》，然后在《1985 年运输法》中允许公共汽车运输自由化竞争，并首次引入新的财政机制来为社会提供服务。1982 年，民航管理局调整了发放许可证的方式。欧盟内部的管制改革主要是 1997 年欧共体关于国内运输权方面的法律变革。加拿大的国内公路运输市场也发生了相似变化，部分原因是 1987 年美国运输市场实现自由化，更加高效的美国货运人导致加拿大运输市场的竞争加剧。加拿大航空市场在 1984 年发生了一些实际变化后，于 1988 年在法律上放松了管制。

另一方面，人们可能担心管制改革会使社会在安全和外部性方面付出代价，因为企业在竞争性市场条件下必须尽量降低成本，这就使得它们较少注意这些问题，但美国航空公司的情况表明，解除管制没有危及安全。

运输市场自由化政策实行中暴露的问题是，虽然较少的管制有好处，但仍需要政府进行干预。1980 年以来，各国运输自由化主要集中在营运方面。运输基础设施投资仍然受控制，而且许多情况下属政府所有。因此，如何使这些基础设施达到最优的利用，尤其是如何建立适当的使用者付费机制来尽量减少自由化市场上的扭曲，正吸引日益广泛的关注。一方面，存在着关于投资协调和政策评价的问题，特别是在经济学家很少关注的国际市场上；另一方面，存在有效使用和筹集资金的问题；将基础设施的所有权与经营权分离开来被看成是提高效率的一条途径。

英国铁路改革中曾把作为运输基础设施的铁路网也变成了私有化经营。但后来出现不少问题，又退了回来，而同期改革的瑞典铁路没有出现这种情况，原因之一就是路网仍由国家经营，尽管也是按市场经济方法运作。

8.3　几类运输管制的经济学分析

8.3.1　税收

税收是国家对社会产品和国民收入所进行的一种强制性的分配，是国家财政政策的最主要工具。税是指政府依照法律规定，对个人或组织无偿征收实物或货币的总称。在国家的税收政策中，税种、税目、税率和纳税人是政策控制的主要变量。政府也是通过这些变量的变化来达到不同时期国家财政政策目标的。对于运输业而言，政府税收政策调节可以是直接的也可以是间接的，调节的税种包括普通税种和特别税种。政府税收对经济的影响可以分为收入效应和替代效应。收入效应是指由于增加税收而使纳税人的境况变化的效应，替代效应是指由于增税影响了相对价格，而使纳税人选择某种活动或消费来替代另一种活动或消费时所产生的效应。目前，各国针对交通运输企业、运输工具的税收有船舶吨税、车辆牌照税、汽油税、增值税等。这些税种的增收不同程度的产生了收入效应和替代效应。例如，船舶吨税和车辆牌照税的征集和税率的提高将会直接影响这些运输业者的收益，而汽油税税率的提高有可能导致消费者由消耗汽油较多的私人小汽车的消费向公共交通消费转变；国家防治污染和有关环保税种的征收有可能抑制公路运输的发展，从而转向发展铁路运输。

然而，各国政府的运输税收政策对运输发展影响最为直接的则是一些税收的减免。由于国家的税收政策一般是由税法来保证和实施的，而税法是根据本国经济发展的一般情况来确定的，无法区别对待某些特殊情况，也不能及时地反映经济发展中对个别经济活动的调节的要求，因此，各国政府往往用税收的减免来达到一定时期的经济目标。

政府可以通过税收中增加或减少不同路线上各种运输或服务的成本，也可以影响运输投入的要素成本。那么，我们应当去回答这样一个问题：谁最终支付政府所征收的税？我们不能假定那些向政府纳税的个人或企业就一定是这些税款的最终出资者。难道仅仅因为是石油公司将汽油税的收入上交了政府，就意味着这些税收完全来自石油公司的利润？实际上，企业完全可以根据税额提高价格，从而将税收向前转嫁到产品的消费者身上，企业也可以将税收向后转嫁到要素的供应者(劳动、土地和其他要素的所有者)身上。

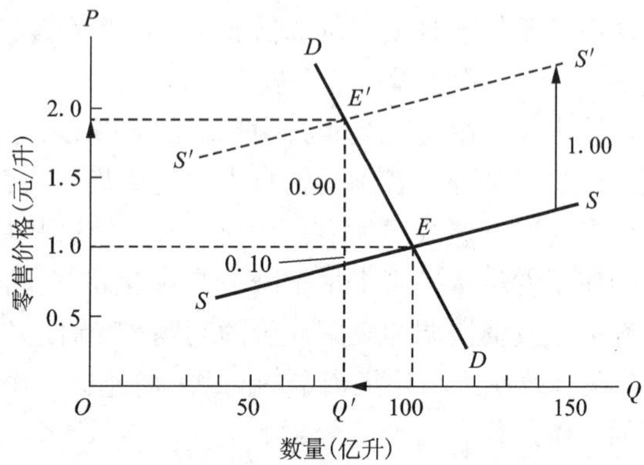

图 8-1　汽油税由生产者和消费者共同承担

税收转嫁涉及税收归宿(tax incidence)，税收归宿是指对生产者或消费者的真实收入征税的最终的经济影响。这个概念体现了税赋被最终负担的方式，及其对价格、数量以及生产和消费构成的影响。供求分析可以帮助我们推断一种税收的真实负担者并预计税收如何影响产出。这里，参考萨缪尔森曾举过的一个案例，以汽油税为例来说明税收对市场产量及价格的影响方式。假设每升汽油的价格为 1 元，每年汽油的总消耗量为 100 亿升，如图 8-1 所示。此时初始均衡点为 E，即原先的供给曲线 S 与需求曲线 D 的交点。

假设政府决定对每升汽油向石油企业征收 1 元的汽油税。我们把对每升汽油征收 1 元零售税的情况描绘在图上便是：在需求曲线 D 保持不变的前提下，供给曲线向上移动 1 元变为 S'。需求曲线 D 没有移动是因为汽油税增加后在每一个零售价格水平(含税价格)上，需求量并没有变动。注意：汽油的需求曲线比较缺乏弹性。相反，供给曲线却恰好向上移动了 1 元，其原因就在于：只有当生产者得到与以前相等的净价格，他们才会愿意出售某个数量的汽油产品。也就是说，在每一供应量上，市场价格上升的幅度必须正好等于税额。如果生产者最初愿意以 1 元的价格出售 100 亿升的汽油，则给定 1.9 元的含税零售价格，他们仍愿意出售相同数量的汽油(扣除 1 元的税额之后，生产者得到了在 Q' 数量下与以前相同的价格，即每升 0.9 元)。那么，新的均衡价格是多少？答案就是新的供给曲线与需求曲线的交点，即 S' 与 D 的交点 E'。由于供给曲线的移动，价格上升了，同时，购买量和销售量却下降了。新的均衡价格大约从 1 元上升到了 1.9 元。

谁最终支付了税款呢？税赋的归宿如何？显然，在新的每升 1.9 元的均衡价格下，消费者比税收前每升多支付了 0.9 元(以前每升 1 元)，石油企业比税收前每升少收入了 0.1 元(石油公司现在每升得到 0.9 元，而之前是 1 元)。可以看出，对石油企业征收的每升 1 元的税负，消费者承担了 90%(汽油价格由 1 元增长为 1.9 元，消费者每升汽油多支付 0.9 元)，而石油企业只支付了 10% 的部分(每升汽油少收入了 0.1 元)。这是因为供给相对富有弹性，而需求却相对缺乏弹性。这个例子体现了税收转嫁的一般原理：税收归宿取决于供求均衡时税收对价格和数量的影响。更一般地说，税收归宿取决于供给和需求的相对弹性。如果需求相对于供给缺乏弹性，则税收主要转嫁给消费者；而如果是供给相对于需求缺乏弹性，则税收主要转嫁给生产者。

另一个重要的问题是：政府向生产者征税，或者向消费者征税，两者有区别吗？经济学明白无误地告诉我们，如果不考虑交易成本的话，两者几乎没有任何区别。不管政府规定税赋是向哪一方征收的，都不影响买卖双方分担税赋的比例（当然，征税行为本身的成本会有差别）。

如图 8－1 所示，假设政府对每升汽油增加的 1 元汽油税是向消费者征收的，即生产企业的汽油零售价中并不包含汽油税。税前初始均衡点为 E，即原先的供给曲线 S 与需求曲线 D 的交点，此时每升汽油的价格为 1 元，每年的汽油总消费量为 100 亿升。征收汽油税后：在供给曲线 S 保持不变的前提下，需求曲线向下移动了 1 元，其原因就在于：只有当消费者得到与以前相等的总价格（含税），他们才会愿意购买某个数量的汽油产品。也就是说，在每一供应量上，市场价格下降的幅度必须正好等于税额。如果消费者最初愿意以 2 元的价格购买 70 亿升的汽油，则给定 1 元的零售价格附加 1 元的汽油税，他们仍愿意购买相同数量的汽油（增加 1 元的税额之后，消费者得到了与以前相同的价格，即每升 2.0 元）。

那么，新的均衡价格是多少？答案就是新的需求曲线与供给曲线的交点，即 S 与 D' 的交点 E'。由于需求曲线的移动，汽油价格（不含税）下降了。同时，购买量与销售量也下降了。新的均衡价格大约从 1 元下降到了 0.9 元。此时，税赋的归宿如何？与向石油企业征税的结果相同，石油企业依然只支付了一小部分（税赋的 10%），因为现在它们出售每升汽油只得到了 0.9 元而不是 1 元。但由于汽油的零售价加上税赋共计上升了 0.9 元（上升的 1 元汽油税减去下降的 0.1 元零售价），消费者还是承担了大部分负担（税赋的 90%）。实际上，将图 8－2(a) 整体向上移动 1 元，就可以得到图 8－2(b)。

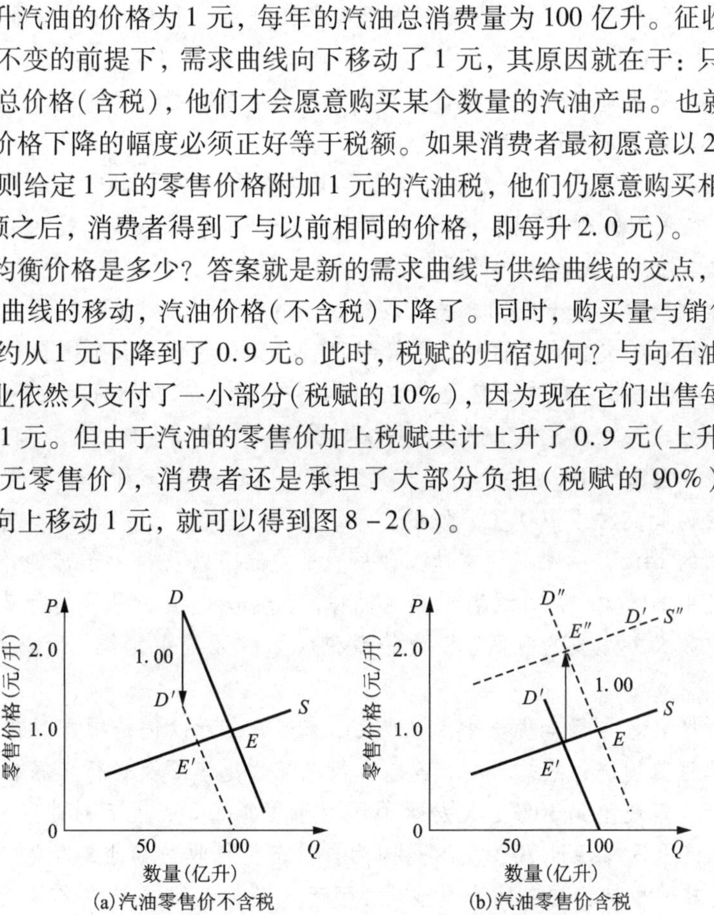

图 8－2　谁是纳税方并不影响税收的归宿

案例 8－5

“自行车税”叫停缘何得民心

——论税收的成本与效率

自行车税，是新中国成立以来首批设立的税种之一，已经走过 50 多年的风风雨雨。1951 年，当时政务院出台了《自行车使用牌照税征收条例》，征收对象为中国境内的自行车，税额每辆征收 2 元。当时国家刚解放，人民生活相对困难，自行车作为人们生活中的“三大件”，属于高档的奢侈品，是一种身份的象征，不亚于现在的轿车。因而开征自行车税具有财产税的特征，其对收入调节的目的比较明显。到了1973年，自行车使用牌照税国有集体部分被合并为工商统一税，个人的自行车税虽仍在征收，但实际上已陷于停征状态。到1986年税制改革时，我国恢复征收车船使用税，自行车税被作为传统项目得以保存，但开征权交给省一级地方政府。1987年江苏省率先开征自行车税，继而上海、北京、天津、福建等省、市也相继开征。

2003年2月1日，经江苏省政府决定，全省暂停征收车船使用税的自行车税目(俗称自行车税)。至此在辖区开征自行车税的12个省、市已先后有安徽、福建、江苏等6个省停征，另外，北京等省、市也在考虑停征此税目。此举引起社会各界强烈反响，人民群众拍手称赞，称政府举措"合时宜，得民心"，负责此项税收征收工作的地税部门也长长地出了口气，觉得甩掉了一个"烫手的山芋"。

自行车税作为省级地方政府有权自行决定开征与否的少数几个地方税种之一，在目前各级财政并不十分宽裕的情况下，为何纷纷决定停征？

(注：主要内容引自中国税务报2003年2月28日同名文章)

案例分析：在我国的所有税种中，自行车税似乎是征税额最少、投入力量最多、耗费精力最大、征收成本最高、税款流失最明显、控管难度最大、公众逆反心理最强的税种。

——征税数额较少。随着我国居民人均纯收入的快速增加，单车纳税额较少使自行车税对收入的调节作用已不复存在。因此，尽管到20世纪80年代初，全国自行车的保有量已接近2亿辆，但年实现税收一般在3亿元左右，征收较好的江苏省最高年份不足6 000万元，占年财政收入的万分之三左右，在工商税收中充其量算一粒芝麻！

——征税成本较高。1994年，江苏省地税局曾做过一个统计，当年全省征收自行车税5000多万元，但为此支付了700多万元的印刷、劳务，宣传、组织等项费用，直接征税成本就占了收入总额的14%。另外，还有地方政府、相关部门以及村组干部的鼎力支持，可见此项税收征收所耗用的人力、物力远高于其他税种，且这仅是执法机关的行政成本，还不包括纳税人因履行税收义务形成的时间、精力等缴税成本。区区4元钱，形成如此的征纳耗费，实在得不偿失。

——管理难度大。自行车税虽小，却涉及千家万户，可以说是中国目前征收对象最普及的税种之一。从目前的统计数据分析，各地自行车征收比率不及自行车保有量的60%，其中经济发达地区征收率还不到30%；欠发达地区由于税源不足，因而对此税种征收力度较大，征收比率略高，但也没有超过70%。这是因为自行车税税收数额小，税源却如一天星斗，要想征足征齐，仅靠地税部门自身的力量很难，因而税务部门大多是在各地政府的支持下，通过形成与公安、农经、街道以及村组的协护税网络，委托相关单位代征代扣。但由于税务部门没有路上稽查权，一些突击检查常被社会视为"三乱"，而村组代扣农民的自行车税又易被看成加重农民负担，因而此项税收征收步履维艰，目前已陷于困境。近年来，全国自行车的社会拥有量持续上升，而自行车税入库额却一直处于下降趋势，这是不争的事实。

——群众反应强烈。由于自行车税一般均采用委托征收，代征单位及代征人员素质良莠不齐，一些地方时常出现平摊自行车税现象，造成部分群众实际负担不合理，自行车税也时常成为居民来信反映的热点，在一定程度上损害了政府的形象。同时，因为半数的自行车税被偷逃，税务部门没有过硬的惩戒手段，这一来不仅助长了不守法社会成员的偷税侥幸心态，还会形成对守法公民事实上的不公平与税收歧视。

征收自行车税无论从财政经济角度或是从政治角度看，均已无实际意义。此税目确实已经走到了尽头，一些地方政府审时度势，决定停征，实属明智之举。

案例讨论：(1)有人建议，自行车税可以继续征收。为提高征税效率，可以采取在自行车的销售环节一次性纳税的办法。也有人提议，应改变自行车税的性质为财产税。还有人建议，自行车税虽然有限，但是对于民众纳税意识的养成却是很好的手段。你觉得上述建议是否合理？(提示，自行车税是使用税，不使用是不能征税的)

(2)这个案例表明，征税的交易成本有哪些？

(3)考虑到税收的变易成本，纳税方的选择会不会影响到税收的归宿？

8.3.2　价格限制

政府有时不是对某种商品进行征税或补贴，而是通过立法规定该商品/服务的最高或最低价格，历史上这样的例子并不少。20 世纪 70 年代石油危机期间，美国等同家曾出现汽油价格管制。今天，中国对铁路票价和出租车价格的限制仍非常严格。与政府征税之后任由市场通过供求原理运作的措施相比，这些直接干预供求规律的举措具有本质的不同。在大多数经济体系中，动机良好而技术拙劣的供求干预导致低效率的现象可谓比比皆是。制定市场中的最高价格或最低价格可能会产生令人吃惊的结果，有时甚至会出现南辕北辙的经济效应。以下我们分别以出租车市场和汽油市场为例来说明价格上限的作用机制。

1. 出租车价格管制

由于运输服务的不可储存性特点，传统的市场均衡可能并不是最有效的状态，由于潜在的顾客很少正好位于空出租车巡行的地方，若要提供充分的搭车服务的话，就必须提供超过总需求的出租车数量。如图 8－3 所示，这种时间上的不一致性意味着图中的“有效供给曲线”不是一条真正的供给曲线，因为它还取决于需求条件。在正常情况下，需求只有在车费高于“有效供给曲线”与需求曲线交汇点(即达到 P_1)时才能被完全满足。因为在这一价格或更高的价格下，需要的车辆数和提供的车辆数之间才能够趋于一致，才不存在由于不能乘上出租车而放弃等候的失望的旅客。

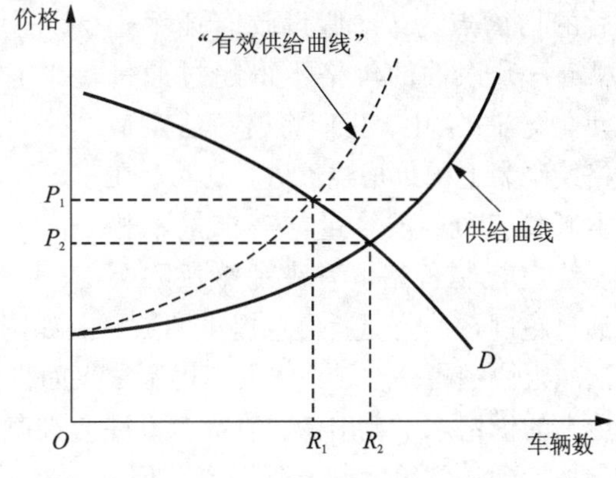

图 8－3　出租车费的决定

实际的票价水平可能定于 P_1 和 P_2 之间的任何一点上，由此可见表面上完善的出租车市场并没有一个单一的价格。我们有理由推测最终的价格接近 P_1 甚至高于 P_1 而不是接近 P_2，从而使出租车司机获得超额利润。这也意味着那些准备付费并使用出租车的人获得一种良好的服务时——提供的车辆远超过需求量——虽然短暂的等候时间和充足的载运能力有可能是在资源使用上的浪费。这种高收费的趋势是由于在租车时任何出租车均享有一定的垄断权力。与正常的完全竞争市场不同，当出租车司机被潜在的顾客招呼时，他们实际上是能提高他们服务收费的垄断者。人们很少在听到一辆车的报价后不愿搭乘而招呼另一辆车——因为很难判定另一辆车的收费是否较低。一旦收费处于较高水平，将没有什么激励促使个别司机降低他的收费，因为对于顾客来说，出租车看起来可能都差不多。当然，现实中的出租车市场要复杂得多，例如，可能存在出租车的等级或档次的区别。因此，担心出租车可能滥用上文描述的垄断权力以及使票价保持在次优高度，是大部分大城市控制出租车车费水平的原因之一。虽然可以证明这样做是正当的，但是很难理解为什么与此同时大多数城市对所辖区域的出租车数量也进行了控制。如果认为车费在P_1时处于最优，那么市场中提供的车辆数将自动地进行调整，可能并不需要会使市场严重扭曲的官方对车辆数的控制。

2. 汽油价格管制

假设像2007年发生的那样，石油价格突然急剧上升。其原因可能是石油卡特尔减少供给而消费者的需求上升，也可能是由于国际金融炒家的投机行为。政治家们目睹价格的急剧上升并出来谴责这种局面。他们宣称消费者受到了牟取暴利的石油公司的“敲诈”。他们担心日益高涨的价格会导致生活成本遭遇恶性通货膨胀，他们还为价格上涨对穷人及老年人的冲击而烦恼。因此，他们呼吁政府采取措施，政府也许会倾听这些意见，规定石油价格上限，正如美国政府1973—1981年所做的那样。

这种价格上限会产生什么效果呢？假设每升汽油的初始价格为5元。由于国际原油市场的价格攀升，汽油的市场价格上涨到每升10元。现在请考虑一下受到冲击后的汽油市场。图8-4中受到冲击后的均衡点为E。假设政府插手进来，规定每升汽油的价格不得超过原价格5元。图8-4中，我们将这一法定最高价格绘制为上限价格线CJK。那么，在法定上限价格处，供给量与需求量不相匹配。给定管制价格，消费者愿意购买的汽油量超过石油公司所愿意提供的数量。如图，J、K之间的距离表示了这一缺口。结果是各加油站很快销售一空，一些人不得不扫兴而去。如果市场自由运行的话，则市场就会在10元或更高的价格水平上出清；消费者也许会怨声载道，不过也可能愿意支付这种高价，因为这总比加不到油空手而归要强一点。但是，由于生产者索取较高的价格是违法的，市场因此也就无法出清。接踵而至的便是一个令人沮丧的短缺时期：当抽油机被耗尽之后，某些人就会得不到汽油。汽油供给不足导致不得不采用配给制来进行供应。最初，也许可以通过“先来先得”的原则加以实施，对于每位车主的加油量加以限制（也可不限制）。于是，结果演化成这种非价格的配给机制——排队配给。而排队这种形式，显然需要人们花费太多的时间，产生了巨大的浪费。有时候，政府会设计出某种以票证配给为基础的更加行之有效的非价格配给方法，而那些能够通过特权获得短缺物品的人会在高于管制价格的水平上从事非法的黑市交易。

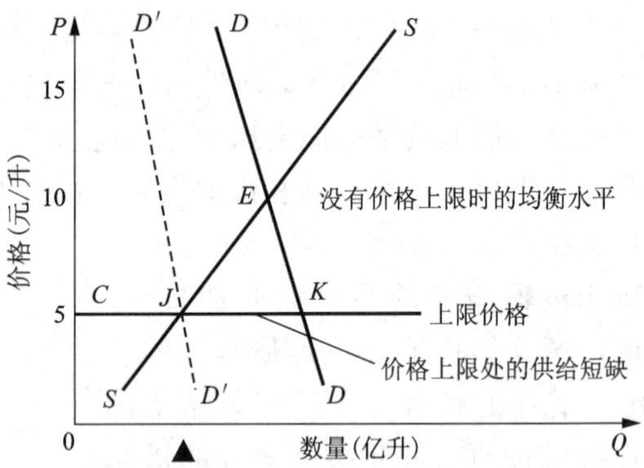

图8-4 价格管制造成短缺

在大多数市场经济中，无论有无正式的配给制，对能源等物品的价格管制都是不受欢迎的。历史表明，随着时间的推移，价格管制会被合法或非法地加以规避，无论价格管制最初对消费者如何有利，最终都会被势必造成的效率损失所抵消。特别是当受管制物品有很多替代品（即供给或需求弹性高）时，价格管制既会带来昂贵的成本，也难以实施。更深刻的问题在于，资源总是稀缺的，社会可能永远不能满足每个人的愿望。在正常时期，价格本身起到了配给稀缺资源的作用；当政府插手干预供给和需求时，价格不再充当配给者的角色，浪费、缺乏效率和短缺问题的加剧是这些干预的必然伴随物。

案例 8-6

我国民航票价管理的历史演变

我国民航票价的管理经历了一个从政府定价到政府指导价，从严格管制到逐步放开的过程。

1992 年以前，我国国内航线旅客票价由国家物价局会同民航总局管理，采用国家定价管理办法。1992 年，国务院召开有关会议确定允许航空公司票价上下浮动 10%。1996 年 3 月 1 日至今，根据《民用航空法》和《价格法》，明确了为以民航总局为主，实施政府指导价的国内民航机票价格管理形式，各个航空公司不能随便定价。

1997 年 7 月起，我国民航总局放松了对航空价格的管制，开始实行境内和境外旅客乘坐国内航班同价政策。当年 11 月，民航总局推出"一种票价、多种折扣"的政策。此后一段时间，各航空公司竞相推出低折扣机票，展开了机票的折扣大战，市场定价机制一时呈现较为混乱的局面，使多数企业陷入价格战的漩涡。为规范市场秩序，原国家计委、民航总局于 1999 年 2 月 1 日联合发文，规定各航空公司票价按国家公布价销售，不得滥用折扣。

2000 年，民航总局决定，以海南联营航线为试点，实行旅游团队优惠票价。自当年 10 月 1 日起，放松对支线票价的管理，实行最高限价管理，最高票价不得超过公布票价的 10%。限价内具体票价由航空公司自行确定，并报民航总局备案。自 2001 年 11 月 5 日起，对国内航线实施"燃油加价"政策，允许航空公司票价最大上浮 15%，单程不超过 150 元。同时建立票价与油价联动机制，当国内航油价格变动 10% 时，允许航空公司票价最多可变动 3%。2002 年，民航总局决定对国内航线（港、澳航线除外）团体票价试行幅度管理，即团体票价最低折扣率可根据购票时限、航程性质、人数不同而有所区别。

2004 年 4 月 20 日，《民航国内航空运输价格改革方案》公布（下称《价格改革方案》），这是实施至今的国内民航价格管理办法。方案规定，以调整后的平均每人每公里 0.75 元作为国内各航线基准价，允许航空运输企业在境内外销售国内航线客票时，以基准价为基础，在上浮 25%、下浮 40% 的幅度内确定具体价格。据民航总局测算，将最大下浮幅度设定为 45%，最低销售票价为每客每公里 0.45 元，航空公司可以实现保本经营。

2005 年年初，国家民航总局《公共航空运输企业经营许可规定》施行，鼓励国内外资本投资中国民航业；7 月，《国内投资民用航空业规定》颁行，进一步向民营资本敞开大门。当年 12 月中旬，国内十余家民营航空公司纷纷筹组，使 2005 年成为所谓的民营航空之年。

2004 年《价格改革方案》的公布可以视为我国航空运输业鼓励竞争、向市场化定价机制转变的开始。但是，这个转型过程并非一帆风顺。在之后的几年内，各航空公司在实际运营过程中并未遵守《价格改革方案》的规定，二折、三折的机票频频出现。而民航总局也从 2005 年开始，陆续实行一系列调控措施，其中包括完善价格协调机制、调整机票代理佣金等。另一方面，激烈的价格竞争加上国际航油价格上涨，使航空公司的利润空间不断缩小。航空公司之间开始出现隐性价格联盟，几家航空公司通过协商的方式规定了某条航线的最低机票"保护价格"，并力图通过扩大价格联盟范围的方式来实现间接提价。由此，我国民航业进入了竞争与"协调"相互作用、市场类型难以界定的时期，并持续至今。

案例讨论：(1)试查找资料分析，为什么要对机票价格进行管制？

(2)试分析机票价格管制对民航基础设施所有者、航空公司、票务公司和旅客的影响。

8.3.3 市场准入

市场准入也叫市场进入管制，是政府管制的一种，是指政府为了防止资源配置低效或过度竞争，确保规模经济效益、范围经济效益和提高经济效率，通过批准和注册等若干手段，对市场主体的市场进入(包括数量、质量、期限以及经营范围等)进行的管理行为。其实质是对市场失灵的反应，是克服市场配置资源缺陷的一种不可或缺的制度安排。

以出租车行业为例，我国的出租汽车行业起步于改革开放初期，是依托于国营交通运输企业和旅游公司而发展起来的。在20世纪80年代，由于车辆投入成本高，消费需求规模小，出租汽车数量相对偏少，整个行业处于自发发展阶段。90年代初期特别是1992年小平"南巡"讲话之后，各地出台了一系列鼓励出租汽车行业发展的政策，并普遍放松了对出租汽车行业的进入限制，各种社会资本特别是私人资本迅速进入，使出租汽车行业进入了"井喷式"的发展阶段，短短一两年的时间，出租汽车数量和种类迅速增加。首先，出租车数量激增造成出租车供给大幅度波动，供求关系失衡，损害长期提供出租车服务的司机利益，导致服务质量的降低；第二，整个行业竞争激烈，行业内部的矛盾纷纷出现，不利于行业的健康发展；第三，出租车数量增多影响导致社会福利水平的降低，主要表现在交通拥挤的外部性和污染的外部性。因此，从1993年起，各地开始将出租汽车作为"城市公共资源"按照特许经营方式进行管理，陆续采取了准入数量管制、经营权有偿使用和公司化运营等管理办法。

出租车市场准入管制是政府为了保证出租车市场的安全、稳定有序，同时为了维护公共利益，依照法定的职权和程序，制定法律法规来规定出租车经营者进入市场的条件和程序。管制主要是对经营者资质进行限制，具体包括对出租车经营权拥有者的限制，对出租车经营者的限制，对于出租车营运者的限制，对营运车辆的限制。通常的做法是设置准入门槛、发放出租车经营牌照时，对不同申请对象制定不同的准入政策。

2007年"油荒"使得出租车行业直接遭受不利影响。对此，不仅国家出台了相关措施，而且各地区也纷纷酝酿政策，对出租车行业进行补贴。某市运输管理局称，扣除"油补"后，出租车的税后利润率为1.68%，属于微利甚至无利经营。事实上真是这样吗？有学者认为，出租车行业在我国实际上是一个产生暴利的行业，而产生暴利的原因并不是因为出租车企业的管理者经营有道，也不是政府有关部门监管不力，更不是"的哥""的姐"们物美价廉，而是市场结构设计造成的缺陷。

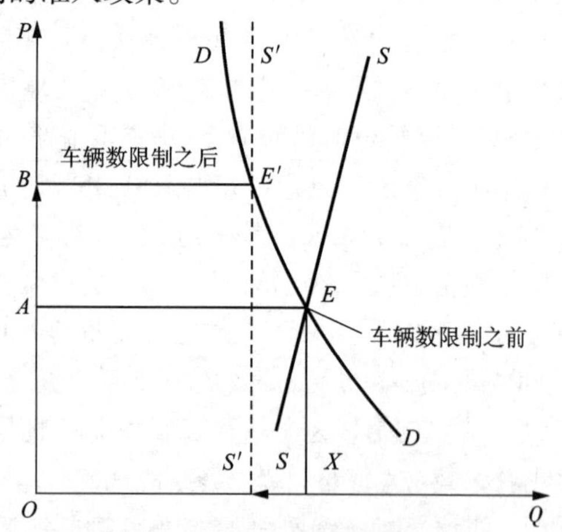

图8-5 出租车数量限制提高了价格和出租车行业的收入

长期以来，我国许多城市的政府部门都试图通过限制出租车数量来帮助这个行业。这怎么会对出租车行业有利呢？图8-5说明了这一政策的经济学原理，如果政府管理部门（通过准入限制或经营权有偿使用）限制了出租车的数量，就会导致供给曲线向左上方移动。由于出租车需求缺乏弹性，限制出租车数量不仅提高了出租车的价格，而且增加了该行业的总收益和利润。当然，消费者利益在限制出租车数量所导致的较高价格中受到了损害。

注：在数量限制之前，竞争市场在较低的价格水平 E 点达到均衡。当政府限制出租车数量时，供给曲线向左移动到 $S'S'$，均衡点移动到 E'，价格上升到 B。由于需求缺乏弹性，新的收益矩形 $OBES$ 的面积肯定要大于初始收益矩形 $OAEX$。

限制供给是政府牺牲一部分人的利益以增加另一部分人的收入时常用的一种市场干预举措。这种政策是无效率的，因为出租车行业收入的增加实际上小于消费者因此遭受的损失。

案例 8－7

中国航空运输业市场准入管制

自 1987 年 1 月，国务院批准了中国民航总局《关于民航系统管理体制改革方案和实施步骤的报告》后，中国航空业在市场准入管制方面进行了一定的改革：2002 年的民航管理体制改革和 2004 年的民航价格体制改革。使中国民航业的市场规模不断扩大，供求关系发生深刻变化，市场竞争日趋激烈。此外，在第六届珠海航展开幕当天举办的“2006 中国新支线航空市场论坛”上，中国民用航空总局副局长王昌顺表示，中国正逐步放开支线航空运输市场准入。中国虽然采取了一定的改革措施，但实际取得的改革效果却仍然不能适应中国发展需求，市场准入依旧是制约中国民航业快速发展的重要影响因素。

进入壁垒。中国民航业存在很高的市场进入壁垒。从市场结构来看，国内航线中四大集团的集中度高达 84.2%，属典型的寡头垄断市场。使得航空运输行业呈现该特点有以下原因：政府部门严格控制航空市场的进入资格；航空运输业现有在位企业会以低价出售机票，有时甚至会降低到成本之下，这就使得新进入者被迫退出；航空运输业需要的启动资金较为庞大；技术壁垒对新进入者有很大的影响；已在位企业在航线的占有、飞机的时间控制等方面取得了先进入者的优势。

价格刚性。垄断会导致航空市场的无效率，因而放松市场准入管制对中国民航业的发展具有重大的发展意义。对于寡头垄断的中国民航业而言，若将票价提升则竞争对手将因此获利而不会跟随提价，自己则会丧失大部分的市场份额；若将票价下降则竞争对手为保持市场份额将跟随降价，自己则只能增加与低票价所引起的市场总需求增加相应的幅度（见图 8－6）。

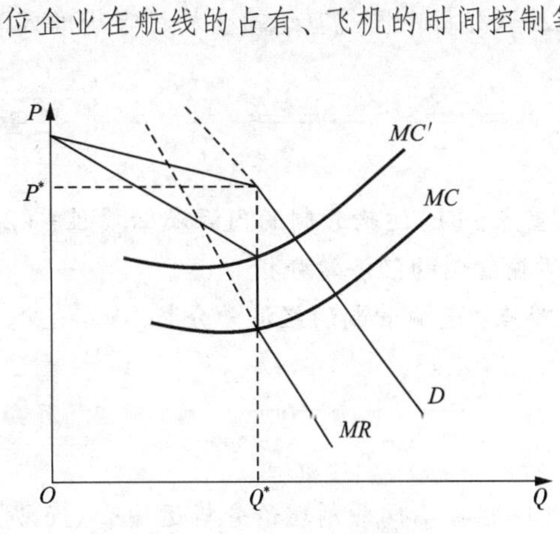

图 8－6　垄断价格的确定

高于 P^* 的需求曲线较平缓，即需求价格弹性相对充足；低于 P^* 的需求曲线较陡峭，需求价格弹性相对不足。对某一寡头航空公司而言，其市场需求曲线会是一条折拐线，如 D 所示，相应的边际收益线则由三段构成。这就意味着即使边际成本从 MC 增加到 MC'，该航空公司制定的价格 P^* 和产量 Q^* 仍然是最优抉择。由此可见，寡头航空公司没有调整价格的欲望和压力。这种价格刚性与科技进步带来的各行业产品价格下降是格格不入的。唯有靠放松进入管制、改变市场结构，才能有效消除中国民航业的价格刚性。

供给变动与消费者剩余。放松市场准入管制，可以使航空运输业市场的竞争性加强，减弱该行业的垄断地位，在票价方面，由于竞争因素的影响，会有大幅度的下降，同时会使总供给量增加，进而减少无谓损失，增加生产者剩余与消费者剩余之和，提高市场整体效率。就中国目前的经济发展水平而言，航空运输属于非必需的奢侈品，其需求价格弹性是充足的，降价将会极大地刺激市场需求，使民航业的总收入大幅增加，效益将大幅提升，从而使中国民航业步入良性循环中。市场准入的分割提供了航空公司在本区域市场的垄断地位，使其可以获取垄断利润；同时，市场分割为航空公司通过进入新市场以扩大生产规模，进而充分利用规模经济降低成本制造了障碍。因而应该采取一定的措施来放松航空运输业的市场准入管制。

放松管制首先降低了民营资本投资国内航空业的门槛，民营航空公司被批准筹建；其次，引入了民营资本。放松管制后，民营资本的流入，使行业内企业更具活力。最后，市场准入的放松，市场竞争增加，使航空运输市场由寡头垄断市场向竞争性市场转变提高了企业的竞争能力，迫使企业降低成本，直接使航空运输的服务质量提升，并且提高了社会效率。

放松管制政策建议。首先，增加机场的建设。民用机场的建立将有利于增加航线，进而增强民航业的竞争力度，更有利于放松市场准入管制。其次，开发部分航空运输服务项目和配套设施的市场，主动引进外资，逐步增强中国航空运输服务的国际竞争力。我们可以利用“服务贸易总协定”实施给中国带来的机遇，主动引进外资，利用国外资金、先进经营管理方式发展中国的航空运输业。最后，加强航空领域的法制建设。根据其他国家的经验，中国可以通过制定有关法律来作为市场准入的手段。同时，还应制定相应的外资进入中国航空领域的有关法律，确定外资进入的领域、进入的方式及其经营方式等。

（主要内容引自参考文献[12]）

案例讨论：1. 试查找资料，分析中国航空运输业市场准入管制的原因。

2. 试分析中国航空运输业放松市场准入管制对其发展的影响。

思考与练习

重点：(1)运输管制的内涵及必要性；(2)管制经济学的发展趋势；(3)运输管制的内容；(4)运输管制的经济学分析。

难点：运输管制的经济学分析。

思考与练习

(1)根据不同管制理论分析运输管制的原因。

(2)我国运输管制的主要内容有哪些？

(3)分析运输管制与反垄断的主要区别。

(4)分析运输税收管制的内容和优缺点。

(5)分析运输价格管制的内容和优缺点。

(6)分析运输市场准入管制的内容和优缺点。

参考文献

[1] 严作人, 杜豫川, 张戎. 运输经济学[M](第二版). 北京: 人民交通出版社, 2009
[2] 卢明银, 王丽华等, 运输经济学[M]. 北京: 中国矿业大学出版社, 2007
[3] 许庆斌, 荣朝和等, 运输经济学导论[M]. 北京: 中国铁道出版社, 1995
[4] 杭文编, 运输经济学[M]. 北京: 东南大学出版社, 2008
[5] 赵锡铎编, 运输经济学[M]. 大连: 大连海事大学出版社, 2006
[6] 秦四平编, 运输经济学(第二版)[M]. 北京: 中国铁道出版社, 2007
[7] 蒋惠园编, 交通运输经济学[M]. 武汉: 武汉理工大学出版社, 2009
[8] 荣朝和. 论运输化[D]. 北方交通大学博士论文, 1991
[9] 荣朝和. 运输发展理论的近期进展[J]. 中国铁道科学, 2001, 22(3): 1-8
[10] 袁军飞. 运输经济学发展阶段及经验浅析[J]. 内蒙古公路与运输, 2013, 6: 70-71
[11] 蒋惠园. 交通运输经济学[M]. 武汉: 武汉理工大学出版社, 2009
[12] 许庆斌, 荣朝和等. 运输经济学导论[M]. 北京: 中国铁道出版社, 2006
[13] 欧国立. 轨道交通运输经济[M]. 北京: 中国铁道出版社, 2010
[14] 卢明银, 王丽华, 苑宏伟编. 运输经济学[M]. 北京: 中国矿业大学出版社, 2007
[15] 肯尼斯・巴顿. 运输经济学(第二版)[M]. 北京: 商务印书馆, 1993
[16] 秦四平主编. 运输经济学(第二版)[M]. 北京: 中国铁道出版社, 2007
[17] 赵锡铎编著. 运输经济学[M]. 大连: 大连海事出版社, 2006
[18] H・彼得森, W・刘易斯. 管理经济学[M]. 北京: 中国人民大学出版社, 1998
[19] 佚名. 铁路运输如何完善应急物流体系[J]. 现代物流报, 2008
[20] 中田信哉. 物流・配送[M]. 深圳: 海天出版社, 2001
[21] 刘心慧. 都市停车难问题如何破解? ——析论停车泊位的经济性质[J]. 瞭望, 2003, 12
[22] 谢思佳. 吴敬琏炮轰春运票价不上浮[J]. 广州: 南方日报, 2007, 3
[23] 斯蒂格・利茨. 经济学的小品和案例[M]. 中国北京: 人民人学出版社, 1998
[24] 佚名. 交通决策参考
[25] 肯尼斯・巴顿著 运输经济学[M] 北京・机械工业出版社, 2013
[26] 平狄克, 鲁宾费尔德编著. 微观经济学[M]. 北京: 中国人民大学出版社, 2000
[27] 徐剑华著. 运输经济学[M]. 北京: 北京大学出版社, 2009
[28] 严作人, 张戎编著. 运输经济学[M]. 北京: 人民交通出版社, 2003
[29] 赵锡铎编著. 运输经济学[M](第2版). 大连: 大连海事大学出版社, 2006
[30] 李永生, 黄君麟编著. 运输经济学[M]. 北京: 机械工业出版社, 2004
[31] 秦四平编著. 运输经济学[M]. 北京: 中国铁道出版社, 2004
[32] 现代交通远程教育教材编委会编著. 运输经济学[M]. 北京: 清华大学出版社, 2004
[33] 杭文编著. 运输经济学[M]. 南京: 东南大学出版社, 2008

[34] 邵春福、秦四平编著.交通经济学[M].北京：人民交通出版社，2008
[35] 贾顺平编著.交通运输经济学[M].北京：人民交通出版社，2011
[36] 平狄克，鲁宾费尔德，微观经济学.4版[M].北京：中国人民大学出版社，2000
[37] 李永生，黄君麟.运输经济学[M].北京：机械工业出版社，2004
[38] 荣朝和.西方运输经济学(第二版)[M].北京：经济科学出版社，2008
[39] 巴顿(Button)(冯宗宪译).运输经济学[M].北京：商务印书馆，2002
[40] 陈贻龙，邵振一.运输经济学[M].北京：人民交通出版社，2006
[41] 贾顺平.运输经济学[M].人民交通出版社，2011
[42] 现代交通远程教育教材编委会.运输经济学[M].北京：清华大学出版社，北京交通大学出版社，2006
[43] 徐剑华.运输经济学[M].北京：北京大学出版社，2009
[44] Kenneth Button.运输经济学(Transport Economics)[M].北京：机械工业出版社，
[45] 里格斯·道格尼斯.迷航——航空运输经济与营销(Flying off Course—Airline Economics and Marketing)[M].北京：航空工业出版社.
[46] 蒋惠园.运输市场营销学[M].人民交通出版社.
[47] 王成钢.交通运输市场特点分析[J].长沙交通学院学报，1995，11(2)：79-81.
[48] 孙熙庆.关于运输代理存在条件的分析[J].铁道货运，2006，9：23-24.
[49] 寇团明.国外道路运输政策的演变及其对我国的借鉴作用[J].2001，8：36-38.
[50] 王祥，孙有望.铁路在运输市场中的地位及其发展趋势[J].1998，3-4：84-89.
[51] 刘功仕.航空运输市场的基本特征[J].民航经济与技术，1996，5(173)：13-16.
[52] 孙敦雷.从经济学角度分析公路货运超载原因[C] 经济生活——2012商会经济研讨会，2012：245.
[53] 赵锡铎.运输经济学[M]. 大连海事大学出版社，2006
[54] 严作人.运输经济学(第二版)[M]. 北京：人民交通出版社，2009
[55] 汪淼.城市轨道交通项目融资BT模式研究[J].铁道工程学报，2009，9：98-102
[56] 王灏.城市轨道交通市场化投融资方式变革[J].中国投资，2004(1)：15-18
[57] 王玉国，王稼琼.城市轨道交通投融资模式比较及演变[J].北京交通大学学报(社会科学版)，2004(2)：12-15
[58] 王灏，高朋.地铁投融资与管理运营的思路及建议[J].中国投资，2003(11)：10-12
[59] 余英.我国机场航空收费的激励性管制研究[J].云南社会科学，2007，(2)
[60] 布拉德利·希勒著，豆建民等译.当代微观经济学(第八版)[M].北京：人民邮电出版社，2003
[61] 徐舒等.市场竞争与中国民航机票订价[J].经济学，2011，10(2)：635-652
[62] 张世议.航空运输价格与市场管制的经济学分析[J].中国集体经济，2011(7)：86-87
[63] 余英.我国机场航空收费的激励性管制研究[J].云南社会科学，2007(2)：74-78
[64] R.平狄克、D.鲁宾费尔德：《微观经济学》(第三版)[M]. 北京：中国人民大学出版社，1997

图书在版编目(CIP)数据

运输经济学 / 徐玉萍,魏堂建主编. —长沙: 中南大学出版社, 2014.12(2020.7 重印)

ISBN 978 - 7 - 5487 - 1236 - 7

Ⅰ.运… Ⅱ.①徐…②魏… Ⅲ.运输经济学—教材 Ⅳ.F50

中国版本图书馆 CIP 数据核字(2014)第 281428 号

运输经济学

徐玉萍 魏堂建 主编

□**责任编辑** 刘 辉
□**责任印制** 周 颖
□**出版发行** 中南大学出版社
社址: 长沙市麓山南路 邮编: 410083
发行科电话: 0731 - 88876770 传真: 0731 - 88710482
□**印 装** 长沙印通印刷有限公司

□**开 本** 787 mm × 1092 mm 1/16 □**印张** 16.75 □**字数** 410 千字
□**版 次** 2014 年 12 月第 1 版 □2020 年 7 月第 2 次印刷
□**书 号** ISBN 978 - 7 - 5487 - 1236 - 7
□**定 价** 50.00 元